Vom Wert des Weiterbauens

Konstruktive Lösungen und kulturgeschichtliche Zusammenhänge

Kulturelle und technische Werte historischer Bauten
Hg. von Klaus Rheidt und Werner Lorenz

Band 4

Eva Maria Froschauer, Werner Lorenz, Luise Rellensmann, Albrecht Wiesener (Hg.)

Vom Wert des Weiterbauens

Konstruktive Lösungen und kulturgeschichtliche Zusammenhänge

Birkhäuser · Basel

Publiziert mit Unterstützung der Deutschen Forschungsgemeinschaft im Rahmen des Graduiertenkollegs 1913 »Kulturelle und technische Werte historischer Bauten«, Brandenburgische Technische Universität Cottbus-Senftenberg; Leibniz-Institut für Raumbezogene Sozialforschung Erkner; Archäologisches Institut der Humboldt Universität zu Berlin.

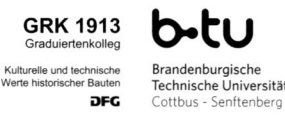 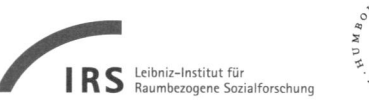 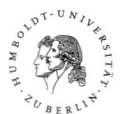

Wissenschaftlicher Beirat
Dipl.-Ing. Adria Daraban, Dr.-Ing. Alexandra Druzynski v. Boetticher, Dr. Felix Girke, Prof. Dr. Hans-Rudolf Meier, Dr.-Ing. Elke Richter, Prof. Dr.-Ing. Turgut Saner, Dr.-Ing. Peter I. Schneider, Dr. Jan Silberberger, Dr. Alexandra Skedzuhn-Safir, Dr. Hubert Staroste, Dipl.Ing. (FH) Sophia Walk, Dr.-Ing. Gernot Weckherlin, Dr.-Ing. Volker Wetzk

Konzept: Eva Maria Froschauer, Werner Lorenz, Luise Rellensmann, Albrecht Wiesener
Lektorat: Johannes Althoff, William Hatherell, Jasmine Rice
Projektkoordination, Layout und Satz: Sophia Hörmannsdorfer
Covergestaltung: Jörg Denkinger
Druck und Bindung: Beltz Grafische Betriebe GmbH, Bad Langensalza
Umschlagabbildung: Ausschnitt Wohnhaus Schreber, Aachen, AMUNT Architekten Martenson und Nagel Theisse. Foto: Filip Dujardin.

Library of Congress Control Number: 2020945497

Bibliografische Information der Deutschen Nationalbibliothek
Die Deutsche Nationalbibliothek verzeichnet diese Publikation in der Deutschen Nationalbibliografie; detaillierte bibliografische Daten sind im Internet über http://dnb.dnb.de abrufbar.

Dieses Buch ist auch als E-Book (ISBN PDF 978-3-0356-2224-9) erschienen.

ISBN 978-3-0356-2222-5

© 2020 Birkhäuser Verlag GmbH, Basel
Postfach 44, 4009 Basel, Schweiz
Ein Unternehmen der Walter de Gruyter GmbH, Berlin/Boston

9 8 7 6 5 4 3 2 1   www.birkhauser.com

Inhalt

Weiterbauen als gesellschaftliche Aushandlung

Weiterbauen als Studienobjekt

Weiterbauen als konkrete Bauaufgabe: Zwei Dokumentationen

Transformation statt Abriss ist heute für viele Akteurinnen und Akteure im Bauwesen eine Selbstverständlichkeit. Nach Jahrzehnten der Fokussierung auf den Neubau hat in der jüngeren Gegenwart eine verstärkte Auseinandersetzung mit dem Bauen im Bestand eingesetzt. Das Weiterbauen des Vorhandenen im Sinne von Adaption, von Um- und Neugestaltung bis hin zu Teilabriss und Wiederverwendung beschreibt dabei das Bauwerk als Prozess und wirft neue Fragen nach Haltbarkeit und Nachhaltigkeit historischer Bauten auf. Weiterbauen unterstützt die Kontinuität von Orten und Bauwerken und befördert Fragen nach ihrer Fertigstellung, Abgeschlossenheit und Autorenschaft. Neben den technischen Vorgängen von Umbau und Anpassung vollzieht sich mit ändernden Wertvorstellungen und Interpretationen auch eine ständige Neuausrichtung vorhandener Bausubstanz auf die Gegenwart vor dem Hintergrund einer spezifischen Sicht auf die Vergangenheit.

Unser gegenwärtiges Verständnis dieser Prozesse gründet vor allem auf dem vielgenutzten, dennoch aber bislang kaum theoretisch oder historisch definierten Begriff des ›Weiterbauens‹. Zudem bleibt vielfach offen, wie ein innerhalb der Architektur entwickeltes Verständnis des Weiterbauens in andere Bereiche des Bauens (Städtebau, Ingenieurwesen und Denkmalpflege) hineinwirkt, und welche möglichen Adaptionen, Chancen und Missverständnisse sich somit ergeben. So ließe sich insbesondere im Hinblick auf die institutionalisierte Denkmalpflege fragen, welche Rolle der Begriff des ›Weiterbauens‹ in der Bewertung von Um- und Weiternutzungskonzepten einnimmt, die in der Regel im Widerspruch zu einem vermeintlich schätzenswerten »Originalzustand« stehen.

Im Rahmen des dritten Querschnittskolloquiums des DFG-Graduiertenkollegs »Kulturelle und technische Werte historischer Bauten« wurde diskutiert, welche konstruktiven Lösungen und kulturgeschichtlichen Zusammenhänge des Weiterbauens sich in der Auseinandersetzung mit unterschiedlichen Epochen und Regionen auffinden und beschreiben lassen. Neben den disziplinär geprägten Semantiken des ›Weiterbauens‹ standen dabei vor allem die konkreten Beispiele der ingenieurtechnischen, denkmalpflegerischen, gestalterisch-architektonischen und städtebaulichen Praxis des Weiterbauens im Vordergrund der Konferenzdiskussion. Die jährlich unter der Federführung von Antragstellerinnen und Antragstellern sowie Promovierenden organisierten Querschnittskolloquien des DFG-Graduiertenkollegs stellen ein besonderes Format dar. Sie rücken jeweils eine vertiefende Leitfrage des Kollegs in den Mittelpunkt der Diskussion und sind auf einen doppelten Interpretationsansatz ausgerichtet. Einerseits verstehen sie sich als Zusammenführung unterschiedlicher disziplinärer Perspektiven im Hinblick auf ein Querschnittsthema der wissenschaftlichen Auseinandersetzung im Kolleg. Andererseits verfolgt die Aufweitung der diachronen Betrachtungsweisen von der Antike bis in die Gegenwart das Ziel, durch Längsschnittperspektiven neue und historisch fundierte Verständnisebenen zu eröffnen.

Konkret auf das Querschnittsthema ›Weiterbauen‹ bezogen soll dieser Konferenzband anhand der Diskussion von Fallstudien gleichermaßen theoretisch-wissenschaftliche wie praktisch-handlungsorientierte Sichtweisen auf das Weiterbauen ermöglichen. Die thematische Ausrichtung des Konferenzbandes orientiert sich dabei disziplinenübergreifend an folgenden Leitfragen:

- Welche kulturellen und/oder technischen, fachspezifischen Wertvorstellungen und Inwertsetzungen liegen dem Weiterbauen aller beteiligten Akteurinnen und Akteure zugrunde (der Bauherrschaft bis zur Architektur, der Stadtplanung bis zum Ingenieurwesen)?
- Wie lässt sich das Weiterbauen im Kanon möglicher Handlungsstrategien, insbesondere auch der mit historischem Erbe befassten Disziplinen wie der Denkmalpflege, der historischen Bauforschung oder der Archäologie verorten?
- Welche neuen Optionen für ein verantwortungsbewusstes Bauen eröffnet der Begriff ›Weiterbauen‹ heute?

Begriffserkundung zum Weiterbauen

Welches Bauen geschieht denn schon voraussetzungslos? Ist Weiterbauen nicht ein der Architektur-, Bau-, Bautechnik- und Stadtplanungsgeschichte immerwährend eingeschriebener Vorgang?[1] Muss nicht die (klassisch) moderne Haltung, Entwerfen und Gestalten geschehe am besten auf dem weißen Blatt und dem reinen Tisch, als ein Zwischenspiel der Historie betrachtet werden?[2] Doch keine These ohne Antithese: So lautete beispielsweise der Titel einer Serie von Beiblättern zur *Schweizerischen Bauzeitung* der Jahre 1934–36 *weiterbauen*. Die Heftreihe war ausnahmslos der Propagierung einer »neuzeitlichen Baugesinnung« und ihrer Praxisfälle gewidmet[3], also der Avantgardebewegung und einer ihrer wichtigsten Motoren, den *Congrès Internationaux d'Architecture Moderne*. Weiterbauen war in diesem Kontext eine Aufforderung zu einem Immer-Weiter – weiter zu neuen Errungenschaften des Bauens der Gegenwart.[4] Die Einordnung in ein Geschichtskontinuum des Bauens war insofern von Bedeutung, als man dieses Kontinuum kräftig neuzuschreiben gedachte.

Im Folgenden wird der Begriff des ›Weiterbauens‹ aus solchen Vereinnahmungen herausgelöst und dessen (wenn auch lückenhafte) Verwendungsgeschichte in jüngerer Zeit versucht aufzuzeichnen. Zur Grundausrichtung des Bauens, etwas Neues schaffen zu wollen, tritt im 19. Jh. mit dem Entstehen der Denkmalpflege als Denktradition und Verfahrenspraxis der Aspekt des Bewahrens hinzu. Auch Marion Wohlleben verortet aus der Perspektive der Kunsthistorikerin und Denkmalpflegetheoretikerin in ihrer 1989 erschienen Schrift *Konservieren oder Restaurieren*[5] den Begriffsursprung und somit ein denkmalpflegerisches Denken im Sinne des ›Weiterbauens‹ in die Zeit um 1910 und in den Zusammenhang mit den damals grundlegenden Denkmaldebatten, etwa um Stileinheit.[6] Damit scheint allerdings das Feld der Kombattanten – Bewahrung versus Baufortschritt – für den Begriff des ›Weiterbauens‹ auf Jahrzehnte hinaus abgesteckt. Seit den 1990er Jahren taucht das Schlagwort ›Weiterbauen‹ auf Konferenzen[7], in Schriften, Sammelbänden und Monografien, bei Vortragstiteln und Lehrveranstaltungen sowie Debatten vermehrt auf.[8] Der Gebrauch des Begriffs ›Weiterbauen‹ vereint dabei eine Reihe von unterschiedlichen Verfahrensweisen des Bauens, wie das Transformieren von vorhandener Substanz im Sinne einer Umnutzung, eines Umbaus, einer Ergänzung oder Erweiterung. Dazu zählen ebenso reduzierende Verfahren wie Teilung, Fragmentierung oder Rückbau. Somit kann die Spannbreite von Weiterbauen auf Seiten der Baupraxis von der technischen Ertüchtigung bis zum Komplettumbau, auf Seiten der theoretischen Konzeption von der sanften Angleichung bis zur regelrechten Stilumkehr reichen. Weiterbauen schließt, weil es das Prozesshafte so betont, in jedem Fall die Auseinandersetzung mit der Geschichtlichkeit des Bauens ein und kennt deswegen weitere Verfahren wie Rekonstruktion und Re-Use – nicht nur im Sinne der Spoliierung, sondern auch gegenwärtiger Nachhaltigkeitsforderungen – bis hin zur Translozierung ganzer Gebäude(teile). Dass und wie beim

›Weiterbauen‹ immer wieder um Definitionen gerungen wird und deren Reichweite und Umfänglichkeit immer wieder neu abgesteckt werden, soll die folgende kursorische Beobachtung zeigen.

Auch wenn an dieser Stelle unmöglich eine lückenlose Chronologie der Begriffsverwendung seit dem ersten Erscheinen zu Anfang des letzten Jahrhunderts stehen kann, so sollen doch Arbeits- und Diskursfelder ausgemacht werden, in denen ›Weiterbauen‹ samt dessen inhaltlicher Grundierung – abgesehen vom bisweilen worthülsenartigen Gebrauch – in etwa den letzten zwei Jahrzehnten zu einem wichtigen und vielgenutzten Begriff geworden ist.[9] Dessen bedeutendste Einsatzgebiete sind dabei die Denkmalpflege von der praktischen Anwendung bis zur wissenschaftlichen Reflexion und – weit gefasst – der Bereich des Bauens im Bestand (mit und ohne Denkmalstatus) auf der konzeptionellen wie ausführenden Ebene der Architektur und des Bauingenieurwesens. Dazwischen steht ein kurzer Exkurs zur Begriffsverwendung im Bereich der Stadtplanung.

Da in den beiden erstgenannten Anwendungsbereichen durchaus unterschiedliche Sichtweisen zu weiterbauenden Maßnahmen an Denkmälern herrschen, gerät das Weiterbauen bisweilen unter Ideologieverdacht. So nachzulesen in einer umfangreichen und mit vielen Quellen nachvollzogenen kritischen Ausdeutung und zugleich einer Engfassung des Begriffs durch den langjährigen Potsdamer Stadtkonservator Andreas Kalesse aus dem Jahr 2011. Er will anlässlich einer Fachtagung zu *20 Jahren Denkmalschutz in den neuen Bundesländern*[10] die Grenzen abgesteckt wissen und resümiert: »Zusammengefasst lässt sich für die Denkmalpflege feststellen: ›Weiterbauen‹ ist nicht die Aufgabe der Denkmalpflege. Das Geschichtsdokument hat bei jedwedem Tätigwerden an Denkmalen im Mittelpunkt sämtlicher Überlegung zum Umgang mit dem Schutzgut zu stehen. [...] Ahistorische Zustände in dem Denkmal selbst hervorzurufen und weiter als Präparat zum Schmuck des eigenen Gestaltungswillens zu erhalten, ist nicht die Aufgabe der Denkmalpflege. Der Denkmalpfleger hat derartiges weder zu initiieren noch zu befördern.«[11]

Kalesses deutliche Klarstellung, oder besser gesagt, die Zementierung einer Vorstellung, geschieht mitten in einer damals schon viel weiter gediehenen Diskussion um den Begriff des ›Weiterbauens‹ – deswegen zurück zur Chronologie: Auf dem 14. Berliner Denkmaltag im Jahr 2000, der unter dem Vorzeichen *Historische Kulturlandschaften* stand, stellt Cornelia Reetz von der Unteren Denkmalschutzbehörde im Bezirk Pankow ihr Statement explizit unter den Titel »Rückbauen und/oder Weiterbauen am Denkmal« und zeigt dabei vor allem Beispiele gelungener Denkmals-Wiederbelebungen aus ihrem Bezirk, begleitet durch die vorsichtige Aussage: »Denkmalschutz bedeutet ja nicht grundsätzlich Veränderungssperre – wie noch immer mancher Eigentümer befürchtet.«[12] Weit darüber hinaus geht der Dresdner Architekt und Denkmalpfleger Thomas Will, der auf streitbare Weise immer wieder die Disziplinen zu öffnen und die Grenzen zu dehnen sucht, und der 2003 in seinem Aufsatz *Grenzübergänge – Weiterbauen am Denkmal* schreibt: »Weiterbauen ist, mehr noch als Reparieren, das zentrale Projekt, das Architekten und Denkmalpfleger gemeinsam verantworten. [...] Das Problem ist natürlich, sich über den Verlauf dieser Grenze zu einigen. Da ist der Architekt eher geneigt, sie durch Überschreiten im Entwurf neu auszumessen, während der Denkmalpfleger einen analytisch ermittelten Sicherheitsabstand einfordert.« Dass man aber im Gespräch bleiben müsse, wolle man Denkmale sinnvoll ergänzt oder adaptiert neu nutzen und erhalten, steht für ihn außer Zweifel, allerdings dann »nicht als Gegenspieler, sondern als Partner auf dem Feld der Baukultur«.[13] Als Ausdruck guten Weiterbauens sieht er jenen Eintrag der zeitgenössischen Architektur in ein Denkmal an, welcher »die Dimension der Zeit« und so das »Prozesshafte gegenüber jedem abgeschlossenen Zustand« sichtbar lässt.[14] Will stellt heraus, dass ›Weiterbauen‹ als Begriff zwar auch unter jüngsten Nachhaltigkeitsdiskursen Konjunktur habe, allerdings keinesfalls neu sei, sondern im Grunde ein Handeln seit Anbeginn der Baugeschichte, also eine »Langzeiterfahrung«,

welche heute aus den bekannten Dogmen der Moderne – der Einforderung des ewig Neuen – herausgelöst gesehen und zu neuer Selbstverständlichkeit zurückkehren müsse.[15] Die historische Dimension
des Weiterbauens machte 2009 der damalige Landeskonservator des Landschaftsverbandes Rheinland,
Udo Mainzer, beim unter dem Titel *Weiterbauen am Denkmal* stehenden 77. Tag für Denkmalpflege in
Dresden noch viel deutlicher, wenn er schreibt: »Weiterbauen ist also das Elixier der Baugeschichte, die
dafür mit unendlich vielen, häufig prominenten Modellfällen aufwarten kann.« Und weiter: »So wie die
Architekturgeschichte ohne Weiterbauen um vieles ärmer und weit weniger spannend geraten wäre,
so bliebe auch unser Denkmalpflegealltag ohne Weiterbauen wenig abwechslungsreich und aufre-
gend, um nicht zu sagen langweilig.«[16]

Ein der Denkmalpflege verwandtes Umfeld ist die Welterbepraxis, welche sich ebenso immer wieder
mit dem Begriff beschäftigt, nicht nur bei weitergebauten Vorzeigeprojekten wie dem Neuen Museum in
Berlin, das, seit seiner Wiedereröffnung 2009 vielfach rezipiert, ausgezeichnet und zugleich kritisiert, doch
als ein zeitgemäßer Ausdruck des Weiterbauens nicht nur im World Heritage-Bereich verstanden wird.[17]
Gerade dieses Projekt gilt zwei Jahre später wiederum als eines, an dem, so noch einmal Andreas Kalesse,
sich die neue *Ideologie* des Weiterbauens manifestiere. Diese Wiederherstellung sei eine »Hauptikone«
sogenannter »Denkmaltheoretiker« unserer Tage, spreche für eine »Ruinendenkmalpflege«, die statt
die »geschichtliche Dokumentationskraft weiter[zu]transportieren«, lieber »eigene[-] Interpretationen
von Geschichtlichkeit verwirklich[t].«[18] Parallel zu solch konservativer Denkmalpflegeauffassung steht
allerdings in den folgenden Jahren ein mehr und mehr sich von Beschränkungen und Regelwerken frei-
spielendes Verständnis hin zu einem »Denkmalschutz ohne Denkmalpfleger«, nicht um den Konflikt
zwischen den Disziplinen weiter zu befeuern, sondern – im Gegenteil – um darin Produktivität und
Progressivität für ein unzweifelhaft zukunftsträchtiges Bauen im Bestand wirksam werden zu lassen.
Luise Rellensmann fasst aus kultur- und architekturwissenschaftlicher Sicht in ihrer über Deutschland
hinausgreifenden Erkundung dieser Bewegung folgendes Zwischenfazit: »Einigkeit herrscht darüber,
dass ein Dialog auf Augenhöhe zwischen Denkmalpflege und Architektur in Zukunft weitere Potentiale
auf dem Gebiet Bauen im Bestand freisetzen kann.«[19]

Wie intensiv dieser Dialog eigentlich geführt werden müsste, zeigt sich dann, wenn sich die beiden
Disziplinen doch immer nur partiell bis gar nicht nähern, und ein Weiterbauen weit weg scheint von jed-
weder Selbstverständlichkeit. So ist beispielsweise in den Leitsätzen der Schweizer Denkmalpflege von
2007 zu lesen, dass Weiterbauen allenfalls unter den »besonderen Massnahmen« aufgeführt wird, welche außerdem seien: »Ergänzungen«, »Zufügungen«, »Rekonstruktionen«, »Kopien«, »Unterbauungen«
und »Translokationen«. »Weiterbauen« dürfe nur an jenen Teilen ansetzen, »die für den Denkmalwert
nicht konstituierend sind«.[20] Es nimmt also kaum wunder, dass der Architekt Roger Diener noch 2017
bemängelt, dass der Schweizer Denkmalpflege bis heute im Umgang mit innovativen anti-denkmal-
pflegerischen, aber das Denkmal doch wahrenden Projekten, Kriterien für die Umsetzung fehlten: »Es
reicht nicht, das Baudenkmal kuratorisch zu beurteilen. Damit verbunden ist, dass die Denkmalpflege
Objekte aufgibt, die grundsätzlich ihrer Obhut bedürfen.«[21] Doch zeugen eine Reihe von jüngeren
Studien oder Abschlussarbeiten gerade in der Schweiz von einer Begriffskonjunktur rund um das
›Weiterbauen‹.[22]

Kaum anders fällt eine Gegenüberstellung in Österreich aus, wo in den *Standards der
Baudenkmalpflege* zwar Veränderbarkeit des Denkmals zugestanden wird, aber: »Im Bewusstsein
dieser Entwicklung muss besonderes Augenmerk darauf gerichtet sein, dass die Baudenkmale nachhaltig und mit Augenmaß weiterentwickelt und tiefgreifende Veränderungen vermieden werden.
Als vorrangige Planungsaufgabe ist daher die Erhaltung des Denkmalbestandes in Substanz und

Erscheinung anzusehen (*geringstmöglicher Eingriff*).«[23] Demgegenüber stehen, ähnlich wie in der Schweiz, hervorragende Beispiele im Bereich der ländlichen Baukultur, die mit ihren Weiterbauten von einst toten nun »wachgeküssten« Ortskernen und wiederbelebten Gemeinschaften, von regelrechter Ortsbilderneuerung und vom Überleben am Ort zwischen Denkmalschutz und Neubaunotwendigkeit künden;[24] oder jene Beispiele, bei denen Weiterbauen eine Selbstverständlichkeit des alltäglichen Handelns über Generationen hinweg war und ist.[25]

Für Weiterbauen als Architekturphilosophie, oder einfacher gesprochen: als Baugesinnung, lässt sich abseits des beschriebenen Feldes der Denkmalpflege eine ähnlich konjunkturelle Verwendungspraxis ausmachen. So nutzen vermehrt Tagungen, Publikationen oder Exkursionsreihen[26], die sich in besonderer Weise an die praktisch tätigen Architektinnen und Architekten wenden, den Begriff ›Weiterbauen‹. Sie zeigen damit auch an, dass man dem Vorgefundenen verpflichtet bleiben kann und doch nicht jenen Auftrag moderner Architektur verleugnen muss, über innovative Maßnahmen weitergebaute Substanz im Hier und Jetzt zu verankern.

Damit ist zum zweiten großen Verwendungsbereich des Begriffs ›Weiterbauen‹ übergeleitet, jenem des Bauens im Bestand, ein besonders dem Kontext verpflichtetes Bauen mit oder ohne denkmalpflegerische Bezüge. Weiterbauen ist in diesem Fall Kreationsherausforderung und praktischer Anspruch zugleich.[27] Bereits 2002 suchen die Architektin Katharina Jester und der Architekt Enno Schneider, beide mit Schwerpunkt Bauen im Bestand, in ihrem Band *Weiterbauen. Konzepte, Projekte, Details*[28] einen Überblick herzustellen und dabei einen konzeptionellen Rahmen über die projektbasierte Darstellung von »Erhalt – Erinnerung – Erneuerung« zu »Umnutzung« sowie »Erweiterung« und am Ende zu »Neues Bauen im historischen Kontext« aufzuspannen. Recht früh in der aufkommenden Debatte um nachhaltiges Bauen legen sie eben diesen Vorteil des Weiterbauens mit in die Waagschale: »Auch wenn die Berechnungsmethoden für ökologische Gesamtbilanzierungen erst am Anfang stehen und es noch nicht viele Vergleichsergebnisse gibt, ist doch festzustellen, dass im Vergleich mit einem Neubau die Umnutzung eines Altbaus in der Regel eine wesentlich günstigere ökologische Gesamtbilanz aufweist.«[29]

Besonders Architektur- oder Baumonografien aus dem Bereich des kontextuellen Bauens geben sich gerne den Titel(-zusatz) *Weiterbauen*, um die besondere Geschichtsbezogenheit ihrer Arbeiten herauszustellen. So schreibt der Architekt Max Dudler in seinem gleichnamigen Buch, welches die Erweiterungsbauten des gegenwärtigen Bundesministeriums für Verkehr und digitale Infrastruktur portraitiert: »Wir transformieren sie [historische Architekturen] in die Gegenwart und machen sie in der Sprache und den Mitteln unserer Zeit sichtbar. Für die Erfindung von Architektur muss man nicht bei Null anfangen. Erfindungen und Innovationen sollten eher in einem kontinuierlichen Prozess stattfinden«.[30] Dass Weiterbauen über die jeweilige Architektur(geschichts)-Referenz hinaus mit einem weit umfassenderen Anspruch bestehen kann, nämlich in der Einbindung des Neuen in die Tradierung des Vorhandenen und damit in die Erinnerungskultur am spezifischen Ort, zeigt das Beispiel der *Neuen Häuser für Martin Luther*, welche der Architekturhistoriker und -theoretiker Matthias Noell mit dem im Gedenkjahr 2017 erschienen Band kontextualisiert. Gemäß dem Anspruch dieser Bauten, einem dynamischen Erinnerungsprozess nachzukommen, auf allen Ebenen eine »programmatische Aktualisierung« vorzunehmen, wird aus dem »Weiterbauen« hier ein »Weiterdenken«[31] – die »gestalterische-konzeptionelle Fortschreibung der Erinnerungsorte der Reformation«.[32]

Weiterbauen findet ebenso dort statt, wo kein so mehrschichtiges Erinnerungsgerüst vorhanden ist, auf das reagiert werden muss, sondern möglicherweise eine formal stark determinierende bauliche Nachbarschaft: »Manchmal aber ist die Situation so gestaltmächtig, dass der neue Eingriff nicht umhin kommt, sich dazu explizit zu verhalten«[33], wie die Redaktion eines Bauwelt-Heftes aus dem Jahr 2018 mit dem Titel *Am alten Plan weiterzeichnen* schreiben. Dass die Rahmenhandlung des Weiterbauens ebensowenig immer von den Beschränkungen eines denkmalgeschützten Baus bestimmt sein muss, ist einer Äußerung Nott Caviezels zu entnehmen, der unter dem gleichen Titel, *Weiterbauen – Weiterdenken*, das Verhältnis zwischen Architektenschaft und Denkmalpflege ein weiteres Mal auslotete: »Weiterbauen ist aber auch – vielleicht sogar in erster Linie – eine sehr pragmatische Angelegenheit. Der Architekt, der mit verwertendem Blick – quasi als Dieb – dem Bestand begegnet, sucht die Aneignung. Dabei geht seine Annäherung nicht von einer vorgefassten und unbedingten Wertschätzung für das Alte aus.«[34]

Dass allerdings Weiterbauen nie nur als rein technisches Verfahren oder konstruktive Methode verstanden werden kann, sondern zunächst als ein dem Entwerfen vorgängiges Konzipieren, räumen genauso jene Publikationen ein, die als praktische Ratgeberliteratur des Bauens charakterisiert werden können. So folgert Georg Giebeler im *Atlas Sanierung. Instandhaltung, Umbau, Ergänzung*, dass ›Weiterbauen‹ oder ›Bauen im Bestand‹ als Begriffe »keine Maßnahmen im technischen Sinne [meinen], sondern [...] eher eine Haltung«, nämlich »den dauerhaften Prozess des Bauens«.[35] In seinem Glossar kommt ›Weiterbauen‹ als Lemma nicht vor, es ist dort ein Unterbegriff des Bauens im Bestand, allerdings mit einem Zug des Prozesshaften ausgestattet.[36] In ebendiesem *Atlas Sanierung* formulieren Giebeler und Petra Kahlfeldt, beide auch Hochschullehrende mit Schwerpunkt Bauen im Bestand/ historische Baukonstruktion, *Gedanken zum Bauen mit Bestand*, wobei sie auf die Verantwortung der Architektinnen und Architekten im Strom der Geschichtlichkeit des Bauens pochen. Auch deswegen befürworten sie weniger die Strategien des Trennens, Fragmentierens und In-Schichten-Zerlegens, lauter Verfahren, die mit großen Eingriffen in die Substanz verbunden seien. Es gehe nicht darum, »das Zelebrieren von Zeitschichten in den Vordergrund [zu] stellen, sondern die architektonische Einheit des Gebäudes hervor[zu]heben.«[37]

Wird der ›Weiterbauen‹-Begriff auf den Städtebau und die Stadtplanung ausgedehnt, dann bilden sich grundsätzlich die gleichen Konfliktfelder – zwischen dem Denkmalserhalt und der Notwendigkeit zu einer lebendigen Weiterentwicklung – ab, allein in einem weit größeren Maßstab, vor dem Hintergrund eines komplexeren Funktionsgefüges, mit oft vielen historischen Schichten und ungleich mehr und größeren Beteiligungsgruppen. Die naturgegebene Charakteristik von Stadt, im historischen Rückblick und in der Projektion in die Zukunft nur weiterbauend lebendig zu sein und zu bleiben, stellt sich wahrscheinlich noch deutlicher dar als am Einzelbau. Somit taucht Weiterbauen hier unter verschiedenen Vorzeichen auf, die der Komplexität von Stadt gerecht zu werden suchen.

Das Haus-Magazin der ETH Zürich, *trans*, erschien 2004 in diesem Sinn unter dem Titel *transify. Weiterbauen unter veränderten Voraussetzungen* und widmete sich dem Phänomen Weiterbau der Stadt in höchst unterschiedlicher Größenordnung und Dynamik – sowohl fernöstliche Megacities als auch die Schrumpfungsprozesse im Osten Deutschlands, sowohl städtische Ruinen und Brachen als auch grüne Räume sind darin thematisiert. Hierbei wird Denkmalschutz als »rückwärtsgewandte« Disziplin zur Diskussion gestellt und Gegenwartsbezug eingefordert.[38] Einer solchen Haltung gegenüber räumt Wolfgang Sonne, Architekturhistoriker und -theoretiker, zwar ein, dass angesichts der Stadt eine rein »substanzorientierte Denkmalpflege an ihre Grenzen« stößt, trotzdem: Weiterbauen im Sinne von Neubauen könne nicht ohne Denkmalpflege, ja müsse aus städtebaulicher Sicht in diese miteinbezogen werden, allerdings: »sie muss ihre Schönheitskriterien nicht durch bestimmte Geschichtsbilder beschränken: Sie ist frei, nicht nur das Andere oder ganz Andere, sondern auch das Gleiche oder Ähnliche als Zeitgenössisches anzuerkennen.«[39]

Ein jüngst erschienener Band aus der Fachgruppe Städtebauliche Denkmalpflege NRW ist exakt unter dem Titel *Weiter Bauen* nun insbesondere den Werkzeugen – auch anderen, als den etablierten – städtebaulicher Denkmalpflege von der Bestandserfassung bis hin zu einer vorausschauenden Stadtentwicklung gewidmet.[40] Dass ohne den Einbezug des jeweils *Anderen* Stadtbau zumindest auf der politischen Ebene nicht mehr zu denken ist, zeigt beispielsweise die Beteiligungspraxis so vieler Städte. Wenn die Berliner Senatsverwaltung für Stadtentwicklung und Wohnen Projekte kommunizieren will, dann zum Beispiel unter dem Titel *Stadt weiterbauen*. Hier scheint der Begriff jenes vermittelnde Potenzial zu haben, das integrierte städtebauliche Entwicklungskonzepte durch die vielschichtigen kooperativen Verfahren partizipatorischer Stadtplanung führt.[41]

Offenkundig ist das Weiterbauen der Entwicklung von städtischen Räumen geradezu selbstverständlich eingeschrieben, sind sie doch per se durch permanente Veränderung gekennzeichnet. Ebenso offenkundig scheint es hingegen sowohl der Praxis als auch dem Selbstverständnis der Akteurinnen und Akteure in Bauingenieurwesen und Bautechnik eher noch fremd zu sein. Zwar haben sich dort neben den klassischen Interventionsfeldern von Sanierung und Instandsetzung in den letzten beiden Jahrzehnten mit ›Reparatur‹ und insbesondere ›Ertüchtigung‹ weitere Begriffe etabliert, die bewahrend oder eben entwickelnd gezielt neue Handlungsstrategien am technischen Gegenstand beschreiben. Explizit vom ›Weiterbauen‹ jedoch spricht das Bauingenieurwesen noch kaum.

Wenn Thomas Will 2003 darauf hinweist, dass sich das Denkgerüst des Weiterbauens angesichts der ermüdenden Konzepte der inszenierten Brüche und Fugen zwischen Alt und Neu für diesen Bereich wenig eigne (»das Weiterbauen als dekonstruktivistische Textkritik liefert wenig Bleibendes bei Aufgaben, die zuerst konstruktiver Natur sind«[42]), dann greift dies in seiner Polarisierung von dekonstruktivistisch und konstruktiv als Ansatz einer Begründung freilich viel zu kurz. Erklärungen sind eher im erstaunlich veränderungsresistent tradierten Selbstverständnis des ja gerade einmal gut 200 Jahre alten Bauingenieurwesens angelegt. Spätestens seit der Mitte des 19. Jhs. definierte es sich – nachzulesen in so mancher Baukonstruktionslehre der Zeit – explizit in der Abkehr von jeder Geschichtlichkeit. Nahezu poetisch brachte etwa Ernst Brandt, Baumeister und Dozent an der Königlichen Bau-Akademie zu Berlin, in der Einleitung zur zweiten Auflage seines *Lehrbuchs der Eisen-Constructionen* diese Verschiebung im Selbstverständnis der Ingenieure 1871 auf den Punkt: »Aristoteles sagt: Wenn ein Mensch an Vergangenes denkt, so blickt er zur Erde, denkt er an Zukünftiges, so schaut er gen Himmel. Den Verfasser fesselten in weit höherem Grade die Verhältnisse der Gegenwart, und so schien es ihm geboten, auf retrospective Betrachtungen zu verzichten.«[43] Naturbeherrschung durch Wissenschaft, Fortschritt durch Neubau wurden zu den beiden zentralen Leitbildern der immer einflussreicheren und machtvoller gestaltenden Disziplin. Für Zwischentöne des Historischen, für Behutsamkeit am Bestand war da wenig Raum: (Nicht nur) im Bauingenieurwesen definierte sich die Hochmoderne ja nicht etwa durch Rücksicht, sondern gerade durch den Bruch mit allem Tradierten.

Faktisch ist freilich gerade der Bereich des dem Bauingenieurwesen ureigenen Ingenieurbaus – der Brücken, Trassen, Industriebauten etc. –, ähnlich wie der Bereich der Stadt, durch stetige Entwicklung und Veränderung als Prinzip charakterisiert. Und eben hier, im Ingenieurbau, umfasst ›Weiterbauen‹ eigentlich besonders markant den Erhalt ebenso wie die Neuschöpfung als Begriffsumfelder. Aufhorchen lässt in diesem Zusammenhang der jüngst im Zusammenwirken von Architektur und Bauingenieurwesen erschienene Band von Daniel Stockhammer, Astrid Staufer und Daniel Meyer, *Weiterbauen in Stahl*. Ein technisches Prinzip, das Stahltragwerk, wird als kontinuierlich angewandte Technik des Weiterbauens in der Geschichte begriffen und mit ihren materialspezifischen Eigenformen entfaltet. Anschaulich zeigen die Autorinnen und Autoren, wie vielfältig sich Weiterbauen für die tradierte städtische Baumaßnahme

Aufstockung allein unter der Prämisse eines Materials – des Stahls – und seiner technischen Parameter ausdrücken kann.[44]

Im Beitrag des Bauingenieurwesens zum Bauen im Bestand kann die Bereicherung des Interventions-spektrums von Sanieren und Instandsetzen, Reparieren und Ertüchtigen um die Kategorie des Weiter-bauens eine vertiefte Differenzierung in der Abwägung verschiedener Handlungsoptionen eröffnen – im alltäglichen Ingenieurbau ebenso wie in der bautechnischen Denkmalpflege und ihrer Verpflichtung auf Behutsamkeit als Prinzip. Nicht, dass es hier noch keine beeindruckenden Beispiele gäbe; erinnert sei nur an die eben auch zutiefst feinsinnige bautechnische Bearbeitung des hinlänglich bekannten Neuen Museums. Sie ist geradezu ein Lehrbeispiel dafür, auch im Technischen den Bestand zu akzeptieren und nicht nur zu konfrontieren, auch die Konstruktion dem archäologischen Blick zu unterziehen und daraus angemessenes Handeln zu entwickeln. Die bautechnische Denkmalpflege ist die Königsklasse des Ingenieurhandelns im Bestand. Wie unter einem Brennglas öffnet die bewusste Reflexion über die Vielfalt möglichen Weiterbauens dem Bauingenieurwesen gerade hier ein breites Spektrum neuer Verständnis- und Handlungsoptionen – und sei es, einfach zu akzeptieren, dass Konstruktionen altern dürfen und deshalb nicht schlechter werden.

Entsprechend dem übergeordneten Ziel des DFG-Graduiertenkollegs »Kulturelle und technische Werte historischer Bauten«, die mit historischer Bausubstanz befassten Disziplinen zusammenzu-bringen und insbesondere eine Brücke zwischen den wissenschaftlichen Welten der Ingenieur- und der Kulturwissenschaften zu schlagen, werden in vier Querschnittskapiteln Begriff und Praxis des ›Weiterbauens‹ gemeinsam behandelt. So besteht das Anliegen des vorliegenden Bandes darin, die allzeit aktuelle Auseinandersetzung mit dem Bauen im Bestand voranzutreiben und dabei auf vier Leitthemen stärker als bisher zu fokussieren – auf jene nach dem Weiterbauen als *kulturelle Praxis*, als *technische Wegweisung*, als *Aushandlungsfeld gesellschaftlicher Konflikte* und als *Studienobjekt*. Ergänzt wird dies um zwei Dokumentationen, die *Weiterbauen als konkrete Aufgabe* zeigen. Dabei kommen alle Maßstabsebenen – von der Stadtplanung bis zum Entwurfsprojekt – zum Tragen.

Weiterbauen als kulturelle Praxis

Dieser erste Abschnitt des Bandes stellt die Frage nach den (bau-)kulturellen und ideologischen Konnotationen architektonischer Transformationen. Luise Rellensmann befasst sich mit der Bedeutung eines prozessualen Bauwerksverständnisses im Denkmalpflege- und Architekturdiskurs und stellt die architektonische Transformation im Weiterbauen anhand zeitgenössischer Beispiele als kuratori-schen Prozess kultureller Inwertsetzung heraus. Sie formuliert in diesem Zusammenhang den Begriff einer »Denkmalpflege ohne Denkmalpfleger*innen«, welche etwa durch die Integration natürlicher Zerfallsprozesse oder die Wertschätzung anonymer Architekturen im Entwurf die autoritative amtliche Praxis hinterfragt und so einen eigenen Beitrag zum Kulturerbediskurs leistet.

Das Konzipieren und Entwickeln von Weiterbauprojekten im »Weiterentwerfen« ist niemals refe-renzfrei möglich, so die These von Eva Maria Froschauer zum Entwurfsvorgehen als Teilbereich des Weiterbauens. Ihr Beitrag untersucht die Verwertung und Integration unterschiedlicher Bezüge im architektonischen Entwurfsprozess. Sie betrachtet dabei im speziellen vier Vorgehensweisen – die Zitation, die Variation, die Paraphrase und die Appropriation – anhand zeitgenössischer Beispiele der Entwurfspraxis des Weiterschreibens.

Joseph Rustom und Clara Rellensmann untersuchen in ihren jeweiligen Beiträgen die politisch-ideologischen Implikationen einer Weiterbaupraxis im Kontext von Wiederaufbauprojekten sakraler

Architektur. So stellt Rustom bei seinem kritischen Vergleich des Wiederaufbaus zweier Moscheen im Nachkriegs Beirut – der al-Omari-Moschee und der Mohammed-al-Amin-Moschee – fest, dass der Akt des Weiterbaus nicht immer ein Zeitschichten akkumulierender Prozess ist, sondern als Werkzeug auch dazu dienen kann, Geschichte zu leugnen und umzuschreiben, etwa um ein zerfallendes politisches System aufrechtzuerhalten oder durch Integration architektonischer Zeichen religiöse Botschaften zu vermitteln. Letztendlich jedoch zeigt die Analyse beider Projekte, dass Bauwerke niemals auf vermeintlich eindeutige, von ihren Er- oder Weiterbauern beabsichtigte Bedeutungen reduziert werden können, sondern stets offen sind für Neuinterpretation und Bedeutungsbildungsprozesse durch manchmal auch unerwartete Nutzungen.

Wie im Rahmen von Weiterbauen Kontinuität inszeniert oder gar erfunden wird, zeigen Clara Rellensmanns Untersuchungen zur Transformation der Tempelstadt Bagan. Zwischen 1995 und 2011 wurde unter der myanmarischen Militärregierung das Weiterbauen buddhistischer und ehemals königlicher Stätten staatlich gefördert. Mit Hilfe von privaten Spenden wurden mehr als 1.500 Pagoden teilrekonstruiert und mehr als 950 nahezu komplett neu gebaut. Dabei diente die Verwandlung der Ruinenlandschaft zur Pagodenstadt elitären und religiös-kulturellen Narrativen zur Legitimierung politischer Macht.

Weiterbauen als technische Wegweisung

Vier Beiträge loten danach Facetten des Weiterbauens in seiner technischen Dimension aus. Einleitend thematisiert Elena Zapatero Rodríguez am Beispiel von drei kriegszerstörten Baudenkmalen in der BRD die Bedeutung eigentlich nur temporär gedachter und vornehmlich bautechnisch geprägter Sicherungsmaßnahmen. Sie fragt danach, ob und wie die Kriterien und Techniken dieser aus der Not geborenen, zeitbedingten Eingriffe die allgemeine denkmalpflegerische Diskussion um zu erhaltende Werte und angemessene Interventionen zu bereichern vermochten. Die bewusst auf Mauerwerksbauten beschränkte Auswahl zeigt dabei an Beispielen wie der Sicherung der Kölner St. Alban Kirche durch den Bauingenieur Josef Pirlet und der vom Architekten Hans Döllgast verantworteten Reparatur der Münchener Alten Pinakothek durchaus unterschiedliche Ansätze und Techniken auf. Gemein ist ihnen allen aber, dass sie nicht die Wiederherstellung der äußeren Erscheinung zum Ziel hatten; diese sollte eigentlich einer späteren Rekonstruktion vorbehalten bleiben. Aus heutiger Sicht jedoch fügten gerade die nur »operativen« Eingriffe dem Baudenkmal eine neue, auch technisch bedingte Bedeutungsebene hinzu, die über das klassische Denkmalverständnis hinausgeht und sich am ehesten als Weiterbauen interpretieren lässt.

Steffen Marx, Markus Köppel und Jens Müller berichten anschließend aus einem der wohl konfliktreichsten Arbeitsfelder bautechnischer Denkmalpflege, dem Umgang mit denkmalgeschützten Bahnbrücken. Besonders scharf stoßen hier die unterschiedlichen Anforderungen, Leitbilder und Zielvorgaben der Akteurinnen und Akteure aufeinander – das bewahrende Interesse der Denkmalpflege und das entwickelnde Interesse der Deutschen Bahn, deren erste Aufgabe darin besteht, für die allseits geforderte weitere Stärkung des Bahnverkehrs ein verlässliches und zukunftsfähiges Netz bereitzustellen. In einer Fallstudie zeigen sie eine mögliche Lösung in diesem Interessenkonflikt auf, die denkmalpflegerisch durchaus nicht nur Zustimmung finden dürfte, aber eben gerade als Weiterbauen Position bezieht.

Eugen Brühwiler weitet den Blick über den Bereich der Bahn hinaus auch auf andere Brücken und thematisiert zunächst die zwingende und doch meist unbeachtete Grundfrage im Hinblick auf jede scheinbar unabänderlich notwendige Intervention: Ist ein Eingriff überhaupt wirklich erforderlich, oder verkennt man nicht nur das real auch weiterhin völlig ausreichende Tragvermögen des Bauwerks? Exemplarisch gibt er einen Einblick in die leistungsfähigen Methoden, die im Bauingenieurwesen heute für eine angemessene Beurteilung dieser Grundfrage zur Verfügung stehen. Wenn eine Verstärkung aber doch unabänderlich sei, dann gelte es, eine Lösung zu entwickeln, die Brühwiler als »Veredeln« bezeichnet und an mehreren Beispielen erläutert; ein spannender Ansatz – lässt sich dieses Veredeln doch als Weiterbauen im Mikrokosmos des Technischen lesen.

Abschließend thematisiert Werner Lorenz zunächst die ökologische Bedeutung des Weiterbauens vor dem Hintergrund des öffentlich noch kaum diskutierten enormen Ressourcenverbrauchs der Bauproduktion, um dann den Gründen dafür nachzugehen, warum es in den immer wiederkehrenden, oft scharfen Auseinandersetzungen um Erhalt oder Abriss denkmalgeschützter Brückenbauten gleichwohl so unendlich schwer ist, Weiterbau-Lösungen als Alternative zum Neubau auf diesem Gebiet überhaupt ernsthaft in Erwägung zu ziehen. Zwei Fallstudien geben einen detaillierten Einblick in den Ablauf dieser Aushandlungsprozesse, vor allem aber dienen sie als Ausgangspunkt für eine differenzierte Auseinandersetzung mit Entscheidungsräumen und Motiven der handelnden Ingenieurinnen und Ingenieure. Es entfaltet sich ein vielschichtiges Geflecht aus Finanzierungs-Randbedingungen, verpflichtenden Regelwerken und festgefahrenen Planungsmaschinen bis hin zu tradierten Leitbildern, Wertvorstellungen und Verantwortungsbegriffen. Die Analyse zeigt auf, dass es oftmals weniger zwingende technische Gründe als vielmehr gesellschaftliche Entscheidungen sind, die den weiteren Umgang mit denkmalgeschützten Brücken determinieren.

Weiterbauen als gesellschaftliche Aushandlung

Wie sehr dagegen diese Auseinandersetzung zwischen Expertinnen und Experten implizit der Aushandlungslogik übergreifender gesellschaftlicher Konstellationen sowie ihren eigenen Narrativen folgt, verdeutlichen die folgenden thematischen Beiträge von Sabrina Flörke, Albrecht Wiesener, Maja Lorbek und das gemeinsam von Georg Ebbing und Moritz Henkel verfasste programmatische Statement zum »Reproduktiven Entwerfen«.

In ihrem Beitrag zur Villencolonie Alsen in Berlin-Wannsee und ihrer wechselvollen Nutzungsgeschichte verdeutlicht Sabrina Flörke, wie gering die Wertschätzung für die besondere städtebauliche Struktur und kulturgeschichtliche Bedeutung der Siedlung zu Beginn der 1960er Jahre ausgeprägt war, so dass umfangreiche Weiterentwicklungsvorhaben sowie der Abriss bzw. Neuaufbau bedeutender Bauten problemlos erfolgen konnten. Die zu erwartenden Konflikte über die Neuprägung der Kolonie blieben zunächst aus.

Mit derartigen Konflikten, jedoch in einem ganz anderen Feld des baulichen Erbes, und mit ihrer historischen Eigendynamik beschäftigt sich Albrecht Wiesener am Beispiel der Ravensberger Spinnerei in Bielefeld. Um 1860 entstanden, gilt diese als eines der ersten in Deutschland unter Schutz gestellten und erfolgreich umgebauten Industriedenkmale aus der Frühzeit der Hochmoderne. Die detaillierte Analyse der langsamen Reifung eines zunächst für illusorisch gehaltenen Erhaltungskonzepts entwickelt der Autor entlang zweier Leitgedanken zur Dialektik von Weiterbauen und Geschichte: Zum einen bezieht der Konflikt um die Frage von Abriss oder Weiterbauen eine bestimmte Position zur Geschichtlichkeit des Bauwerks. Zum anderen entdeckt sich im Weiterbauen und der damit verbundenen Zuwendung die Geschichte eines Bauwerks jeweils auf eigene und neue Art und Weise. Gerade am Beispiel der Ravensberger Spinnerei verdeutlicht sich zudem, wie sehr diese erfolgreiche Bewahrung von Industriedenkmalen und das Weiterbauen hin zu einer neuen Nutzung eine Dynamik der Auseinandersetzung mit dem baulichen Erbe der jüngeren Vergangenheit in Gang gesetzt hat, die zuvor auch im Beitrag von Luise Rellensmann aufscheint, wenn es um die Strategien der »Counterpreservation« im Nachwende-Berlin geht.

Dass dem baulichen Weiterdenken von Gebäuden stets ein Moment der Freiheit und der Ausnahme vom Bestehenden vorausgeht, Funktionen dabei unter veränderten gesellschaftlichen Bedingungen neu interpretiert werden und soziale und kulturelle Paradigmenwechsel langfristig auch ihren Niederschlag in veränderten Bauvorschriften finden, verdeutlicht auf besonders anschauliche Weise Maja Lorbek in ihrem Beitrag zum *Wiener Schulsanierungsprogramm*. Unter Rückgriff auf den Ansatz der *Social Construction of Technology* (SCOT) und auf Experteninterviews kann Lorbek ebenso wie Wiesener im vorausgegangenen Beitrag nachweisen, dass Weiterbauensprozesse auch als gesellschaftlich beding-te »*lessons learnt*« beschrieben werden müssen.

Einen besonderen Zugang zur Frage der gesellschaftlichen und historischen Rückbindung von Ansätzen und Strategien des Weiterbauens wählen Georg Ebbing und Moritz Henkel in ihrem *Manifest zur Kontinuität* überschriebenen Beitrag zum »Reproduktiven Entwerfen«. Dabei geht es ihnen um die pointierte Aktualisierung einer »Kultur des Referenzierens und Aneignens von architektonischen Werken und räumlichen Situationen«, die in den städtebaulichen und architektonischen Entwürfen eher das Vertraute und historische Bekannte befördert als das Exzeptionelle und neu Anmutende. Vermittels acht unterschiedlich situierter Thesen diskutieren Ebbing und Henkel die Möglichkeiten einer geschichtsaffinen und gesellschaftliche Kontinuitäten statt Brüche betonenden Entwurfshaltung. Was dabei aufscheint, ist weniger die bloße Erweiterung des Wissenshorizontes oder der Perspektive auf die Geschichte der eigenen Disziplin der Architektur und des Städtebaus. Mehr noch, so die Autoren des »Manifests«, geht es um die Begründung einer besonderen (Wert-)Haltung: Wer Geschichte durch Weiterbauen schafft, muss sich ihrer und der eigenen Kontingenz bewusst sein.

Weiterbauen als Studienobjekt

Im vierten Abschnitt des Bandes versammeln sich Beiträge, die sich der genaueren Erkundung von konkret geplanten oder bereits durchgeführten Weiterbau-Projekten widmen. Die drei Beiträge stammen von Master-Absolventinnen der BTU Cottbus-Senftenberg, die sich entweder in fortgeschrittenen Studienprojekten oder in ihrer Masterarbeit mit Einzelfallfragen des Weiterbauens auseinandergesetzt und hier an dieser Stelle ihre jeweilige Recherche und Fragestellung weiter vertieft haben. So schreibt Yanna Kaiser über den baupraktischen Zusammenhang von ressourcenschonendem und auch sozial nachhaltigem Weiterbauen im Falle einer energetischen Hochhaussanierung im Freiburger Stadtteil Weingarten. Der Beitrag macht deutlich, welches Weiterbauen-Potential im in die Jahre gekommenen Bautyp dieses deutschlandweit vorhandenen Sozialwohnungsstandards der 1950er bis 1970er Jahre liegt.

Einem Cottbuser Beispiel mit Potential zum konkreten Weiterbauen nimmt sich der Beitrag von Verónica Rosales Mitte an. Sie zeigt anhand der im späten 19. Jh. gegründeten Segeltuchweberei Max Lehmann – eines der letzten erhaltenen Beispiele aus der großen Ära der Textilfabriken am Ort –, welche Aushandlungsprozesse zwischen allen Beteiligten, Bürgerinnen und Bürger, Behörden und Eigentümer, notwendig sind, will der Standort weiter- bzw. neu entwickelt werden. »Adaptive Re-use« soll hier nicht nur helfen, den Gebäudebestand zu retten, sondern darüber hinaus auch stadträumliche Konzepte weiterdenken.

Marriët Boutez hinterfragt detailreich das mögliche Weiterbauen eines Gebäudetyps, der bereits mit der Entwurfsidee das Potential zur Veränderung in sich trägt: die Systembauschulen der 1960er und 1970er Jahre. Am Fallbeispiel der bereits im Stadium des Teilabrisses befindlichen Geschwister-Scholl-Stadtteilschule in Hamburg zeigt sie, dass der hier ursprünglich ausdrücklich intendierte Um- und Weiterbaugedanke durch Verkennung von dessen (Denkmal-)Wert heute auch scheitern kann. Sie zeichnet damit eine Gebäudebiografie nach, in der Weiterbauen eigentlich essenzieller Bestandteil sein könnte.

Weiterbauen als konkrete Aufgabe: Zwei Dokumentationen

Der fünfte und letzte Abschnitt des Buches geht zurück auf themenbegleitende Einzelvorträge und die Ringvorlesung im Vorfeld des dritten Querschnittskolloquiums und zeigt »Weiterbauen konkret« deshalb auch auf andere Art und Weise als die vorangegangenen vertieften wissenschaftlichen Analysen, nämlich als bildbasierte Dokumentationen.

Durch eine beeindruckende Reihe lebendiger Zeichnungen und Arbeitsskizzen ergänzt, zeigt Aman Naths Beitrag, wie totgeglaubte, malerische indische (Palast-)Ruinen mit viel Enthusiasmus und Vertrauen in Improvisation und das örtliche Handwerk in weitestgehend informellen Prozessen wieder zum Leben erweckt werden. Der Autor berichtet in diesem Sinn nicht nur von einer bauerhaltenden und nachhaltigen, sondern auch von einer höchst erfolgreichen Unternehmenspraxis.

Den Abschluss bildet der Bildessay von Alexander Schwarz, Partner bei David Chipperfield Architects, deren 2019 eröffnete James-Simon-Galerie, ein die »Topografie« der Bauten der Berliner Museumsinsel abschließendes Empfangsgebäude darstellt. Weiterbauen trägt in diesem Fall die Entwurfsäußerung und die an diesem Ort zwingende Bedingtheit von Geschichtsbezug und Modernität.

Im Sinne des prozesshaften Charakters des Weiterbauens liefert der Band keine abschließende und allgemeingültige Neudefinition des Begriffes. Vielmehr eröffnen die Beiträge facettenreiche, multidisziplinäre Sichtweisen auf eine weiterhin unabgeschlossene und zunehmend an Bedeutung gewinnende Praxis der Architektur.

Allen Vortragenden der Tagung und der Vortragsreihe danken wir für ihre Beteiligung. Ein besonderer Dank gebührt Sophia Hörmannsdorfer für die energische und kompetente Begleitung des Bandes bis zur fertigen Manuskripterstellung sowie dem Lektorat durch Johannes Althoff, William Hatherell und Jasmine Rice. Abschließend sei der Deutschen Forschungsgemeinschaft (DFG) für ihre finanzielle Unterstützung gedankt. Ohne deren langfristige und großzügige Förderung des Graduiertenkollegs »Kulturelle und technische Werte historischer Bauten« an der BTU Cottbus-Senftenberg wäre diese Publikation nicht möglich gewesen.

Cottbus, August 2020
Eva Maria Froschauer, Werner Lorenz, Luise Rellensmann, Albrecht Wiesener

1   Jester / Schneider 2002, 10–12.
2   Vgl. Will 2003, 54.
3   Beiblatt zur Schweizerischen Bauzeitung der Jahre 1934–36 mit dem Titel »weiterbauen« 1, 1934, 1.
4   Ebd.
5   Wohlleben 1989.
6   Wohlleben 1989, 50, z.B. bei Georg Hager; vgl. dazu auch Will 2003, 50.
7   Eine der jüngsten Tagungen, Mai 2018 im Zürcher Landesmuseum, »Architektur im Fokus: Weiterbauen« (online: https://holzer.arch.ethz.ch/news-veranstaltungen/idb-news/2018/04/architektur-im-fokus-weiterbauen.html).
8   Ein Dank an Yanna Kaiser für die Vorarbeit der Begriffs-Recherche sowie an Werner Lorenz für die erste kursorische Begriffsdarstellung auf dem Querschnittskolloquium 2018. Wohlleben 1989; Hähle 1994, 24–30.
9   Beobachtet wurde weitestgehend die deutsche Literaturlage; auch die Literatursituation in der Schweiz scheint zur Begriffsgeschichte ergiebig zu sein.
10 Kalesse 2011.
11 Kalesse 2011, 27.
12 Reetz 2000, 1.
13 Will 2003, 55.
14 Will 2003, 54.
15 Will 2003, 52.
16 Mainzer 2010, 71–72.
17 Haspel 2009; SMB / BBR / LDA 2009.
18 Kalesse 2011, 26.
19 Rellensmann 2016, 8 u. 10.
20 Eidgenössische Kommission für Denkmalpflege 2007, 26.
21 Diener 2017, 85.
22 Vgl. Schürch / Schnell 2010; u.a. Masterarbeiten von Meier 2015; Weber 2016; Truog 2016.
23 Bundesdenkmalamt 2015, 257 [Hervorhebung im Original].
24 nonconform 2019; Hölz / Hauser 2011.
25 Kirchengast 2010.
26 Seit 15 Jahren veranstaltet eine Kooperation aus Hamburgischer Architektenkammer, BDA Hamburg, Freier Akademie der Künste und dem Denkmalschutzamt eine Exkursionsreihe unter dem Titel »Weiterbauen« (online: https://www.bda-bund.de/wp-content/uploads/2019/05/Programm-Weiterbauen-15_2019.pdf).
27 Ein Beispiel: Höhns 2004.
28 Jester / Schneider 2002.
29 Jester / Schneider 2002, 13.
30 Dudler 2010, 50.
31 Noell 2017, 7.
32 Noell 2017, 13.
33 Brinkmann et al. 2018, 1.
34 Cavieziel 2003, 8.
35 Giebeler 2008, 10.
36 Giebeler 2008.
37 Giebeler / Kahlfeldt 2008, 18.
38 Siebert et al. 2004, 4–5.
39 Sonne 2010, 22–23.
40 Apfelbaum et al. 2019.
41 Senatsverwaltung für Stadtentwicklung und Wohnen 2019.
42 Will 2003, 55.
43 Brandt 1871, VIII.
44 Stockhammer et al. 2018.

Apfelbaum et al. 2019
A. Apfelbaum / Y. Utku / Ch. Reicher / G. Escher / M. Leyser-Droste (Hg.): Weiter Bauen. Werkzeuge für die Zeitschichten der Stadt (Essen 2019).

Brandt 1871
E. Brandt: Lehrbuch der Eisen-Constructionen (Berlin 1871).

Brinkmann et al. 2018
U. Brinkmann / B. Crone / B. Flagner: Editorial. Am alten Plan weiterzeichnen: Bauwelt 9, 2018, 1.

Bundesdenkmalamt 2015
Bundesdenkmalamt (Hg.): Standards der Baudenkmalpflege. 2. Aufl. (Wien 2015).

Caviezel 2003
N. Caviezel: Weiterbauen – Weiterdenken, werk, bauen + wohnen 6, 2003, 4–9.

Diener 2017
R. Diener: Neue Kategorien von Entwurf und Denkmalpflege, in: Nationale Informationsstelle zum Kulturerbe NIKE / BAK / ICOMOS (Hg.): Nützlich oder überflüssig? Nécessaires ou superflus?: Die Leitsätze zur Denkmalpflege in der Schweiz. Les principes pour la conservation du patrimoine culturel bâti en Suisse (Basel 2017) 82–87.

Dudler 2010
M. Dudler: Weiterbauen. Bundesministerium für Verkehr, Bau und Stadtentwicklung (Berlin 2010).

Eidgenössische Kommission für Denkmalpflege 2007
Eidgenössische Kommission für Denkmalpflege: Leitsätze zur Denkmalpflege in der Schweiz (Zürich 2007).

Giebeler 2008
G. Giebeler: Begriffsdefinition, in: G. Giebeler et al.: Atlas Sanierung. Instandhaltung, Umbau, Ergänzung (Wismar 2008) 10–15.

Giebeler / Kahlfeldt 2008
G. Giebeler / P. Kahlfeldt: Weiterbauen – Gedanken zum Bauen mit Bestand, in: G. Giebeler et al.: Atlas Sanierung. Instandhaltung, Umbau, Ergänzung (Wismar 2008) 16–19.

Haspel 2009
J. Haspel (Hg.): Welterbe weiterbauen – St. Petersburg und Berlin-Potsdam (Berlin 2009).

Hähle 1994
W. Hähle: Denkmalpflege und Moderne – Weiterbauen am Denkmal, Mitteilungen des Landesamtes für Denkmalpflege Sachsen 1, 1994, 24–30.

Höhns 2004
U. Höhns: Helmut Riemann. Weiterbauen – Architektur im Kontext (Hamburg 2004).

Hölz / Hauser 2011
Ch. Hölz / W. Hauser (Hg.): Weiterbauen am Land. Verlust und Erhalt der bäuerlichen Kulturlandschaft in den Alpen (Innsbruck 2011).

Jester / Schneider 2002
K. Jester / E. Schneider (Hg.): Weiterbauen. Konzepte, Projekte, Details (Berlin 2002).

Kalesse 2011
A. Kalesse: Ideologie versus Denkmalpflege?, in: F. Vialon (Hg.): Auferstanden aus Ruinen. Fachtagung »20 Jahre Denkmalschutz in den neuen Bundesländern« (Dresden 2011) 23–30.

Kirchengast 2010
A. Kirchengast: Weiterbauen. Für eine besondere Baukultur (Graz 2010).

Mainzer 2010
U. Mainzer: Weiterbauen am Denkmal! Der Weiterbau ein Denkmal?, Weiterbauen am Denkmal, Arbeitshefte des Landesamtes für Denkmalpflege Sachsen 14 (Beucha 2010) 68–73.

Meier 2015
S. Meier: Weiterbauen mit Bestand: Untersuchung zu Spolien als physische Momente historischer Verdichtung, Master-Thesis, Zürcher Hochschule für Angewandte Wissenschaften (Winterthur 2015).

Noell 2017
M. Noell (Hg.): Weiterbauen, Weitdenken. Neue Häuser für Martin Luther (München 2017).

nonconform 2019
nonconform / Gemeinde Fließ / Architekturbüro Köberl & Kröss (Hg.): Das Wunder von Fließ. Wie ein lebendiges Ortszentrum entsteht (2019).

Reetz 2000
C. Reetz: Rückbauen und/oder Weiterbauen am Denkmal. Berlin 2000, Vortragsmanuskript, 5 Seiten, https://www.berlin. de/landesdenkmalamt/_assets/pdf-und-zip/veranstaltungen/berliner-denkmaltage/2000_reetz.pdf (13.7.2020).

Rellensmann 2016
L. Rellensmann: Weiterbauen – Denkmalschutz ohne Denkmalpfleger: BauNetzWoche 439, 2016, 7–10.

Schürch / Schnell 2010
P. Schürch / D. Schnell: Erneuerung. Nachhaltiges Weiterbauen (Zürich 2011).

Senatsverwaltung für Stadtentwicklung und Wohnen 2019
Senatsverwaltung für Stadtentwicklung und Wohnen (Hg.): Stadt weiterbauen. Neue Mitte Tempelhof gestalten (Berlin 2019).

Siebert et al. 2004
K. Siebert / J. Himmelreich / F. Piraccini: Editorial transify, trans 13, 2004, 4–5.

SMB / BBR / LDA 2009
Staatliche Museen zu Berlin – Stiftung Preußischer Kulturbesitz / Bundesamt für Bauwesen und Raumordnung / Landesdenkmalamt Berlin (Hg.): Das Neue Museum Berlin. Konservieren, Restaurieren, Weiterbauen im Welterbe (Leipzig 2009).

Sonne 2010
W. Sonne: Stadtbild und Denkmalpflege. Weiterbauen im historischen Kontext. Manuskript (2010), 24 Seiten, https://buddenbrookhaus.de/file/sonne_korrektur.pdf (14.7.2020).

Stockhammer et al. 2018
D. Stockhammer / A. Staufer / D. Meyer (Hg.): Weiterbauen in Stahl. Architektur der Aufstockung (Zürich 2018).

Truog 2016
B. Truog: Qualitätsvolles Weiterbauen am Baudenkmal anhand von vier aktuellen Beispielen Schlotterbeck-Areal, Zentrum Witikon und »Quai Zürich« Stadt Zürich, Bergtrotte Osterfingen Kanton Schaffhausen, MAS Thesis, ETH Zürich (Zürich 2016).

Weber 2016
F. Weber: Kritischer Regionalismus im Bergell. Weiterbauen im historischen Dorfkern am Beispiel von Vicosoprano, Master-Thesis, Zürcher Hochschule für Angewandte Wissenschaften (Winterthur 2016).

Will 2003
T. Will: Grenzübergänge. Weiterbauen am Denkmal, werk, bauen + wohnen 6, 2003, 50–57.

Wohlleben 1989
M. Wohlleben: Konservieren oder restaurieren? Zur Diskussion über Aufgaben, Ziele und Probleme der Denkmalpflege um die Jahrhundertwende (Zürich 1989).

Weiterbauen als kulturelle Praxis

Denkmalpflege ohne Denkmalpfleger*innen
Weiterbauen als kuratorischer Prozess kultureller Inwertsetzung

Luise Rellensmann

Den Begriff des Weiterbauens verbindet die Denkmalpflege nicht mit ihrer eigenen Praxis, sondern mit der von Architekt*innen. Der vorliegende Text beleuchtet den Konflikt von Denkmalpflege und Architektur zwischen statischem und prozesshaftem Bauwerksverständnis, historisierender Bewahrung und architektonischer Gestaltung. Als Beispiel hierfür stellt er Projekte mit Schwerpunkt auf die Berliner Kunstszene vor, die sich mit dem dynamischen Wesen von Bauwerken auseinandersetzen und gleichzeitig begreifbar machen, dass das Weiterbauen ein kuratorischer Prozess ist, der als Akt der kulturellen Inwertsetzung von baulichem Erbe verstanden werden kann. In diesem Sinne plädiert der Text für die stärkere Teilhabe von Architekt*innen am Kulturerbe-Diskurs.

Bereits in den 1990er Jahren setzte sich Steward Brand auf populärwissenschaftliche Art und Weise in seiner BBC-Fernsehreihe mit dem prozesshaften Wesen der Architektur auseinander. Er hielt damals fest: »A building is not something you finish, a building is something you start.«[1] Die Serie und das dazu 1995 erschienene Buch *How buildings learn*[2] sind ein Plädoyer für Anpassungen und Weiterentwicklung von Architektur durch Nutzungen und Nutzer*innen. Brand porträtiert Bauwerke wie Sommerhäuser, alte Fabriken oder Lauben, deren Veränderungen und Verbesserungen er als eine Art Lernprozess der Bauwerke selbst begriff. Er wandte sich gegen das, was er als »Magazin-Architektur« bezeichnete, gegen eine als Kunstobjekt in Hochglanzzeitschriften präsentierte Architektur. Auch die von Sandra Bartoli und Silvan Linden herausgegebene,

erstmalig 2014 im Selbstverlag erschienene Heftreihe *Architektur im Gebrauch*[3] nimmt neben Entstehung, Veränderungen und dem heutigen Erscheinungsbild von Bauwerken vor allem deren Nutzung und Gebrauch in den Blick und hinterfragt damit den rein architekturhistorischen Blick auf Architektur mit dem traditionellen Fokus auf den Zeitpunkt der Fertigstellung eines Bauwerks. In der wissenschaftlichen Auseinandersetzung mit Architektur werden Gebäude immer häufiger als »offene Prozesse« begriffen, die im Laufe ihres Bestehens immer wieder durch verschiedene Akteur*innen angeeignet werden. So konstatierte etwa der Architekturtheoretiker Richard Wittman 2016: »Many architectural historians are today inclined to conceive of buildings as open-ended processes – as sites of multi-actor practices of dwelling, using, observing, interpreting, contesting, and representing – rather than as intentionally designed, finished objects«.[4]

Auch Denkmale sind keine fertigen abgeschlossenen Objekte. Dieser einfache Umstand wurde schon vor über hundert Jahren vom österreichischen Kunsthistoriker und Denkmalpfleger Alois Riegl beschrieben.[5] Der von ihm erarbeitete Wertekanon sowie seine Idee des »ungewollten Denkmals« adressieren die Tatsache, dass Bauwerke nicht als Denkmale geplant werden, sondern dass sie ihre Denkmalbedeutung erst im Laufe der Zeit durch menschliche Aneignung und gesellschaftliche Wertzuschreibungen erlangen. Wesentlich für den sich wandelnden Charakter von Objekten ist Riegl zufolge der »Gebrauchswert«, der in die von ihm aufgestellte Kategorie der

»Gegenwartswerte« fällt, sowie der »Alterswert«, der den zentralen »Erinnerungswert« bildet. Riegls Wertekategorien stammten aus seiner Tätigkeit als Generalkonservator; in dieser Funktion besuchte er 1903 den Diokletianpalast in Split und sprach sich dort gegen das Herausschälen des antiken Baukomplexes und damit für den Erhalt später hinzugekommener Um- und Ergänzungsbauten aus:

> »Anstatt sich, wie zu dieser Zeit üblich, ausschließlich auf den ältesten und damit vermeintlich ›wertvollsten‹ Baubestand zu konzentrieren, beschäftigte sich Riegl umfassend mit dem zeitschichtenweise akkumulierten ›Alterswert‹ und den patinierten Auflösungs- und Entwicklungsspuren einschließlich der späteren baulichen Ergänzungen wie Wohnhäuser und Marktstände, die nach seiner Auffassung eine einzigartig pittoreske und lebendige ›Stimmungswirkung‹ verströmten.«[6]

Hätte Riegl aber weitere zeitgenössische Ergänzungen zugelassen? Obwohl er – wie Michael Falser in einem Aufsatz zum Alterswert und dessen heutiger Relevanz beschreibt – rückblickend das dynamische Wesen von Architektur und Stadt wertschätzte und Eingriffe in den »natürlichen Organismus« des Denkmals ablehnte,[7] ist unklar, ob er der eigenlogischen Weiterentwicklung, einem Weiterbauen, hier zugestimmt hätte.

Die heutige amtliche deutsche Denkmalpflegepraxis mag zwar durchaus Denkmäler als historische Gefüge akzeptieren, jede weitere Veränderung an diesem soll jedoch nach Möglichkeit vermieden werden oder aber unter dem Grundsatz der Reversibilität – also der potentiellen Umkehrbarkeit der Maßnahme – ausgeführt werden. Mit dem Moment der Unterschutzstellung werden die von ihr ausgewählten Objekte so aus einer »natürlichen« Entwicklung, der prozessorientierten Handhabe herausgerissen. Thomas Will spricht in dem Zusammenhang von einer »Verfremdung« des Denkmals; dieses stehe »mit seinem sich wandelnden Umfeld in einer besonderen durchaus künstlichen Beziehung«.[8] Jede Unterschutzstellung stellt also eine Zäsur dar, mit ihr werden weitere Veränderungen ausgeschlossen beziehungsweise auf ein Minimalmaß gebracht und kontrolliert. Mit dieser Absicht

steht die gegenwärtige Denkmalpflegepraxis in klarem Widerspruch zu einem prozessualen Bauwerksverständnis, das einem Weiterbauen zugrunde liegt und auch in klarem Widerspruch zu Riegls historischem Ansatz steht, der vor dem Hintergrund des heutigen Diskurses eine neue Aktualität und Interpretation erfährt. Obwohl Wahrnehmungs- und damit partizipatorisch und sozial-orientierte Denkmalverständnisse im theoretischen Kulturerbe-Diskurs stetig aufgegriffen und weiterentwickelt worden sind, bleibt die amtliche Praxis und die öffentliche Wahrnehmung von Denkmalpflege in Deutschland stark auf Objekte und deren Substanz und die durch Experten bestimmte (kunst-)historische Bedeutung fokussiert.[9]

Jüngere Richtlinienpapiere, die Aneignungsprozesse in den Mittelpunkt rücken und mehr Teilhabe am Kulturerbe-Diskurs fordern, sind in Deutschland (bisher) nicht anerkannt. Dazu zählt etwa die vom Europarat formulierte *Faro Convention on the Value of Cultural Heritage for Society* (2005)[10], die die Beteiligung am Kulturerbe der eigenen Wahl als Grundrecht definiert und den Begriff der Erbegemeinschaften (*heritage communities*) einführt, womit eine Gruppe von Menschen gemeint ist, die bestimmte Orte als kulturell wertvoll erachten.[11] Ein weiteres Beispiel ist die frühere *Burra Charta* (1979; 2013 überarbeitet) des Australischen ICOMOS[12], die dieses Konzept bereits ähnlich beschreibt, indem sie erklärt: »Objekte können für unterschiedliche Gruppen und Individuen unterschiedliche Bedeutungen besitzen«, und daraus ableitet: »Kulturelle Bedeutung kann sich im Laufe der Zeit und mit der Nutzung ändern«.[13]

Deutschland hat das Faro-Abkommen nicht ratifiziert, und auch die Burra Charta findet in der europaweiten Praxis wenig Berücksichtigung. Die Denkmalschutzgesetzgebung basiert überwiegend auf der älteren Charta von Venedig aus dem Jahr 1964,[14] der ein weniger dynamisches Verständnis vom Umgang mit Denkmälern zugrunde liegt. Zu deren 50-jährigem Bestehen

2014 wurde im deutschen Sprachraum unter Denkmalpfleger*innen nicht ihre Antiquiertheit festgestellt, sondern vielmehr ihre andauernde Relevanz gefeiert und gleichzeitig das im (internationalen) anglophilen Sprachraum diskutierte, Veränderungsprozesse beschreibende »management of change«-Konzept problematisiert.[15] Nach der Charta von Venedig sollen Struktur und Gestalt eines Denkmals nicht verändert werden, gesellschaftliche Ansprüche an ein Bauwerk sind also nachrangig.[16] Obwohl sich auch die kulturelle Bedeutung des Objektes erst »im Laufe der Zeit entwickelt«, wie auch die Charta anerkennt, wird dessen Bedeutung mit dem Eintrag in die Denkmalliste festgeschrieben, entwickelt sich fortan also nicht weiter. Diese Praxis wirft Fragen nach dem Geschichtsverständnis einer Disziplin auf, die sich selbst im wissenschaftlichen Kontext als »historisch-kritisch« etabliert hat.[17]

Diachrone Transformationen: »Counterpreservation« als Gegenkonzept zur Denkmalpflege

Kritik an dem geschilderten Denkmalverständnis, der daraus folgenden amtlichen Praxis und damit an der institutionalisierten Ebene kommt seitens der *Association of Critical Heritage Studies*, die sich aus einem interdisziplinären Blickwinkel mit Kulturerbe und den damit in Verbindung stehenden Prozessen auseinandersetzt.[18] Mitbegründerin dieser Denkrichtung ist die Australierin Laurajane Smith, die 2006 den Begriff des ›*Authorized Heritage Discourse*‹ prägte und damit eine alleinige Deutungshoheit über Denkmäler hinterfragt, welche das Kulturverständnis bestimmter Eliten spiegelt und nicht die Diversität einer modernen Gesellschaft.[19] Im Kontext der *Critical Heritage Studies* wird Denkmalpflege als eine Praxis kritisiert, die Bedeutungsbildung und materielle Veränderung kontrolliert.[20]

Auch die Publikation *Counterpreservation* der (US-amerikanischen) Architekturwissenschaftlerin Daniela Sandler, 2016 erschienen, ist diesem Feld zuzuordnen.[21] Sie adressiert Probleme amtlicher Denkmalpflege im Bezug auf Prozesshaftigkeit und Geschichtlichkeit. Für Sandler, die sich mit Denkmalpflege in Ost-Berlin nach 1990 auseinandersetzte, ruft allein bereits das deutsche Wort »Sanierung« Assoziationen mit »Reinigung, Gesundheit und Hygiene« hervor.[22] Sie verbindet damit die historisierenden Renovierungs und Restaurierungsmaßnahmen der 1990er und 2000er Jahre, bei denen historisch anmutende Farbschichten nach und nach die altersgrauen Fassaden Ostberliner Straßenzüge überzogen und oft ergänzt wurden durch neue Ornamente, deren Originale zuvor in der Nachkriegszeit vielfach entfernt worden waren. Ihre Betrachtung verdeutlicht, dass Erhaltungskonzepte der Denkmalpflege tatsächlich oft mit starken materiellen Eingriffen in vorgefundene Zustände verbunden sind. Das Konzept einer *counterpreservation* (wörtlich übersetzt »Gegenerhaltung«, also eine Art »anarchistische« Form von Denkmalpflege) setzt sich mit der zeitgleich in der Stadt vorzufinden Faszination für »Vernachlässigung, Verfall und Schmutz« auseinander. Anhand einer Auswahl von Fallstudien untersucht es die bewusste Aneignung von Verfall im Zusammenhang mit Erinnerung, Geschichte und Gentrifizierung. Für Sandler zeigt sich darin eine Möglichkeit, die Geschichte von Gebäuden »wahrhaftiger« darzustellen als im Rahmen einer denkmalpflegerischen Sanierung.[23]

Sandler skizziert *counterpreservation* als eine offene, geschichtsbejahende Praxis und damit als Gegenstück zur konventionellen Denkmalpflege. Zu ihren Fallstudien zählen etwa das »Tuntenhaus« in der Berliner Kastanienallee, ein von der Queercommunity initiiertes und betriebenes Wohnprojekt in einem alten, verfallenen Gebäude mit improvisierten und manchmal chaotischen Ergänzungen durch seine Bewohner*innen, oder das Kultur und Ausstellungshaus Haus Schwarzenberg am Hackeschen Markt. Beide Projekte setzen heute Kontrapunkte in ihren jeweils von der institutionalisierten Denkmalpflege sanktionierten hyper-gentrifizierten Umgebungen, sie wirken hier wie echte »Monumente« einer vergangenen Zeit. Für Sandler bezeugen sie einen bewussten Umgang mit Geschichte durch die jeweiligen Bewohner*innen und Nutzer*innen. In der an den Gebäuden noch zu findenden Überlagerung von Spuren, Zeichen, Brüchen und Ergänzungen werde die diachrone Transformation der Gebäude in der Gegenwart sichtbar.[24]

Ein solchermaßen beschriebener Ansatz ist inzwischen auch als architektonische Strategie im Umgang mit Vorhandenem weitreichend etabliert. Gerade in Berlin hat diese ihren Ursprung in der Club- und Kunstszene, die mit ihren Zwischennutzungen in den Jahrzehnten nach der Wende stark an den Transformationen von urbanen Ruinen und einem eher sperrigen Baubestand als Hinterlassenschaft der Teilung der Stadt intensiv beteiligt war. Der Urbanist und Theoretiker Philipp Oswalt spricht im Rahmen seiner Forschungen zu diesen informellen räumlichen Aneignungspraktiken vom Prinzip eines »urbanism light«.[25] Er meint damit das Recyceln vorhandener Räume durch minimale Eingriffe unter Gebrauch mobiler Infrastrukturen. Die Bewahrung von Aura und Geschichtlichkeit von Orten im Rahmen von Zwischennutzungen sieht er als mögliche Impulsgeber für andere gestalterische Disziplinen.[26] Sein Konzept des »automatic urbanism« steht für die Haltung, Stadt zu entwickeln, ohne dabei auf ein vordefiniertes Endergebnis zu setzen.[27]

Weiterbauen konkret: »Ästhetik der Aneignung« im Nachwende Berlin

Wie diese lebendigen urbanen Aneignungsprozesse auch in architektonische Planungen überführt werden, untersucht Florian Heilmeyer 2011 in der von ihm kuratierten Berlin-Ausgabe der Zeitschrift *Arch+*.[28] In seinem Aufsatz mit dem Titel *Raumrohlinge* beschreibt er, wie die Wechselwirkungen zwischen Bestand und

Nutzung und Nutzer*innen im Weiterbauen eine bestimmte architektonische Haltung zutage fördert. Er spricht diesbezüglich von einer »Ästhetik der Aneignung«, die als Alternative zum damals offiziellen Berliner Leitbild der »kritischen Rekonstruktion« »betont transformatorische Räume« schaffe, die mit minimalen Eingriffen den jeweiligen Umbruchprozess thematisierten.[29] Zu den Beispielen einer nach Heilmeyer »minimalen, prozessorientierten Architektur«[30], die Gebäudebestand erhält und weiterentwickelt, zählen Clubumbauten sowie Umbauten aus der Kunstszene.[31]

Ein besonders anschauliches Beispiel hierfür ist der Bunkerumbau für die Boros Collection (2008, Büro Jens Casper mit Petra Petersson und Andrew Strickland, Abb. 1), der in seinem Ergebnis den prozesshaften Charakter von Architektur offenbart, in der verschiedene Aneignungsprozesse sichtbar erhalten bleiben. Der ehemalige Nazi-Bunker

1   Berlin, Boros Collection (2008).

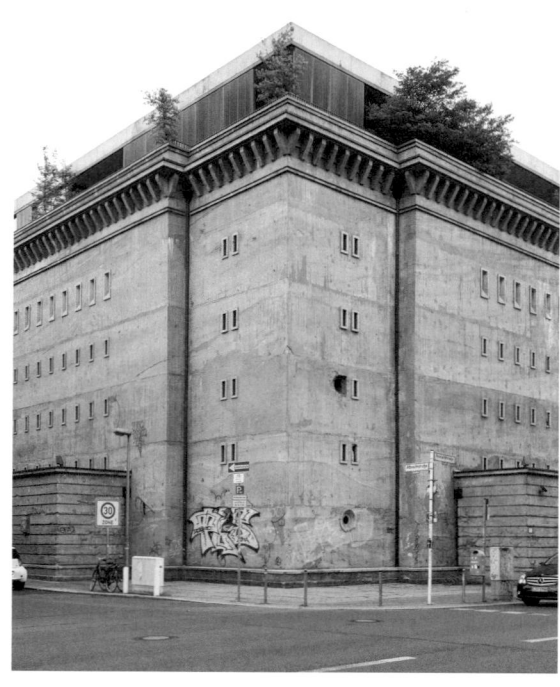

war tatsächlich nur zwei Jahre lang von seiner Fertigstellung 1943 bis zum Kriegsende 1945 seinem ursprünglichen Zweck entsprechend verwendet worden,[32] und hatte eine weitaus längere Nutzungsgeschichte nach 1945: Zu DDR-Zeiten diente er der Lagerung von Südfrüchten, nach der Wende entwickelte er sich als einer der angesagtesten Techno-Clubs weltweit zu einer Ikone der Subkultur.

Der Entwurf für die Umnutzung zu einem Ausstellungs- und Wohnhaus seit 2003 hatte die denkmalgeschützten Außenmauern mit den vom Krieg hinterlassenen Spuren erhalten und setzte die Bewahrung der Geschichtlichkeit des Objekts im Inneren fort. Spuren der zahlreichen Nutzungen – technische Infrastruktur wie Lüftungsanlagen, Fahrstuhlschachtdurchbrüche der Obstlagernutzung und Techno-Graffiti – blieben erhalten (Abb. 2 u. 3). Bauherr und Architekt wollten die Transformationen als materielle

Hinterlassenschaften am Objekt sichtbar lassen, alle Spuren sollten gleichwertig erhalten bleiben.[33] Der Eingriff in das Gebäude und damit seine Umnutzung erfolgte über Schnitte mit der Diamantsäge, wodurch verschieden hohe und unterschiedliche Raumsituationen zur Ausstellung moderner Kunst entstanden sind, gleichzeitig blieb die ehemalige Struktur des Gebäudes mit seiner bautechnischen Beschaffenheit und materiellen Präsenz erhalten und lesbar. In den vergangenen Jahren setzten sich Künstler*innen in wechselnden Ausstellungen auch immer wieder mit dem Raum auseinander, der auf diese Weise mit jeder Ausstellung neu konfiguriert wird. »So vermengen sich jetzt Architektur, Kunst und die Geschichte des 20. Jahrhunderts zu immer neuen Schichtungen«, urteilt Florian Heilmeyer.[34]

Der geforderte Denkmalschutz für den ursprünglich als Zufluchtsort für Reisende der Deutschen Reichsbahn während des Zweiten

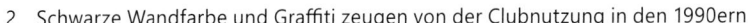

2 Schwarze Wandfarbe und Graffiti zeugen von der Clubnutzung in den 1990ern.

3 Deckendurchbruch für ein Treppenhaus.

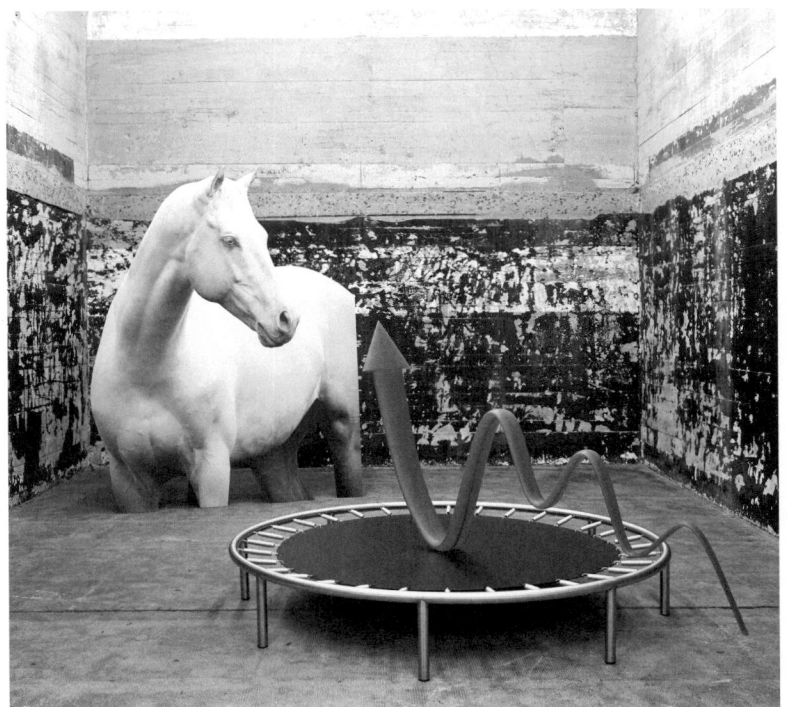

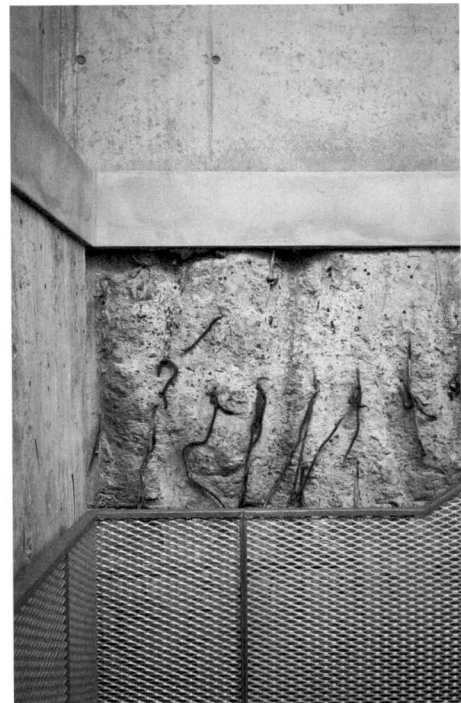

Weltkriegs errichteten Hochbunker bezog sich lediglich auf die Erhaltung der Außenmauern und Treppenhäuser. Das Gebäude ist als Zeugnis für den »vom nationalsozialistischen Regime ausgelösten Angriffskrieg« in die Berliner Denkmalliste aufgenommen worden.[35] Die nachfolgenden Bedeutungen des Baus in seinem Transformationsprozess erkennt die amtliche Denkmalpflege bis heute nicht an.

Die genannten Beispiele, die als Raum- und Architekturkonzepte für eine »Ästhetik der Aneignung« nach Florian Heilmeyer stehen, ließen sich heute, knapp zehn Jahre später, um viele weitere ergänzen. Jüngere Projekte wie die kontrovers diskutierte »Antivilla« – ein Umbau der Näherei VEB Ernst Lück aus den 1980er Jahren durch Brandlhuber, Emde, Burlon bei Potsdam zu Wohn- und Atelierräumen (2015, Abb. 4)

– oder verschiedene Umbauten industrieller Typenbauten aus den 1970er Jahren (2010–16) auf dem ehemaligen Gelände der DDR-Wasserschutzpolizei in Berlin-Treptow (ebenfalls zu Büro-, Atelier- und Wohnräumen) durch Tanja Lincke Architekten wenden sich jüngerem und bisher nicht als erhaltenswert anerkanntem Gebäudebestand zu.

Bei dem Projekt »Antivilla« entschieden sich Brandlhuber, Emde, Burlon nicht zuletzt aus baurechtlichen Gründen für den Erhalt des Fabrikgebäudes auf dem ehemaligen Mauerstreifen. Hinter dem vom Büro formulierten »komplexen Pragmatismus«[36] steckt neben der Idee einer Verwertung grauer Energie auch der Anspruch, geschichtliche und soziale Dimensionen eines (vermeintlich banalen) Alltagsgebäudes freizusetzen. Der Entwurf erhält die vorhandene Feuerwehrleiter

4   Krampnitz, Antivilla, 2010–2015.

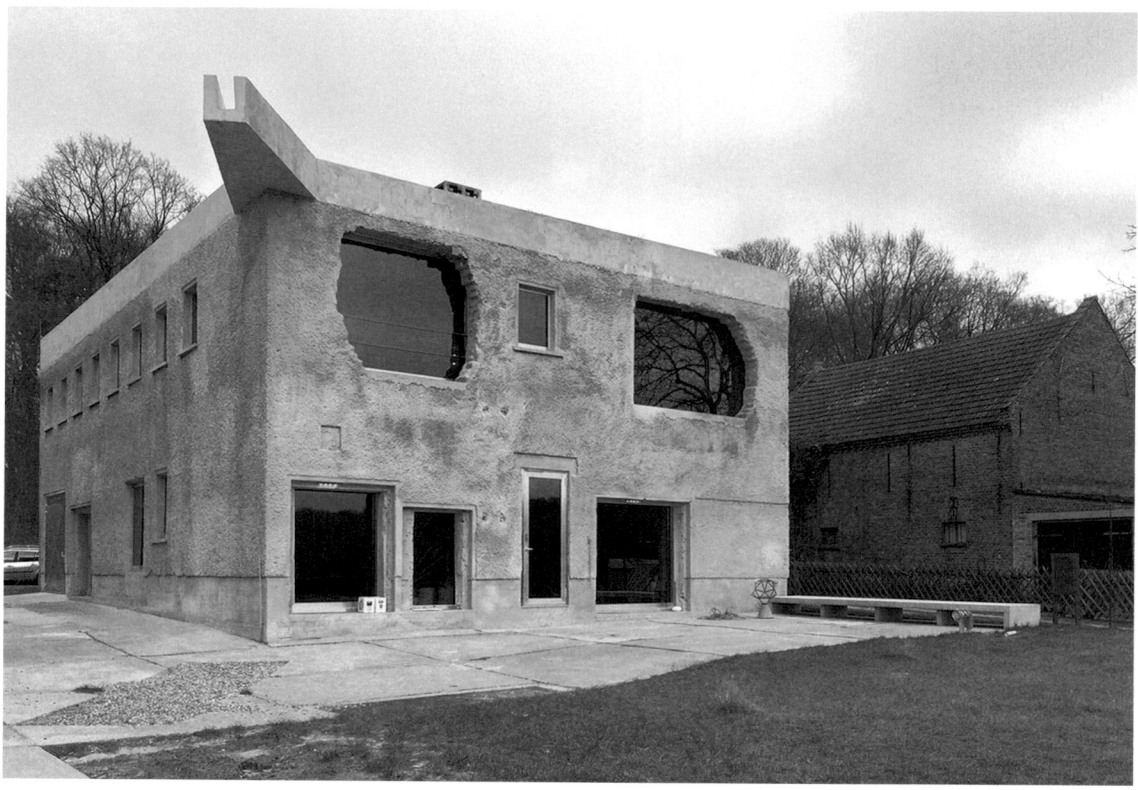

und den einstigen DDR-Rauputz; die hinzugefügten, grob herausgeschlagenen Fensteröffnungen
machen die Beschaffenheit des Mauerwerks sichtbar und zeugen nicht nur von ihrem Nutzen, sondern erzählen auch – wie Thomas Burlon, einer
der für den Umbau verantwortlichen Architekten,
erläutert – die Geschichte von »Maurerlehrlingen
aus Mosambik oder Vietnam, die damals in die
DDR kamen.«[37] Darüber hinaus wird die »Antivilla«
mit ihrem historisch verankerten Konzept von
Temperaturzonen im Kontext »experimentel-
ler Denkmalpflege« als ein Beispiel für die Einbeziehung raumklimatischer Aspekte in den
Diskurs über Kulturerbe diskutiert.[38]

Auch die Architektin Tanja Lincke arbeitet in
ihren Umnutzungen bewusst mit dem Bestand,
den »andere eher nicht wertschätzen oder geradezu furchtbar finden«.[39] Auf dem unmittelbar an

der Spree gelegenen, einstmals durch die DDR-
Grenzpolizei genutzten Grundstück blieben beispielsweise ehemalige Neben- und Garagen-
gebäude oder die betonierte Rampe und
Bodenschienen, auf denen die Patrouillenboote
der Grenzpolizei zu Wasser gelassen wurden,
erhalten.[40] Ihre besondere Auseinandersetzung
mit einer abwesenden Nutzung als Teil eines offenen Prozesses zeigt sich auch in ihrem Projekt
»Ruinengarten« (Abb. 5), das in der Transformation
einer ehemaligen Werfthalle zu einer künstlich
geschaffenen Ruine bestand. Aufgrund bautechnischer Mängel war das Bestandsgebäude nicht zu
halten, seine Materialität sollte als Zeugnis für die
einstige industrielle Nutzung des Areals dennoch
erhalten und damit präsent bleiben. Die Ruine, die
in ihrer heutigen Form zwar detailliert geplant und
deren Bepflanzung stark kuratiert ist, zeigt, wie der

5   Berlin-Treptow, Ruinengarten, 2010–2014.

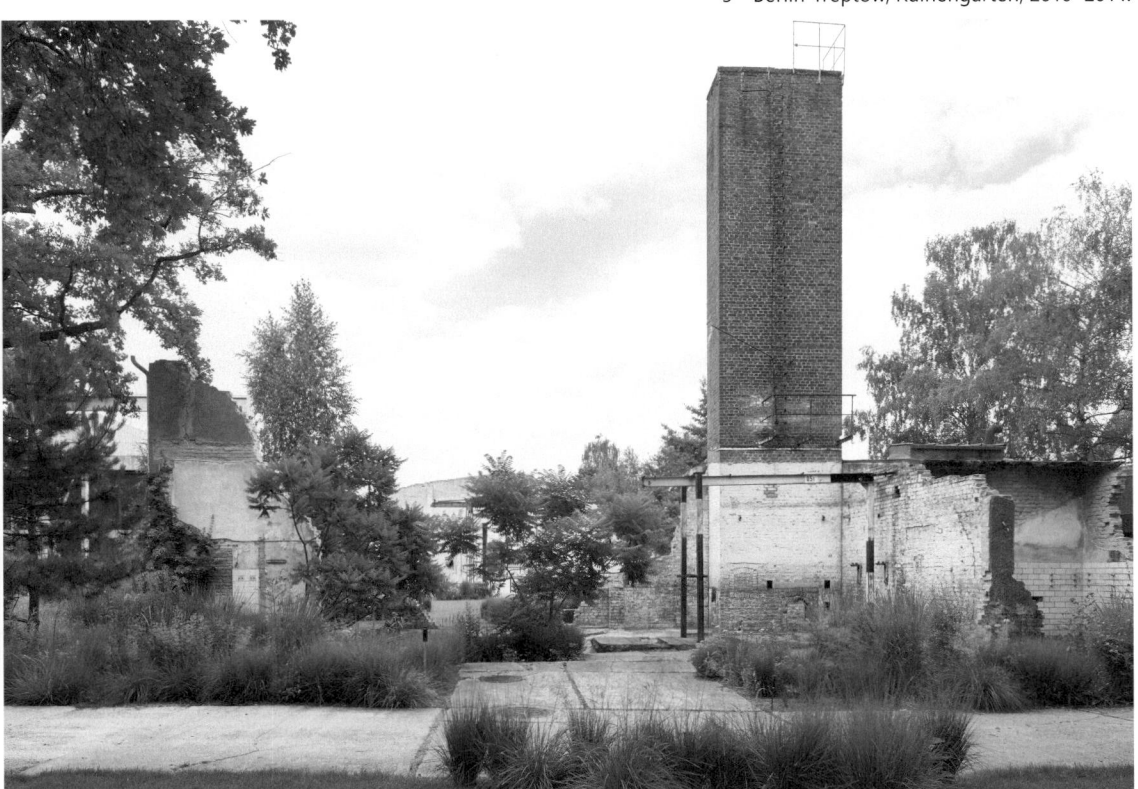

Aspekt von Temporalität in den Entwurf integriert werden kann, indem materielle Veränderungen angenommen und eingeschlossen oder gar beschleunigt werden. Ehemalige Innenwände liegen nun außen und sind stärker als zuvor den Naturkräften und der Witterung ausgesetzt.

Rem Koolhaas' Denkmalpflegeverständnis und seine Rezeption

Seit Ende des 20. Jhs. ist unter Architekt*innen generell eine verstärkte Hinwendung zum Bauen im Bestand zu erkennen, im Zuge derer auch eine Auseinandersetzung mit denkmalpflegerischen Themen im Entwurf diskutiert wird.[41]

Nicht zuletzt thematisierte auch Rem Koolhaas die Denkmalpflege explizit; so zeigte er 2010 im Rahmen der 12. Architekturbiennale in Venedig die Ausstellung *Cronocaos*, in der er sich kritisch mit der gegenwärtigen Praxis der Denkmalpflege auseinandersetzte. Der Titel – ein Kunstwort, etymologisch nicht sauber zusammengesetzt aus Zeit (griechisch: chrónos bzw. χρόνος) und Chaos (italienisch: *caos*) – implizierte, dass Denkmalpflege in der Praxis Geschichte verzerrt oder verfälscht und in Unordnung bringt. Bestimmte Architekturen, vor allem das »Außergewöhnliche«, würden bewahrt, während vieles andere verschwinde. Der Denkmalpflege mangle es an Konzepten zum Umgang mit dem Typischen (*generic*).[42] So trügen die Inventarisierung mit ihrem Fokus auf dem Besonderen, aber auch eine unklare Haltung im Umgang mit Zeitlichkeit, dazu bei, den Lauf der Geschichte nicht nachvollziehbar abzubilden.[43] Koolhaas' Aussagen decken sich mit Kernpunkten der *Critical Heritage Studies*, also mit den Forderungen nach ausgewogeneren Denkmallisten oder nach einer Berücksichtigung von alltäglicher Baukultur.[44]

6   Moskau, Garage Museum of Contemporary Art, 2015, erhaltenes sowjetisches Mosaik im Foyer.

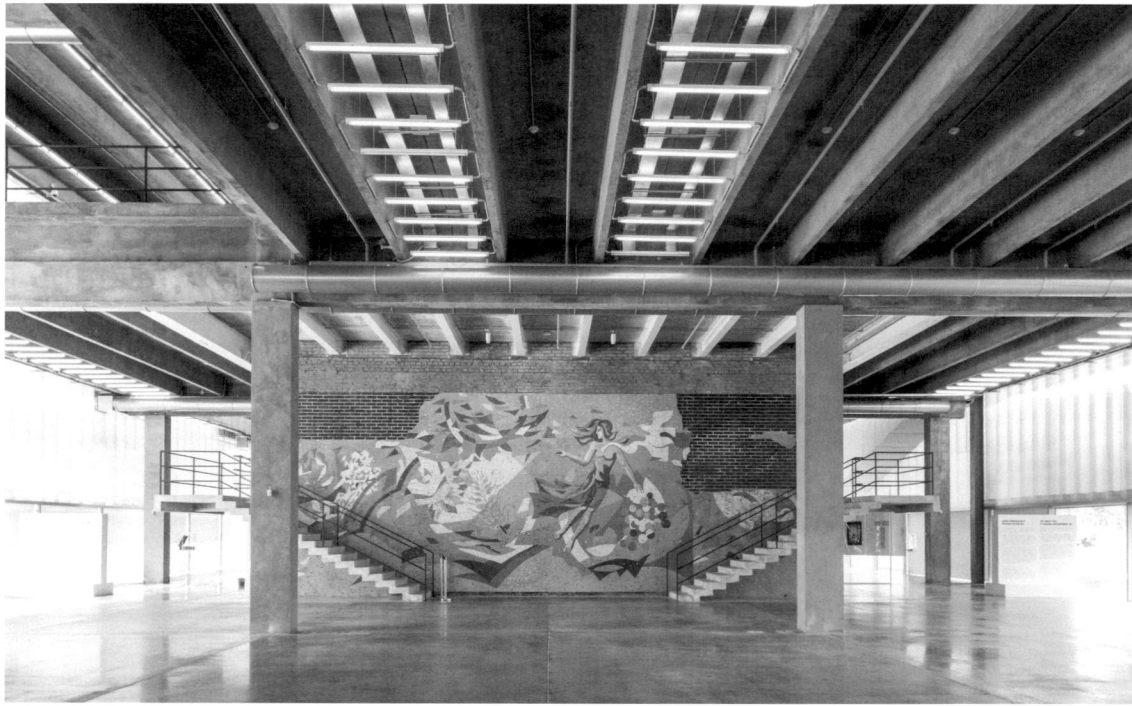

Bereits die 2002 von Rem Koolhaas' Büro OMA erarbeitete Denkmalpflegestudie für Peking nahm diese Kritik auf und zeigte ideenreiche Lösungsansätze auf. So gäbe es etwa durch eine nach geometrischen Gesichtspunkten formalisierte Einteilung der Stadt in vollständig zu bewahrende Bestandsgebiete und Neubauzonen eine regelmäßigere Durchmischung von Alt- und Neubau, so das Konzept von OMA.[45] Um ästhetisch geprägten Denkmalentscheidungen entgegenzuwirken und eine Bandbreite städtischer Begebenheiten zu bewahren, wird in einer der Entwurfsvarianten eine Rasterstruktur vorgeschlagen, die quasi per Zufallsprinzip in regelmäßigen Abständen zu erhaltende Bereiche auswählt. Eine weitere Variante ist das »Phasing«, bei dem zeitlich gestaffelte Bereiche langfristig eine Durchmischung in der Stadt ermöglichen, so dass nicht nur an den Rändern, sondern in der gesamten Stadt neue Architektur entstehen kann.[46]

Mit einem jüngeren Projekt aus dem Büro OMA, dem 2015 fertiggestellten *Garage Museum of Contemporary Art* in Moskau (Abb. 6 u. 7), demonstriert Koolhaas erneut die Wertschätzung durch Umbau und Erhaltung »mittelmäßiger« Architektur mitsamt den damit einhergehenden unbequemen Phasen der Geschichte.[47] Der Bestandsbau im Moskauer Gorky Park, dessen Entwurfsverfasser zunächst unbekannt war, hatte rund 20 Jahre leer gestanden. In den Augen der Moskauer Behörden war dies kein erhaltenswertes Denkmal, vom Architekturbüro hingegen wurde der Bestand denkmalwürdig behandelt. Koolhaas ließ etwa die Reste eines Wandmosaiks aus der Sowjetzeit so restaurieren, dass dessen verwitterter Zustand, der unter anderem Grafittis einschließt, erhalten blieb. Diese Patina der abwesenden Nutzung verweist so auf die lange Zeit der Vernachlässigung als Teil der Nutzungsgeschichte, als Naturkräfte und Vandalismus das Bauwerk in seinem jetzigen Zustand mitprägten.

7 Der Entwurf bewahrt auch Ziegelwände und Fliesen in ihrem durch langen Leerstand gezeichneten Zustand.

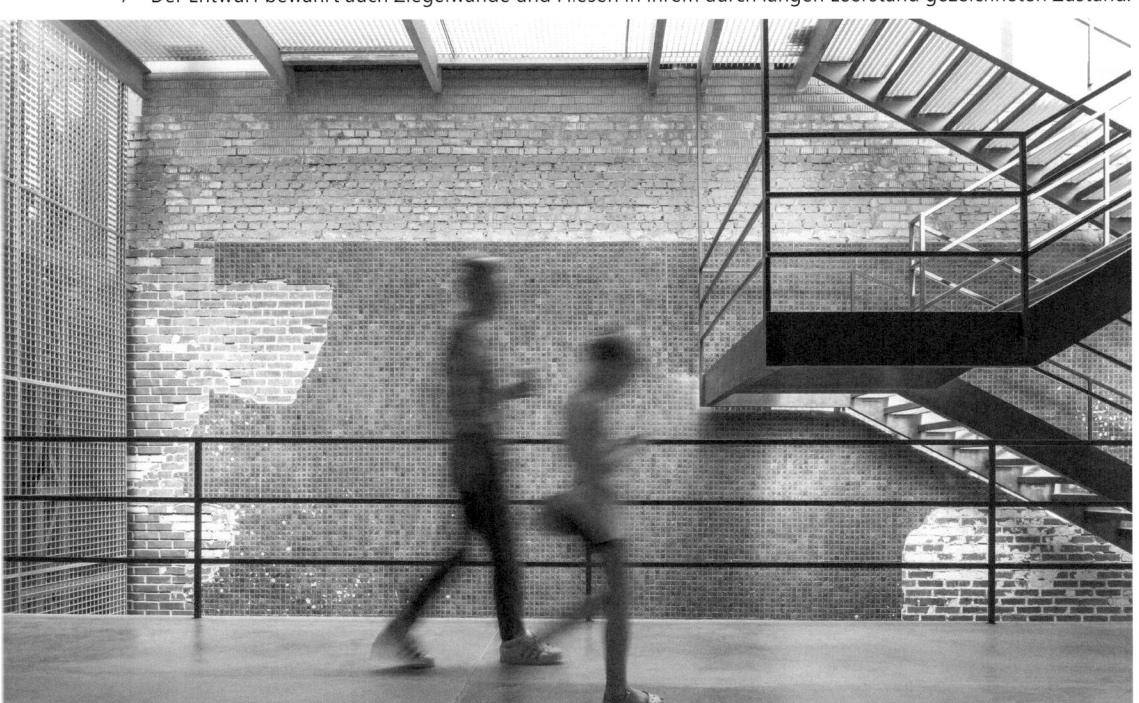

Auch ein Teil der bereits erwähnten *Cronocaos*-Ausstellung widmete sich im Rahmen einer Retrospektive mit 26 OMA-Entwurfsprojekten verstärkt der Prozesshaftigkeit von Architektur in Form von Alterung oder Nutzungsanpassung[48] und demonstrierte ein performatives Denkmalpflegeverständnis im Sinne eines Weiterbauens.

Im anglophonen Sprachraum werden Koolhaas' Überlegungen als Versuch betrachtet, Denkmalpflege auf der Ebene des architektonischen Entwurfs neu zu definieren.[49] Progressive Denkmalpfleger*innen wie der (US-amerikanische) Professor Jorge Otero-Pailos sehen das Anliegen von Architekt*innen darin, Denkmalpflege als einen Prozess zu verstehen und deutlich zu machen, dass Transformationen immer schon die Voraussetzung für die Bewahrung von Objekten waren und sind.[50]

Im deutschsprachigen Raum hingegen finden Koolhaas' Überlegungen zur Denkmalpflege innerhalb der Fachdisziplin weit weniger Beachtung. Nur der Architekturhistoriker und Denkmalpfleger Matthias Noell unterzog dessen Thesen einer dezidierten Kritik; er lehnt den Gedanken ab, die architektonische Auseinandersetzung mit Bestand als Denkmalpflege zu verstehen. Dabei geht es ihm nicht nur um Koolhaas' Haltung, sondern ganz generell um die zunehmende Aneignung des Begriffes der Denkmalpflege sowie »fremde[r] Methoden und Denkweisen« durch Architekt*innen. Noell erblickt darin gar eine »feindliche Übernahme«, der andere Motive zugrunde lägen als »die Fürsorge für ein fremdes, pflegebedürftiges Erbe«. Rem Koolhaas/OMA und anderen mit Bestand arbeitenden Architekt*innen gehe es nicht um das Bewahren, sondern um die Veränderung und das freischaffende »künstlerische Arbeiten«.[51]

Der Denkmalpfleger Thomas Will spricht gar von einer »Bemächtigung« des Begriffes »Denkmalpflege« durch Architekt*innen, denen es weniger um ungeschmälerten Bestandserhalt gehe als vielmehr darum, gerade mit dem jüngeren baulichen Erbe kreativ zu arbeiten und dieses freimütig umzudeuten. Ein unter Denkmalpfleger*innen weit verbreiteter Vorwurf ist, dass Architekt*innen den Bestand nur ausnutzen wollten, um sich selbst zu profilieren.[52] Diese Denkweise bedient Stereotype: die wissenschaftlich arbeitenden Denkmalpfleger*innen auf der einen und die gestalterisch-künstlerisch arbeitenden Architekt*innen auf der anderen Seite.

Dieses In-Abrede-Stellen eines aufrichtigen und ehrlichen Interesses von Architekt*innen an denkmalpflegerischen Praktiken wurzelt letztlich im Ansatz der Denkmalpflege um 1900. Damals wurde eine Denkmalpflege, die nicht nur konservierte, sondern reinigte, freilegte und vollendete – also im damaligen Verständnis »restaurierte« – mit der Arbeit von Architekt*innen gleichgesetzt.[53] Mit der aufkommenden Verwissenschaftlichung der Denkmalpflege durch die Kunsthistoriker*innen wurden Denkmäler dem künstlerisch-entwerferischen Zugriff von Architekt*innen, die diese purifizierend »vollenden«, restaurieren und reinigen wollten, für lange Zeit entzogen.[54]

Heute – und mit den gezeigten Beispielen – ist diese an Fachgrenzen orientierte Sicht nicht mehr haltbar. Die bauend-transformative Arbeit im Bestand ist mit einer Vielzahl von Rahmenbedingungen konfrontiert, von denen die Denkmalpflege eine ist. Zudem weist die Baudenkmalpflege selbst eine ausgeprägte gestalterische Komponente auf, die eigenständige und auch nicht-wissenschaftliche, also entwerferische Kompetenzen erfordert.[55] Dieser Dualität gilt es im Sinne eines aktualisierten Kulturerbe-Begriffs und eines damit zusammenhängenden modernen Verständnisses von Denkmalpflege Rechnung zu tragen.

Weiterbauen als Beitrag zum Kulturerbediskurs

Die hier angeführten Beispiele zeigen anhand jüngerer Projekte, wie sog. denkmalpflegerische »Lai*innen« jenseits amtlicher Auflagen den baulichen Bestand entwickeln, weiterbauen und transformieren und diesem einerseits kulturelle Bedeutungen zuweisen, andererseits ihn auch in der Transformation durch Weiterbauen pflegen und bewahren können. Dabei geht es nicht um die Frage »Kontrast oder Harmonie? Fuge oder Verschmelzung?«, die in Denkmalpflegekreisen anhaltend diskutiert wird und sich auf eine Analyse von Weiterbauprojekten auf rein formaler Ebene beschränkt, also weder Prozesse spiegelt noch dem Verständnis von Kulturerbe als dynamischem, gesellschaftlichem Konstrukt gerecht wird.

Eine differenziertere Betrachtung ermöglichen die von Michael Guggenheim entwickelten Werkzeuge für eine prozessorientierte Beschreibung von Umbaupraktiken. Der Soziologe unterscheidet zwischen technologischen, semiotischen und soziologischen Aspekten.[56] Aus technologischer Perspektive reichen viele der gezeigten Beispiele über die von der Denkmalpflege praktizierte Fixierung auf Materialbeständigkeit und -stabilisierung hinaus. Während die institutionalisierte Forschung und Praxis darauf abzielt, destruktive Aspekte natürlicher Zerfallprozesse zu verhindern,[57] werden diese in Projekten wie Linckes Ruinengarten oder Koolhaas' Garage Museum of Contemporary Art zugelassen und sichtbar gemacht oder erfahren durch die Nutzer*innen in der von Sandler beschriebenen Counterpreservation besondere Wertschätzung. Unter semiotischen Aspekten ergänzen sie das Spektrum der von institutionalisierter Praxis unter Schutz gestellten Objekte, indem sie von amtlicher Seite nicht beachtete anonyme Architekturen etwa aus Sowjet- oder DDR-Zeiten bewahren. Hier wird deutlich, dass das Weiterbauen ein kuratorischer Prozess ist, der als Akt der kulturellen Inwertsetzung verstanden werden kann. Die angeführten Beispiele lassen eine ästhetische Auseinandersetzung mit soziologischen Aspekten der Bauwerke erkennen, sie berücksichtigen die Nutzer*innen durch Integration der von ihnen erwirkten Veränderungen in die zu bewahrende Substanz. Gemein ist ihnen, dass sie vermeintliche Originalzustände nicht als bedeutsamer einstufen als darauffolgende Anpassungen, sondern in ihrem jeweils gegenwärtigen Zustand den Transformationsprozess manifestieren.

Die Idee eines prozesshaften Weiterbauens in der Gegenwartsarchitektur ist keine Berlin- oder Koolhaas-spezifische Strategie. Spätestens mit der Gründung der Architektengruppe Team X im Jahr 1953 setzte seitens der Entwerfer*innen die Auseinandersetzung mit historischem Bestand und dem Weiterbauen ein. So führte das von der Architektengruppe organisierte Programm des CIAM-Kongress 1956 die Teilnehmer*innen nach Split zu einer Besichtigung des ein halbes Jahrhundert zuvor von Riegl gewürdigten Diokletianpalastes – für Mitglieder des Team X ein Vorbild für eine Weiterbau-Praxis als räumliche Fortschreibung historischer Strukturen und Ergänzung von Vorhandenem.[58] Architekturtheoretische und praktische Ansätze, die Gebrauch und Aneignung und damit die Prozesshaftigkeit von Architektur thematisieren, gibt es bei Team X im speziellen bei Giancarlo De Carlo[59] der für seine Bauten in und den Masterplan für die mittelitalienische Kleinstadt Urbino bekannt ist. In den 1970er Jahren gründete er das *International Laboratory of Architecture and Urban Design* (ILAUD), das u. a. unter Beteiligung internationaler Architekt*innen, Studierender und ehemaliger Team-X-Mitglieder wie Peter Smithson in jährlichen Sommerschulen entwurfsbasierte Ansätze zum Lesen und Deuten der gebauten Umwelt sowie Umnutzungen erprobte.[60]

Speziell seit etwa zwei Jahrzehnten ist ein zunehmender Umgang mit Bestand unter Entwerfer*innen präsent; eine architektonische Avantgarde setzt sich dabei im Weiterbauen mit denkmalpflegerischen Themen im Entwurf auseinander. Diese »Denkmalpflege ohne Denkmalpfleger*innen« hinterfragt und ergänzt die autoritative amtliche Praxis und ist als eine partizipative Praxis im Sinne des Architekten Markus Miessen zu verstehen.[61] Partizipation gilt jedoch gewissermaßen als Achillesferse der Denkmalpflege.[62] Die Einschätzung der architektonisch-entwerferischen Teilhabe und der Umgang mit ihr in akademisch-wissenschaftlichen Denkmalzirkeln bestätigt diese Diagnose. Im Gegensatz zu den Abwehrgefechten der Disziplin hierzulande fordert die *Association of Critical Heritage Studies* in ihrem Manifest eine aktive Teilhabe an Prozessen des Kulturerbes auf globaler Ebene.

Die hier skizzierte Entwurfspraxis kann in diesem Sinne als diskursiver Beitrag gewertet werden, der ohne die Fachdisziplin Denkmalpflege im breiteren Diskurs um Kultureerbe stattfindet. Sie reflektiert die Werte einer modernen und diversifizierten Gesellschaft. Sie spiegelt die Idee von Kulturerbe als prozessualem Sujet, die Vielfalt und Veränderlichkeit kultureller Bedeutungen von Orten, Räumen und Konstruktionen, und sie würdigt marginalisierte Narrative. Sie bildet so einen fundamentalen Beitrag im Diskurs über den gesamt-gesellschaftlichen Umgang mit kulturellem Erbe.

1   Brand 1997, Min. 28:17.
2   Brand 1995.
3   http://wp.buerofuerkonstruktivismus.de/?p=96.
4   Wittman 2016.
5   »(...) nicht den Werken selbst kraft ihrer ursprünglichen Bestimmung kommt Sinn und Bedeutung von Denkmalen zu, sondern wir modernen Subjekte sind es, die ihnen dieselben unterlegen«; Riegl [1903] 1988, 47.
6   Falser 2005, 304.
7   Riegl [1903] 1988, 59.
8   Will 1992, 104.
9   Ein Zugeständnis an eine prozessuale Bauwerksauffassung findet sich in Artikel 1 der Charta von Venedig: »Der Denkmalbegriff (...) bezieht sich nicht nur auf große künstlerische Schöpfungen, sondern auch auf bescheidene Werke, die im Lauf der Zeit eine kulturelle Bedeutung bekommen haben.« Vgl. Charta von Venedig 1964.
10   Faro Convention 2005.
11   Faro Convention 2005, Artikel 2b.
12   Burra Charta 2013.
13   Burra Charta 2013, Artikel 1.2.
14   Zweiter Internationaler Kongress der Architekten und Denkmalpfleger: Charta von Venedig 1964.
15   Meier 2015, 157.
16   »Ein solcher Gebrauch ist daher wünschenswert, darf aber Struktur und Gestalt der Denkmäler nicht verändern. Nur innerhalb dieser Grenzen können durch die Entwicklung gesellschaftlicher Ansprüche und durch Nutzungsänderungen bedingte Eingriffe geplant und bewilligt werden.« Charta von Venedig 1964, Artikel 5.
17   Sauerländer 1975, 122.
18   In ihrem *2012 Manifesto* fordert die Präsidentin der *Association of Critical Heritage Studies* Laurajane Smith eine Beteiligung und Öffnung des Diskurses für ein breites Spektrum an Wissenschaften, etwa eine stärkere Einbeziehung von Anthropologie, Sozial- und Politikwissenschaften (https://www.criticalheritagestudies.org/history). Denkbar wären auch Geograf*innen, Archäolog*innen, Vertreter*innen der *Postcolonial Studies*, *Museum Studies* oder die am Projekt *Heritage Futures* beteiligten Forscher*innen (https://heritage-futures.org/people/). Im Grunde ist der Kreis offen für die Teilhabe aller Disziplinen.
19   Smith 2006.
20   DeSilvey 2017, 47.
21   Sandler 2016.
22   Sandler 2016, 45.
23   «(...) a way to represent the history of buildings and sites more truthfully than restoration», Sandler 2016, 24.
24   «Counterpreservation as an urban and architectural concept cannot be reduced to the material and aesthetic conditions of decrepitude, but rather must be understood always at the same time with relation to social, political, and cultural processes.» Sandler 2016, 220.
25   Oswalt 2002; Oswalt et al. 2013, 52–61.
26   Oswalt et al. 2013, 56.
27   Oswalt 2000, 119.
28   Heilmeyer 2011, 125–129.
29   Heilmeyer 2011, 127.
30   Heilmeyer 2011, 128.
31   Dazu zählen etwa das Watergate (2002, Bowling Wulf Architekten), das Weekend (2004, Robertneun Architekten) oder das Berghain (2004, Karhard Architekten), die Maschinenhallen- und Pumpwerkumbauten in Prenzlauer Berg und Neukölln (2011, Oda Pälmke und 2009 Wenk und Wiese Architekten) sowie Bunkerumbau für die Boros Collection (2008, Büro Jens Casper mit Petra Petersson und Andrew Strickland).
32   Stadtentwicklung Berlin o. J.
33   Schofield / Rellensmann 2015, 128.
34   Heilmeyer 2011, 128.
35   Stadtentwicklung Berlin o. J.
36   Rellensmann 2016, 18.
37   Rellensmann 2016, 17–20.
38   Die Architekten hatten hier ein eigentlich historisches Klimakonzept, wie man es aus alten Bauernhäusern kennt, geplant. Ursprünglich war das Haus ganz ohne Heizung geplant, die Sauna im Kern sollte als einzige Wärmequelle für das gesamte Obergeschoss dienen. Ein Vorhang teilt den offenen Grundriss rund um diesen

Kern zwiebelartig in verschiedene Wärmebereiche. Vgl. Rellensmann 2015; Otero-Pailos et al. 2016, 58.

39 Rellensmann 2020, 46.

40 Mayer 2019, 22.

41 Vgl. Will 2016.

42 OMA Venice 2010, 4; OMA History 2010, 15; Koolhaas 2011, 122.

43 »The result, he argues, is a new form of historical amnesia, one that, perversely, only further alienates us from the past.« Ouroussoff 2011.

44 Vgl Smith 2006; Harrison 2012; Hayden 1995.

45 »Alternative strategies for Beijing preservation – preservation not focused on what is ancient, unique or beautiful, but trying to also retain a sense of what a city meant, and means.« OMA History 2010, 61.

46 OMA 2003.

47 »I tried to do it in Moscow with the Garage, there we took a mass restaurant designed by a soviet architect in the 60s, it was a total ruin. We turned it into something that could be used as a museum and simply therefore can recognize that soviet architecture had a real commitment to the public in terms of scale and in terms of welcoming people and not excluding them. And there we were also able to preserve part of the decay. (...) There were murals and walls that had mosaics, we really preserved the walls with all their damage and even with some of the graffiti that had been added to it. It is a real attempt to preserve something which everyone would consider mediocre, to preserve its most amazing or most pure ambition to welcome a large number of people and to therefore maintain both something of the ideology and the aesthetics of that kind of period (...)« Docomomo International 2017, Min. 27:46–29:20.

48 »Preservation of Change« ist etwa das Motto des auf der Biennale erstmals vorgestellten Umnutzungsprojektes *Fondaco dei Tedeschi*: »First constructed in 1228, twice destroyed by fire and rebuilt (in its current form in 1506), then subject to a series of major architectural interventions to accommodate new uses (towers removed, courtyard covered with glass, structure rebuilt again...), the Fondaco has constantly reshaped itself: its preservation is a history of change.« OMA History 2010, 11.

49 Stoppani 2011.

50 In einem Artikel in der Architectural Review 2012, formuliert Otero-Pailos diese These bereits im Zusammenhang mit der New Yorker Highline und Koolhaas' Masterplan

für das Eremitage-Museum in Sankt Petersburg. Vgl. Otero-Pailos 2012, 44; Otero-Pailos 2014, 88.

51 Noell 2016, 159.

52 Laut Meier dient etwa Valerio Olgiatis Umbau zum Gelben Haus in Films der Eigenprofilierung des Architekten; vgl. Meier 2018. Der Schweizer Kunsthistoriker Nott Caviezel spricht angesichts der Art, wie dieser Altbausubstanz verwerte, vom Architekten als Dieb; vgl. Caviezel 2003.

53 Dehio [1901] 1988; Kalesse 2011, 25.

54 Vgl. Sauerländer 1975.

55 Vgl. Schmidt 2010; Will 1992.

56 Guggenheim 2011.

57 DeSilvey 2017, 12.

58 Vgl. Ruby 2010, 35.

59 Folgende Aussage De Carlos ist besonders beispielhaft für diese Auseinandersetzung: »I believe that (...) a building frees itself increasingly from its ‹type› as it begins to be experienced and as people change it, add or subtract from it, adapt it to their own needs, and incorporate their own expressions. As this process unfolds, morphology takes over: it is in architectural form that all these meanings are condensed, and the more numerous are these meanings, the more irrelevant is the original type«. Interview mit De Carlo in Zucchi 1992, 169.

60 Vgl. Zardini o.J.

61 »Wir sollten Partizipation andersherum verstehen. Nicht als ein von oben herab gewährtes Mitmachrecht. Partizipation von unten bedeutet, sich selbst, dem »ungeladenen Außenseiter« Zutritt zu verschaffen. Ein investigativer Journalist wie Günter Wallraff lebt diese Idee, wenn er sich ausgerüstet nur mit journalistischem Handwerkszeug auf fremdem Terrain einbringt mit dem Ziel Gegebenheiten zu verändern. Jeder Architekt ist ein solch ungeladener Außenseiter, wenn er mit Behörden, Handwerkern und Investoren um ein Projekt kämpft.« Miessen 2012, 11.

62 Ingrid Scheurmann hat zu den Teilhabebemühungen im deutschen Denkmaldiskurs seit den 1970er Jahren geforscht und dabei festgestellt, dass diese stets auf institutionelle Widerstände stießen, indem die Denkmalpflege etwa abwehrend auf akteursorientierte Projekte wie Roland Günthers »Rettet Eisenheim«, den Erinnerungsorte-Diskurs (Pierre Nora) oder gegen das aktuelle Erbe- und Teilhabedenken reagierte; vgl. Scheurmann 2018, 256. Scheurmann fordert auch eine Überwindung tradierter Fächergrenzen; vgl. Scheurmann 2019.

Brand 1995
S. Brand: How buildings learn: What happens after they're built (London 1995).

Brand 1997
S. Brand: Built for Change, in: How Buildings Learn 3, 1997, https://www.youtube.com/watch?v=ZSaWdp833YM (19.5.2020).

Burra Charta 2013
Australia ICOMOS: The Burra Charta. The Australia Icomos Charta for Places of Cultural Significance, 2013, https://australia.icomos.org/wp-content/uploads/The-Burra-Charter-2013-Adopted-31.10.2013.pdf (19.5.2020).

Caviezel 2003
N. Caviezel: Weiterbauen – Weiterdenken, werk, bauen + wohnen 6, 2003, 4–9.

Charta von Venedig 1964
Zweiter Internationaler Kongress der Architekten und Denkmalpfleger: Charta von Venedig, 1964, http://www.dnk.de/_uploads/media/135_1964_Charta_von_Venedig.pdf (19.5.2020).

Dehio [1901] 1988
G. Dehio: Was wird aus dem Heidelberger Schloss werden? (1901), in: M. Wohlleben / G. Mörsch (Hg.): Konservieren, nicht restaurieren. Streitschriften zur Denkmalpflege um 1900, Bauwelt Fundamente 80 (Basel 1988) 34–42.

DeSilvey 2017
C. DeSilvey: Curated decay (Minneapolis 2017).

Docomomo International 2017
Docomomo International: Thoughts on preservation and adaptive reuse in a rapidly changing world. Rem Koolhaas video interview by Hubert-Jan Henket, 2017, https://www.youtube.com/watch?v=pdjFYUTDUjU (19.5.2020).

Falser 2005
M. Falser: Zum 100. Todesjahr von Alois Riegl. Der »Alterswert« als Beitrag zur Konstruktion staatsnationaler Identität in der Habsburg-Monarchie um 1900 und seine Relevanz heute, Österreichische Zeitschrift für Kunst und Denkmalpflege, LIX, 2005, Heft 3/4, 298–311.

Faro Convention 2005
Europarat: Rahmenkonvention über den Wert des Kulturerbes für die Gesellschaft, Faro, 27. Oktober 2005.

Guggenheim 2011
M. Guggenheim: Formloser Diskurs. Umnutzung als Test architektonischen Wissens, Candide. Journal for Architectural Knowledge 4, 2011, 9–36.

Harrison 2012
R. Harrison: Forgetting to remember, remembering to forget: Late modern heritage practices, sustainability and the ›crisis' of accumulation of the past, International Journal of Heritage Studies, 2012, 579–595.

Hayden 1995
D. Hayden: The Power of Place. Urban Landscape as Public History (Cambridge, Mass. 1995).

Heilmeyer 2011
F. Heilmeyer: Raumrohlinge, Arch+ 201/202, 2011, 125–129.

Kalesse 2011
A. Kalesse: Ideologie versus Denkmalpflege?, in: F. Vialon (Hg.): Auferstanden aus Ruinen. Fachtagung »20 Jahre Denkmalschutz in den neuen Bundesländern« (Dresden 2011) 23–30.

Koolhaas 2011
R. Koolhaas: CRONOCAOS, Log 21, 2011, 119–123.

Mayer 2019
M. Mayer: The Kunstgut, König Magazin, 2019, 18–29.

Meier 2015
H.-R. Meier: 50 Jahre Charta von Venedig. Geschichte, Rezeption, Perspektiven, Österreichische Zeitschrift für Kunst und Denkmalpflege, LXIX, Heft 1/2, 2015, 156–158.

Meier 2018
H.-R. Meier: Von der »Kunst der Fuge« zum Weiterbauen, in: Wüstenrot Stiftung (Hg.): Umgang mit denkmalwürdiger Bausubstanz (Stuttgart 2018) 22–23.

Miessen 2012
M. Miessen: Alptraum Partizipation (Leipzig 2012).

Noell 2016
M. Noell: Überholmanöver der Geschichte. Rem Kohlhaas und die Apotheose des ungewollten Erbes, Forum Stadt. Vierteljahreszeitschrift für Stadtgeschichte, Stadtsoziologie, Denkmalpflege und Stadtentwicklung 2 (43), 2016, 157–170.

OMA 2003
OMA: Bejing Preservation Projekt, 2003, https://oma.eu/projects/beijing-preservation (19.5.2020).

OMA History 2010
OMA, History, 2010, https://cdn.sanity.io/files/5azy6oei/production/3ba1d40a88185c52f75ac236c94bd6ae68029bc8.pdf (21.7.2020).

OMA Venice 2010
OMA, Cronocaos Venice, 2010, https://cdn.sanity.io/files/5azy6oei/production/27a57c22474166b447b389f2c2660ba99182f711.pdf (21.7.2020).

Oswalt 2000
P. Oswalt: Berlin – Stadt ohne Form, Strategien einer anderen Architektur (München / New York 2000).

Oswalt 2002
P. Oswalt: Die Stadt stimulieren. Standortentwicklung mit kapitalschwachen Akteuren und temporären Programmen, Werk, Bauen, Wohnen, 6/2002, 44–49.

Oswalt et al. 2013
P. Oswalt / K. Overmeyer / P. Misselwitz: Urban Catalyst. Mit Zwischennutzungen Stadt entwickeln (Berlin 2013).

Otero-Pailos 2012
J. Otero-Pailos: Restoration Redux. Architectural Review, February 2012, 44–45.

Otero-Pailos 2014
J. Otero-Pailos: Supplement to OMA's Preservation Manifesto. Preservation is Overtaking Us, GSAPP Books, 2014, 80–98.

Otero-Pailos et al. 2016
J. Otero-Pailos / E. Fenstad Langdalen / T. Arrhenius: Experimental preservation (Zürich 2016).

Ouroussoff 2011
N. Ouroussoff: An Architect's Fear That Preservation Distorts, The New York Times, 23.5.2011.

Rellensmann 2015
L. Rellensmann: Monument gegen den Dämm-Wahn. Über die Antivilla von Arno Brandlhuber, baunetz 20.2.2015, https://www.baunetz.de/cid/4231673 (15.7.2020).

Rellensmann 2016
L. Rellensmann: Komplexer Pragmatismus. Ein Gespräch mit Thomas Burlon, Baunetzwoche #439, 28. Januar 2016, 17–20.

Rellensmann 2020
L. Rellensmann: Architektur als Balanceakt. Tanja Lincke Architekten Berlin, Baunetzwoche #549, 16. Januar 2020, 45–48.

Riegl [1903] 1988
A. Riegl: Der moderne Denkmalkultus, sein Wesen und seine Entstehung, in: M. Wohlleben / G. Mörsch (Hg.): Konservieren, nicht restaurieren. Streitschriften zur Denkmalpflege um 1900, Bauwelt Fundamente 80, 1988, 43–87.

Ruby 2010
A. Ruby: Vergangenwart und Gegenheit – Weiterbauen als Zeichen der Zeit, der architekt 5/2010, 32–37.

Sandler 2016
D. Sandler: Counterpreservation. Architectural Decay in Berlin since 1989 (Ithaca 2016).

Sauerländer 1975
W. Sauerländer: Erweiterung des Denkmalbegriffs, Deutsche Kunst und Denkmalpflege, 1975, 117–130.

Scheurmann 2018
I. Scheurmann: »Müssen wir nicht die Bewahrung von Erinnerung überhaupt neu begründen« Willibald Sauerländer, Roland Günter und Reinhard Entmann erneuern den Denkmalbegriff im Denkmalschutzjahr 1975, in: I. Scheurmann: Konturen und Konjunkturen der Denkmalpflege. Zum Umgang mit baulichen Relikten der Vergangenheit (Wien 2018) 254–261.

Scheurmann 2019
I. Scheurmann: Brauchen wir einen spätmodernen Heritage-Kultus?, Vortrag im Rahmen der Ringvorlesung »Werte im Wandel? Aus Theorie und Praxis heutiger Denkmalpflege«, Institut für Kunstwissenschaft und Historische Urbanistik der TU Berlin, 30.10.2019.

Schmidt 2010
L. Schmidt: Das Denkmal als Prozess und Kommunikation, in: D. Karg (Hg.): Bildung und Denkmalpflege. 78. Tag für Denkmalpflege. Jahrestagung der Vereinigung der Landesdenkmalpfleger in der Bundesrepublik Deutschland, (Worms 2010) 107–110.

Schofield / Rellensmann 2015
J. Schofield / L. Rellensmann: Underground Heritage: Berlin Techno and the Changing City, Heritage & Society 8, No. 2, 2015, 111–138.

Smith 2006
L. Smith: Uses of Heritage (Abingdon 2006).

Smith 2012
L. Smith: 2012 Manifesto, https://www.criticalheritagestudies.org/history (19.5.2020).

Smithson 1991
A. Smithson: Team 10 Meetings (New York 1991).

Stadtentwicklung Berlin o.J.
Stadtentwicklung Berlin: Denkmaldatenbank, Bunker Albrechtstraße 24 Reinhardtstraße 20, http://www.stadtentwicklung.berlin.de/denkmal/liste_karte_datenbank/de/denkmaldatenbank/daobj.php?obj_dok_nr=09011171 (19.5.2020).

Stoppani 2011
T. Stoppani: Altered States of Preservation. Preservation by OMA/AMO, Future Anterior: Journal of Historic Preservation, History, Theory, and Criticism VIII(1), 2011, 97–109.

Will 1992
T. Will: Wissenschaftler oder Künstler vor dem Denkmal?, Deutsche Kunst und Denkmalpflege, 1992, 102–108.

Will 2016
T. Will: Das Denkmal als Ressource? Über Sinn und Zweck der Denkmalpflege, Forum Stadt. Vierteljahreszeitschrift für Stadtgeschichte, Stadtsoziologie, Denkmalpflege und Stadtentwicklung 2(43), 2016, 171–188.

Wittman 2016
R. Wittman: The Problem concerning history, e-flux THEORY/HISTORY, 2017, https://www.e-flux.com/architecture/history-theory/159237/the-problem-concerning-history/ (19.5.2020).

Zardini o.J.
M. Zardini: Urbino, Siena, San Marino and Venice (Taly) 1974-2004. Giancarlo De Carlo and the International Laboratory of Architecture and Urban Design, http://team10online.org/team10/meetings/1974-2004-ilaud.htm (19.5.2020).

Zucchi 1992
B. Zucchi: Conversation with Giancarlo de Carlo, Milan, July 1990, in: B. Zucchi: Giancarlo de Carlo (Princeton 1992) 157–175.

Abbildungsnachweis

1, 3, 5   Noshe.
2   Kunstwerk: Katja Novitskova, Pattern of Activiation, 2014; Foto: Noshe.
4   Luise Rellensmann.
7, 8   Juri Palmin 2015.

Weiterentwerfen
Strategien zur Verwendung historischer Referenzen in der zeitgenössischen Architektur

Eva Maria Froschauer

Das Referenzieren hat Konjunktur – oder besser gesagt, das Offenlegen der Verarbeitung unterschiedlicher Referenzen in den Entwurfsprozessen moderner Architektur. Ein kursorischer Blick auf Veröffentlichungen in Fachmagazinen und in die aktuelle Buchproduktion in der Architektur zeigt, dass es offenbar (wieder) zum guten Ton der Disziplin zählt, über inspirierende, bild- und wissensbasierte Bausteine des Entwurfsdenkens zu sprechen.[1] Dieses Offenlegen der Grundlagen und Herleitungen beispielsweise aus der Baugeschichte war in der zeitgenössischen Architektur entweder als Einfallslosigkeit oder als ungebührliches Ausplaudern von Arbeitsusancen lange verpönt; eine Haltung, die in Folge der oft spröden, manchmal ironisch bis bizarren, formalen oder mentalen Geschichtsverweise einer postmodernen Architektur entstand.

Mit der weitreichenden Pluralisierung von Stilformen und der Globalisierung der modernen Architekturproduktion ist eben dieses Bekennen zu Vorbildern, Bezugsbildern oder Abbildern des Entwerfens populärer denn je. Weiter befördert wird es durch das nicht mehr zu negierende Übermaß an Bildern, die in digitaler Form und über das Netz in der Welt sind: *Images*, die durch jedes persönliche Smartphone fließen ebenso wie durch die Rechner der Entwerferinnen und Entwerfer auf der Suche nach Fachinformationen und Gestaltungsideen. Der Schweizer Architekturhistoriker Martin Steinmann gibt in einem Gespräch über eben diese »Pinterest-isation«[2], die webbasierte Bildersammelei, in Bezug zu modernen Entwurfspraktiken zwei Gründe für die Verarbeitung von Referenzen und/oder das Sprechen darüber an: Einerseits sei das »Aufnehmen von Bildern, die eine bestimmte Bedeutung evozieren« eine Arbeitspraktik, andererseits sei es ein »Aufschneiden damit, was man alles kennt«.[3] So verkehrt sich der einstige Makel des Referenzierens in einen Nachweis von Gebildetheit der Entwerferinnen und Entwerfer, taugt sogar zur Distinktion von Meisterschaft zu Mittelmaß. Wenn Verweisen also heute eine allgemein akzeptierte Strategie ist, dann offenbart vor allem auch die Bildverarbeitung, wie gut die *Verdauung* der Referenzen im Zuge des Entwerfens gelingt.[4]

Der gegenwärtige Umgang mit Referenzen wird mit den genannten Äußerungen ganz auf die Ebene des Bildes gedrängt, wo er allerdings nicht verharren sollte. Denn ebenso aufschlussreich sind die Strategien der Verwendung, die Art der Verarbeitung, also die Formen der Transformation, sowie die Praktiken und Werkzeuge, die das Referenzieren ausmachen.

»Historisch informiertes« Entwerfen

Referenzieren als ein Entwurfs-Vorgehen, das zurück oder zur Seite blickt, um nach vorne zu entwickeln, kann als Teilbereich des Weiterbauens angesehen werden. Weiterbauen findet nicht erst im Akt des Bauens statt, wie der Begriff suggerieren mag, sondern selbstverständlich bereits im Konzipieren und Entwickeln. Vor dem Weiterbauen geschieht das Weiterentwerfen,

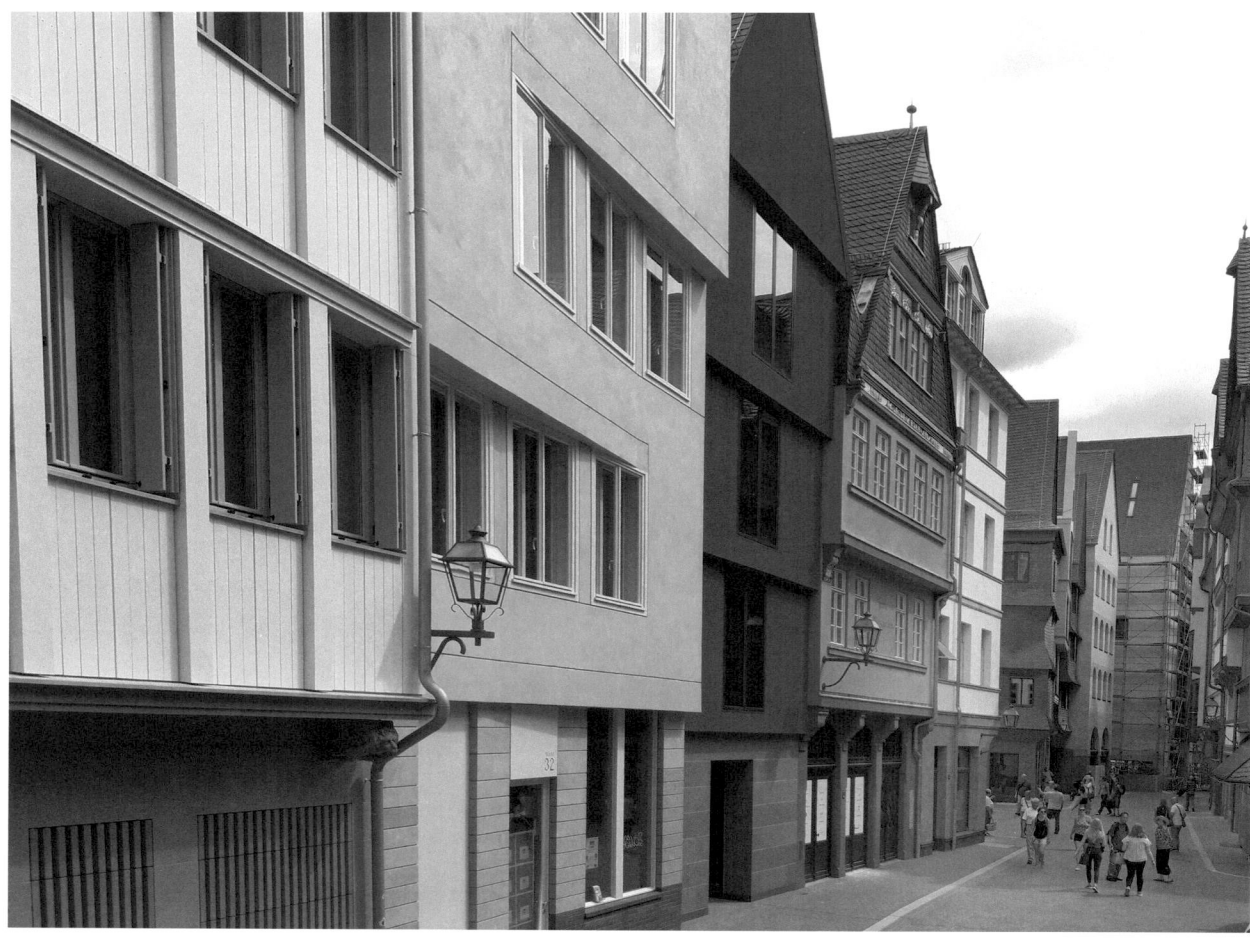

1   Geschichte als Referenz des Entwerfens, *neue* Altstadt in Frankfurt am Main, 2018.

das sich etwa den unmittelbaren Baubestand als Referenz wählen kann, oder das weiter ausholt, das in andere Künste, in die Vergangenheit blickt, um dem Neuen ein referenzbasiertes Stützkorsett zu geben. Dabei kann Vorhandenes transformiert oder amalgamiert werden, kann die Referenz verwischt oder deutlich sichtbar gemacht sein.

Um noch bei der Architekturgeschichte als wahrscheinlich populärstem Referenzfeld zu bleiben: Sie hält am meisten Auswahlmöglichkeiten aber viele Fallstricke für unbedachtes Referenzieren bereit, und zwar gerade dann, wenn sich zeitgenössische Architekturprojekte bewusst in anscheinend ungebrochene historische Narrative

einreihen, wie es etwa die Debatte um die *neue* Altstadt in Frankfurt am Main zeigt (Abb. 1). Der Architekturtheoretiker Stephan Trüby, der in diesem Fall die Unverdächtigkeit des Referenzierens anzweifelte und vielmehr rechten Geschichtsrevisionismus dahinter ausmachte,[5] geriet rasch in eine Gegenrede, welche ihm den selektiven Blick auf das von vielen Agierenden gesteuerte Weiterbauen-Verfahren vorwarf.[6] Die Komplexität dieses Langzeitprojekts der »Immer neuen Altstadt«[7] und der vereinfachende Rezeptions-Vorgang können hier nicht weiter dargelegt werden, beidem ist nur mit breitem Geschichtswissen beizukommen. Doch was von Trübys Einlassungen blieb, war die Herausbildung eines Begriffs, der außerhalb des Kontextes seiner Brandrede recht unbelastet erscheint: So spricht der Architekturtheoretiker vom »historisch informierten Entwerfen«[8] – einem, das die (Architektur-)Geschichte als einen Wissensfundus begreifen lässt, welchen zu ignorieren geradezu leichtfertig wäre.

Die Aufforderung zur historischen Anleihe zieht allerdings grundlegende Fragen nach sich, auf die im Folgenden eingegangen wird: Braucht Entwerfen heute den Motivschatz der Architekturgeschichte? Wenn nein, ist referenzfreies Entwerfen überhaupt möglich? Welche Möglichkeiten des Anspielens haben wir heute und in welchen Medienformen begegnen uns Vorbilder? Auf die Frage, mit Hilfe welcher Strategien sich Neues vom Gegebenen ableiten lässt, werden vier von zahlreichen möglichen Verfahren samt Beispielen vorgestellt, die Weiterentwerfen als Referenzieren zeigen: die Zitation und die Variation, die Paraphrase und die Appropriation.[9]

Auf die erste Grundsatzfrage, ob der Motivschatz der Architekturgeschichte heute überhaupt noch ein probater Fundus ist, der dem modernen Entwerfen dienstbar sein sollte, lässt sich kurz und knapp antworten: Selbstverständlich! Denn *die* Architekturgeschichte als struktureller oder motivischer Referenzraum endet ja nicht um 1900, 1950 oder 1980, sondern dauert fort. Somit wäre es zunächst eine Frage der Definition: Was meint Architekturgeschichte, denn selbst wenn eine Referenz nur zwanzig Jahre zurückliegt, ist sie eine historische Quelle, und es ließe sich damit das Spiel des Verweisens treiben, nur ist sie vielleicht nicht ganz so objektiv zu entschlüsseln wie bei Bezugsformen, die schon Jahrhunderte zurückliegen. Im Gegenteil, es ist zu fragen, ob ohne hinreichende Kenntnisse der Baugeschichte und des daraus erwachsenen theoretischen Diskurses überhaupt ein seriöses Entwerfen möglich ist. Kam und kommt ein Entwurf (ehrlicherweise) je ohne den historischen Resonanzraum aus? Kaum, denn selbst wenn mit dem Versprechen *nicht-referentieller* Architektur gearbeitet wird, ist das Konzept

des Nichtreferentiellen bereits ein historisches, nämlich der klassischen Moderne entnommen, und diese ist heute längst selbst Fundus für populäre entwerferische Rückgriffe. Und abermals nein: Denn selbst wenn wir heute anhand bestimmter Beispiele von einer nicht-erzählenden, nicht-zitierenden, nichts aufrufenden, einer nur noch durch den Affekt oder Effekt wirkenden Architektur sprechen, basiert eine solche auf Referenzen, nur müssen wir sie anders lesen.[10]

Referenzfreies Entwerfen?

Eigentlich kommt kein kreativer Prozess ohne das Referenzieren aus, doch wird das für die Architektur verschiedener Phasen und im Rahmen persönlicher Entwurfspräferenzen immer wieder bestritten. Die folgenden Beispiele zeigen ein Entwerfen, das anscheinend ohne Geschichtsreferenzen auskommt. Sie zeigen, wie moderne Architekten des 20./21. Jhs. gemäß unterschiedlichen Prämissen den individuellen Ausschluss der Geschichte als Vorbild betrieben haben.

Der erste Fall ist jener Alvar Aaltos (1898–1976), dessen Entwurfshandeln von ihm selbst, von Mitarbeiterinnen und Mitarbeitern sowie der späteren Rezeption als ein aus dem manuellen Zeichnungsprozess entwickeltes, teils internalisiertes und instinktives, teils externalisiertes, wiederholtes Striche-Führen und Linien-Finden, demnach Formen-Entwickeln verstanden wurde. Aaltos Entwerfen nahm, wenn überhaupt, Anleihen aus Naturformen, landschaftlichen Gegebenheiten und funktionalen Voraussetzungen. Winfried Nerdinger nannte dieses Entwerfen einmal ein »suchendes Zeichnen«.[11] Der Entwurfsprozess scheint hier einer gewesen zu sein, der, so Nerdinger weiter, zwar auf vielen Tischen und unter vielen Händen stattfand, aber im Kern doch der genialen Formfindungsgabe des *Meisters* entsprang.

Einige Jahrzehnte später vollzog sich das geschichtsfreie Entwerfen des Frei Otto (1925–2015), welches zwischen architektonischer Erfindungsgabe, ingenieurwissenschaftlicher Empirie und künstlerischen Anleihen zu verstehen ist.[12] Wesentlich war für sein Entwerfen ein Experimentieren im Sinne pre-digitaler Visualisierung, ein ganzes *setting*, eine Anordnung, bestehend aus eigens dafür gefertigten Versuchsaufbauten, Messgeräten, Durchführungsregeln sowie Darstellungstechniken. Ob nun Hängemodelle oder Seifenlaugenexperimente, Otto arbeitete prozessual, und seine besondere Leistung, so Georg Vrachliotis, sei die »entwerferische Originalität« infolge einer »Originalität der Prozesse« gewesen.[13] Mit Frei Ottos eigenen Worten: »Die Gebäudeform entwickelt sich aus intensiver Untersuchung. [...] Ich will sogar so weit gehen, zu sagen, daß Gebäudeformen überhaupt nicht entworfen werden sollten – der Architekt kann nur Hilfe leisten, wenn sie entstehen.«[14]

Das dritte Beispiel ist eines aus der Gegenwart, es geht dabei um das Entwerfen des Valerio Olgiati, eines Architekten, der ausdrücklich sagt, sein Entwerfen sei »nicht-referenziell«[15]. Dabei interessiert sich Olgiati überaus für die »Images

of Architects« und damit für »den sichtbaren Ursprung der Architektur«. Fragte er nicht vor einigen Jahren Kolleginnen und Kollegen nach deren Lieblingsbildern und damit Referenzen, welche ihr architektonisches Denken begründen würden?[16] Die eingesandten Bilder sollten als »musées imaginaires« einen autobiografischen Hinweis auf das jeweilige Entwurfsdenken geben, denn, so Olgiati: »The images are explanations, metaphors, foundations, memories and intentions.«[17] Kaum verwunderlich, dass unter den 44 bildbasierten Mini-Museen, welche Olgiati in dem so entstandenen Buch zusammenstellt, eine Reihe von historischen Referenzen auftauchen, ebenso in seiner eigenen Bildersammlung. Wie er dennoch zu dem Schluss kommt, selbst nicht-referentiell zu arbeiten, begründete er schon Jahre zuvor, mit der Aussage, dass die nicht nachahmende Transformation in jedem seiner Entwürfe vorgängige Bilder und Erinnerungen letztlich wieder verschwinden lasse[18] (Abb. 2).

Wie subjektiv und kaum beweissicher das Spiel mit Referenzen in der Architektur ist, zeigen nicht nur Olgiatis Herangehensweise, sondern vor allem die Fälle, in denen retrospektiv verwiesen wird, quer durch die Jahrhunderte und über alle möglichen Bautypen hinweg. Dabei entstehen Entwurfs-Beispiele wie die Zeichnungen des jungen US-amerikanischen Architekten Nicholas S. Coleman, der sich durch die Architekturgeschichte skizziert und dabei ohne Mühe Karl Friedrich Schinkels Bauakademie (1836, deren Fassade, eine innenliegende Säulenreihe sowie den Lichthof) mit Ludwig Mies van der Rohes Neuer Nationalgalerie (1968, deren Stützenkonstruktion und einzelne Erschließungselemente) übereinander zeichnet (Abb. 3).[19] Coleman interessieren dabei weder die historischen Maße, denen zufolge die kleinere Bauakademie im Grundriss der Nationalgalerie liegen müsste, noch die tatsächlichen Bezugnahmen Mies' auf das Werk Schinkels.[20] Ein Vorgehen, das zeigt, wie sehr die Architektur hier Kunst und nicht Wissenschaft ist und sich ungenaues Zitieren erlauben darf.

2   Bild als Medium des Weiterentwerfens, Valerio Olgiati, Images of Architects, 2013.

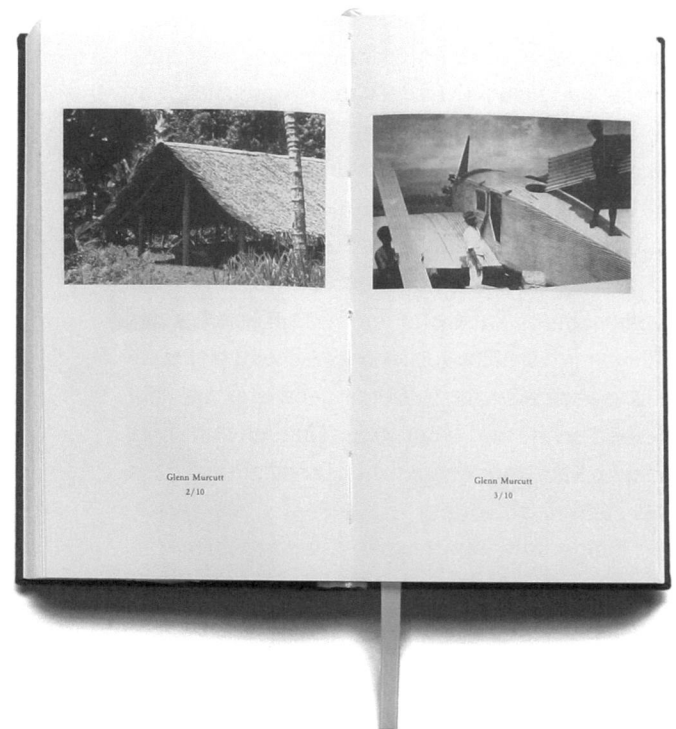

Möglichkeiten des Anspielens – Vorbilder und ihre Medienformen

Mit dem genannten Zeichnungsbeispiel ist der Anspielungsreichtum der Architektur, deren Ausgangsformen und Entwurfsergebnisse, nur angerissen und zugleich die Breite des Themas offenbart. Deshalb sollen im Folgenden weniger mögliche historische Andockstellen, als vielmehr einige Vorgehensweisen des Weiterentwerfens/Weiterbauens näher betrachtet werden: zunächst indem Medienformen erläutert werden, die es erlauben, historische Vorbilder in die heutige Arbeitspraxis

3   Freikünstlerisches Spiel mit der Referenz in der Architektur, Schinkel und Mies bei Nicholas S. Coleman, 2014.

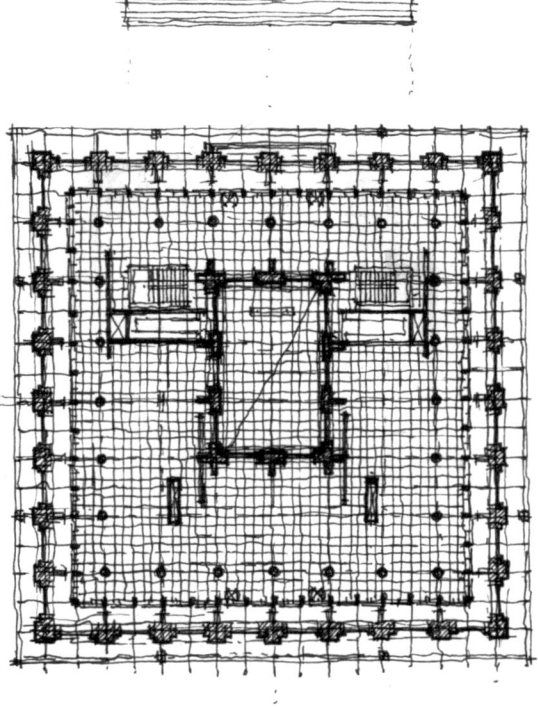

zu holen, und danach in der beispielbasierten Erläuterung von vier Strategien des Weiterentwerfens. Austauschformate, also Medien, die Geschichte und Gegenwart gegenseitig informieren, sind z. B. die *Architekturreise*, die *Spolie*, die *Lehrsammlung* und die *Fotografie*.

Architekturreise

Eine Architekturreise dient oftmals der Aneignung der Bauhistorie und befördert folglich die aktive Verarbeitung und Transformation von Vorbildobjekten und damit den Lehren der Geschichte in Entwurfsprozessen der Gegenwart.[21] War die Architekturreise, in früheren Jahrhunderten die *Grand Tour*, ein klassisches Bildungsmittel, um Anschauung zu praktizieren, so bestand zugleich die Möglichkeit, die Daheimgebliebenen, etwa Studenten oder die Bauherrschaft, zu informieren. Dazu dienten Mappenwerke mit beeindruckenden Stichen und Reisezeichnungen, Itinerare oder literarische Verarbeitungen von Reisen zu den Stätten der Antike, bis dann im 19. Jh. das neue Medium der Fotografie diese Rolle übernahm. Die Architekturreise ist ein Topos des Austauschs, der das Entwerfen und das Weiterbauen immer schon weltläufiger hat werden lassen. Allerdings war das Reisen nicht nur ein Mittel zur Einholung von Erfahrungen des Anderen, Neuen und Fremden, sondern es war auch immer ein mächtiges Mittel der Verbreitung, Etablierung und Kolonialisierung bestimmter Architekturvorstellungen.

Jene Figur, die diese Geste in der Gegenwart quasi zur Kulturtechnik der Architektur gefestigt hat, ist Rem Koolhaas. Bereits 1995 hat er das Reisen als Grundverfasstheit und damit als wesentlichen Aspekt der Globalarchitektur in seinem Buch »S, M, L, XL« mit einer ikonischen Grafik, dem »Travel Behavior«[22] des Büros OMA, belegt. Heute werden auf der Website des Büros selbstverständlich die Projekteinträge auf einer Weltkarte visualisiert – der Reisezweck ist dabei nicht mehr der wissensdurstige Blick in die Ferne, die Suche nach dem inspirierenden Andern, sondern die Missionierung desselben.

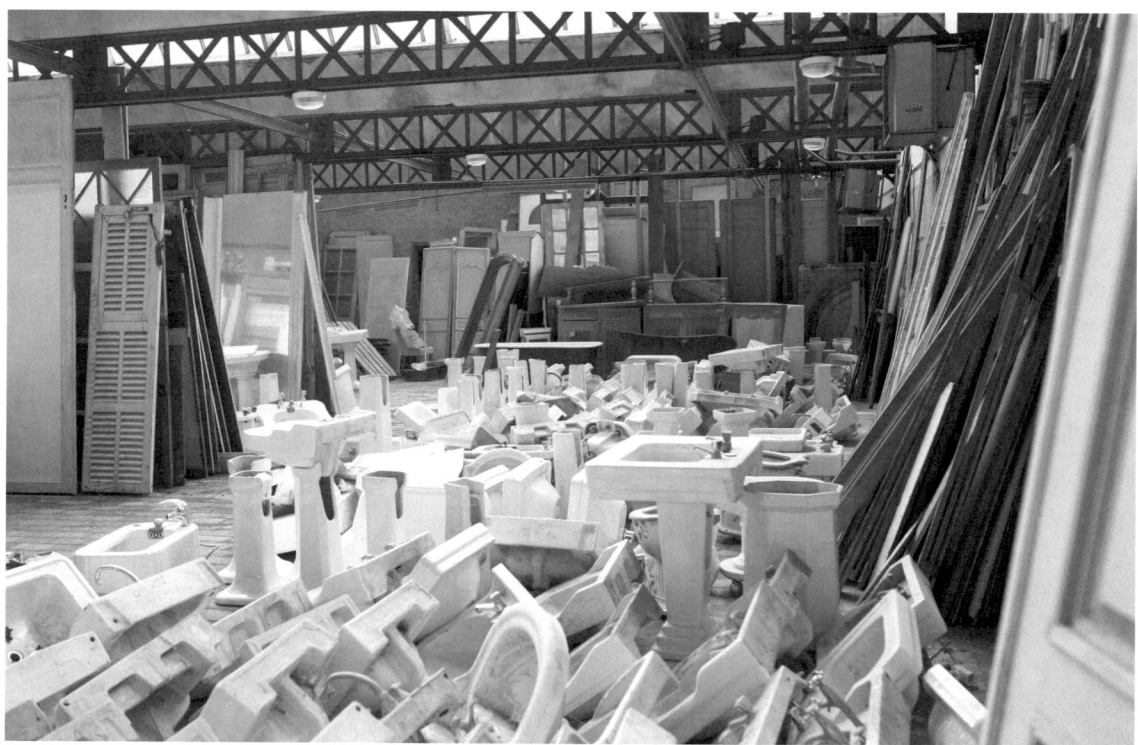

4   Weiterentwerfen mit Bauteil- und Materialrecycling, Rotor Brüssel dokumentieren nützliche *restseller*, hier »Materiaux Antiques« in Tourcoing, Frankreich.

Spolie

Das zweite Beispiel, Referenzen aufzuschließen und diese für das Weiterentwerfen zu nutzen, ist die Verwendung von Spolien. Ähnlich der Reise ist die Spolie ein Austauschmedium von der Antike bis heute.[23] Sie ist mit der Reise überdies verknüpft, da die Spolie bisweilen dazu diente, das gute Vorbild zu Anschauungszwecken mitzubringen – ein Medium, dessen man regelrecht *habhaft* werden kann und wodurch Wiedereinbauen unmittelbar Weiterbauen bedeutet. Die moderne Spolienforschung sieht die Praxis der Wiederverwendung, Neukontextualisierung und damit Neubewertung von historischen Bauteilen nicht mehr nur als ein antikes Phänomen an, sondern verwendet den Begriff längst für die vergleichbare Praxis in der modernen Architektur.[24] Bauteil- und Materialrecycling[25] werden heute im Sinne eines nachhaltigen Verwendungskreislaufs gesehen und

bringen beispielsweise Initiativen hervor wie Rotor in Brüssel, eine 2005 gegründete Kooperative von Entwerfern, Praktikerinnen und Wissenschaftlern, die u. a. ausgebaute, nicht mehr benötigte Bauteile aller Art in den Entwurfsprozess integrieren[26] (Abb. 4).

Lehrsammlung

Mit der Spolie verbunden war in der Vergangenheit überdies deren Aufbewahrung in Lehrsammlungen. Das Nutzen solcher anschaulichen Sammlungen[27] zählte bis Anfang des 20. Jhs. zum Entwurfsunterricht an Hochschulen und Akademien, ehe historische Bauformen als Ableitungsmodelle in den Reformbewegungen um 1900 ihre Bedeutung verloren. Ebenso wie sich das Sammeln als Inspirationsquelle des Entwerfens erhalten hat, sich nur der Charakter anregender Sammlungsdinge wandelte,[28] so tradierte sich auch das Medium der Lehrsammlung. Gegenwärtig gewinnt, trotz ubiquitär vorhandener digitaler Vor-*Bilder*, das Nutzen mustergültiger und zugleich haptischer Materialien erneut an Bedeutung. Beispiele wie die Materialsammlung innerhalb der Baubibliothek der ETH Zürich lassen diesen Schluss zu; dort haben Materialbeispiele, Musterstücke und Bauteilproben den gleichen Rang für die Wissensvermittlung wie z. B. Bücher (Abb. 5).[29]

Fotografie
Das letzte hier angesprochene Medium, die Fotografie, verweist auf die Übermacht digitaler Bilder als Anschauungsmaterialien des Entwerfens. *Images* aller Art liegen in unendlichen Mengen tatsächlich und metaphorisch gesprochen auf den Schreibtischen der Gegenwart, und oft ist den Betrachtenden, den Entwerfenden gar nicht klar, dass und wie sie wirken. Selbst dann, wenn (wie beim oben zitierten Valerio Olgiati) vorgegeben wird, referenzfrei zu arbeiten, prägen sich Bilder ein und werden zum wahrscheinlich wichtigsten Referenzobjekt des Weiterbauens unserer Tage. Und längst ist nicht mehr das Verschleiern oder das Nicht-Nennen möglicher Vor*bilder* oder Ab*bilder*, möglicher Anlehnungs- oder Ableitungsobjekte ein dem Architekturmachen zugehöriges Vorgehen, sondern, ganz im Gegenteil, es ist das explizit Machen des vorbildlichen Materials das neue »Bildhandeln« im Entwerfen.[30]

Verfahren des Weiterentwerfens

Welche Verfahren und Instrumente aus welchen Bereichen von Kunst und Technik taugen dazu, besonders die Vorgehensweisen des Weiterentwerfens respektive Weiterbauens zu benennen und zu beschreiben? Mit einer solchen Begriffsfindung beschäftigte sich bereits der deutsche Beitrag an der Architektur-Biennale in Venedig des Jahres 2012, als unter dem Titel »Reduce. Reuse. Recycle« die Macher antraten, der damals

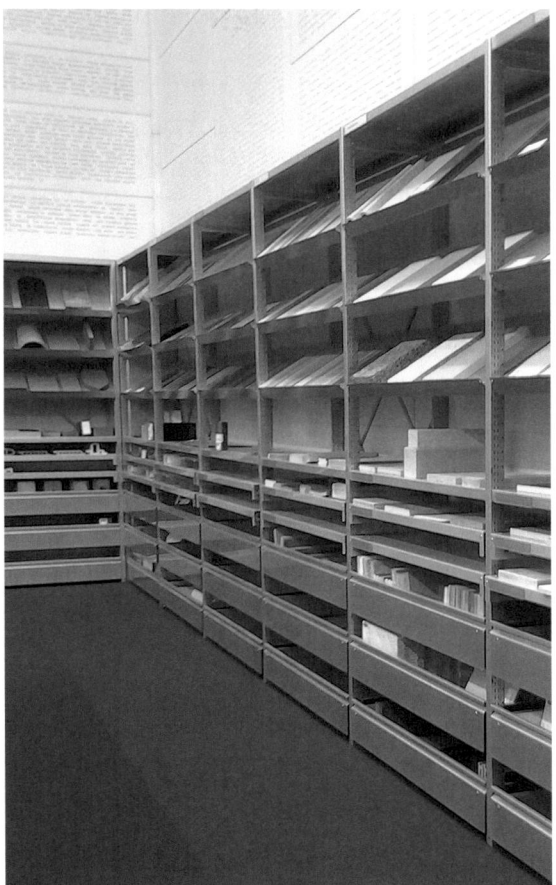

5   Materialsammlung als anschauliches Medium des Weiterentwerfens, Baubibliothek der ETH Zürich.

herrschenden Rückbaubewegung und dem »Zuviel an Architektur«[31] Positives abzugewinnen, indem daraus zukunftsfähige Strategien abgeleitet wurden. Folgende Schlagworte waren mit Ausstellung und Katalog gesetzt und mit Beispielen belegt: »Wahrnehmung«, »Verhalten«, »Umnutzung«, »Redesign«, »Füllung«, »Renovierung«, »Instandhaltung«, »Subtraktion«, »Addition« und »Materialrecycling« sowie »Gestaltrecycling«.[32] Die Begriffe bezeichnen nicht nur Entwurfs-, sondern auch Bauverfahren ebenso wie Haltungen.

Im Folgenden kommen nun vier Vorgehensweisen zur Darstellung, die weiterdenkendes und abhängiges Entwerfen beschreiben, welches zugleich die Handhabung der Substanz

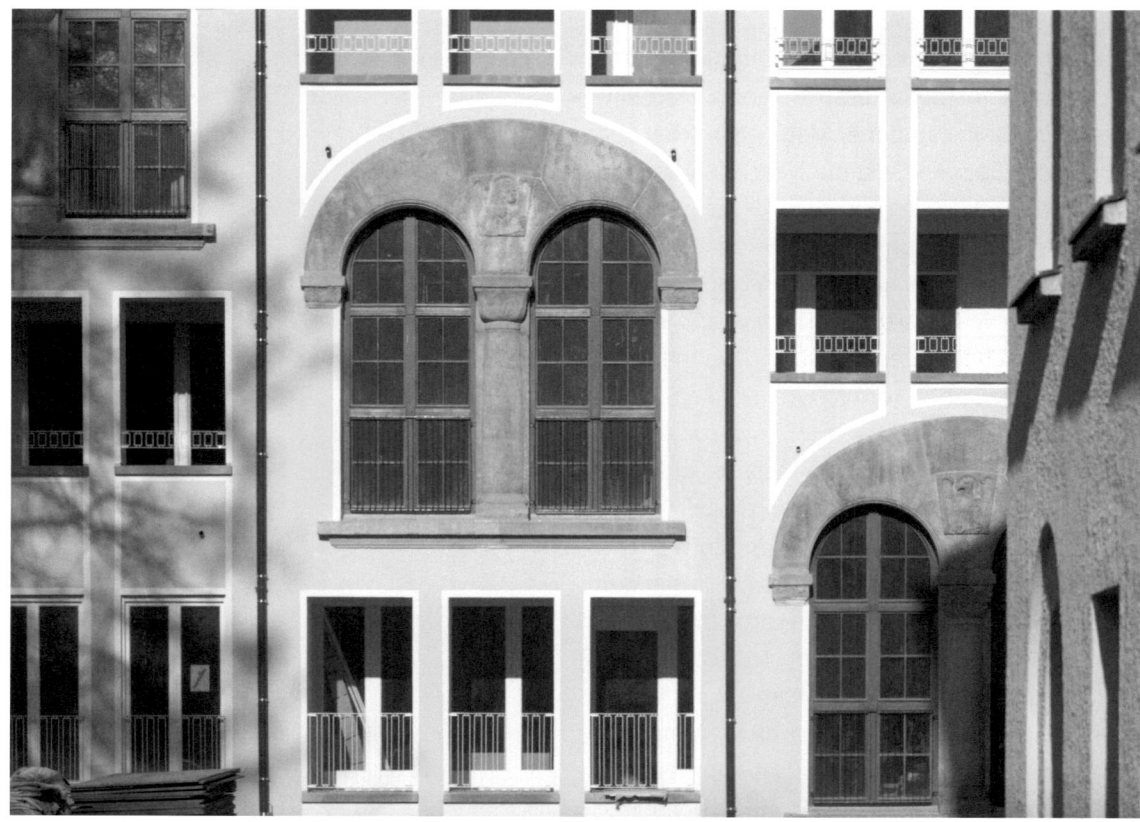

6   Zitat als Entwurfsstrategie, Klostergarten im Münchner Lehel, Hild und K Architekten, 2009.

miteinschließt: Es sind dies *Zitation, Variation, Paraphrase* und *Appropriation*.[33] Diese Verfahren werden mit Hilfe von frei gewählten historischen Beispielen eingeleitet und um je zwei der Gegenwartsarchitektur entnommene Projekte ergänzt.

Zitation

Das Zitat in der Architektur ist ein von der produzierenden wie rezipierenden Seite gern genutztes Verfahren.[34] Es wird entweder gemäß den Systemen Schrift und Sprache angewandt, oder, wie viele Aussagen im Kontext des Entwerfens, *unscharf* genutzt und immer dann vorgebracht, wenn in irgendeiner Weise referenzierend gearbeitet wird. An dieser Stelle soll besonders auf die Bedeutung eines Zitates abgehoben werden,

welche den *wörtlichen*, damit unveränderten, kenntlich gemachten Einschluss einer vorhandenen Aussage meint.

Ein Beispiel der Geschichte, das den Zitatgedanken zu seiner Hauptaussage macht, ist das 2004 rekonstruierte sog. Architektur-Pasticcio, das im Monument Court des John Soane's House (seit dessen Tod 1837 öffentliches Museum) in London steht. Der kleine Innenhof des Museums ist mit Fragmenten der Architekturgeschichte ausgestattet, und dabei ist die Idee des Zitates regelrecht auf die Spitze getrieben, indem Kapitelle und andere Bauelemente auf groteske Weise zu einem zehnstöckigen Totem-Pfahl der Baugeschichte gestapelt sind. Gemäß Soane sollte dies die Entwicklung und den Fortschritt der Welt-Architektur demonstrieren.[35] Das Pasticcio ist ein weitgehend zweckfreies Demonstrations-objekt, während die beiden folgenden Beispiele der Gegenwartspraxis den direkten Einbezug einer bereits vorhandenen *Aussage* – ganz im Sinne einer Spolie – leisten. Die zitierende und damit materiale Weiternutzung von Architektur-elementen geschieht hier ob ihrer symbolischen Aussage und ebenso aufgrund ihrer Funktion.

Für die Wohnanlage am Klostergarten im Münchner Lehel haben Hild und K Architekten (2004–09) Elemente des am Ort teilweise abge-brochenen neuromanischen St.-Anna-Klosters in den Neubau integriert, also direkt eingeschlossen (Abb. 6). Mit den fünf wiedergenutzten Gewänden, doppelte Mauerwerksbögen, verweisen die *neu-en* Fenster heute noch auf jene des ehemaligen Refektoriums. Das bauliche Zitat fordert den umge-benden Neubau allerdings heraus, sowohl damit, wie die historische Substanz als Masse aufzuneh-men ist und wie alte und neue Fensterbauhöhen gut zueinander finden.[36] Also auch damit, wie ein sol-ches Zwitterwesen zu verstehen sei? So fragte sich die Architekturpresse etwas ratlos zur Fertigstellung des Baus 2009: »Neubau? Altbau? Umbau?«[37]. Hild und K Architekten sind geübt in der Entwurfspraxis des »Weiterschreibens«[38], verstehen sich nicht als Rekonstrukteure und können auch mit der Kritik umgehen, dass dies keine übliche Vorgehensweise zeitgenössischer Denkmalpflege sei, oder wie der Architekturtheoretiker Ulrich Schwarz schreibt: »Ihre architektonische Praxis besteht seither aus einer hochentwickelten Hybridtechnik.«[39] Den nicht unerheblichen Aspekt, dass Zitate eigentlich eine Quellenangabe benötigen, konterkarieren sie, indem sie Autorenschaft in der Architektur durch-aus anzweifeln, folgert Ulrich Schwarz weiter.[40]

Das zweite Projekt der Gegenwartsarchitektur steht in einem völlig anderen zeitlichen und räum-lichen Kontext, doch es trägt bereits den Begriff »re use« in sich: Von 2015 bis 2018 stand auf dem Gelände des Bauhaus-Archivs Berlin ein tempo-rärer Veranstaltungs-Pavillon, der aus Fenster- und Türelementen zusammengesetzt war, welche der Sanierung des Dessauer Bauhaus-Gebäudes

aus den 1970er Jahren entstammen. Aufgrund der jüngsten Renovierung des Weltkulturerbes waren diese in den Wiederverwendungskreislauf der zukunftsgeraeusche GbR gelangt, die dar-aus einen neuen Experimentalbau schuf. Wollte man die Idee des Zitates weitertreiben, so schöpft dieser Fall nicht aus einer Primärquelle, dem Ursprungsbau, sondern aus einer Sekundärquelle, der späteren Sanierung.[41]

Variation
Bleibt die Variation im Entwurfsprozess auf der Ebene der Zeichnung, dann versteht man darun-ter das Herstellen vieler Skizzen oder Pläne mit dem Ziel, am Ende die beste Lösung zu finden – bisweilen liegt im variierenden Suchen auch ein Scheitern.[42] Die Technik des Überzeichnens mit Hilfe von transparenten Entwurfspapieren ist in der Regel längst abgelöst durch digitales Zeichnen, in dem die Herstellung von Varianten eher mit Hilfe der Bibliotheken der Software geschieht, worin verschiedene Details, Bauteile, Einzelelemente sowie vorgefertigte Lösungen bereitliegen und mit denen sich immer neue Gegenentwürfe entwi-ckeln lassen. Doch erfasst diese Strategie nicht nur das Produzieren von Alternativentwürfen, sondern auch von Varianten ganzer Gebäude.

Ein berühmtes Beispiel der Baugeschichte ist Karl Friedrich Schinkels Entwurfsweg zur Fried-richswerderschen Kirche in Berlin-Mitte. Er begann mit einem Gegenentwurf zu einem bereits beste-henden und legte 1821 die Version eines römi-schen Tempels mit korinthischen Säulen samt einem Campanile vor. Nach Ablehnung durch den Regenten entwarf Schinkel 1823/24 eine klassizisti-sche Wandpfeilerkirche, ehe eine Variante im »anti-kisierenden Gotikstil« 1829/30 zur Ausführung kam.[43] Schinkels Meisterschaft im Umgang mit immer neuen Entwurfsvorstellungen des Bauherrn zeigte sich in den Variationen und darin, dass er diese nicht als minderwertige Lösungen verstand und selbstverständlich publizierte.[44]

Während Schinkel nicht ganz freiwillig das gesamte Gebäude zu variieren hatte, übt sich

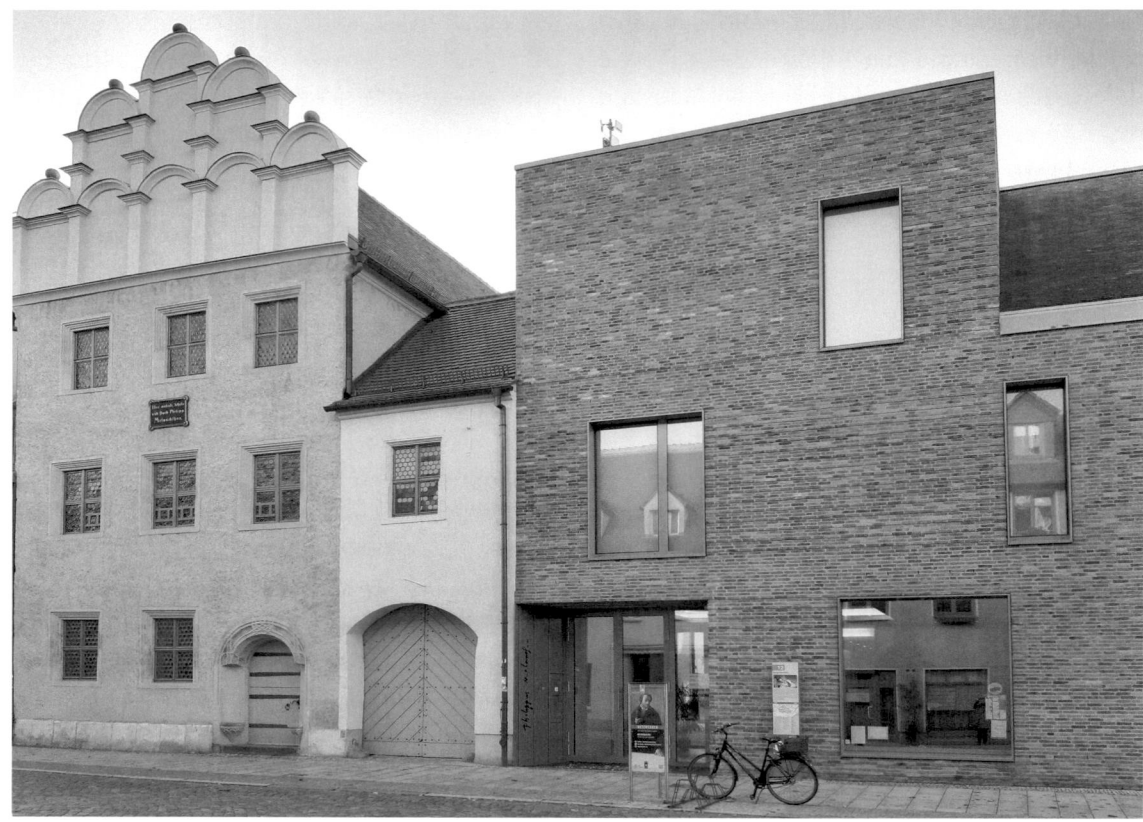

7   Variation als Thema des Entwerfens, Erweiterung des Melanchthonhauses in Lutherstadt Wittenberg, Dietzsch und Weber Architekten, 2013.

das hinzugezogene Beispiel aus der Gegen-wartsarchitektur, der Erweiterungsbau des Melanchthonhauses in Lutherstadt Wittenberg von Dietzsch und Weber Architekten (2013) in der simultanen Abwandlung (Abb. 7). Der stolze Ursprungsbau, ab 1536 für Philipp Melanchthon errichtet, wirkt vor allem durch seinen mächtigen Staffelgiebel; das Haus wurde später um einen zweigeschossigen Anbau mit einer Tordurchfahrt ergänzt und vereint somit zwei deutlich verschie-dene Baukörper. Der Neu- und Ergänzungsbau von 2013 variiert nun diese Kompositstruktur unter-schiedlicher Höhen mit deutlicher Anlehnung an den Altbau und macht doch vieles anders. So sind die drei starren Achsen des Haupthauses aufge-löst, die Differenz zwischen dem hohen und niede-ren Bauteil ist egalisiert und ein neues Material ist

eingeführt. Alles in dem Maße, dass die Variation samt Übernahmen und Brüchen deutlich erkenn-bar bleibt.[45]

Anders wandten das Instrument der Variation Staab Architekten für die Grundinstandsetzung des sogenannten Hochhauses C10 der Hochschule Darmstadt (2011) an. Dabei ging es um die Neu-interpretation einer typischen Rasterfassade der 1960er Jahre, die nicht völlig verschwand, sondern baulich ertüchtigt wurde und in vier Varianten wei-terwirkt. Für jede Himmelsrichtung entwickelten Staab Architekten ein anderes Konzept, das auf-fälligste moduliert die Südfassade mit Hilfe von dreidimensionalen Sonnenschutzblenden neu und bezieht sich trotzdem auf das alte Raster. Muck Petzet und Florian Heilmeyer bezeich-nen ein solches Vorgehen als »Redesign«[46], eine andere Möglichkeit wäre, sowohl das Darmstädter als auch das Wittenberger Projekt näher an der Paraphrase zu sehen.

Paraphrase

Gemäß der Rhetorik erzählt eine Paraphrase nach, aber sie schreibt nicht gänzlich um. Sie leistet Verdeutlichung oder Interpretation eines Inhalts bei gleichbleibendem Sinn. Für die Architektur genommen bedeutet dies: Der Ursprungsbau bleibt sichtbar, doch erzählen die Nachschaffenden den Gegenstand mit ihren Mitteln neu. Dabei verbindet das wesentliche Werkzeug der Paraphrase – nämlich das *das heißt* – die erste und zweite Erzählung. Beim paraphrasierenden Entwerfen und Bauen ist interessant zu beobachten, wie hoch der Veränderungsgrad dazwischen ist.[47]

Ein Beispiel der Geschichte, bei dem Erzählung und Nacherzählung unmittelbar nebeneinanderstehen und gegenseitig aufeinander verweisen, ist Aldo Rossis und Gianni Braghieris Erweiterung des historischen Friedhofs San Cataldo in Modena aus den Jahren 1971–76. Alt- und Neubau sind in ihrer umfassenden Geste aufeinander bezogen und erklären sich dabei gegenseitig. Die Gebäudetypologie wird weitererzählt, die strenge und gebundene Form eines italienischen Friedhofs erfährt in der Interpretation der 1970er Jahre noch einmal eine Essenziierung. Umso verwunderlicher ist es, dass in Publikationen über San Cataldo oft der historische Bau nicht gezeigt wird und die Betrachterinnen und Betrachter mit Rossis und Braghieris nur scheinbar verrätselter Struktur allein gelassen werden. Auch wenn Rossi selbst für sein Architekturentwerfen und seine grafischen Arbeiten oft das Stilmittel des Zitates erwähnt[48], so ist dieser Bau besser durch den Begriff der Paraphrase zu erklären. Hinzu kommt, dass Rossis Nacherzählung oft Unschärfen enthält, so wie man dies auch von der Begriffsverwendung etwa in seinen eigenen Texten kennt.

Mit Unschärfe argumentiert auch der Fall der 2014 vom Berliner Büro Bruno Fioretti Marquez fertiggestellten Rekonstruktion des Direktorenhauses

unter den Dessauer Meisterhäusern (Abb. 8), wobei es sich bei der Wiederherstellung des Gropius-Hauses mit seiner langwierigen Vorgeschichte nicht um eine originalgetreue Rekonstruktion handelt, sondern vielmehr um eine Nacherzählung, der das Original abhandengekommen ist und die aus der Erinnerung das Bild neu wachzurufen sucht. Damit begründen Bruno Fioretti Marquez Architekten ihre Entwurfsentscheidung: »Jede Erinnerung lebt von Ungenauigkeit und Unschärfe.«[49] Letztlich ist ein *scharfgezeichneter* Bau entstanden, der aufgrund des verlorenen Originals zugleich abstrahiert und zuspitzt.[50] Das ehemalige Direktoren-Haus wird in seiner Kubatur, seinen Einschnitten und Öffnungen nacherzählt und darüber hinaus im Inneren durch die Oberflächenbehandlung des Künstlers Olaf Nicolai neu interpretiert.

Im zweiten Fall, dem Wiederaufbau und damit der Teilrekonstruktion des ruinösen Ostflügels des Berliner Museums für Naturkunde griffen Diener & Diener Architekten (2010) auf das Verfahren des Abdrucks zurück. Sie reparierten und modifizierten zwar die beschädigte Fassade gemäß dem Backstein-Bestand, doch ersetzten sie den fehlenden Wandteil, indem abgedruckte Stahlbetonelemente eingefügt wurden, welche nun

8   Leitmotiv Paraphrase, Gropius-Haus in Dessau, Bruno Fioretti Marquez Architekten, 2014.

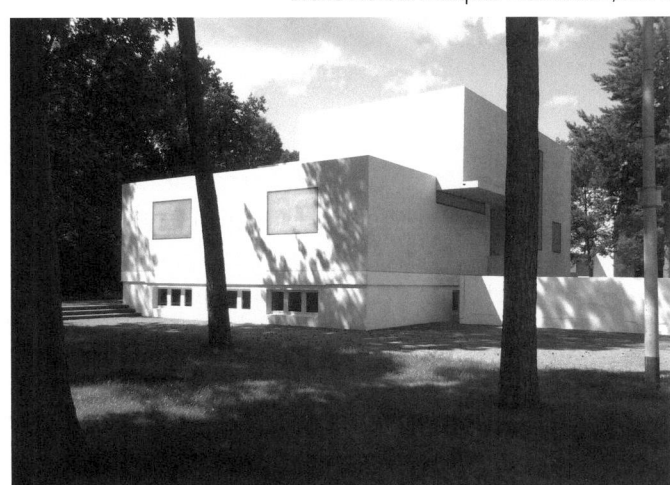

die Nacherzählung führen und den historischen Bau samt seiner Fensterteilung paraphrasieren. Ein solches, nach Petzet und Heilmeyer sog. »Gestalt-recycling«[51], agiert äußerst vereinnahmend und könnte deshalb bereits als Appropriation einge-stuft werden.

Appropriation

Diese Strategie eignet an, sowohl immateriell als auch materiell. Sie darf weit mehr als die Zitation, welche die Quelle wahrt, oder die Paraphrase, die entlang des Originals nacherzählt. Indem die Appropriation das vereinnahmte Ausgangs-material kopiert und collagiert, verfremdet und manipuliert, wird dieses umgeformt und zu einem neuen *Original* verarbeitet. V. a. der handgreifliche Aspekt der Appropriation ist für die Architektur von hohem Interesse, denn es gibt zahlreiche Entwurfs-gesten, die eine Vereinnahmung deutlich machen, wie beispielsweise Einbau oder Rahmung.[52]

Die Entwurfsweise des 1995 verstorbenen Architekten Rudolf Olgiati beruhte zu Teilen auf der Appropriation. Er sammelte Zeit seines Lebens Einrichtungsgegenstände des bäuerlichen Alltags, alte Türen, Tische und Fenster, genauso Artefakte des ihn umgebenden Kulturraums Graubünden, und er baute sie in seinen neu entworfenen Häusern wieder ein. In gewissem Sinn sind diese recycelten Bauteile Spolien, doch ging Olgiati dar-über hinaus: er wollte die vergangene Kultur damit nicht transformieren oder marginalisieren, sondern ganz im Gegenteil, die Gegenstände dem Kultur-raum zurückgeben, indem sie wieder nützlich wur-den.[53] Auf diese Weise agierte der Architekt durch-aus appropriierend.

Die Erhaltung oder besser Verlebendigung eines verlorenzugehen drohenden Kulturbegriffs über das Mittel der Appropriation zeigt für die Gegenwart der monumentale Bau des Historischen Museums der chinesischen Stadt Ningbo (2008). Das auffälligste Merkmal des Gebäudes ist neben seinem festungsartigen Auftreten die Kombination des nackten Betonbaus mit vorgefundenen

Materialien, wie Naturstein, Ziegel, Dachplatten und vielem mehr, woraus eine äußerst lebendiges, geschichtsträchtiges Fassadenbild entstanden ist. Das Architektenpaar Wang Shu und Lu Wenyu, bekannt unter dem Namen *Amateur Architecture Studio*, schufen mit dem Museumsbau eine ein-drückliche Verbindung von Alt und Neu als »col-lage of the past«[54]. Darüber hinaus hinterließen sie ein Statement zu den Bedingungen der Errichtung des Baus, für den dörfliche Strukturen dem Erd-boden gleichgemacht wurden. Auf diese Weise und über die Einbindung des lokalen Handwerks fanden die Geschichte und das Verlorene eine neue Würdigung (Abb. 9).

Mit der Kultivierung der Wand und des Ziegel-steins hat auch ein Projekt von AMUNT Architekten (Björn Martenson, Sonja Nagel und Jan Theissen) aus den Jahren 2010/11 zu tun: ein Aachener Reihenhaus, das durch eine auf den ersten Blick provisorisch und laienhaft wirkende »Addition«[55] erweitert wurde. In Wahrheit handelt es sich dabei um eine detailgenau vollzogene inszenierte Störung, die gleichzeitig eine Vereinnahmung von Bauform und Material darstellt. AMUNT begrün-den ihre Entwurfshaltung mit der Anlehnung an Alltagskulturen des Bauens und mit ihrer bestän-digen Suche nach Referenzen, die sie beispielswei-se fotografisch dokumentieren.[56]

Mit diesem letzten Hinweis auf die Fotografie schließt sich der Kreis von den Verfahren und Strategien zur Verarbeitung historischer Referenzen in der zeitgenössischen Architektur zurück zu den zeitlosen Medienformen des Anspielens und Weiterentwerfens. Einer der bemerkenswertesten Aspekte dabei bleibt die Frage nach dem Grad der notwendigen *Verdauung* der – wie weit auch immer zurückdatierenden – geschichtlichen Grundlagen des Weiterbauens. Egal wie intensiv der Verstoff-wechslungsprozess dabei vonstattengeht – um bei der Metapher zu bleiben – allein das erfolg-reiche Aufspalten und Verwerten des Gegebenen schafft die Energie, um dem Neuen eine kraftvol-le Aussage zu verleihen.

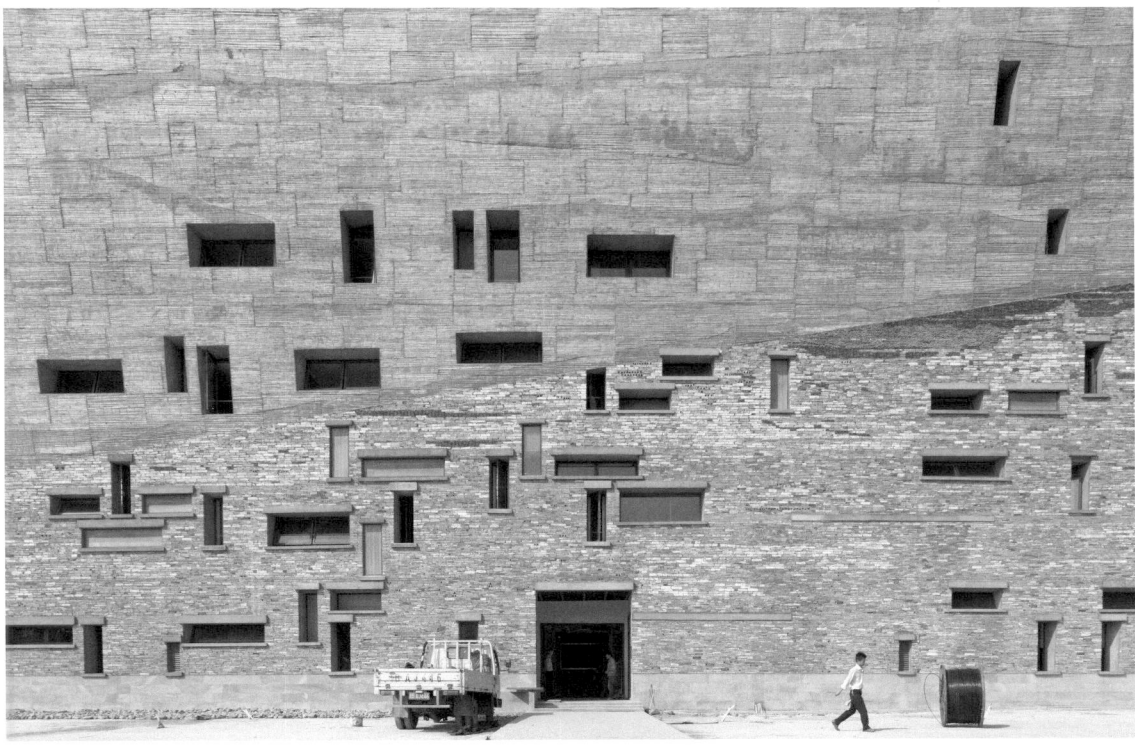

9   Appropriierendes Entwerfen, Ningbo Museum, China, von Amateur Architecture Studio, 2008.

1   Vgl. die Initiative rund um das »retrospektive Entwerfen« bei Ebbing et al. 2014, Ebbing et al. 2017 sowie in vorliegendem Band; bezogen auf die Verwendung von Bildreferenzen bei Steinmann et al. 2018, Froschauer 2019; bezogen auf die entwurfliche Verarbeitung historischer Bezüge bei Hartbaum 2018.
2   Joanelly / Züger 2018, 1.
3   Steinmann et al. 2018, 13.
4   Ebd.
5   Vgl. Trüby 2018.
6   Santifaller 2018, 3.
7   Ausstellung zum Thema am Deutschen Architekturmuseum 2018/19, vgl. Sturm / Cachola Schmal 2018.
8   Vgl. Trüby 2018.
9   Die Aufzählung nimmt teils Bezug auf »Katalog der Operationen – Arten der Anverwandlung vom Ding zum Entwurf« in Froschauer 2019, 155–175.
10 Lausch 2018, 64–66.
11 Nerdinger 2008, 9.
12 Escher 2017, 53–60.
13 Vrachliotis 2017, 23.

14 Ebd., zitiert Otto 1958, 19. Die Aussage entstand im Kontext der neuen Kongresshalle in Berlin von Hugh A. Stubbins, die Otto kritisch betrachtet.
15 Olgiati 2006, 134 [Übersetzung durch die Autorin].
16 Olgiati 2013, o.S.
17 Ebd.
18 Olgiati 2006, 134.
19 Coleman 2014.
20 Vgl. Stemshorn 2002, 96–99.
21 Vgl. Baumeister / Froschauer 2003; Paulus 2011.
22 OMA et al. 1995, xiii.
23 Vgl. Brilliant / Kinney 2011.
24 Vgl. Meier 2013.
25 Petzet / Heilmeyer 2012, Abschnitt »Materialrecycling«, 168–183.
26 Vgl. Ghyoot et al. 2018.
27 Vgl. Dlugaiczyk 2014.
28 Froschauer 2019, 62–64.
29 Vgl. Materialsammlung ETH Zürich 2019.
30 Vgl. Froschauer [2021].
31 Petzet / Heilmeyer 2012, 9.

32   Ebd., Kapitelbenennung des Buches.
33   Froschauer 2019, 155–175.
34   Vgl. Baumberger 2010, Capdevila-Werning 2014, Ullrich 2015.
35   Knox 2009, 63.
36   Petzet / Heilmeyer 2012, 178–181.
37   BauNetz 2009.
38   Petzet / Heilmeyer 2012, 178.
39   Schwarz 2011, 7.
40   Schwarz 2011, 12.
41   zukunftsgeraeusche 2015.
42   Froschauer 2019, Abschnitt »Versioning«, 174–175.
43   Maaz 2001, 43–50.
44   Schinkel 1858.

45   Noell 2017, 105–113.
46   Petzet / Heilmeyer 2012, 142–145.
47   Froschauer 2019, Abschnitt »Paraphrase«, 168–169.
48   Rossi 1971, o.S.
49   Gespräch »Die unscharfe Moderne. Meisterhäuser in Dessau wieder vollständig«. Stiftung Bauhaus Dessau 2017, 259.
50   Stiftung Bauhaus Dessau 2017, 260.
51   Petzet / Heilmeyer 2012, 190–196.
52   Froschauer 2019, Abschnitt »Appropriation«, 160–162.
53   Froschauer 2019, 270–302.
54   Holm et al. 2017, 21.
55   Petzet / Heilmeyer 2012, 158–161.
56   Petzet / Heilmeyer 2012, 162–165; Amunt 2017, 142–143.

Amunt 2017
Monografische Veröffentlichung zu AMUNT Architekten, 2G. International Architecture Magazine 75, 2017.

Baumberger 2010
Ch. Baumberger: Gebaute Zeichen. Eine Symboltheorie der Architektur (Frankfurt a. M. 2010).

Baumeister / Froschauer 2003
R. Baumeister / E. M. Froschauer (Hg.): Die nützliche Reise, Thesis. Wissenschaftliche Zeitschrift der Bauhaus-Universität Weimar 1, 2003.

BauNetz 2009
Meldung im BauNetz, 16.7.2009: Spolien im Lehel. Wohnanlage in München fertig, https://www.baunetz.de/meldungen/Meldungen-Wohnanlage_in_Muenchen_fertig_802601.html (15.8.2020).

Brilliant / Kinney 2011
R. Brilliant / D. Kinney (Hg.): Reuse Value. Spolia and Appropriation in Art and Architecture from Constantine to Sherrie Levine (London 2011).

Capdevila-Werning 2014
R. Capdevila-Werning: Zitieren in der Architektur, in: J. H. Gleiter (Hg.): Symptom Design. Vom Zeigen und Sich-Zeigen der Dinge (Bielefeld 2014) 210–228.

Coleman 2014
N. S. Coleman: missing mies, 01.29.2014, https://framearch.blog/2016/05/16/missing-mies/ (15.8.2020).

Dlugaiczyk 2014
M. Dlugaiczyk: Architektur im Labor. Lehrsammlungen als Mittel der Wissensproduktion und -kommunikation, in: A. te Heesen / M. Vöhringer (Hg.): Wissenschaft im Museum – Ausstellung im Labor (Berlin 2014) 64–88.

Ebbing et al. 2014
G. Ebbing / M. Henkel / Ph. Rentschler / U. von Ey: Manifest, Reproduktives Entwerfen 0 (Berlin / Bochum 2014), http://www.reproduktives-entwerfen.de/wp/wp-content/uploads/2016/05/Reproduktives-Entwerfen-No-0-Manifest.pdf (22.7.2020).

Ebbing et al. 2017
G. Ebbing / M. Henkel / Ph. Rentschler / U. von Ey: Mehringplatz. Reproduktives Entwerfen 3, 2017.

Escher 2017
C. Escher: Modell – Experiment – Umwelt, in: G. Vrachliotis / Südwestdeutsches Archiv für Architektur und Ingenieurbau (saai) am Karlsruher Institut für Technologie (Hg.): Frei Otto – Denken in Modellen (Leipzig 2017) 53–60.

Froschauer 2019
E. M. Froschauer: Entwurfsdinge. Vom Sammeln als Werkzeug moderner Architektur (Basel 2019).

Froschauer [2021]
E. M. Froschauer: Bildhandeln der Architektur. AFFs Fotosammlung als Strukturgerüst der Ideen, Vorzeichnung des Entwerfens und Merkzettel des Vermittelns, in: AFF Architekten [2021].

Ghyoot et al. 2018
M. Ghyoot / L. Devlieger / L. Billet / A. Warnier / Rotor: Déconstruction et réemploi. Comment faire circuler les éléments de construction (Lausanne 2018).

Hartbaum 2018
V. Hartbaum: Retrospektiv Bauen in Berlin, Disko 27, 2018.

Holm et al. 2017
M. J. Holm et al. (Hg.): Wang Shu. Amateur Architecture Studio (Zürich 2017).

Joanelly / Züger 2018
T. Joanelly / R. Züger: Pinterest-isation, Editorial: werk, bauen + wohnen 4, 2018, 1.

Knox 2009
T. Knox: Sir John Soane's Museum, London (London 2009).

Lausch 2018
F. Lausch: Zeichen und Affekt. Zur Bedeutung von Spektakel-

architektur: der architekt. Bund Deutscher Architekten BDA 2, 2018, 64–66.

Maaz 2001
B. Maaz (Hg.): Die Friedrichswerdersche Kirche. Schinkels Werk, Wirkung und Welt (Berlin 2001).

Materialsammlung ETH Zürich 2019
Darstellung der Materialsammlung der ETH Zürich, https://www.ethz.ch/de/campus/erleben/lernen-und-arbeiten/sammlungen-und-archive/materialsammlung.html (1.6.2018).

Meier 2013
H.-R. Meier: Rückführungen. Spolien in der zeitgenössischen Architektur, in: S. Altekamp / C. Marcks-Jacobs / P. Seiler (Hg.): Perspektiven der Spolienforschung 1. Spoliierung und Transposition (Berlin 2013) 333–349.

Nerdinger 2008
W. Nerdinger: Alvar Aalto – Kein Tag ohne Zeichnung, in: A. Kolehmainen / E. Laaksonen / W. Nerdinger (Hg.): In Sand gezeichnet. Entwürfe von Alvar Aalto (München 2008) 8–9.

Noell 2017
M. Noell: weiterbauen, weiterdenken. Neue Häuser für Martin Luther. Die musealen Erweiterungen in Wittenberg, Eisleben und Mansfeld (München 2017).

Olgiati 2006
V. Olgiati: Autobiografía iconográfica. Iconographic Autobiography: 2G. Revista internacional de arquitectura 37, 2006, 133–143.

Olgiati 2013
V. Olgiati (Hg.): The Images of Architects (Luzern 2013).

OMA at al. 1995
OMA / R. Koolhaas / B. Mau: S, M, L, XL (New York 1995).

Otto 1958
F. Otto: Die Kritik: Baukunst und Werkform 1, 1958, 16–19.

Paulus 2011
S. Paulus: Deutsche Architektenreisen. Zwischen Renaissance und Moderne (Petersberg 2011).

Petzet / Heilmeyer 2012
M. Petzet / F. Heilmeyer (Hg.): Reduce. Reuse. Recycle. Ressource Architektur. Deutscher Pavillon 13. Internationale Architekturausstellung La Biennale di Venezia 2012 (Ostfildern 2012).

Rossi 1971
A. Rossi: I quaderni azzurri [1968–1992]. Faksimile-Ausgabe der Notizheften, hg. von Francesco Dal Co, Heft-Nr. 7, 1971 (Mailand 1999).

Santifaller 2018
E. Santifaller: Die vielen Mütter und Väter der Frankfurter »neuen Altstadt«: db. Deutsche Bauzeitung 6, 2018, 3.

Schinkel 1858
K. F. Schinkel: Sammlung Architektonischer Entwürfe, enthaltend teils Werke, welche ausgeführt sind, teils Gegenstände, deren Ausführung beabsichtigt wurde (Berlin 1858).

Schwarz 2011
U. Schwarz: Transformation und Poesie, in: Hild und K Architekten: Hild und K (Luzern 2011) 6–13.

Steinmann et al. 2018
M. Steinmann / T. Joanelly / R. Züger (im Gespräch): Entwurf und Referenz. Bilder verdauen, werk, bauen + wohnen 4, 2018, 10–17.

Stemshorn 2002
M. Stemshorn: Mies & Schinkel. Das Vorbild Schinkels im Werk Mies van der Rohes (Tübingen 2002).

Stiftung Bauhaus Dessau 2017
Stiftung Bauhaus Dessau (Hg): Neue Meisterhäuser in Dessau, 1925–2014. Debatten. Positionen. Kontexte (Leipzig 2017).

Sturm / Cachola Schmal 2018
P. Sturm / P. Cachola Schmal (Hg.): Die immer neue Altstadt (Berlin 2018).

Trüby 2018
S. Trüby: Wir haben das Haus am rechten Fleck. Die gefeierte neue Frankfurter Altstadt geht auf die Initiative eines Rechtsradikalen zurück. Das ist kein Zufall: Frankfurter Allgemeine Sonntagszeitung, 8. April 2018.

Ullrich 2015
A. V. Ullrich: Gebaute Zitate. Formen und Funktionen des Zitierens in Musik, Bild und Architektur (Bielefeld 2015).

Vrachliotis 2017
G. Vrachliotis: Denken in Modellen. Architektur und operative Ästhetik bei Frei Otto, in: G. Vrachliotis / Südwestdeutsches Archiv für Architektur und Ingenieurbau (saai) am KIT (Hg.): Frei Otto – Denken in Modellen (Leipzig 2017) 23–30.

zukunftsgeraeusche 2015
zukunftsgeraeusche: bauhaus re use, http://www.bauhaus-reuse.de/?page_id=19 (15.8.2020).

Abbildungsnachweis

Of Halal Architectures and Consensus Democracies
A Personal Account of the Rehabilitation of Places of Worship in Postwar Beirut

Joseph Rustom

«The al-Umari mosque in Beirut has a special importance for us, because it is the mosque of the Arab conquest and around it rose the town of Beirut.»
Rafic Hariri, inaugural speech for the al-Umari mosque, 4 June 2004.

«The plan, the elevation and the decoration [of the al-Umari mosque] are those of a Romanesque church and when looking closely at the apse, one is surprised to find that it has the style of the Auvergne.»
Liban. Les guides bleus, 1975, 106.

After the end of the Lebanon War (1975–90),[1] the central district of Beirut was the ground of a large-scale development and reconstruction project led by a private joint-stock company, Solidere (*Société libanaise pour le développement et la reconstruction du centre-ville de Beyrouth*). Founded by the late former prime minister Rafic Hariri, Solidere sought to rebuild the heart of the divided Lebanese capital city according to the rules of the neoliberal economic model current at the end of the 20th century. In an area that does not exceed a few square kilometres, around twenty places of worship, largely damaged by the war, were subject to important renovation and extension projects. The city centre having lost much of its social and cultural meaning and attractiveness to most Lebanese, these places of worship were turned into iconic buildings that served as objects of representation, if not ostentation, for the religious communities (fig. 1).

This chapter offers a critical review of two architectural projects undertaken by the Sunni Muslim community as part of this development and reconstruction project: the rehabilitation of the al-Umari mosque – a former crusader cathedral – and the construction of the al-Amin mosque – a new mosque built as a replica of the Süleymaniye mosque in Istanbul. It analyses the mechanisms used by different religious communities to compete for the physical space, the soundscape, and the history of the city. The rehabilitation of the al-Umari mosque shows how the process of *Weiterbauen* (constructing further), usually seen as an evolving process, was used to seek the reinvention of the past and the obliteration of the future. The construction of the al-Amin mosque was conceived as a transposition of the al-Umari mosque project, more precisely a transposition of the symbolic function of representing the Sunni community within the city center, making of the two mosques two strongly interrelated projects, if not one project. Furthermore, through the example of the al-Amin mosque, this chapter seeks to understand the historical, cultural, and ideological justifications behind the use of architectural leitmotivs in religious architecture, namely of Ottoman architecture for the Lebanese Sunni community. Are they the perpetuation of a tradition, a mere recognition of the artistic achievements of a past civilisation considered as superior, a generic marker of identity, or a sign of a general crisis of meaning in religious architecture?

As the city of Beirut tries to decide on a unified version of its history, to be presented in a state-of-the-art museum designed by architect Renzo Piano, this chapter ultimately draws from the two projects an alternative reading of the Lebanese political system during the postwar years. The following section offers a brief introduction to this system.

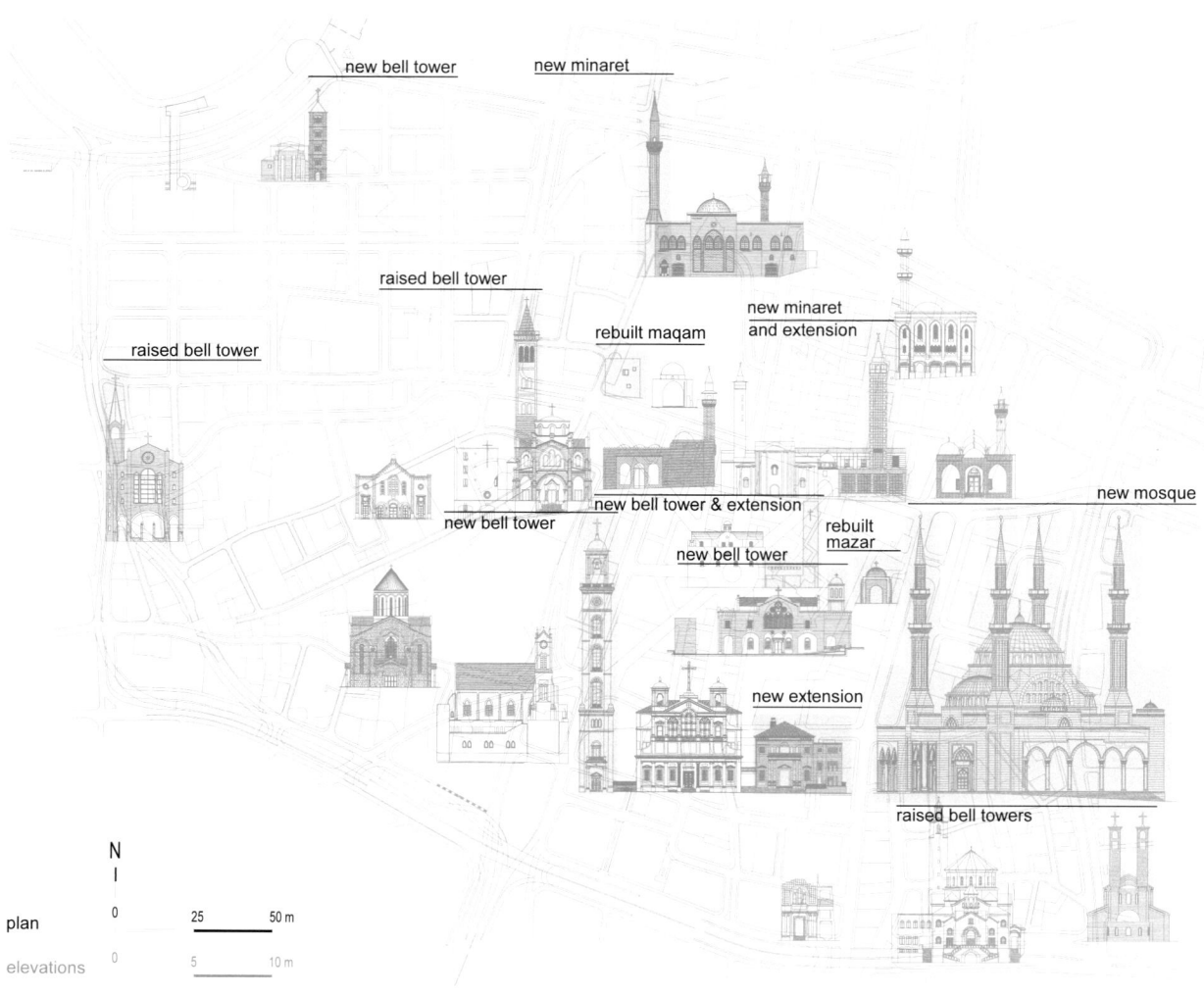

new bell tower

new minaret

raised bell tower

rebuilt maqam

new minaret and extension

raised bell tower

new bell tower & extension

new bell tower

rebuilt mazar

new bell tower

new mosque

new extension

raised bell towers

N

plan   0   25   50 m

elevations   0   5   10 m

1   The rehabilitation projects of the places of worship in downtown Beirut (2000–10).

Lebanese Consociationalism

Since independence Lebanon has had a consociational system of government that allocates political power proportionally among the country's religious groups and allows communal autonomy whereby each community is free to determine its own affairs.[2] Born in the Late Ottoman period, this system was strongly promoted under the French Mandate (1920–43) and consecrated with the creation of the Lebanese Republic in 1943. With the end of the Lebanon War and the Taif Agreement of 1989, a system of representation based on a 50:50 Christian/Muslim ratio was implemented. Three main denominations also share the highest state functions: the president must be a Maronite Christian, the prime minister a Sunni Muslim, and the president of the National Assembly a Shia Muslim.

Though it aims to protect the rights of minorities, this system nevertheless hinders the rule of the majority, the basis for any democracy, and promotes an often hard-to-attain consensus among the different politico-religious groups instead.

Furthermore the system established the Lebanese communities as «supra-functional entities»[3], that is, entities that concentrate all necessary functions towards their survival and that have a strong ability to act in all fields, be they economic, political, social, or religious. To foster cohesion and solidarity, these entities rely much more on group feeling, *esprit de corps*,[4] rather than on religious faith.

It is also important to note that until the middle of the 19th century boundaries between religious groups in Lebanon were more fluid and identities far more overlapping. As the cultural anthropologist Talal Asad notes for religious communities of the Middle East in general, «the attempt to establish fixed boundaries between populations, to reform and standardise their beliefs and practices, to secure their loyalties, and to define their community membership [was part of] the project of the modern nation-state»,[5] a project largely dictated by foreign powers and essentially secular and not religious. In the case of Lebanon, the fixed boundaries between the communities were encouraged by the Ottomans starting in 1842 as well as by foreign powers such as France, England, the USA, and Russia that sought to ensure the obedience of particular religious groups that best served their interests.

It is in this particular social and political context that the Sunni community projects of the al-Umari and al-Amin mosques should be considered. Although Sunni Islam was the official religion of the Ottoman Empire in Lebanon for around four centuries, the Sunni community of Beirut lost all its prerogatives as the official religion of the city after the fall of the Empire and was lowered to the rank of a community among other communities by the French Mandate authorities. Nevertheless, up until today the dominant discourse within the community still clings to the discourse of the Ottoman times, eliding the history of the community with the history of the city. This approach to Beirut's history plays a seminal role in the community's approach to the preservation of its architectural heritage, as discussed below.

Riegl, Baird, and the Meaning and Misinterpretation of Lebanese Religious Architecture

There is an extensive literature on the construction and rehabilitation of places of worship in post-conflict zones, describing the role of sacral architecture in the collective identity reconstruction process of religious communities. It would be beyond the scope of this article to draw an exhaustive theoretical framework for this subject. The analysis was therefore limited to two works that have a direct bearing on the two projects discussed here: Alois Riegl's approach to the conservation of religious art and George Baird's analysis of the semiotics of architecture.

In his seminal essay on architectural preservation, *Der moderne Denkmalkultus: Sein Wesen und seine Entstehung*, Austrian art historian Alois Riegl addresses the division between lay and religious art. Using a set of predefined values, he argues that religious art has long required newness as value and rejected the signs of passing time, which Riegl calls «age value». Restoration thus becomes a way of resetting time for cult purposes. As for the artistic value of a religious work of art, Riegl notes that while from the beginning of the 20th century modern societies have sacrificed absolute artistic canons to individual taste, ecclesiastical art still «demands the normative and remains adamantly opposed to the subjectivism of modern man».[6] The norms that religious art follows are therefore usually reduced to the reproduction of ancient stylistic forms with new materials. The Church's opposition to age value and relative artistic value, Riegl argues, should nevertheless not be considered negatively, as copying ancient styles with new materials is not devoid of creativity. Furthermore, the position of the Church is not to be considered irrevocable as it can vary according to place and evolve with time. Indeed a few years after the publication of *Der moderne Denkmalkultus*, German architect Otto Bartning published his reference work *Vom*

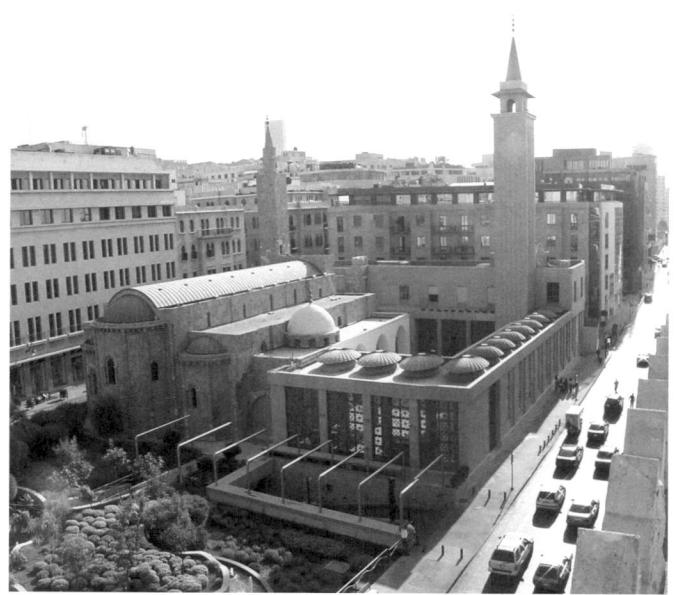

2   The al-Umari Mosque after its renovation.

neuen Kirchenbau, which brought radical changes to church-building theory and practice in Europe.[7]

The Canadian architect and scholar George Baird argues in one of the seminal works on the semiotics of architecture, *«La dimension amoureuse» in architecture*,[8] that buildings are more than mere physical supports in the city as they also act as signs within their social context. Baird goes on to criticise architects who seek to «take over comprehensive responsibility for the [language][9] of architecture» by designing the «ultimate» building of its kind, for instance the ultimate office building, school, or church. The quest for an «intensification of meaning» in architecture to reveal an «ultimate reality» through total transparency, Baird argues, progressively leads to a strong aversion towards ambiguity that in turn results in total opacity and the «petrification of architecture's communicativeness». Ironically, the more buildings seek to act as messages, the more they fail to communicate as they become increasingly expected and thus «erode the occupants' capacity for detecting in the particular design

itself any very helpful evidence of its relation to the historic and present context in which it has taken its place.»[10] The result thus turns out to be a highly impoverished cultural situation whereby buildings become «ruthlessly simplified symbolic objects». Baird's work will serve here to analyse the architectural design of both the al-Umari and the al-Amin mosques.

The «Chicken or the Egg» Causality Dilemma in the Case of the al-Umari Mosque

Between 2000 and 2004 the al-Umari mosque rehabilitation project became the subject of an intense debate in the Lebanese press, epitomising sectarian interests in urban space in the wake of the Lebanon War. Formerly the Saint John Crusader cathedral, the mosque is one of those religious buildings where the history of Lebanese Christians and Muslims intertwine (fig. 2).[11] Although Christian and Muslim historians took opposing views on the first occupation of the site,[12] the question of «who came first» being essential to prove in some sense to whom the site belonged, no archaeological excavations were made to search for proofs. Nevertheless both Christians and Muslims agreed on the fact that the al-Umari mosque was a church built by the Crusaders at the beginning of the 12th century. Inside the monument, a wooden structure is said to contain the hand of Saint John the Baptist, called al-Nabi Yahia by Muslims. Although the connection between al-Nabi Yahia and Saint John is not publicly made, the two figures have peacefully cohabitated in the social memory of Beirut's residents.[13]

Before the war, the mosque was hidden behind the shops of the souks. A great many of these shops were actually linked to the mosque through a particular kind of property called *waqf* – a charitable endowment donated by members of a religious community and whose revenues are usually allotted to the profit of the mosque and/or to various charitable causes. After the end of the war, the shops around the al-Umari mosque were torn down and their tenants compensated with Solidere shares. With these demolitions a whole system based on charity, already weakened by the war, was erased. It also left the mosque standing alone, its Christian features more visible than ever. At the same time a growing interest in cultural heritage and its role in shaping identity was making its way into every religious community. The places of worship were now here to represent the Lebanese communities in this highly symbolic place, the central district. Although there were four other mosques in the city centre, the main mosque for the Sunnis of Beirut was the al-Umari mosque.

The fact that the al-Umari mosque was stripped of its shops allowed Dar al-Fatwa, Lebanon's highest spiritual Sunni authority, to have more flexibility in planning its future. Dar al-Fatwa's first plan was to demolish the mosque and build a new one, but the plan had no financing. The project was looked upon unfavourably by Solidere anyway, and was sure to get the disapproval of the Directorate General of the Antiquities as the building had been on the list of classified monuments since 1936.[14] It is important to mention here that the mosque is also a *waqf* property, and is therefore managed by the internal laws of the community. Nevertheless, rehabilitation projects in places of worship must also follow the Lebanese property, construction, and antiquities laws.[15] In practice, and due to the limitless power of the religious communities, these projects are often executed without observing Lebanese laws.[16]

The rehabilitation of the al-Umari mosque was finally instigated by a Catholic businessman, Raymond Audi, who had invested in Solidere by building the headquarters of his Audi Bank in the city centre. He made a proposal to the main shareholder in his bank, the Kuwaiti businesswoman Sheikha Suad Hamad al-Humaizi,[17] to restore the mosque. As a child al-Humaizi had spent many summers in Lebanon and had developed a particular relationship with the country. She had already intended to build a mosque in memory of her deceased parents in Lebanon.[18] Audi convinced her to restore the al-Umari mosque instead. He also suggested hiring Youssef Haidar for the project, an architect who studied in France and had already rehabilitated Audi's family property in Saida and transformed it into a museum and cultural foundation. The project was presented to the Mufti of the Lebanese Republic, Sheikh Muhammad Rashid Qabbani, who had no choice but to accept it. The operation was remarkable in the sense that in such projects all participants are usually chosen from inside the local Sunni community: the oldest Sunni mosque of Beirut was to be rehabilitated at the initiative of a Catholic businessman by a Shia architect and with Kuwaiti funding.

Nine months after the beginning of the restoration works, *An-Nahar* newspaper[19] launched a first campaign against the project.[20] Dar al-Fatwa was accused of mutilating the monument by using inappropriate restoration techniques. Rumours were spreading that the medieval frescos, covered for centuries with white plaster, were being removed.

A second campaign was launched by *An-Nahar* when the excavations east of the building started, an area where previous archaeological excavations had found vestiges of the Cardo Maximus of the Roman city of Berytus.[21] Nevertheless Dar al-Fatwa continued the excavation and provoked what the journalist May Abboud Abi Akl described as an archaeological massacre.[22] Abboud Abi Akl has, however, raised no accusations based on religious motives against Dar al-Fatwa.

These accusations came a few months later from a well-known Sunni opponent of Rafic Hariri and Solidere, architect Assem Salam, member of a prominent Sunni Beiruti family and a former president of the Order of the Engineers and Architects. With an indirect reference to the Buddhas of Bamiyan,[23] he accused Dar al-Fatwa of practising what he called «architectural talibanism» by erasing the Christian features of the monument.[24] In answer to Assem Salam, the Sunni historian Hassan Hallaq, a fervent supporter of Hariri, presented in *An-Nahar* a barely credible version of the history of the monument, stating that the al-Umari was a mosque that was transformed into a church and then back into a mosque. He also accused Salam of attacking Hariri for electoral purposes.[25]

The design of the extension of the al-Umari mosque was not less polemical. Youssef Haidar worked in collaboration with a renowned Lebanese calligrapher to develop a design based on what he considered one of the fundamentals of Islamic architecture: the combination of geometry, structure, and light. He spent difficult times trying to make his design convincing and to translate the antagonistic wishes and directives of the different actors involved in the project. The Mufti's reaction to the design was negative because of the absence of what he considered to be typical Islamic architectural features and because of the modest scale of the extension added to the project. Not satisfied with the small 16th-century minaret, he also wanted to add three other minarets to the project.[26] Following long debates with Solidere and the architect, the number was reduced to one, but Sheikh Qabbani insisted on the fact that the minaret had to «look» higher than the bell tower of Saint Louis Capuchin Church located on a nearby hill.[27] As for the Solidere representatives, they were concerned about promoting an image of peaceful cohabitation between the communities with a project that preserved the monument to a certain extent and avoided any use of the public space around it for religious purposes. They therefore decided to transform the parcel located east of the al-Umari mosque into a garden, blocking any possible overflow of the mosque's activities in that direction. They also encouraged the creation of a closed courtyard in front of the mosque. This courtyard was seen by the opponents of the project, especially inside the Christian community, as an attempt to hide the former church. These

differences meant that the project ended up by being subject to a two-year negotiation over the monument and its urban environment. The physical marks of this negotiation can be seen in many architectural details such as the hybrid style of the external marble gallery and the design of the new minaret.

The al-Umari mosque was inaugurated on 4 June 2004 in the presence of Sheikha Suad al-Humaizi and the Kuwaiti minister of the Awqaf and Islamic affairs.[28] A detailed article on the inauguration was published in *An-Nahar* with no mention of the «archaeological massacres» presented in previous articles. The negotiation process between all parties was over now and the ceremony sealed its results. In his inaugural speech, Rafic Hariri described al-Umari as the mosque of the Arab conquest, around which arose the town of Beirut, making no mention of the Christian past of the building. In 2009 the text on the al-Umari mosque in the Beirut tourist brochure published by the Ministry of Culture was «corrected» to adapt it to Hassan Hallaq's version. In the 1997 brochure, one could read: «Originally the crusader Cathedral of St. John (1113–1150 AD), the building was transformed into the city's Grand Mosque by the Mamluks in 1291». In the 2009 brochure this sentence was replaced by: «The crusaders transformed the mosque in 1150 into a cathedral dedicated to St. John, before the Mamluks definitively turned it into a mosque in 1291».[29] Their identity threatened, the religious and political authorities chose denial and the reinvention of history. However changing the architecture was not as easy as changing the tourist brochure. Given the multiplicity of the actors and interests, nobody was able to win the battle over the al-Umari mosque, but nobody considered themselves defeated.

The deadlock reached with the rehabilitation of the al-Umari Mosque finally shows that, beyond the physicality of the monument, *further constructing* was considered as *further defining* both the past and the future. As the al-Umari Mosque rehabilitation project failed to fulfil this symbolic function for the Sunni community, this function was transposed to the al-Amin mosque.

Muhammad al-Amin, a New Main Mosque for the City of Beirut

«In our country, the mosques and churches *embrace* each other in all regions.»
Bishop Roland Abou Jaoudé's speech for the inauguration of the al-Amin mosque, 17 October 2008.

The al-Umari mosque project, and its impact in architectural and urban terms, were not entirely satisfying for Dar al-Fatwa. The former church, with its controversial history, which served as the main Sunni mosque for Beirut for more than seven hundred years, could not play this role anymore and needed to be replaced. Dar al-Fatwa profited from a pre-war project for a new mosque on the nearby Martyrs' Square, transforming it into the biggest Sunni mosque in Lebanon.

The story of the Muhammad al-Amin mosque (fig. 3) starts right after the end of World War II, when in 1945 an association for the construction of the mosque on the site of the ancient *zawiya* of Abi Nasr was created.[30] The project benefited from the donations of King Faysal bin Abd al-Aziz bin Saoud, the Egyptian president Gamal Abd al-Nasser,[31] and Sheikh Salim al-Sabah, prince of Kuwait. The land, whose property was shared by Dar al-Fatwa and the association, was enlarged by successive purchases and donations of land parcels. After the end of the Lebanon war, the Muhammad al-Amin association was infiltrated by a religious sect and a political party, al-Ahbash, said to be supported by the Syrian regime that then occupied Lebanon.[32] It set up a tent on the site of the future mosque to promote the project. This operation was looked upon unfavourably by both Solidere and Dar al-Fatwa.

In 2001 the Mufti decided to take control of the project, first by buying land from Solidere to reduce the share of the association in the ownership of the land, and later by taking the more radical approach of dissolving the association after accusing it of dividing Sunni believers. Rafic Hariri supported Dar al-Fatwa in dissolving the association, but was not in favour of the construction of a big mosque in this particular location. He knew that such a project could only harm his relationship with his Christian partners and the foreign companies investing in Solidere.

Things left Hariri's hands when the Saudi prince Walid bin Talal, Hariri's opponent both in Lebanon and Saudi Arabia, interfered in the project. Bin Talal is the grandchild of former Lebanese Prime Minister Riad al-Solh, and therefore has both Saudi and Lebanese nationalities. Like Hariri, he also had his Lebanese and Saudi connections and was planning for a possible political career in Lebanon by the typical means of large investment projects, charitable foundations, and shareholding in the media. In 2002 he offered the Mufti to buy a nearby land parcel to enlarge the construction site of the al-Amin mosque. By playing on the competition between Hariri and Bin Talal, Mufti Qabbani was sure to win. Hariri quickly knew that he had no choice but to cut into Bin Talal's influence by offering to buy the land and financing the whole project. The execution of the project was to be given to Oger Liban, Hariri's own contracting company.

Three designs for the new mosque were submitted by the architects Rasem Badran, Salih Lamai, and Azmi Fakhoury. No less importantly, the three architects were all members of the Sunni community. Rasem Badran's design for the project focused on the urban and social integration of the building with its environment, and more especially with the neighbouring Maronite cathedral and the «garden of forgiveness», a big archaeological park planned north of the parcel that aimed at symbolically reuniting the Lebanese religious communities. This design was very quickly described as too modest and put aside by Mufti Qabbani. The design of Azmi Fakhoury interested the Mufti precisely because of its large scale and the fact that it was inspired by the Ottoman architecture

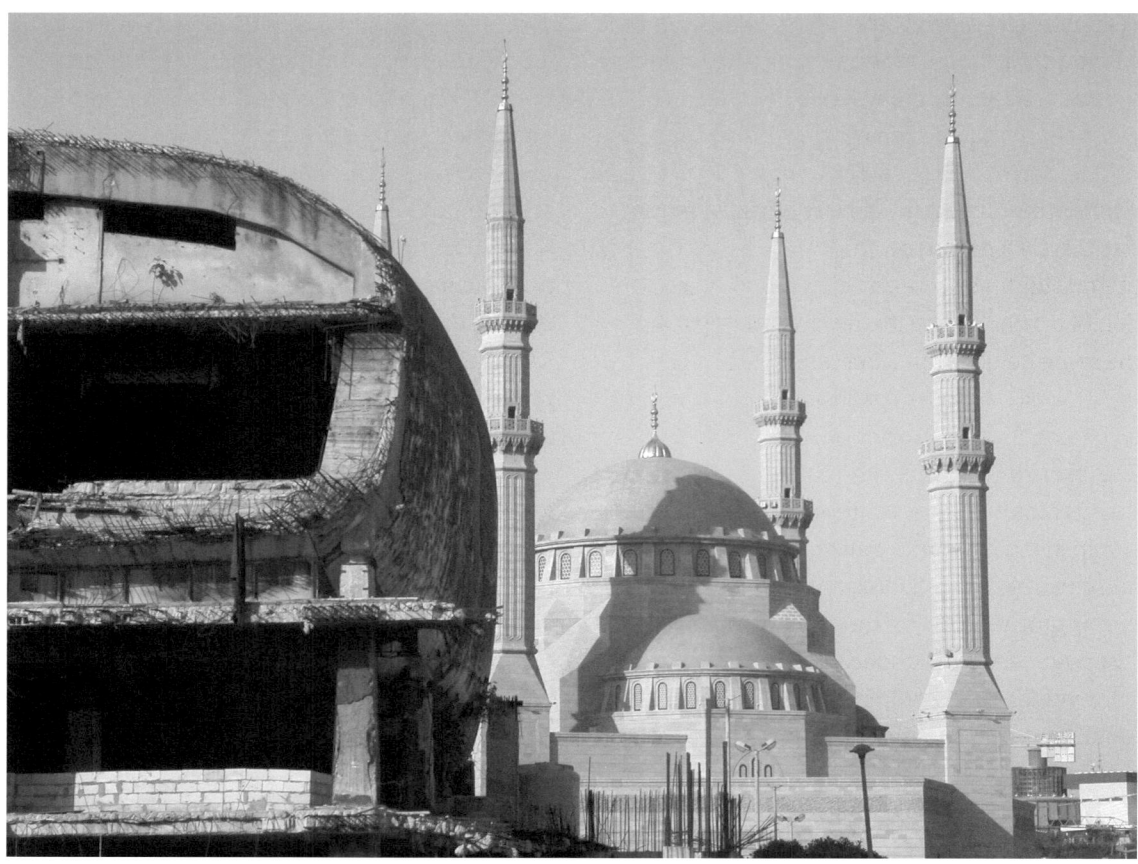

3   The al-Amin Mosque within the ruins of downtown Beirut.

of the Süleymaniye mosque in Istanbul. The reference to the Ottoman architecture for the outer shell was complemented by a reference to the Mamlouk architecture for the inner design. On 6 November 2002, the day the first stone of the al-Amin mosque was laid, Mufti Qabbani declared that the mosque would be built «*min al-rasīf ila al-rasīf*», from sidewalk to sidewalk, leaving not one inch of empty land around it.

The controversy caused by the absence of archaeological excavations in the al-Umari project was not to be repeated in the case of the al-Amin mosque. The excavations were done under the supervision of the Directorate General of Antiquities, and the structures found were removed in order to be exhibited later in a museum located in the basement of the new mosque.[33] In a way the al-Amin mosque needed no historical justification for its location. From one side the previous presence of Zawiyat Abi Nasr was good enough, and from the other it was legitimate for a project of this importance to create a sort of *tabula rasa* that brushes aside all previous occupations. Apart from negotiations between Solidere and Dar al-Fatwa concerning the final height of the minarets and the cupola, the project was realised without any relevant opposition. Hariri, who was opposed to the project at the beginning, ended up by seeing the al-Amin mosque as the crowning achievement for his reconstruction project of the capital.

Meanwhile the Maronite religious authorities responsible for the neighbouring Saint George

Maronite cathedral were not satisfied with the whole project. First, they had to negotiate with the al-Amin association over the loud sounds of the call for prayer coming from their tent, then with Solidere and Dar al-Fatwa over the limit separating the two parcels as the project seemed to completely overshadow their cathedral. But it took them little time to react, planning the construction of a campanile, with the cross on top reaching the same height as the crescent of the minarets of the al-Amin mosque. The inspiration for this project came from the tower of San Marco in Venice and was decided by the Maronite Archbishop Boulos Matar himself. At the same time high fencing financed by Solidere was erected between the mosque and the cathedral, transforming them into highly protected areas and adding to their hostility toward the public space.

On 14 February 2005 Rafic Hariri was assassinated by a huge charge of explosives a few hundred metres north of the Solidere project. He was buried next to the Muhammad al-Amin mosque, which became, as anthropologist Frank Mermier notes, his unwanted mausoleum.[34] The important demonstrations that followed his assassination and led to the withdrawal of the Syrian army from Lebanon after a presence of nearly thirty years took place on the Martyr's square in the surroundings of the al-Amin mosque, which became one of the symbols of what would be called the Cedar Revolution.

In his speech during the inauguration ceremony of the al-Amin mosque on 17 October 2008, Maronite Bishop Roland Abou Jaoudé stated that Lebanon was the country where mosques and churches «embrace» each other in all regions. What was in reality a fierce competition over the urban space was suddenly presented as an image of a peaceful cohabitation and equilibrium.[35] This image was transmitted later in Solidere's brochures, where certain photographic leitmotivs showing a multitude of bell towers and minarets having more or less the same height were used. At the same time, both political and religious leaders were starting to be aware of the important income that religious tourism can generate. The narrative of a country with eighteen different denominations living peacefully together was perfect for the consumption of the global tourist. The planned bell of the campanile of the Maronite cathedral was therefore replaced by a platform offering a panoramic view on the city. Architectural codes like the Süleymaniye Mosque and the tower of San Marco allowed, at the same time, the tourists to find their way in the complex labyrinth of Lebanese politics.

Halal Architectures

The examples of the al-Umari and the al-Amin mosques illustrate how the architectural image of a community can be negotiated between different urban actors such as the governmental institutions, political parties, religious authorities, private investors, architects, and the media. In the case of the al-Umari mosque, these negotiations left their physical marks on the architecture and the urban space around it. In the case of the al-Amin mosque, the consensus among the actors led to a disputed project that scorned not only the construction and urban planning laws, but also cohabitation between the Lebanese communities.

Although for different reasons, in both projects the architect played a minor role in the rehabilitation and creation process. The religious and political authorities promoted and certified the architectural models to be used, introducing in a way the notion of *licit/halal* and *illicit/haram* in the field of architecture and thus echoing Baird's intolerance towards ambiguity. In a place with a very high symbolic value like the city centre, this phenomenon reached a paroxysm with the al-Amin mosque and the campanile of the Saint George Maronite cathedral, two buildings reduced to «ruthlessly simplified symbolic objects» that leave aside any form of ambivalence or *incompleteness* that history and art can convey.

Furthermore, these codes echoed strangely other political paradigms, myths, or categories, such as the Caliphate or the Governance of the Jurist [*wilāyat al-faqīh*], that the Lebanese were used to hearing in daily political discourses and that are equally employed outside any reference to a particular time or territory.

While in the case of the al-Umari mosque the act of *Weiterbauen* became a tool to rewrite history in order to maintain a decaying political system, the construction of the al-Amin sought to offer an unequivocal and ultimate model of Sunni religious architecture to serve the same end. In the building, the message, as discussed by Riegl and Baird, finally became a physical manifestation of a stuck political system: a consensual democracy that seeks the approval of eighteen different religious communities for decision-making and that ends up in a deadlock. The denial of the evolution of architectural conceptions and practices becomes here a mere reflection of the denial of new political conceptions and practices within all communities. Indeed it is important to note that the suspicion harboured toward intellectualism and architectural creativity is not characteristic of the Sunni or the Maronite denomination in Lebanon, as it progressively invaded each of the eighteen communities that form the Lebanese religious melting pot. Lebanese Armenian religious architecture, for instance, also seeks inspiration and differentiation from the other religious groups by adopting rigid typologies inspired by the medieval churches of historical Armenia, in the Caucasus.

Discussing this fossilisation of meaning in architecture, George Baird evokes one of the most famous quotations of Lewis Carol's *Through the looking-glass*: «When I use a word,» Humpty Dumpty said in a rather scornful tone, «I mean just what I choose it to mean, neither more nor less.» «The question is,» said Alice, «whether you can make words mean so many different things.» «The question is,» said Humpty Dumpty, «who is to be master.»[36] Baird concludes by inviting architects and decision-makers to stop treating their fellows as children by offering to them architectural creations that are open to interpretation. He sees this as no less important than the restoration of the dignity of the users. Further constructing, *weiterbauen*, might equally be no less than reopening/reoffering a building for reinterpretation. Building on the work of Erwin Panofsky, Baird also highlights for architects and decision-makers the importance of «the insistence on human values (rationality and freedom) and the acceptance of human limitations (fallibility and frailty)». From this, he argues, two postulates result: responsibility and tolerance, values that seem equally essential to the act of further constructing.

The recent demonstrations that have shaken the Lebanese capital since 17 October 2019, following the deterioration of the economic and security situation, also seem to echo the same slogans: responsibility and tolerance. Ironically the al-Amin mosque serves as background and *lieu* to these demonstrations, held on the adjacent Martyrs' square. The stairs of the mosque are used by demonstrators as a stage for their songs and speeches while its interior serves as a refuge from attacks by the internal security forces. These new usages are giving the mosque a new meaning, different from the one intended by its creators. They prove the tremendous power of redefinition and reinterpretation that architecture continues to have.

A first version of this chapter was published in 2011 in the framework of the research project *Global Prayers –Redemption and Liberation in the City*. The chapter is based on the personal account of the author who was a junior architect at Youssef Haidar Architecte DPLG, the architectural firm that rehabilitated the al-Umari mosque and the Zawiyat Ibn Arraq in the central district of Beirut.

1 Whilst the official date of the beginning of Lebanon's war is 13 April 1975, the war has no official end date. The dates used by researchers vary between the Taif Agreement of 22 October 1989, the official reunification of East and West Beirut on 13 October 1990, and the issuing of the Amnesty Law for militia leaders on 26 August 1991.

2 For consociationalism, see Lijphart 1999. For an overview of the Lebanese political system, see Hanf 1999 and Beydoun 2009.

3 The concept of supra-functional groups was coined by Gurvitch 1950 and applied to the Lebanese context by Rodinson 1993. On the relationship between religion and the concepts of exclusivity of space, spatial boundaries, and the capacity of space to fix social and religious meanings, see also Simmel 1997.

4 Seurat 1985.

5 Asad 1992, 11.

6 Riegl 1903, 47.

7 Bartning 1919.

8 Baird 1969. The phrase *dimension amoureuse* stems from the work of Roland Barthes. See Barthes 1964.

9 The author uses the French term *langue* in reference to Ferdinand de Saussure's linguistic dichotomy: *langue/ parole* or language/speech.

10 Baird 1969, 49.

11 Two other examples in Beirut are the Emir Assaf mosque, said to be constructed on the ruins of the Saint Sauveur Byzantine church, and the al-Khodr mosque, a medieval church transformed into a mosque. See Jabre-Mouawad 2003/04.

12 See al-Wali 1973 and Cheikho 1993.

13 The same could be said about Saint George, the patron saint of the city of Beirut, and al-Khodr, his double in the Islamic tradition.

14 Interview with Youssef Haidar, Beirut, 10 November 2010.

15 The Antiquities Law set by the High Commissariat of the French Republic in Syria and Lebanon in 1933 is still in force. The Ministry of Culture is currently drawing up a new law.

16 According to George Nour, the Assistant General Manager for Business Operations and Relations with Public Authorities in Solidere, all places of worship in Beirut's Central District were renovated and extended without a construction permit. Interview with George Nour, Beirut, 18 October 2010.

17 Koweiti Businesswoman Suad al-Humaizi was for long the only woman on the rich list of the Arabian Business Magazine. About her childhood years in Lebanon, see http://www.youtube.com/watch?v=tOZPRO6Y0xc&.

18 Interview with Youssef Haidar, Beirut, 10 November 2010.

19 *An-Nahar* newspaper was then owned by Ghassan Tueini, a well-known Greek Orthodox journalist who invested in Solidere by building the headquarters of his newspaper in Beirut's central district.

20 An-Nahar, 13 June 2001, 10 and 13 July 2001, and 23 January 2002. Journalist May Abboud Abi Akl, who covered the story, was asked by Ghassan Tueini after a while to stop her campaign.

21 Saghieh-Beydoun et al. 1998/99.

22 Interview with May Abboud Abi Akl, Beirut, 17 October 2010.

23 These monumental statues of standing Buddhas were located in the valley of Bamiyan in Afghanistan. They were dynamited by the Taliban in 2001.

24 Salam 2003. The term «architectural talibanism» was used in another context a few months later by Walid Jumblatt, a prominent political leader of the Druze community. See An-Nahar, 2 June 2003.

25 Hallaq 2003.

26 See An-Nahar, 3 February 1993.

27 With the al-Umari mosque, a competition between bell towers and minarets was launched. This battle seems trivial today when one compares the height of these religious symbols with those of the new offices and residential towers built by Solidere.

28 An-Nahar, 5 and 6 June 2004.

29 The text is also largely inspired by Hassan Hallaq's passage on the al-Umari Mosque in his book (Hallaq 1987).

30 See Mermier 2009 and Vloeberghs 2015.

31 See Al-Ahram, 19 October 2008.

32 The Syrian occupation of Lebanon began in 1976 and ended in 2005.

33 Up until now these archaeological structures have still not been exhibited in the basement of the mosque.

34 See Mermier 2009.

35 Outside Beirut, competition between the religious denominations over the Lebanese landscape had also taken on irrational proportions during the same period. Bassem al-Thawwaq, responsible of the Sunni waqf at Dar al-Fatwa, complained that Sunnis from the Gulf States insist on investing in the construction of a mosque in Lebanon, while a mosque generates more expenses than revenues for Dar al-Fatwa (Interview with Bassem al-Thawwaq, Beirut, 2 November 2010). Raya Bitar, architect and daughter of Said Bitar, the architect of the campanile of the Saint George Maronite Cathedral, also stated that they receive many offers from Christian immigrants from southern Lebanon to design churches or enormous pedestals for religious statues on the top of hills or promontories (Interview with Raya Bitar, Beirut, 3 November 2010).

36 Baird 1969, 48.

al-Wali 1973
T. al-Wali: Tārīkh al masājid fi bayrūt [The history of the mosques in Beirut] (Beirut 1973).

Asad 1992
T. Asad: Religion and Politics: An Introduction. Social Research, Vol. 59, No. 1, 1992, 11.

Baird 1969
G. Baird: The «dimension amoureuse» in architecture. In: K. M. Hays (ed.): Architecture Theory since 1968 (Cambridge 1969) 40–55.

Barthes 1964
R. Barthes: Essais critiques (Paris 1964).

Bartning 1919
O. Bartning: Vom neuen Kirchenbau (Berlin 1919).

Beydoun 2009
A. Beydoun: La dégénérescence du Liban ou la réforme orpheline. Actes sud: Sindbad, 2009.

Cheikho 1993
L. Cheikho: Bayrūt tārīkhuha wa athāruha [Beirut, its history and antiquities] (Beirut 1993).

Gurvitch 1950
G. Gurvitch: La vocation actuelle de la sociologie; vers une sociologie différentielle (Paris 1950).

Hallaq 1987
H. Hallaq: Bayrūt al-mahrūsah fi al-ʿahd al-ʿuthmāni [The Fortified City of Beirut in the Ottoman Period] (Beirut 1987).

Hallaq 2003
H. Hallaq: Raddan ʿala maqāl ʿasim salām: bal tālibāniyya miʿmāriyya mustatira bil-turāth! [in response to the article of Assem Salam: Rather an architectural talibanism hidden behind cultural heritage!], An-Nahar, 25 February 2003.

Hanf 1999
T. Hanf: Dealing with Difference: Religion, Ethnicity, and Politics: Comparing Cases and Concepts (Baden-Baden 1999).

Jabre-Mouawad 2003/04
R. Jabre-Mouawad: La mosquée du sérail de Beyrouth: Histoire d'un lieu de culte. Tempora. 14–15, 2003/04, 153–173.

Lijphart 1999
A. Lijphart: Patterns of Democracy: Government Forms and Performance in Thirty-Six Countries (New Haven 1999).

Mermier 2009
F. Mermier: La mosquée Muhammad al-Amîn à Beyrouth: mausolée involontaire de Rafic Hariri, Revue des mondes musulmans et de la Méditerranée (125), 2009, 177–196.

Riegl 1903
A. Riegl: Der moderne Denkmalkultus. Sein Wesen und seine Entstehung (Vienna 1903).

Rodinson 1993
M. Rodinson: Qu'est-ce qu'une communauté religieuse libanaise? In: M. Rodinson (ed.): L'Islam: politique et croyance (Paris 1993) 154–176.

Saghieh-Beydoun et al. 1998/99
M. Saghieh-Beydoun / M. Allam et al.: Bey 004: The Monumental Street «Cardo Maximus» and the Replanning of Roman Berytus. Bulletin d'Archéologie et d'Architecture Libanaises (3), 1998/99, 95–126.

Salam 2003
A. Salam: Mashrūʿ tawsīʿ al-jāmi al-ʿumari al-kabīr: «tālibāniyya» mustatira tulghi thākiratahu wa dawrahu [The project of extension of the Grand Umari Mosque: a hidden «talibanism» that cancels its memory and role], An-Nahar, 6 February 2003.

Seurat 1985
M. Seurat: Le quartier de Bab al-Tebbané à Tripoli (Liban): étude d'une ʿassabiyya urbaine. In: M. Zakaria et al. (ed.): Mouvements communautaires et espaces urbains au Machreq (Beirut 1985) 45–86.

Simmel 1997
G. Simmel: The Sociology of Space. In: G. Simmel / D. Frisby / M. Featherstone (ed.): Simmel on Culture: Selected Writings (London 1997) 137–169.

Vloeberghs 2015
W. Vloeberghs: Architecture, Power and Religion in Lebanon: Rafiq Hariri and the Politics of Sacred Space in Beirut (Leiden 2015).

Image Sources

1, 3 Joseph Rustom.
2   Youssef Haidar.

Von einer Ruinenlandschaft zur Pagodenstadt
Ideologisiertes Weiterbauen in Myanmar: Bagan 1995–2011

Clara Rellensmann

Zwischen 1995 und 2011 transformierte die Militär-regierung von Myanmar die historische Königsstadt Bagan von einer Landschaft voller Ruinen bud-dhistischer Sakralbauten zu einer Pagodenstadt (Abb. 1). Innerhalb von 15 Jahren wurden mit Hilfe von Spendenaufrufen mehr als 1500 Bauwerke teil-rekonstruiert und weit über 900 auf Basis hypothe-tischer Annahmen wiederaufgebaut. Internationale Fachexperten sowie die internationale Presse haben die Militärregierung immer wieder für ihre unpro-fessionelle Denkmalpflegepraxis kritisiert. Bis heute halten die Diskussionen über die erst 2011 gestopp-ten Bautätigkeiten in Bagan und deren Folgen an. So werden diese etwa mit den Folgeschäden des schweren Erdbebens von 2016 in Verbindung gebracht. Jenseits der Diskussionen um die »rich-tige« Denkmalpflege, die eng verknüpft sind mit dem undefinierbaren Konzept der Authentizität

1   Ein kleiner Ausschnitt aus der Pagodenstadt Bagan, 2015.

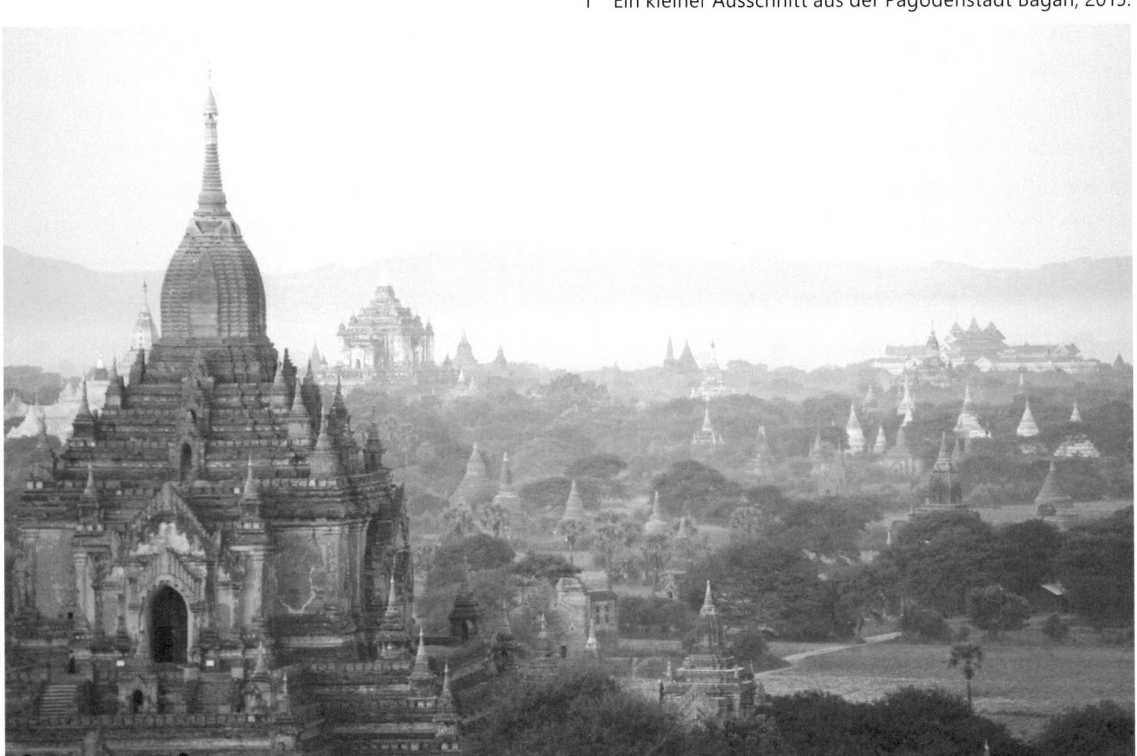

im architektonischen Erbe, ermöglicht der Begriff ›Weiterbauen‹ eine umfassende Betrachtung der architektonischen Transformation Bagans.

Der folgende Beitrag untersucht, wie sich die institutionalisierte Erbepraxis der Militärregierung in Myanmar insbesondere zwischen 1988 und 2011 im Weiterbauen von architektonischem Erbe und performativem Erinnern ausgedrückt hat. Welcher Leitkultur bzw. welchen Ideologien folgte die von den Generälen propagierte Erinnerungskultur, und wie wird heutzutage mit dem daraus resultierten weitergebauten Erbe im autoritativen Kulturerbe-Diskurs umgegangen?

Weiterbauen und Erbepraxis

In Kontext dieses Beitrags stellt der Begriff ›Weiterbauen‹ die Bedeutung des »Originalzustands« für die Interpretation von Orten in Frage und erkennt bauliche Veränderung als Ausdruck einer kontinuierlichen gesellschaftlichen Inwertsetzung an. Als bedeutungsoffener Begriff[1] schließt er auch die Rekonstruktion als eine Form des Weiterbauens mit ein, insbesondere dann, wenn es sich nicht um 1:1-Reproduktionen des vorher Dagewesenen handelt. Detailgetreue Nachahmung wird von Fachleuten der Denkmalpflege mitunter als eine Abwertung der schöpferischen und handwerklichen Leistung des Originals verstanden[2] und stellt ein »Reizthema«[3] dar. Betrachtet man die Rekonstruktionen als etwas Weitergebautes, ermöglicht dies eine vorerst neugierige und wertfreie Herangehensweise an die baulichen Veränderungen. Der Begriff ›Weiterbauen‹ betont das Prozesshafte in der Denkmalpflege und erkennt somit die Tatsache an, dass es sich beim Kulturerbe weder *nur* um die Vergangenheit noch um materielle Dinge handelt, sondern um einen Prozess der Auseinandersetzung in der Gegenwart[4] bzw. um eine alltägliche soziale Praxis der Bedeutungsgebung.[5] Im aktuellen Diskurs der Denkmalpflege, beeinflusst von den *critical heritage studies*, bezeichnet man diesen Prozess als Erbepraxis,

in der Ideen, Bedeutungen und die Legitimität bestimmter historischer und kultureller Narrative verhandelt, abgelehnt oder angenommen werden.[6] Diese äußert sich jedoch nicht nur durch Eingriffe in bestehende Bausubstanz, sondern geht oft mit Nutzungsänderungen oder – insbesondere im Fall von gewollten Denkmalen – mit performativem Erinnern einher. Die Erbepraxis artikuliert damit die Bedeutung von Orten für Gemeinschaften, was deren Selbstwertgefühl, Identität und Legitimität in Gesellschaften stärkt. Die Faro-Konvention legt deshalb fest, dass jeder Mensch das Recht hat, sich an dem Kulturerbe seiner Wahl zu beteiligen, solange dabei die Menschenrechte von anderen nicht verletzt werden.[7]

Zwar klingt dies gut in der Theorie, funktioniert jedoch nur in Gesellschaften, die kulturelle Vielfalt respektieren. In der Praxis ist auch die Kontrolle der Identitätskonstruktion zur Herstellung oder Bewahrung bestimmter Machtverhältnisse integraler Bestandteil des Weiterbauens bzw. der Erbepraxis[8], was sie zu einem nützlichen Werkzeug der Identitätspolitik von Nationalstaaten bzw. anfällig für politische Instrumentalisierung auf allen Ebenen macht. Weitergebautes darf daher nicht nur anhand materiell-formalistischer Kriterien beurteilt werden, sondern muss ganzheitlich in seinem gesellschaftlichen Kontext betrachtet werden.

Nationalstaaten betreiben eine institutionalisierte Version von Erbepraxis, deren kulturelle Narrative des architektonischen Erbes oft einer nationalen Leitkultur und Staatsideologie folgen. Sie schließen davon abweichende oder widersprüchliche Interpretationen aus. Nicht selten handelt die institutionalisierte Erbepraxis nach Prinzipien des autoritativen Kulturerbe-Diskurses (*Authorized Heritage Discourse*, AHD), einem den europäischen Architekturdebatten des 19. und 20. Jhs. entsprungenen Fachdiskurs, der das materielle gegenüber dem immateriellen Erbe sowie Expertenwissen gegenüber dem Wissen von Erbegemeinschaften privilegiert. Internationale Wirksamkeit hat der Diskurs durch die UNESCO-Welterbeliste und damit zusammenhängende Organisationen und Prozesse gewonnen.[9] Laut Laurajane Smith ist der AHD von der Ideologie des Nationalismus geprägt worden und legitimiert in diesem Sinne nationale Identitäten über Kulturerbe.[10] Im Kontext des AHD besteht die allerhöchste Anerkennung der von Staatsideologien geprägten Narrative in der vom UNESCO-Welterbekomitee abgegebenen Einschreibungsentscheidung für die Welterbeliste. Hier erhalten Vertragsstaaten der Welterbekonvention durch die internationale Gemeinschaft eine offizielle Legitimation ihrer Interpretation von den jeweils nominierten Kulturerbestätten.

Bautätigkeiten und das Seelenheil in Bagan

Bagan liegt östlich des Ayeyarwaddy-Flusses in Myanmars zentraler Trockenzone. Das Gebiet umfasst mehr als 25 km² überwiegend landwirtschaftlich genutzten Bodens, der mit buddhistischen Sakralbauten übersät und mit einigen kleinen Dörfern durchsetzt ist. Die Stätte ist das archäologisches Zeugnis der einst blühenden Hauptstadt des ersten burmesischen Königreichs und gleichzeitig noch immer bedeutende Pilgerstätte und Standort zahlreicher buddhistische Klöster.[11] Die Geschichte und Architektur Bagans steht für das goldene Zeitalter in der Entwicklung Burmas. Der Großteil der originalen Sakralbauten entstand in der sog. Bagan-Zeit zwischen dem 11. und 13 Jh. Etwa 20 der über 3500 Sakralbauten haben einen überregionalen Bekanntheitsgrad. Dies sind zumeist die größeren Pagoden, gestiftet von historischen Königen großen Bekanntheitsgrades. Könige, Mitglieder der Königsfamilie sowie Minister stifteten die größeren Bauwerke, während kleinere teils von der lokalen Bevölkerung gestiftet wurden, oft auch im Zusammenschluss mehrerer Familien.[12] Während der Bagan-Zeit wurden die Namen der Spender und manchmal auch der Betrag der Spenden entweder in Tinte auf dem Inneren der Tempel oder in separaten Inschriftsteinen dokumentiert. Die meisten der alten Inschriftsteine sind heute im Archäologischen Museum von Bagan untergebracht. Die den zahlreichen Stiftungen zugrundeliegende Motivation bestand darin, Verdienste für das eigene Seelenheil zu erwerben, um bei der Wiedergeburt ein besseres Leben zu erlangen oder gar Nirvana zu erreichen.[13]

Um dem Kreislauf der Wiedergeburt zu entkommen, müssen Buddhisten Verdienste erwerben, beispielsweise durch Großzügigkeit, Nächstenliebe und Meditation. Im Theravada-Buddhismus, wie er in Myanmar praktiziert wird, gilt das Spenden für Restaurierungsarbeiten an Sakralbauten sowie die Neuerrichtung von Sakralbauten als besonders wirksam für den Erwerb von Verdiensten. Darüber hinaus war das Konzept in den meisten buddhistischen Gesellschaften Südostasiens, so auch in Myanmar, immer eng mit der Monarchie verknüpft. Die königliche Schirmherrschaft über die Errichtung von Sakralbauten diente dazu, die Legitimität des Königs als Mittler zwischen religiöser und weltlicher Existenz zu begründen.[14] Die Verdiensterwerbung durch Reparieren, Restaurieren bzw. Modernisieren oder den Neubau von Sakralarchitektur ist auch heute noch tief in der Kultur Myanmars verankert. Abgesehen von dem Verdienst für das Jenseits verleihen großzügige Spenden dem Gebenden großes Ansehen im Diesseits. Die Titel »Pagodenbauer« oder »Klosterbauer« sind von höchstem Prestige und sind formale Titel, die einer Person das ganze Leben lang erhalten bleiben, in allen Dokumenten und bei allen formalen Anlässen erwähnt werden.[15]

Weitergebautes Erbe unter der Militärdiktatur

Die Militärregierung, die das Land von 1988 bis 2011 als *State Law and Order Restoration Council* (SLORC) und *State Peace and Development Council* (SPDC) unter der Führung von General Than Shwe[16]

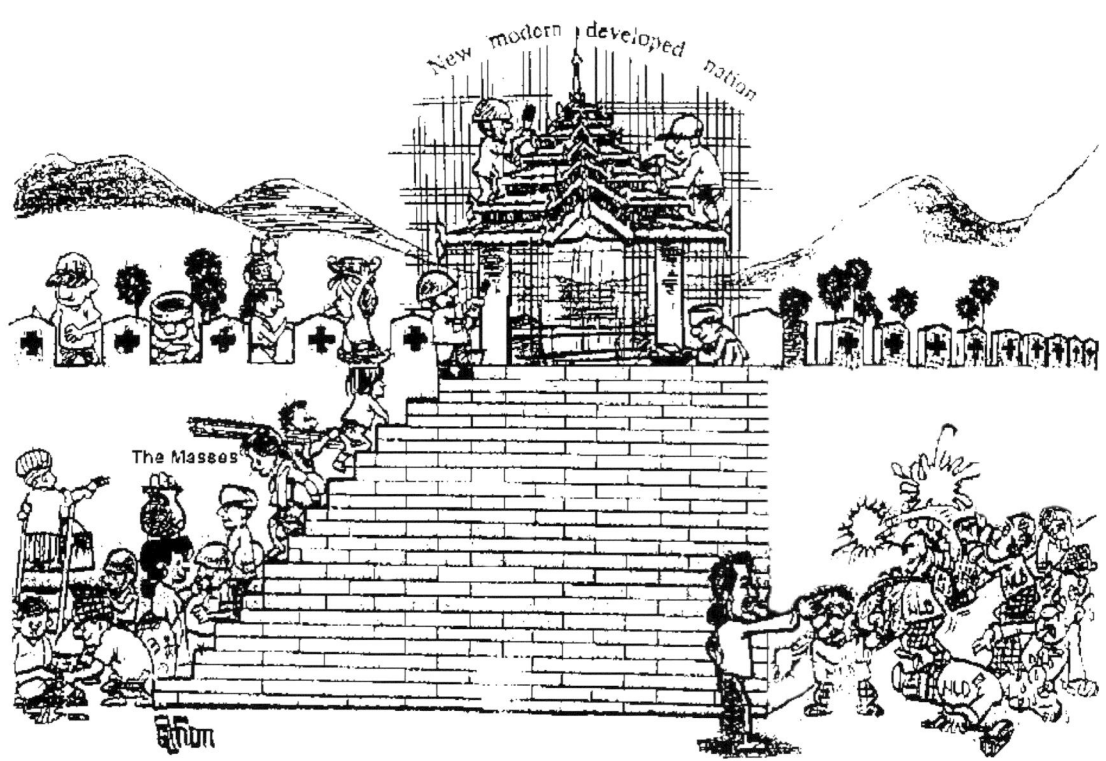

2   Illustration, die das Weiterbauen von Kulturerbestätten wie diesem Palast als Gemeinschaftswerk der Bevölkerung (*The Masses*) und des Militärs propagiert, publiziert in *New Light of Myanmar*, 25. Oktober 1998.

beherrschte, machte sich ebendieses Streben der zu 90 % buddhistischen Bevölkerung Myanmars zunutze. Das Regime stützte sich auf spezifische vereinheitlichende und machtlegitimierende Elemente der Kulturgeschichte Myanmars, um eine nationale Identität zu schaffen, die sich v. a. auf den Theravada-Buddhismus und die monarchischen Traditionen aus der Bagan-Zeit berief.[17]

Auf Anweisung Than Shwes richtet der SLORC 1993 ein Zentralkomitee zur Erhaltung des nationalen Erbes ein, zu dessen Vorsitzendem General Khin Nyunt[18] ernannt wurde. Khin Nyunt spielte als Chef des Geheimdienstes und des Propaganda-Apparates sowie als Verantwortlicher für internationale Beziehungen eine Schlüsselrolle in Myanmars Militärregierung. Internationale Medien betitelten ihn wegen der ihm zugeschriebenen brutalen Niederschlagung von demokratischen Aufständen im Jahr 1988 und der Anordnung

von Verhaftungen und Folter von Dissidenten als »*Prince of Darkness*«.[19] Laut Regierungspapieren sollte das von General Khin Nyunt geleitete Komitee durch »die Bewahrung des kulturellen Erbes und des Kunsthandwerks den Geist des Patriotismus und die Liebe zur eigenen Kultur wecken und damit zur nationalen Konsolidierung beitragen«.[20] In der offiziellen Staatspropaganda gehörte »die Verbesserung des nationalen Prestiges und der Integrität sowie die Bewahrung und der Schutz des kulturellen Erbes und des nationalen Charakters«[21] zu den strategischen Maßnahmen zur Erreichung der drei Hauptanliegen der Nation. In dem von bewaffneten Konflikten der burmesischen Armee (Tatmadaw) mit den Rebellengruppen ethnischer Minderheiten geprägten Land sind diese Hauptanliegen: »non-disintegration of the union; non-disintegration of the national solidarity; consolidation of sovereignty«.

Die konkrete Umsetzung dieser Strategie der Nationenbildung kann an der seinerzeitigen Erinnerungspolitik bzw. der Bau- und Denkmalpolitik abgelesen werden. Landesweit wurde der Wiederaufbau von verfallenen Sakralbauten sowie der Neubau von Pagoden staatlich gefördert. Dies geschah unter anderem unter der Prämisse, den von bewaffneten Konflikten geprägten Regionen Frieden bringen zu wollen.[22] Viel Aufwand wurde betrieben, um Palastanlagen untergegangener Reiche und Dynastien Burmas auszugraben, als solche zu identifizieren und wiederaufzubauen.

Den lokalen Medien zufolge erfolgte die Ausführung der Arbeiten freiwillig. Dies verdeutlicht eine Zeichnung, die erstmals 1998 in einer staatlich kontrollierten Zeitung erschien und 2002 von den Geographen Jeanette Philps und David Mercer im Rahmen ihres Aufsatzes *Politicized Pagodas and Veiled Resistance: Contested Urban Space in Burma* ausgewertet wurde (Abb. 2).[23] Die Illustration zeigt, wie das Militär und die Zivilbevölkerung gemeinsam einen Palast rekonstruieren und damit zu einer modernen entwickelten Nation beitragen, in der der Buddhismus und die Monarchie zentrale Werte darstellen. Die Menschen scheinen bereitwillig das Militär beim Palastbau zu unterstützen, während Mitglieder der Opposition, angeführt von Aung San Suu Kyi, die Arbeit torpedieren wollen. In der Propaganda der Militärregierung wurde laut Philps und Mercer immer wieder das Argument vertreten, dass Arbeitsdienste Teil der buddhistisch-burmesischen Kultur seien.[24] Die Grafik weckt Assoziationen an eine bis in die Gegenwart andauernde Kontinuität burmesisch-monarchischer Traditionen. Was sie selbstverständlich nicht thematisiert, ist der damals weit verbreitete und systematische Einsatz von Zwangsarbeit durch die Behörden und das Militär.[25] Auch beim Weiterbau von Sakralbauten kamen Zwangsarbeiter*innen zum Einsatz[26], was von der staatlich kontrollierten Presse als »fröhliches, verdienstvolles und in der Kultur verankertes Verhalten, das einer langjährigen Praxis entspricht«, deklariert wurde.[27]

Das »Adopt-a-Pagoda-Programm«

Die Erzeugung von Emotionen und einem Gefühl von Beteiligung – zumindest nach außen hin – spielte auch bei der Transformation Bagans eine erhebliche Rolle. 1995 wurde mit dem sog. »Adopt-a-Pagoda-Programm«[28] der Wiederaufbau der Ruinenlandschaft Bagans eingeleitet. Eine Pagode, in Myanmar auch als *Phaya* bezeichnet, ist ein buddhistisches Bauwerk. Der Begriff umfasst sowohl Tempel als auch Stupas. Die Tempel in Bagan bestehen aus einer Eingangshalle sowie einem normalerweise zugänglichen, zuweilen komplexen Innenraum (oder aber sie verfügen über einen oder mehrere Gänge) und beherbergen einen oder mehrere Schreine mit Bildnissen des Buddha. Stupas hingegen sind massive Bauwerke ohne Innenraum. Im Kern des Mauerwerks verbergen sich kleine Hohlräume, die Reliquien oder wertvolle geweihte Gegenstände beherbergen. Eine Stupa ist also ein Reliquienschrein. Diese Stupas erscheinen gewöhnlich als glockenförmige Kuppeln, die auf zurückweichenden Terrassen ruhen, zuweilen über Außentreppen zugänglich sind und von kegelförmigen Türmen bekrönt werden.[29] Außen waren die Bauwerke ursprünglich verputzt und mit Stuckarbeiten und glasierten Terrakottakacheln dekoriert. Im Inneren waren viele der Tempel mit Wandmalereien geschmückt. Von den Dekorationen sind heute nur noch Bruchteile übrig.

Die buddhistischen Bauwerke von Bagan sind in der Zeit von 1982 bis 1994 in einem umfangreichen achtbändigen Inventar dokumentiert worden. Jeder einzelne Band des Inventars enthält Fotografien, Pläne und grundlegende Beschreibungen von insgesamt 1.060 Tempeln, 520 Klöstern und 610 Stupas – viele davon in einem verfallenen Zustand. Mehr als 600 archäologisch noch nicht ausgegrabene Hügel sind dokumentiert.[30] Die Bestandsaufnahme verdeutlicht die Kreativität der burmesischen Architekten der Bagan-Zeit. Sie zeigt, dass keine zwei Bauwerke identisch sind, dass die Unterschiede nicht nur eine Frage von einigen

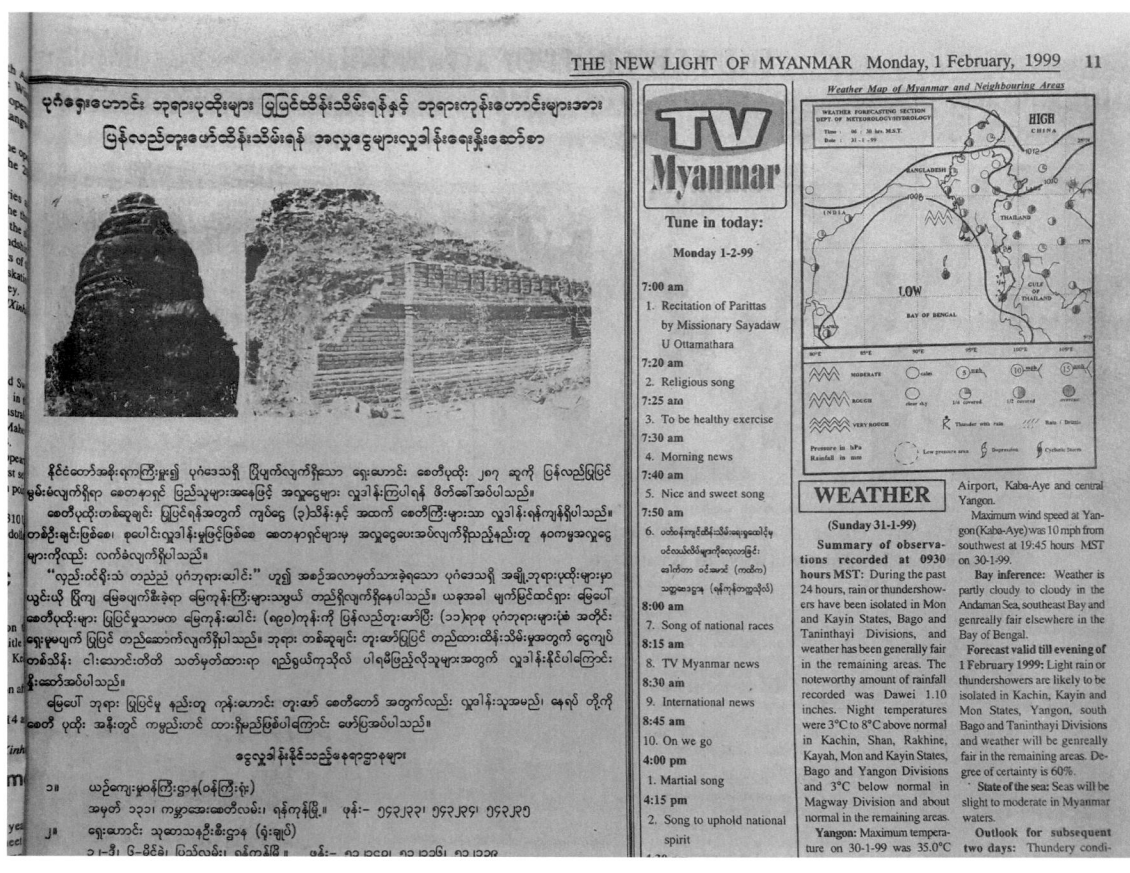

3   Spendenaufruf, publiziert in *New Light of Myanmar*, 1. Februar 1999.

4   Spendenaufruf in *New Light of Myanmar*, 14. Februar 1999.

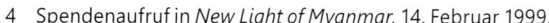

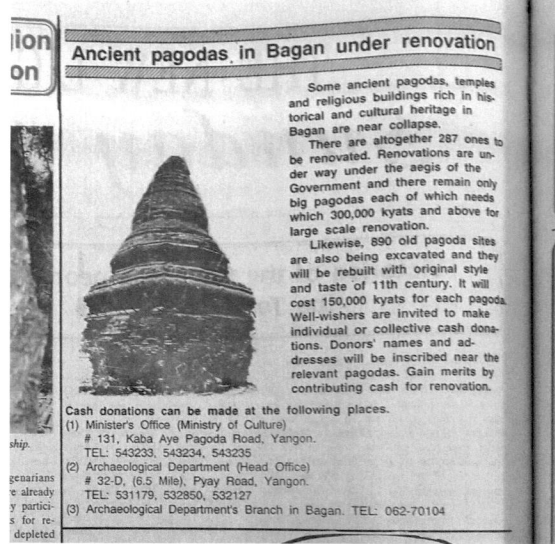

Zentimetern Größe oder leichten Abweichungen der Stuckarbeiten sind, sondern das Resultat von vielfältigen architektonischen Entwürfen/ Gestaltungen.[31]

Um finanzielle Mittel für das Wiederaufbauprojekt zu sammeln, schaltete das Militärregime eine Kampagne über das nationale Radio, Fernsehen und staatlich gelenkte Zeitungen, darunter die englischsprachige Zeitung *The New Light of Myanmar*, die als Sprachrohr des Militärs für die Außenwelt fungierte. Die Zeitungsanzeigen, die phasenweise fast täglich in den Zeitungen gedruckt wurden, bestanden meist aus variierenden Fotos von einer stark verfallenen Pagode mit einem Begleittext, der zum Vollbringen guter Taten aufrief, um etwas für sein eigenes Seelenheil zu tun. Je nach Höhe des gespendeten Betrags, so der Text, könne man am Ort eines archäologischen Hügels eine kleinere Pagode wiederaufbauen oder eine größere Pagode renovieren. Der Stil entspreche hierbei dem der Baganarchitektur des 11. Jhs. Spendengelder konnten in bar beim Kulturministerium oder direkt in dessen Abteilung für Archäologie (*Department of Archaeology*) in Rangun oder Bagan abgeliefert werden (Abb. 3 und 4).

Durch die Kampagne ermöglichte die Militärregierung scheinbar, dass jedermann durch Teilhabe an dem Wiederaufbau des geschichtsträchtigsten Ortes der Nation Seelenheil erwerben konnte. In Wirklichkeit war jedoch zu diesem Zeitpunkt die Wirtschaft aufgrund der erratischen Wirtschaftspolitik der Generäle und externer Sanktionen am Boden.[32] Ein Großteil der Bevölkerung lebte in Armut, so dass sich die »Adoption einer Pagode« nur die Generäle selbst oder diejenigen, die mit ihnen Geschäfte machten, leisten konnten.[33]

Im Rahmen des »Adopt-a-Pagoda-Programms« wurden die neuen Spender auf Beton- und Steinplatten, die meistens in unmittelbarer Nähe des rekonstruierten Bauwerks, beispielsweise am Eingang des Tempels platziert wurden, prominent geehrt. Darüber hinaus wurden die Namen bedeutender Spender in den Tageszeitungen und hauseigenen Publikationen des Kulturministeriums (Abb. 5) mit Vorher-Nachher-Bildern der Rekonstruktionsprojekte und Höhe der Spendengelder publiziert.[34]

In diesen Publikationen und in der Presse wurde immer wieder betont, dass »durch die gemeinsamen Anstrengungen des Staates, des Volkes und der Tatmadaw die Erhaltungs- und Renovierungsarbeiten der weltbekannten Region Bagan erfolgreich durchgeführt worden sind« und »die Entwicklung von Bagan als bedeutender Sieg des Staates, des Volkes und der Tatmadaw angesehen wird«.[35]

Die mächtigsten Generäle des Militärregimes Myanmars wählten die bedeutendsten Denkmäler

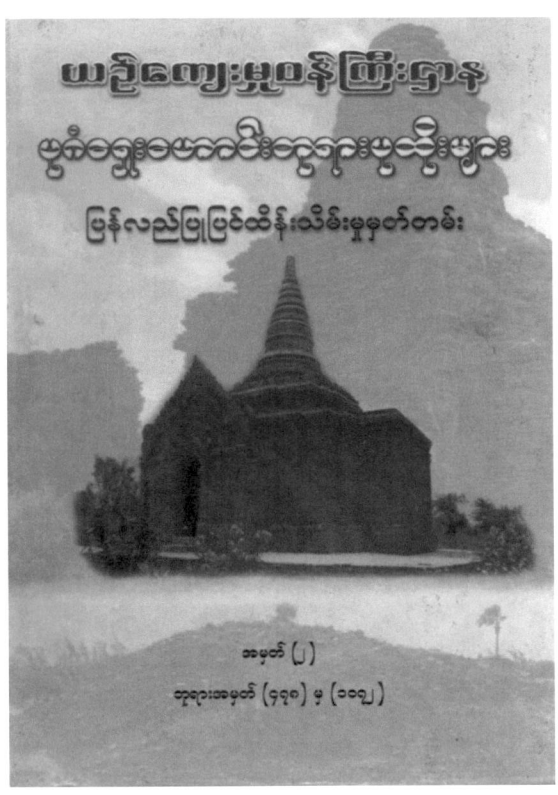

5   Cover des zweiten Bandes des myanmarischen Kulturministeriums zur Dokumentation des Rekonstruktionsprogramms. Es zeigt im Hintergrund einen archäologischen Hügel und eine verfallene Pagode und im Vordergrund einen Pagoden-Neubau.

in Bagan für ihre eigenen Spenden aus. Immer wenn eines der größeren Wiederaufbauprojekte abgeschlossen war, reiste einer der obersten Militärführer nach Bagan, meist in Begleitung seiner Ehefrau, um bei der Weihung als zentrale Figuren, nämlich als neue Stifter, präsent zu sein. Über diese Zeremonien wurde ausgiebig und nicht selten auf der Titelseite der Tageszeitungen berichtet. Neben der öffentlichen Demonstration ihrer religiösen Hingabe wollten die Generäle eine Verbindung zwischen Militär und Religion entsprechend dem historischen monarchischen Model herstellen. Die neuen Stifter – so schien es – inszenierten sich als Reinkarnationen der Originalstifter, der Könige von Burma. Besonders deutlich wird dies in den Fällen der Pagoden *Alowdawpyi*, *Htilominlo* und *Dhammayazika*. Die drei Pagoden waren bis zu Beginn des Wiederaufbauprogramms in verfallenem Zustand und hatten keine Stiftungen, die sich – wie bei größeren und aktiv genutzten Sakralbauten üblich – um den Erhalt kümmerten.

Alowdawpyi, ein mittelgroßer Tempel, war bis 1995 jahrhundertelang nicht genutzt worden.[36] Der Hauptturm, die Ecktürme sowie Giebel und Teile der Eingangshalle waren eingestürzt. Mit Spenden von General Than Shwe wurden die eingestürzten Gebäudeteile rekonstruiert und der Hauptturm sowie die Ecktürme vergoldet.[37] Der Tempel wurde mit goldenen Buddha-Statuen sowie Klimaanlage und Teppich für den Komfort der Pilger ausgestattet. Ein Parkplatz für Tourenbusse wurde direkt vor der Pagode angelegt.

Htilominlo, ein sehr großer dreigeschossiger Tempel, teilweise verputzt, außen mit Stuckarbeiten und innen mit Wandmalereien dekoriert, wurde unter anderem mit Spenden von General Min Aung Hlaing[38] wiederaufgebaut. Die fehlenden Türme und dekorativen Elemente der oberen Gebäudeteile wurden rekonstruiert. Zeitgleich mit den Arbeiten am Gebäude wurde dessen Zugänglichkeit durch eine neue Asphaltauffahrt verbessert, die von der Hauptstraße zum Tempel führt.

Dhammayazika ist die größte Stupa in Bagan, für deren Bau schätzungsweise 6 Mio. Ziegelsteine verwendet wurden.[39] Sie ist eine von nur 17 Pagoden mit pentagonalem Grundriss in Bagan, die die zeitweise populäre Verehrung von fünf Buddhas widerspiegeln.[40] Trotz ihrer architektonischen Besonderheiten verwaiste die Stupa im Laufe der Jahrhunderte. Sie verlor den Großteil ihrer Außendekoration sowie ihre Spitze, ihre fünf in die Stupa integrierten Schreine stürzten ein. Mit Spenden von General Khin Nyunt wurden die eingestürzten Gebäudeteile rekonstruiert und der halbkugelförmige Pagodenkörper und Turm sowie die oberen Teile der fünf umliegenden Tempel vergoldet (s. Abb. 7 u. 8). Das Pagodengelände wurde als Garten mit blühenden Bäumen und Ruhebänken angelegt. Da die Pagode etwas abseits der Hauptstraße liegt, wurde der Schotterweg, der zu ihr hinaufführte, in eine Asphaltstraße mit Parkplätzen umgewandelt, um den Zugang für Pilger zu verbessern.

Die von den Generälen gesponserten Renovierungsarbeiten wurden von infrastrukturellen Verbesserungen begleitet, in der Annahme, dass in Zukunft viele Pilger die wiederbelebten Bauwerke besuchen würden. Tatsächlich wurde nicht nur materiell rekonstruiert, sondern auch spirituell wiederbelebt. Im Rahmen des Wiederaufbaus wurden für alle drei Pagoden mit Hilfe von namhaften Mönchen Stiftungen gegründet, für die die Generäle teilweise bis heute als Hauptgeldgeber fungieren. Mythen und mit den Bauwerken in Zusammenhang stehender Geisterglaube wurden verstärkt über die Presse und hauseigene Publikationen des Kulturministeriums verbreitet. Aus dieser Zeit stammen Legenden wie diese, dass die Dhammayazika-Pagode von einem Schutzgeist bewacht würde, der in der Bagan-Zeit ein Heeresführer gewesen war, oder dass durch das Beten im Alowdawpyi-Tempel Wünsche in Erfüllung gingen, weil Kyanzittha, einer der größten burmesischen Könige, vor seinen erfolgreichen Militärschlägen immer genau an diesem Ort gebetet haben soll.[41] Neben der spirituellen Bedeutung tragen jährlich stattfindende jahrmarktähnliche Pagodenfeste zur Popularität der erneuerten Pilgerstätten bei. Zusammen mit 13 weiteren Pagoden, deren religiöse Nutzung über Jahrhunderte erhalten geblieben ist, gehören diese drei Pagoden seit den 90er Jahren wieder zu den wichtigsten Pilgerstätten Bagans.[42]

Eine derartig performative und öffentlichkeitswirksame Religionspraxis war eine Strategie der Generäle, sich diesen Ort von nationaler Bedeutung anzueignen und damit ihre Bestrebungen nach politischer Macht zu verfolgen.[43] Die neuen Stifter hatten hier nicht nur die optische Wiederherstellung, sondern auch eine spirituelle Wiederbelebung im Sinn.

Weniger auffällig als die von den Generälen Than Shwe und Khin Nyunt vergoldeten Pagoden, aber ebenso eindrücklich durch ihre schiere Masse, sind die standardisierten Rekonstruktionsprojekte, die von 1995 bis 2011 ausgeführt wurden (vg. Abb. 7 u. 8). Mit Hilfe von privaten Spenden wurden mehr als 1500 Pagoden teilrekonstruiert und mehr als 950 – zumeist auf der Grundlage von archäologischen Funden – nahezu komplett neu gebaut.[44] Da die Nachfrage nach historischen Bauplätzen, die geistige Erlösung versprachen, höher war als das tatsächliche Angebot, sind einige neue Pagoden aus dem Nichts in die Landschaft hineinkomponiert worden.

Einzelheiten zur Ausführung

Die Ausführung und Überwachung der Bautätigkeiten wurde der Archäologieabteilung des Kulturministeriums überantwortet, die aufgrund geringer Mitarbeiterzahlen nicht in der Lage war, dieser Aufgabe gerecht zu werden. Das Programm verselbstständigte sich daher mit Hilfe lokaler Baufirmen.[45] Ein Mitarbeiter der Archäologieabteilung, der am Wiederaufbauprogramm beteiligt war, berichtete im Nachhinein, dass »es zu viele Auftragnehmer und zu viele Baustellen gab, so dass das kleine Team der Archäologieabteilung nicht in der Lage war, die Vorgänge zu überwachen und zu kontrollieren«. Dies hätte zur Umsetzung von »falschen Entwürfen« geführt.[46] Jedoch ist davon auszugehen, dass auch Mitarbeiter der Archäologieabteilung finanziell von dem Rekonstruktionsprogramm profitierten, insbesondere diejenigen, die damals Baufirmen gründeten und die Abteilung verließen.[47]

Das Ingenieurteam der Abteilung für Archäologie hatte eine Reihe von Entwurfsvorlagen geschaffen, die auf einzelnen unversehrten Pagoden mittlerer und kleinerer Größe sowie den Plänen und Zeichnungen des in den 1980er Jahren angefertigten Inventars basierten.[48] Die noch erhaltenen Originalbauwerke und vor allem das Inventar aus den 1980er Jahren, das die Kreativität der Architekten der Bagan-Zeit dokumentieren sollte, wurden unbeabsichtigt zu Werkzeugen der

Schaffung eines einheitlichen »ursprünglichen« und nationalen Stils.[49] Die Archäologieabteilung hatte sechs unterschiedliche Grundtypen definiert.[50] Anhand der ausgegrabenen Fundamente sollte entschieden werden, welche Vorlage in Frage kam: (1) ein Grundriss mit einer Vorhalle sollte zu einem von einem quadratischen Turm (Sikhara) bekrönten Tempel werden, (2) ein Grundriss mit vier Vorhallen zu einem Tempel mit einer runden glockenförmigen Kuppel, (3) ein pentagonaler Grundriss zu einem fünfseitigen Tempel, (4) ein ausgefülltes Fundament zu einer Stupa auf einem quadratischen oder kreisförmigen Sockel, (5) ein kreisförmiger Grundriss zu einer Stupa im singhalesischen Stil, und (6) ein rechteckiges Fundament zu einer Klosterzelle.[51] Die Entwurfsvorlagen hatten Modulcharakter und konnten gemäß der geschätzten Größe des Originalbauwerks sowie den Wünschen der Geldgeber entsprechend angepasst werden (Abb. 6).[52]

Es ist davon auszugehen, dass die Freilegungen der archäologischen Reste nicht immer klar erkennbare Fundamente zutage brachten. Da die Originalbauten sehr vielfältig in ihren Details waren, konnte die äußere Form anhand der Fundamente nicht bestimmt werden. Die Entscheidung darüber, welche Gebäudetypologie auf ein Fundament gebaut werden sollte, glich daher eher einem Ratespiel, und die Rekonstruktionen waren hypothetisch und vereinheitlichend. Hinzu kam, dass die selbstständig tätigen lokalen Baufirmen ihr eigenes System für die Rekonstruktionen entwickelt hatten. Dieses orientierte sich vor allem an Wirtschaftlichkeit. Sie traten in direkten Kontakt mit Spendern und arbeiteten ohne Rücksprache mit der Abteilung für Archäologie. Der Einfachheit halber reproduzierten sie unzählige Male ein und dieselbe Tempel- oder Stupaform in unmittelbarer Nähe zueinander. Meist nahmen die Bauunternehmen einen bestimmten Fleck in der weiten Landschaft Bagans in Beschlag und hinterließen dort ihre Spuren in Form einheitlicher Bauwerke. Die Entwürfe der Baufirmen entsprachen hierbei durchaus einzelnen Vorlagen der Abteilung

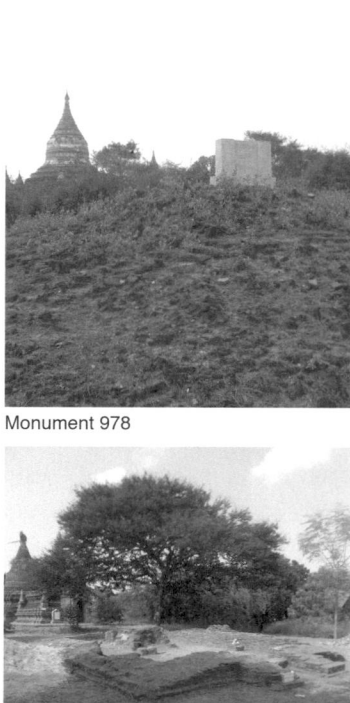
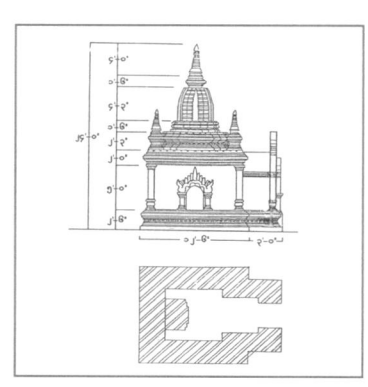
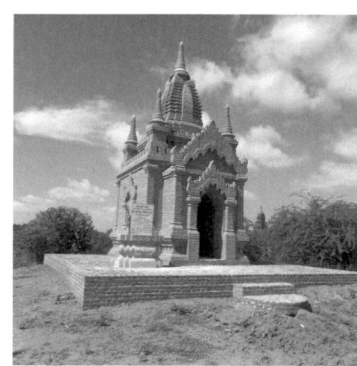

Monument 978

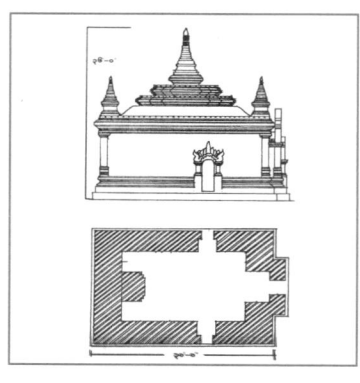
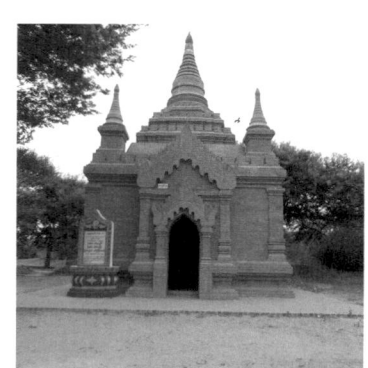

Monument 1036-A

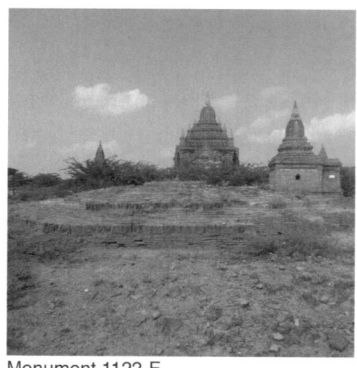
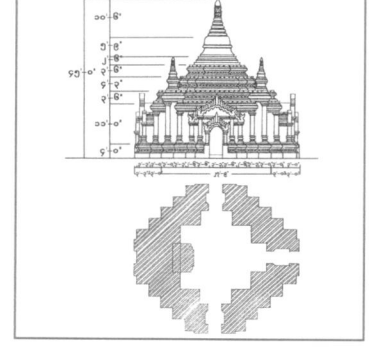
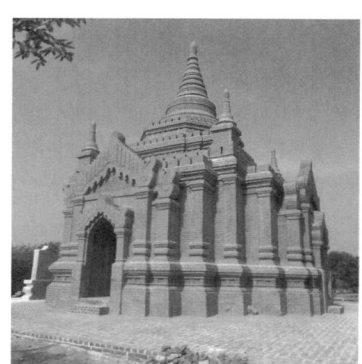

Monument 1122-E

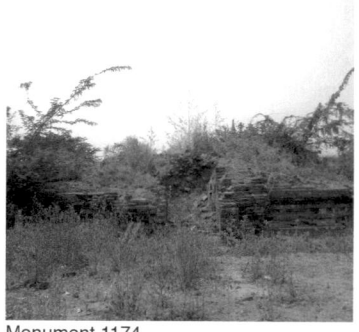
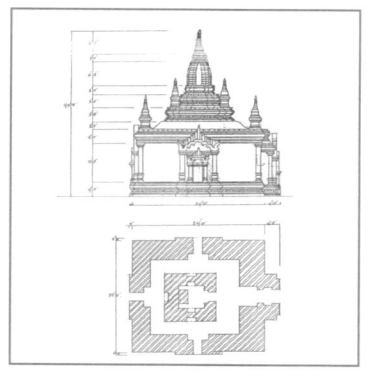
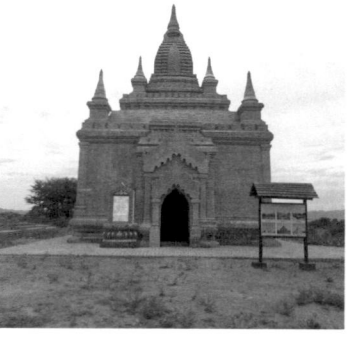

Monument 1174

6   Beispiele für vom Department of Archaeology ausgeführte hypothetische Rekonstruktionen. Anhand der Fundamente wurden Entscheidungen über Gebäudetypologien getroffen und Designvorlagen der Größe und manchmal den Wünschen der Stifter entsprechend angepasst. Die neuen Stifter wurden in einer Stele mit Inschrift am Eingang der Bauwerke verewigt.

für Archäologie, variierten diese aber meist nur wenig (s. Abb. 6). Der Maxime der Wirtschaftlichkeit geschuldet spielten Handwerkskunst, traditionelle Konstruktionstechniken und Materialien keine Rolle. Die Arbeit der Baufirmen war alles andere als gewissenhaft. Es wurden viel Zement und minderwertige Lehmziegel verwendet. Verbaut wurde das Material von schlecht bezahlten und unausgebildeten Tagelöhner*innen.

Pseudo-Denkmalpflege

Abseits jeglicher Realität wurde von offizieller Seite in Zeitungsartikeln und Publikationen des Kulturministeriums immer wieder auf die wissenschaftliche und systematische Herangehensweise des Rekonstruktionsprogramms hingewiesen.[53] Diese Rhetorik entspricht derjenigen des autoritativen Kulturerbediskurses – im konkreten Fall des »Adopt-a-Pagoda-Programms« in Bagan –, angeeignet und propagiert von einer Militärregierung, die vorgab, im Dienste der Religionspraxis und Bewahrung der nationalen Werte zu handeln.

Dass die Bautätigkeiten in Bagan weder den im autoritativen Kulturerbediskurs festgelegten technischen Standards verpflichtet waren, noch dem zu erwartenden Know-How durchschnittlicher Baufirmen entsprachen, offenbarte das Erdbeben im August 2016. Während moderne Mauerwerksbauten wie Hotels und Wohnhäuser und die gesamte Infrastruktur Bagans unbeschädigt blieben, offenbarte das Erdbeben die Schwächen von Bagans neuer Pagodenlandschaft. Mehr als 250 Bauwerke trugen strukturelle Schäden davon. Im Falle der Teilrekonstruktionen hatten die rekonstruierten Teile und die hinzugefügten Aufbauten die Belastung der tragenden Wände erhöht, was zu Rissen und anderen Schäden in den Wänden und Gewölben auch der Bestandsstrukturen führte. Das neu hinzugefügte Mauerwerk hatte sich in vielen Fällen vom Originalbestand gelöst, was große Risse und teilweise komplette Einstürze zur Folge hatte. Die Ingenieure, die eine Schadenbestandsaufnahme

nach dem Erdbeben machten, vermuten, dass die Teilrekonstruktionen erhebliche negative Auswirkungen auf die Widerstandsfähigkeit einer großen Anzahl von historischen Bauwerken gegen künftige Erdbeben haben werden.[54]

Die gravierenden Schäden bzw. massiven Auswirkungen des Erdbebens von 2016 verdeutlichen noch einmal, dass das »Adopt-a-Pagoda-Programm« weniger dem Erhalt Bagans als vielmehr dem Machterhalt der Generäle dienen sollte. Priorität hatte nicht die physische Umsetzung des Programms und der nachhaltige Schutz der Stätte, sondern die intensive Berichterstattung darüber in den staatlich gelenkten Medien.

Institutionalisierte und ideologisierte Erbepraxis in Myanmar 1988–2011

Wie eingangs erläutert, wird hier das Weiterbauen als Teil einer ganzheitlichen Erbepraxis verstanden. Die baulichen Interventionen können zwar formalistisch bewertet werden, ihre kulturelle Bedeutung erschließt sich jedoch nur in ihrem performativen Gebrauch und gesellschaftlichen Kontext. In diesem Sinne kann Folgendes über die institutionalisierte und ideologisierte Erbepraxis in Myanmar von 1988 bis 2011 zusammengefasst werden:

- Unter der Militärregierung war der Erhalt von kulturellem Erbe und entsprechenden Handwerkstechniken in eine Strategie einer Nationsbildung eingebettet, die einer buddhistisch-burmesischen Leitkultur verpflichtet war.
- Der politisch-strategische Stellenwert der Programme zum Erhalt von Kulturerbe wurde insbesondere durch ihre hochrangige Leitung deutlich, die von den obersten Generälen des Regimes persönlich übernommen worden war.
- Um historische Brüche zu kaschieren und gegenwärtigen Zwecke der Nationsbildung zu dienen, konzentrierte sich das Weiterbauen von Kulturerbe unter der Militärregierung auf buddhistische Bauwerke und Königspaläste vergangener Dynastien.

- Die Bautätigkeiten waren besonders intensiv in Bagan, wo eine Reihe von Großprojekten und etwa 2500 kleinere bis mittelgroße Bauprojekte von 1995 bis 2011 im Rahmen des »Adopt-a-Pagoda-Programms« umgesetzt worden sind. Der Fokus zeigt eine starke Rückbesinnung auf das »goldene Zeitalter« der Geschichte Myanmars, die Bagan-Zeit.
- Im Widerspruch zur Vielfalt und Detailgenauigkeit der Originalbauten der Bagan-Zeit wurde unter der Militärregierung ein »ursprünglicher« nationaler Stil geschaffen, der sich auf einige wenige traditionelle Bauformen aus Bagans Blütezeit berief und diese in vereinfachter Weise reproduzierte. Die Einheitlichkeit wurde durch die Verwendung von unverputzter Ziegelbauweise verstärkt. Lediglich einige wenige, von hochrangigen Generälen gestiftete Bauwerke, teils mit vergoldeten Stupatürmen, stachen aus der Masse hervor (Abb. 7 u. 8).
- Da es sich in Bagan nicht um 1:1-Reproduktionen von vorher Dagewesenem handelt, kann man sie als aneignend-schöpferische bzw. hypothetische Rekonstruktionen definieren,

die auf der Grundlage von archäologischen Funden (weiter-)gebaut wurden.
- Die technische Umsetzung der Einheitsbauten folgte Grundsätzen der Wirtschaftlichkeit, was sich in der schlechten Qualität der Baumaterialien und Handwerkstechniken niederschlug. Als Arbeitskräfte dienten Tagelöhner*innen. Nicht auszuschließen ist, dass bei größeren von den Behörden geleiteten Rekonstruktionsprojekten auch Zwangsarbeiter*innen zum Einsatz kamen.
- Nach außen hin jedoch wurde die Rekonstruktion Bagans als eine »gemeinschaftliche Leistung« des Militärs und des Volkes dargestellt, bei der jeder Verdienste für sein Seelenheil an dem geschichtsträchtigsten Ort der Nation erwerben konnte. In Wirklichkeit waren es vor allem die Generäle selbst und ihre linientreuen Anhänger, die sich in Bagan in der Form von Bauwerken und Gedenktafeln verewigten.
- Viel wichtiger als die Qualität und Nachhaltigkeit der Rekonstruktionsarbeiten war die Kommunikation des Programms. Hierbei wurde auf der einen Seite denkmalpflegesprachlich die wissenschaftliche Herangehensweise des

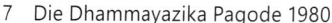

7   Die Dhammayazika Pagode 1980.

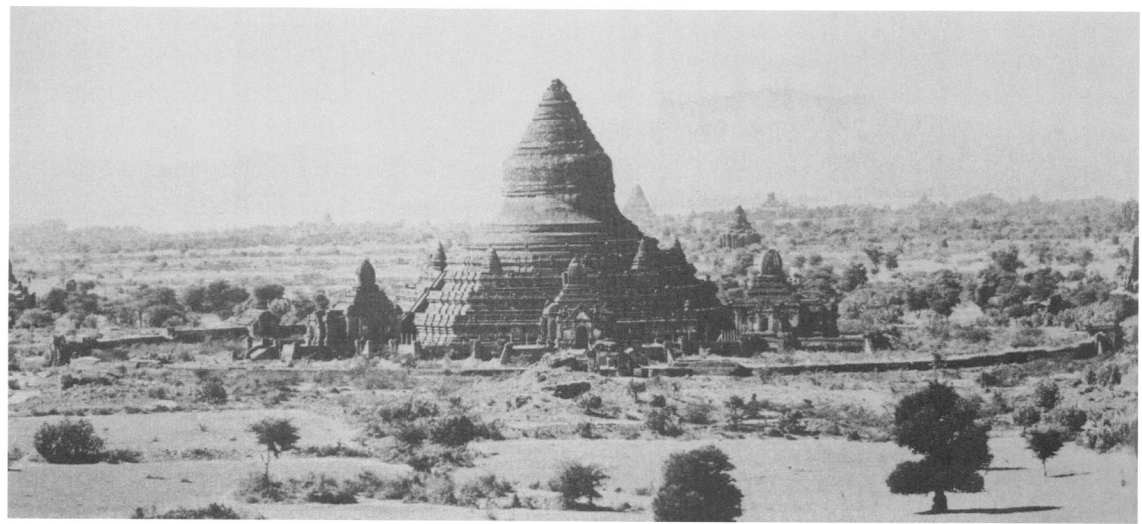

Programms betont, wodurch sich die Generäle als engagierte Bewahrer des nationalen Kulturguts inszenierten. Auf der anderen Seite wurde durch die Verbreitung von Legenden das Projekt in die Sphäre des Übersinnlichen gehoben, wodurch sich die Generäle in eine Reihe mit den großen Königen der Vergangenheit stellen und sich als oberste Hüter buddhistischer Traditionen inszenieren konnten.

- Rituelle Aneignung und performatives Erinnern hatte zentrale Bedeutung im Rahmen des Programms. Insbesondere wenn Rekonstruktionsprojekte der politischen Führer fertiggestellt und geweiht wurden, wurde über entsprechende Zeremonien ausführlich in den Massenmedien berichtet.

- Die von den obersten Generälen gesponserten Großprojekte wurden auch spirituell wiederbelebt und entsprechende Infrastruktur für zukünftige Pilger geschaffen. Selbst nach dem Ende der Militärdiktatur und den demokratischen Reformen fungieren die ehemaligen Machthaber bis heute als Hauptsponsoren der Pagodenstiftungen und nehmen so Einfluss bis in die Gegenwart.

Autoritativer vs. pluralistischer Erbediskurs – verschenkte Potenziale des Welterbetitels

Die Wiederaufbauprojekte in Myanmar und im Speziellen die architektonische Transformation Bagans waren, wie gezeigt, mehr als eine von Fachexperten und der internationalen Presse kritisierte »schlechte Denkmalpflegepraxis«. Sie waren ein Weiterbauen zum Zweck ideologischer Wertbildung für eine ganze Gesellschaft. Durch das Weiterbauen der buddhistischen und ehemals königlichen Stätten in Myanmar wurden Bedeutungen elitärer und religiös-kultureller Narrative artikuliert. Die Deutungshoheit hatten dabei die Generäle und die mit ihnen kooperierende Wirtschaftselite, die über die Denkmalpflege- und Religionspraxis eine Verbindung zwischen sich und historischen Herrschern herstellen wollten, um ihre eigene Macht zu legitimieren. In dieser Erbepraxis sind im Zweifelsfall weder Menschenrechte geachtet worden (siehe Zwangsarbeit) noch abweichenden Perspektiven oder Deutungen zugelassen worden.

Das Konzept des Weiterbauens und der Erbepraxis, wie sie heute verstanden wird, ermöglichen

8 Die Dhammayazika Pagode 2013, vergoldet und umgeben von einer Vielzahl hypothetischer Rekonstruktionen.

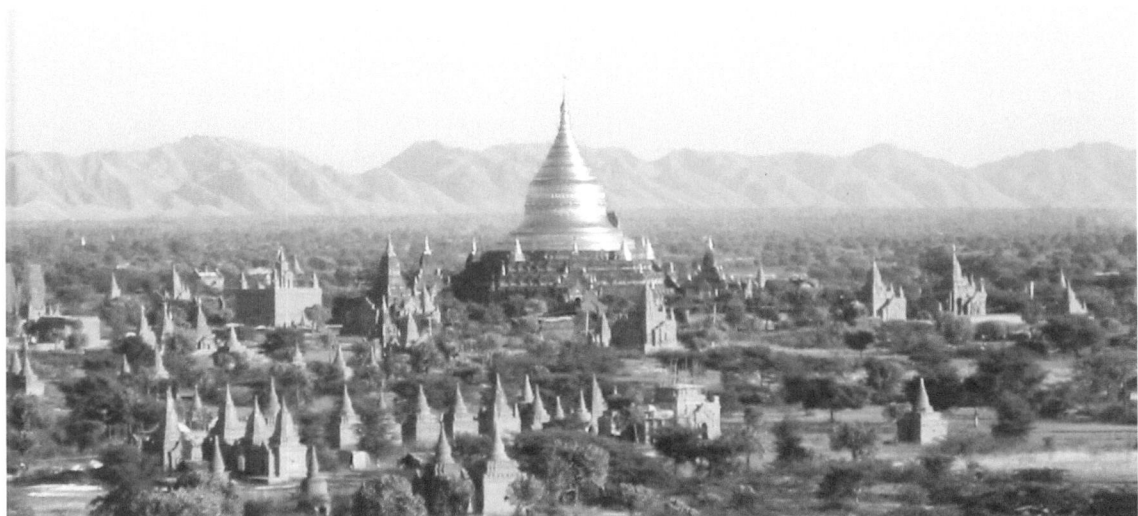

einen offenen Umgang und eine kontinuierliche und multi-perspektivische Auseinandersetzung mit diesem Erbe Bagans. Die architektonische Transformation könnte als interessantes Zeugnis Myanmars jüngster Vergangenheit dazu dienen, das Geschichtsverständnis und die Identitätspolitik des Militärregimes zu hinterfragen. Die Tatsache, dass im öffentlichen Diskurs bisher kaum kritische Reflexion in diese Richtung zu erkennen war, verdeutlicht, dass es keine ideologischen Brüche im Land gegeben hat und auch nach der Transition immer noch dieselben Eliten die politische Landschaft beherrschen.[55]

Die Kontextualisierung der institutionalisierten Erbepraxis unter Myanmars Militärregime im autoritativen Denkmaldiskurs ist daher wenig differenziert ausgefallen. Der Wiederaufbau Bagans ist von offizieller Seite als wiederbelebte Religionspraxis definiert worden. Diese Lesart bestimmt auch den 2017 vom myanmarischen Kulturministerium bei der UNESCO eingereichten Welterbeantrag Bagans und wurde im Juli 2019 in Form einer Einschreibungsentscheidung von der internationalen Gemeinschaft des UNESCO-Welterbekomitees bestätigt.[56] Die Website der Deutschen UNESCO-Kommission betitelt die Stätte als »Ausdruck buddhistischer Frömmigkeit«. »(M)eisterhafte buddhistische Architektur« und anhaltende religiöse und kultureller Praktiken stehen hier im Mittelpunkt.[57] Dass der heutige Zustand der Pagodenstadt auf das unbequeme Erbe der Militärdiktatur zurückgeht, findet keine Erwähnung. Das »Adopt-a-Pagoda-Programm« wird nicht als solches erwähnt, sondern entsprechende Baumaßnahmen als unangemessene Interventionen abgetan, die lediglich in Bezug auf die Authentizität der Stätte als negatives Element und auch nur am Rande Erwähnung finden.[58]

Jegliche kritische Reflektion über Bagans Transformation als Prozess der Aufarbeitung von Myanmars Militärdiktatur ist damit erst einmal vom Tisch; eine verpasste Chance, das Verständnis von Kulturerbe in Myanmar weiterzuentwickeln und auf eine pluralistische Gesellschaft hinzuarbeiten.

1   Will 2020b.
2   Will 2020a.
3   Stumm 2017.
4   Smith 2006.
5   Byrne 2014.
6   Smith 2012.
7   Faro Convention 2005.
8   Smith 2006, 297.
9   Smith 2006.
10 Smith 2006, 48.
11 Frasch 2015.
12 Pichard 2013.
13 Frasch 1996; Frasch 2015; Pichard 2013.
14 Frasch 1996.
15 Spiro 1982; die Information beruht außerdem auf Aussagen von Nyunt Han in einem durch die Autorin durchgeführten Interview vom 17.2.2017.
16 Than Shwe, geboren 1935, ist ein General, der 1992–2011 an der Spitze der Militärregierung Myanmars stand. Er war Oberbefehlshaber der myanmarischen Streitkräfte. Die internationalen Medien sagten ihm strategische Gewalt- und Menschenrechtsverletzungen nach.
17 Philps / Mercer 2002.
18 Khin Nyunt, geboren 1939, ist ein General, der eine Schlüsselrolle in der Militärregierung spielte, die Myanmar von 1988 bis 2011 regierte. Er war Erster Sekretär und Chef des Militärgeheimdienstes und war auch für die Öffentlichkeitsarbeit und den Propagandaapparat sowie für die internationalen Beziehungen verantwortlich.
19 Steinberg 2013.
20 Houtman 1999, 96.
21 New Light of Myanmar 1997, 1998.
22 Moore / Wing Maung (Tampawaddy) 2016.
23 Das Autorenteam untersucht darin, wie historische Symbolik vom Militärregime neu interpretiert worden ist. Zugleich wollen sie zeigen, dass nicht nur das autoritäre Militärregime sich die Stadtlandschaften in Rangun und Mandalay durch Neugestaltung angeeignet hat, sondern einige der prominenten religiösen Stätten dieser Städte auch Spuren des Widerstands offenbaren.
24 Philps / Mercer 2002.
25 ILO 1998.
26 Gustav Houtman beschäftigt sich eingehend mit dem Phänomen der Zwangsarbeit während der Militärdiktatur. In Bezug auf die Errichtung von Sakralbauten berichtet er über den Bau der Maha-Wizaya-Pagode in Rangun

und der Zahnreliquien-Pagode in Mandalay, bei denen Hunderte von Familien körperliche Arbeit leisten mussten (Houtman 1999, 125).

27 Houtman 1999, 125.

28 Stadtner 2013.

29 Pichard 1992–2002, Bd. 1, Monuments 1–255.

30 Pichard 1992–2002, Bd. 1, Monuments 1–255.

31 Pichard 1992–2002, Bd. 1, 4.

32 Bünte 2007.

33 Die Information beruht auf Aussagen eines Angestellten des myanmarischen Department of Archaeology in einem durch die Autorin durchgeführten Interview.

34 Die Wiederaufbauarbeiten wurden in fünf Publikationen dokumentiert, die von 1999 bis 2003 jährlich vom Kulturministerium herausgegeben wurden. Diese Publikationen zeigen Vorher-Nachher-Fotos, liefern Informationen über das jeweilige Bauwerk wie Baudatum und Name des ursprünglichen Stifters, sofern bekannt, zusätzliche Informationen über die Schutzgeister oder Vereine des Denkmals, sofern vorhanden, den Namen des neuen Spenders und die gespendeten Beträge sowie die Wünsche, die er oder sie mit der Spende verbunden hat.

35 The New Light of Myanmar 1997.

36 Kyaw Lat 2011.

37 Aussagen des ehemaligen stellvertretenden Generaldirektors der myanmarischen Abteilung für Archäologie im Gespräch mit der Autorin am 25.10.2017.

38 General Min Aung Hlaing, geboren 1956, ist Oberbefehlshaber der myanmarischen Streitkräfte und Nachfolger von Than Shwe. Als derzeitiger Armeechef ist er auch für die Gewalt gegen und Vertreibung von den Rohingya aus dem Rakhine-Staat 2017/18 verantwortlich. Min Aung Hlaing ist bis heute einer der Hauptmäzene der 1999 gegründeten Pagodenstiftung. Einheimische in Bagan berichten, dass er jede Woche Blumen in mit seinem Namen eingravierten Vasen als Opfergaben an den oberen Schreinen des Tempels aufstellen lasse.

39 Stadtner 2013.

40 Pichard 1991.

41 Kyaw Lat 2011.

42 Soe Soe Lin im Interview mit der Autorin am 11.2.2017.

43 Neben den Ambitionen zum politischen Machterhalt strebten die Generäle auch danach, weltliche Gewinne zu erzielen, indem sie verschiedene High-End-Hotels und einen Golfplatz auf Grundstücke in erstklassiger Lage innerhalb der archäologischen Zone von Bagan bauen ließen.

44 Untersuchungsergebnisse von der Association of Myanmar Architects und der UNESCO identifizierten 957 als vollständig rekonstruiert, 1656 als im Wesentlichen auf der Grundlage archäologischer Funde rekonstruiert und 160 als geringfügige Rekonstruktion der oberen Teile. Lediglich 883 der insgesamt 3753 zeigten keine Anzeichen für eine kürzlich erfolgte Rekonstruktion. In 97 Fällen war das Vermessungsteam nicht in der Lage, den Stand der Rekonstruktion zu beurteilen.

45 Einige dieser Baufirmen wurden jedoch auch von ehemaligen Mitarbeitern der Archäologieabteilung geleitet. Insgesamt waren acht Baufirmen in Bagan tätig, und die Bautätigkeiten und Ziegelproduktion waren für viele eine gute Einnahmequelle.

46 Soe Soe Lin im Interview mit der Autorin am 11.2.2017.

47 P. Pichard in einem Interview mit der Autorin am 6.3.2019; die Information basiert außerdem auf Aussagen des Neffen eines Aufsehers in Bagan in einem persönlichen Gespräch mit der Autorin am 15.2.2017.

48 Soe Soe Lin im Interview mit der Autorin am 11.2.2017; Sanda Khin 2007, 74.

49 Rellensmann et al. 2019.

50 MOC 2001.

51 MOC 2002, 185; Pichard 2012, 15.

52 Soe Soe Lin im Interview mit der Autorin am 11.2.2017.

53 Department of Archaeology 2002; MOC 1999.

54 Gravrilovic et al. 2016.

55 Egreteau 2015.

56 ICOMOS 2019.

57 UNESCO Welterbe Bagan 2019.

58 UNESCO Welterbe Bagan 2019.

Bünte 2007
M. Bünte: »Problemstaat« Myanmar. Zum schwierigen Umgang mit dem Militärregime, GIGA Focus Asia, (11) 2007, https://www.giga-hamburg.de/de/system/files/publications/gf_asien_0711.pdf (6.7.2020).

Byrne 2014
D. Byrne: Counterheritage. Critical Perspectives on Heritage Conservation in Asia (New York 2014).

Department of Archaeology 2002
Department of Archaeology: Inventory Record of Conservation of Monuments at Bagan, Bd. III (Yangon 2002).

Egreteau 2015
R. Egreteau: Myanmar: Transition, praetorian politics, and the prospects for democratic change, in: W. Case (Hg.): Routledge Handbook of Democratization in Southeast Asia (London 2015) 410–426.

Faro Convention 2005
Europarat: Rahmenkonvention über den Wert des Kulturerbes für die Gesellschaft, Faro, 27. Oktober 2005.

Frasch 1996
T. Frasch, Pagan: Stadt und Staat (Stuttgart 1996).

Frasch 2015
T. Frasch: Gebaut für eine Ewigkeit: Die buddhistische Architektur von Bagan, in: M. L. Tjoa-Bonatz (Hg.): Im Schatten von Angkor: Archäologie und Geschichte Südostasiens (Darmstadt 2015) 77–86.

Gravrilovic et al. 2016
P. Gravrilovic / P. Pichard / C. Pottier: Damage assessments and recommendations for structural consolidation, repair and strengthening of monuments in Bagan, Mission Report (für UNESCO Bangkok), 2016 (unpubliziertes Dokument).

Houtman 1999
G. Houtman: Mental Culture in Burmese Crisis Politics: Aung San Suu Kyi and the National League for Democracy (Tokyo 1999).

ICOMOS 2019
ICOMOS: Bagan (Myanmar) No 1588, Advisory Body Evaluation. ICOMOS, https://whc.unesco.org/en/list/1588/documents/ (19.2.2020).

ILO 1998
International Labour Organization: Forced Labour in Myanmar (Burma). Report of the Commission of Inquiry appointed under article 26 of the Constitution of the International Labour Organization to examine the observance by Myanmar of the Forced Labour Convention, 1930 (No. 29), Geneva, 2 July 1998, https://www.ilo.org/public/english/standards/relm/gb/docs/gb273/myanmar.htm (20.2.2020).

Kyaw Lat 2011
Kyaw Lat: Art and Architecture of Bagan and historical background with data of important monuments (Yangon 2011).

MOC 1999
Ministry of Culture: Bagan Ancient Religious Monuments Conservation Record, Bd 1. (Yangon 1999).

MOC 2001
Ministry of Culture: Bagan Ancient Religious Monuments Conservation Record, Bd. 2 (Yangon 2001).

MOC 2002
Ministry of Culture: Bagan Ancient Religious Monuments Conservation Record, Bd. 3 (Yangon 2002).

Moore / Win Maung (Tampawaddy) 2016
E. H. Moore / Win Maung (Tampawaddy): The Social Dynamics of Pagoda Repair in Upper Myanmar, Journal of Burma Studies, 20(1), 149–198.

New Light of Myanmar 1997
Victories of the state, the people and the Tatmadaw, The New Light of Myanmar, 15. Juni 1997.

New Light of Myanmar 1998
Victories of the state, the people and the Tatmadaw, The New Light of Myanmar, 19. April 1998.

Philps / Mercer 2002
J. Philps / D. Mercer: Politicised Pagodas and Veiled Resistance. Contested urban space in Burma. Urban Studies, 39(9), 1587–1610.

Pichard 1991
P. Pichard: The pentagonal monuments of Pagan (Bangkok 1991).

Pichard 1992–2002
P. Pichard: The Inventory of Monuments at Pagan, Bde. 1–8 (Paris 1992–2002).

Pichard 2012
P. Pichard: Mission Report: Bagan. Condition of the Site and Monuments, 2012 (unpubliziertes Dokument, UNESCO Bangkok).

Pichard 2013
P. Pichard: Today's Pagan. Conservation under the Generals, in: M. Falser / M. Juneca (Hg.): ‹Archaeologizing› Heritage? Transcultural Research, Heidelberg Studies on Asia and Europe in a Global Context (Berlin, Heidelberg 2013).

Rellensmann et al. 2019
C. Rellensmann / S. Bartoli / S. Linden: AG7 – Bagan (Berlin 2019).

Sanda Khin 2007
Sanda Khin: Bagan Images of Mural Paintings (Yangon 2007).

Smith 2006
L. Smith: The uses of heritage (New York 2006).

Smith 2012
L. Smith: Discourses of heritage. Implications for archaeological community practice. Nuevo Mundo Mundos Nuevos. https://journals.openedition.org/nuevomundo/64143 (18.2.2020)

Spiro 1982
M. E. Spiro: Buddhism and Society. A Great Tradition and its Burmese Vicissitutes (Berkeley 1982).

Stadtner 2013
D. M. Stadtner: Ancient Bagan. Buddhist plain of merit (Bangkok 2013).

Steinberg 2013
D. I. Steinberg: Burma/Myanmar. What everyone needs to know (New York 2013).

Stumm 2017
A. Stumm: Architektonische Konzepte der Rekonstruktion (Berlin 2017).

UNESCO Welterbe Bagan 2019
UNESCO Welterbe Bagan. Ausdruck buddhistischer Frömmigkeit, https://www.unesco.de/kultur-und-natur/welterbe/welterbe-weltweit/myanmar-bagan (19.2.2020).

Will 2020a
T. Will: Rekonstruktionen – Ein Beipackzettel zu Risiken und Nebenwirkungen, in: T. Will (Hg.): Kunst des Bewahrens. Denkmalpflege, Architektur und Stadt (Berlin 2020) 228–231.

Will 2020b
T. Will: Weiterbauen oder Wiederbauen? Über Tradition, Geriatrie oder Reproduktion, in: T. Will (Hg.): Kunst des Bewahrens. Denkmalpflege, Architektur und Stadt (Berlin 2020) 51–61.

Abbildungsnachweis

1   Foto: Clara Rellensmann.
2   Aus Philps / Mercer 2002, 1600.
3   New Light of Myanmar, 6. April 1998.
4   New Light of Myanmar, 1. Juni 1997.
5   Cover fotografiert von Clara Rellensmann.
6   Fotos und Zeichnungen: Soe Soe Lin, bearbeitet von Clara Rellensmann.
7   Foto: Pierre Pichard.
8   Foto: Urs Meyer.

Weiterbauen als technische Wegweisung

From Temporary to Permanent
The Benefits of Short-term Interventions for Long-term Conservation

Elena Zapatero Rodríguez

Buildings left in a state of ruin are at risk of suffering even more serious damage, as leaving such structures standing with reduced mechanical stability risks catastrophic outcomes such as collapse. In the case of severely damaged buildings, emergency consolidations are frequently needed to stop any damage from progressing further. These temporary consolidations benefit the structure until a full-scale restoration can be performed by providing immediate stability to the object. The immediacy that characterises this kind of intervention presents a great challenge to restorers with no time to work with traditional methodologies grounded in the formation of an understanding of the object and its values.[1] It is often the case that in the period directly following an armed conflict buildings cannot be fully restored due to a lack of material and economic resources. Meanwhile, buildings suffering from damage brought on by conflict often need to be temporarily intervened to restore their former use or even to include a new one. Building values, which are often unidentified at this stage, have to be preserved. These operations strive to act «as much as is necessary»[2] and as «little as possible»[3] for the purpose of stabilising the building and guarding against more damage. These minimal interventions, which are often external, put into practice Ruskin's ideas regarding interventions in architectural heritage. Concerning interventions, John Ruskin (1819–1900) states, «[...] bind it together where it loosens; stay it with timber where it declines; do not worry about the unsightliness of the aid: better a crutch than a lost limb; and do this tenderly, and reverently, and continually, and

many a generation will still be born and pass away beneath its shadow»[4]. Occasionally these *temporary* solutions remain, waiting for a restoration intervention that never comes; consequently, the temporary solutions turn into *permanent* solutions. Due to the described characteristics of this kind of intervention, questions arise concerning their ability to function as long-term solutions. Additionally, the confirmation of the enduring nature of these solutions would cause one to wonder whether the study of the consolidation criteria and techniques used for these temporary interventions can aid in the preservation of building values as a criterion for *permanent* solutions during restoration interventions in architectural heritage.

Cesare Brandi (1906–1988) in his theory of restoration posits that the artistic object is made up of image and matter; the latter serves as the material support for the manifestation of the image. Matter is divided into material structure and material appearance, which are two sides of the same coin.[5] However, experience on past restorations suggests that matter does more than act as support for the image; it also has great documentary value for which it should be preserved. Matter in its material aspect includes traces of the passing of time. Characteristics of matter such as patina, deformations, and cracks provide information about the transformation of a building over time. Matter in its material structure acts as a document that records construction and mechanical systems used in the past.

Using this definition of the artistic object, different temporary interventions employed at

Central European architectural heritage sites are analysed below. The Central European environment is of particular interest to this study, as the region was severely damaged during World War II. In this region, the recovery of building's significance values was often prioritised over the conservation or recovery of other values, such as the documentary value. The interventions applied in the three chosen case studies were initially thought to be temporary solutions; however, in time they acquired their own values and were accepted as long-term responses.

The analysis of these case studies reveals the impact of the employed consolidation techniques on the artistic and documentary values contained in the image and matter of the historic masonry walls. An understanding of the characteristics of these techniques and their suitability for the protection of building values in long-term interventions can be attained from the analysis of the gathered information.

Historical Background

As is the case in other European regions, in Central Europe in the 19th century early restoration criteria sought to achieve a unity of style in architectural objects. Critics rose up against the «restoration fever»[6]. One such critic implored, «Let's give today's purist a free hand and a free purse. This way they will turn all these stylistic adversities into the most beautiful Gothic uniformity, but we will have to say good night to originality, historic meaning and the picturesque plurality of monuments. Everything will be very ‹clean›, but it will be unbearable!» making one wish that restoration had not happened in the first place.[7] Far from applying the criteria of minimal intervention, these interventions often destroyed architectural additions that were built in a style different to the one defined as *original*. In this regard Ferdinand v. Quast (1807–1877) denounced the fact that ornaments from existing buildings that were in a good

state of conservation would be replaced by simplified shapes to match new additions, as «The art of construction from that time is so foreign to our technicians [...]»[8].

Some of these so-called restorations used construction systems and materials similar to ones that could be found in the existing building, thereby replicating matter in its material structure to act as a support for an idealised image of stylistic unity. During the same period, August Reichensperger (1808–1895) warned of the use of cheap reconstruction materials masquerading as finer fabric: «Nowadays with mortar and whitewash one can make everything from anything. Through them, the most fragile brick construction is transformed into a Florentine stone palace»[9]. Restorations utilising such methods reproduced an idealised image replicating the matter in its material appearance but not in its material structure.

At the beginning of the 20th century, three main restoration schools of thought were laid out. One school was mainly represented by Paul Tornow (1848–1921). Tornow advocated for a continued emphasis to be placed on the unity of style in an evolved form of past criteria to be used. According to his ideas, he accepted different architectural styles not limiting the unity of the image to the gothic style. Georg Dehio (1850–1932), the prime defender of the self-called «*anti-restoration*»[10] school, favoured a standard that had similarities with Ruskin's theories. Dehio declared the premise of «preserve and only preserve» or «do not restore – but do conserve»[11]. According to his criterion, the image and the entirety of matter, and its corresponding material appearance and material structure should be conserved to preserve the documentary value of the building.

Cornelius Gurlitt (1850–1938) proposed a middle ground as an alternative to the extremes of the other approaches: destruction caused by stylistic restorations and the embrace of inaction defended by the anti-restoration movement. He proposed a criterion that draws parallels with the *restauro moderno*, an approach that had been formulated a few years earlier in Italy by Camillo Boito (1836–1914). Gurlitt advanced the idea of conserving the remains of the existing building along with all its historical additions, admitting its completion using the architectural language of the present historical period, if a use of the building could be accommodated through this. Therefore, he stated that this completion should not preserve a unity of style. A satisfactory completion would protect the object in its material appearance by differentiating new architectural additions as pieces of their time.

A different point of view was given by Alois Riegl (1858–1905), who analysed and defined different building values. According to his theories, a restoration plan should not follow a specific criterion, but should instead accommodate the existing building values of the object. Riegl's value system highlights the complexity of the restoration process; his work describes how the conservation of one value can be detrimental to another.

The Case Studies

The Church of St. Alban in Cologne

The Church of St. Alban is one of the few Gothic churches in the city of Cologne. It was connected to Gürzenich Hall by the *Raschdorff-Anbau* (Raschdorff annex). In World War II the church was heavily damaged; it lost the entirety of its roof and most of the panels of its vaults. The ensemble's tower, skirting walls, pillar structure, and most arches managed to survive the conflict.

Josef Pirlet (1880–1961) consolidated the remnants of the church in 1951. The engineer conducted an emergency intervention designed to ensure the mechanical stability of the building. External consolidation techniques with a high degree of reversibility were used. One of the arches was stabilised with a steel bar; a pillar was held together with metal staples. Rods were placed through the front elevation to pin it to a supporting concrete structure. These techniques were consistent with

Ruskin's or even Dehio's ideas, which argue that matter in its entirety must be preserved. However, the chancel arches of the cross vault were held together with a concealed reinforced concrete ring beam.

Due to the building's extensive damage, any further plans to reconstruct the church were discarded. Consequently, the church became part of the later Gürzenich intervention, which was directed by Rudolf Schwarz (1897–1961) and Karl Band (1900–1995)[12]. The church played the part of a dead ruin and acted as an architectural counterpart to the lively banquet hall.

A second intervention on the remains of St. Alban was carried out in the 1960s. Pirlet was again appointed as the structural engineer in charge of the consolidation. This time some steel bars were added. Hidden *modern* techniques, such as anchors embedded in concrete, were used to recover the load-bearing capacity of the structure. To counteract horizontal forces, an arch that had been destroyed during World War II was reconstructed using compatible materials (fig. 1).

The steel bar employed in the first consolidation project managed to preserve the remnants of the image, the entirety of the matter, along

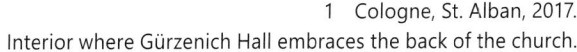
1   Cologne, St. Alban, 2017.
Interior where Gürzenich Hall embraces the back of the church.

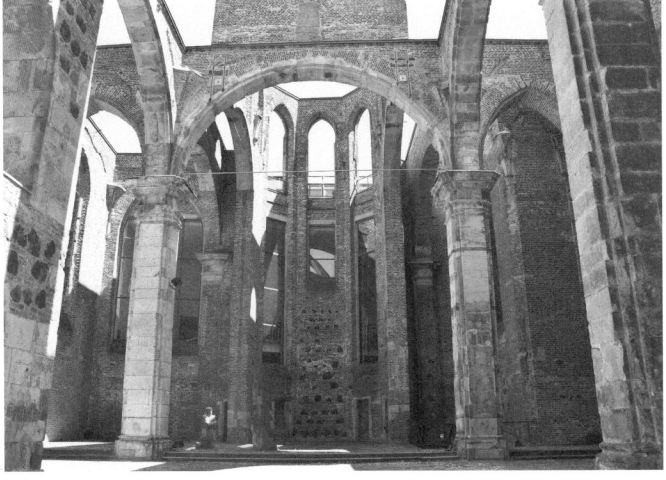

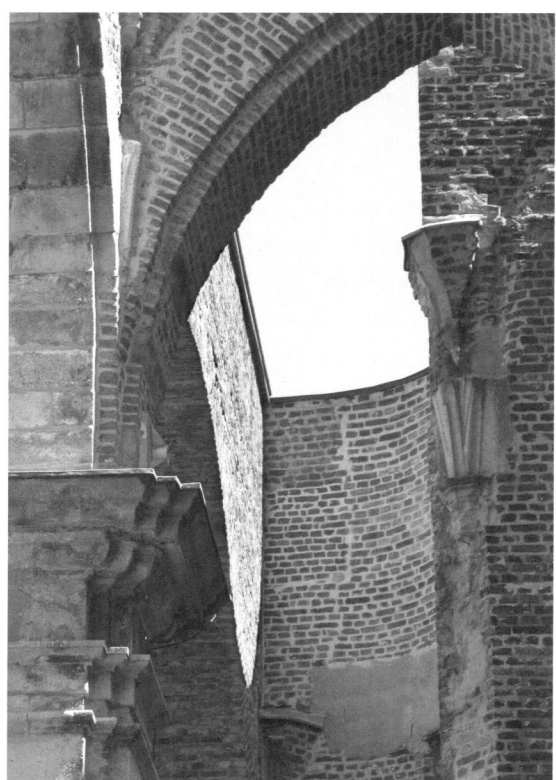

2   Cologne, St. Alban, 2017. Traces showing the passing of time such as cracks and the springing of arches and volts, reveal the preservation of the matter in its material appearance and the documentary value.

with the structure's documentary value. This level of preservation did not occur in the construction elements that were consolidated with *modern* techniques. There was a greater use of these techniques during the intervention of the 1960s. At that time, the image was preserved along with matter in its material appearance (fig. 2), yet matter in its material structure was irreversibly destroyed.

The *Alte Pinakothek* of Munich

The *Alte Pinakothek* of Munich was constructed under the direction of Leo von Klenze (1784–1864) during the reign of King Ludwig I of Bavaria between 1826 and 1836. It had two storeys with different floor plans and a cellar. The floor plans for

the second storey had a basilical layout. Secondary exhibition halls and an east-facing entrance were located on the ground floor. The main exhibition halls were placed on the second storey. The northern nave included little exhibition cabinets for small paintings. The central nave was divided into larger exhibition rooms bathed in zenithal illumination. Independent access to each exhibition hall was provided by the southern nave's loggia, which was composed of a succession of arches. The museum was designed according to the needs of its visitors. During the time of its construction, museums functioned as daily meeting points for locals. At that time, the residents of Munich would have visited different exhibition rooms on different occasions. The museum was not designed to respond to the needs of tourism, which require that the entirety of a museum can be seen in one day.[13]

During World War II, the roof of the building was damaged. A gap in the building affected nine of the 25 arches in the south loggia, two naves in the gallery, and the basement. Until 1952 the building remained exposed to the elements, thereby suffering more damage and losing most of its internal finishes in the years preceding any preservation efforts. An intervention was finally conducted under the direction of the university professor Hans Döllgast (1891–1974) nearly seven years after the damage occurred. Owing to the shortage of material and economic resources following the war, Döllgast set out to close the cavity using bricks collected from the rubble that covered the city of Munich. This approach highlighted the scar between the surviving remains in a differentiated way (fig. 3).

The artistic committee created to supervise the intervention accepted Döllgast's solution only as a temporary measure. The committee anticipated an economic upswing that would facilitate a reconstruction capable of returning the building to its former appearance. This approach was similar to the criterion Luca Beltrami (1854–1933) advocated for the *restauro storico*, who sought reproduction through the restoration of architectural

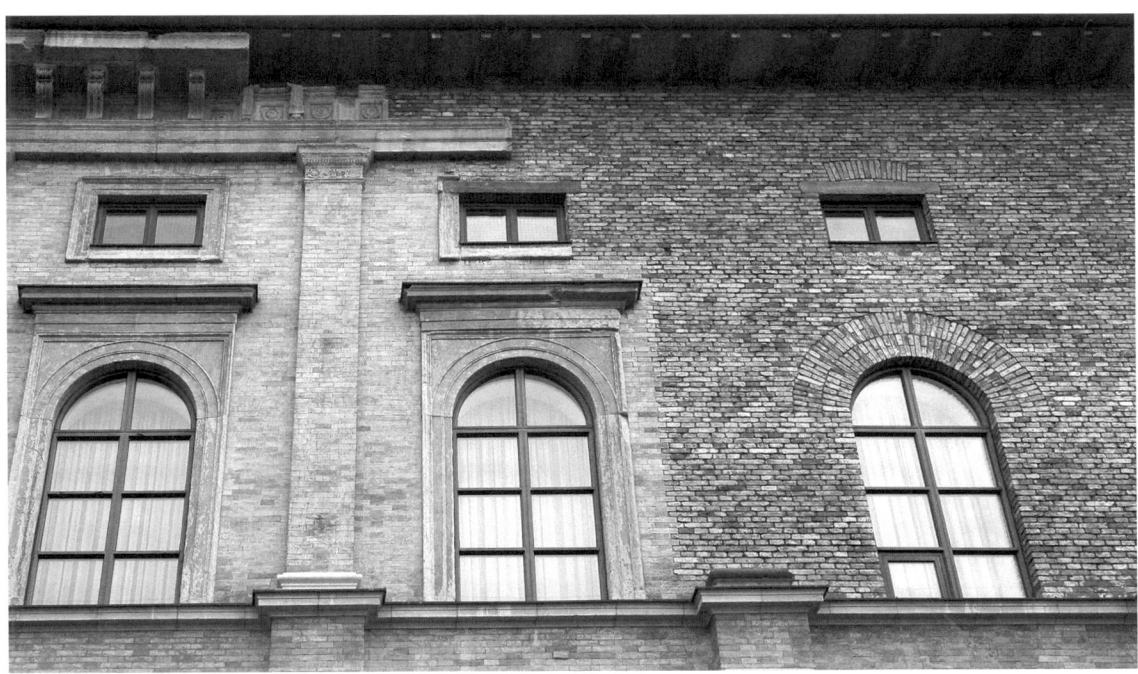

3   Munich, Alte Pinakothek, 2017. South elevation.
The consolidation and completion of the elevation using compatible materials and the criterion of differentiation.

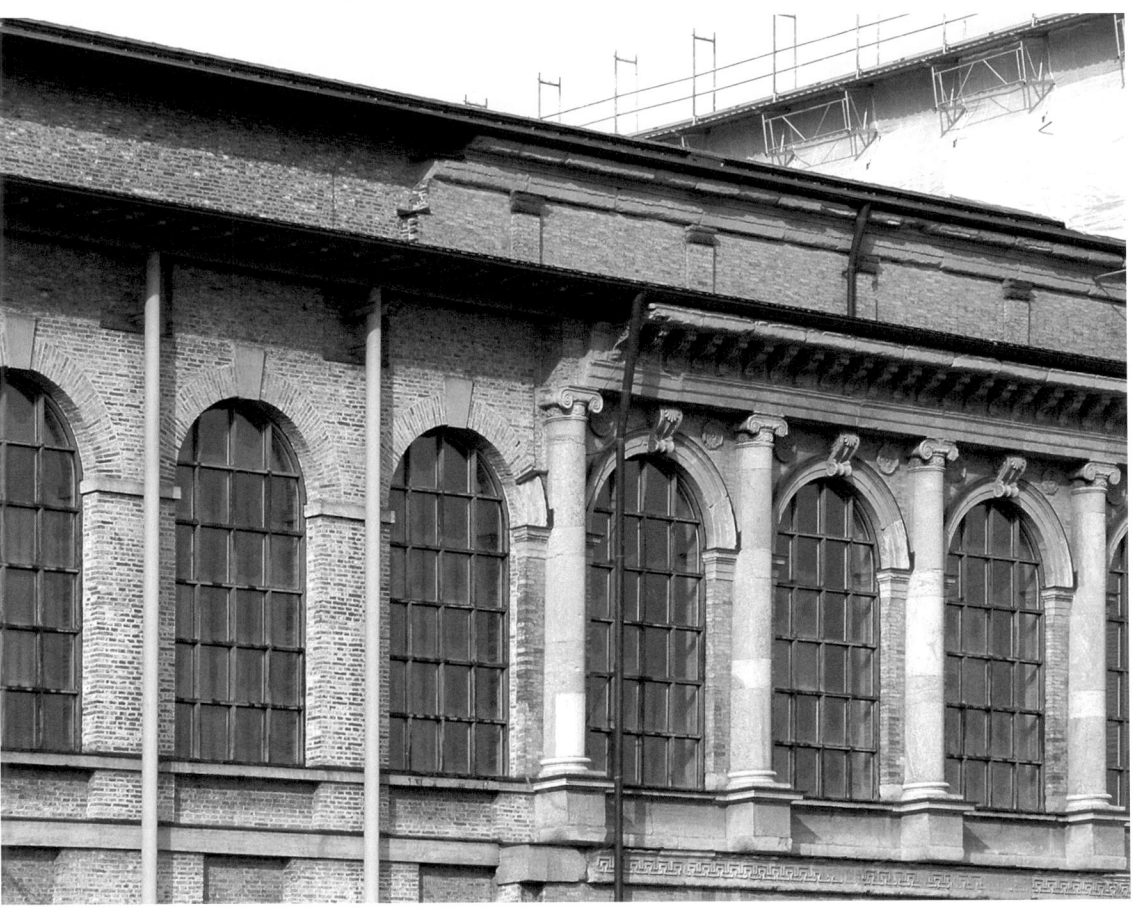

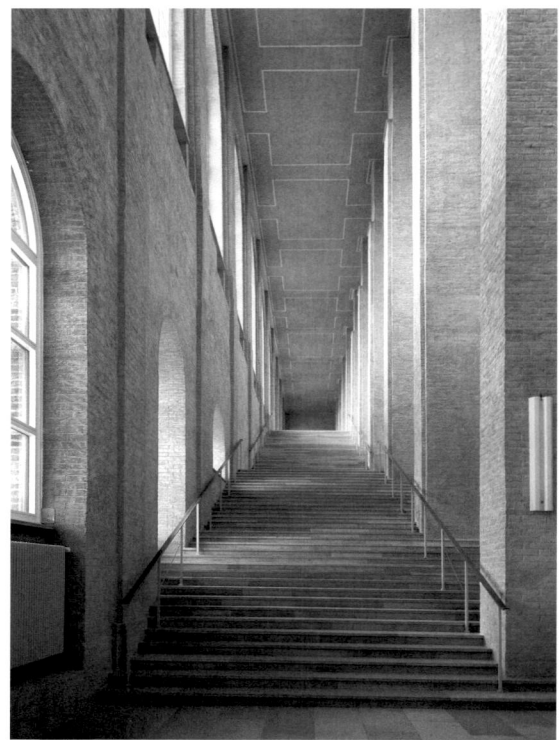

4   Munich, Alte Pinakothek, 2017. Interior space. The south loggia was replaced with an access staircase with a flat reinforced concrete ceiling.

phases of the building lost over time. Some principles of Tornow's theories were similar to the ideas of the Italian. Tornow also defended the reconstruction of lost architectural additions in cases where thorough documentation of the absent elements was available.

The intervention criterion used on the elevations differs from the one employed on the inside of the building, where functional needs were a priority. The entrance to the museum was relocated to the centre of the north elevation. It led to the reception hall, which was covered with wide reinforced concrete double beams. The hall was connected to the southern nave. Remnants of the former arches in this nave were removed and replaced with a double staircase that led to the main exhibition rooms and complied with fire regulations. A reinforced concrete ring beam was used in the consolidation of the perimeter walls of the central nave. The new flat ceiling of the loggia was made of reinforced concrete, which bound the south elevation to the internal structure of the building (fig. 4).

The criterion used for the completion of the elevations should not be confused with the one followed in the interior of the building. The criterion used on the building's exterior follows Gurlitt's admonition to conserve the remains and complete the object with a creative gesture. The removal of the interior remains was a creative act, which reminds one of Roberto Pane (1897–1987) and Renato Bonelli's (1911–2004) *restauro critico*. One adds, while the other destroys to add.

For his intervention Döllgast chose materials that were compatible with the construction and mechanical systems of the existing masonry. This approach preserved matter in its material structure and its documentary values. Nevertheless, this did not happen inside the building. Even though the *modern* techniques used in the consolidation of the remains were hidden, they stiffened the structure. Therefore, matter in its material appearance could be largely preserved in those consolidated areas, but matter in its material structure was irreversibly destroyed.

The *Siegestor* of Munich

The *Siegestor* of Munich was constructed under the direction of Friedrich Gärtner (1791–1847) during the reign of King Ludwig I of Bavaria. A direct hit to the monument suffered during the bombing of 1944 gravely damaged its central part. The damage produced many displacements in the object and led to the collapse of the Quadriga.

As a significant proportion of the scattered material was still in good condition, a proposal soon arose calling for a reconstruction of the monument in its pre-war image. However, the scattered material was not enough to reconstruct the four elevations of the object. With the expectation that future financial resources would become available, a temporary solution was initiated by Josef Wiedemann (1910–2001) and Otto Roth

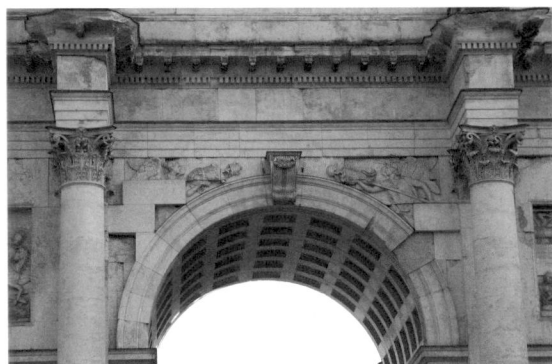

5   Munich, Siegestor, 2017. Simplified reconstruction of the ornaments on the elevation using historical shapes.

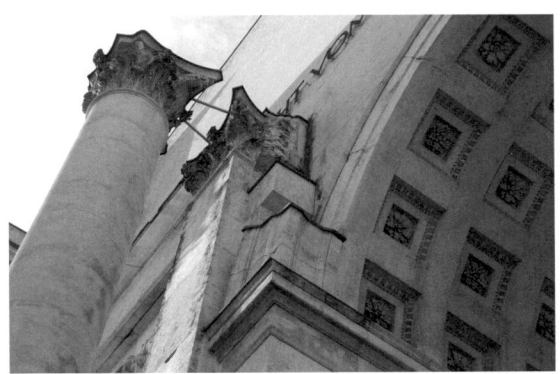

6   Munich, Siegestor, 2017. The consolidation of one of the pillars using metal bars fixed to the main structure.

(1904–1994). Wiedemann and Roth intervened on the *Siegestor* and reconstructed three of its four elevations in its pre-war form using the whole scattered material remnants. They gave the south elevation a flat finish and added an inscription cautioning against the damage sustained during war. Since the brick structure of the arches in the attic of the *Siegestor* had been destroyed, two reinforced concrete slabs were placed inside the attic to stiffen the structure.

On three of the monument's façades, the intervention replicated the historic image of the building, and gaps were filled in using simplified shapes (fig. 5). The fourth side was even more simplified. By choosing not to substitute new stones for damaged ones, the intervention did not pursue to erase the traces of war or the passing of time (figs. 6 and 7). However, the matter in its material structure lost its documentary value in areas where *modern* techniques had been used.

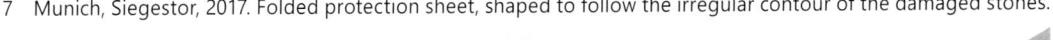

7   Munich, Siegestor, 2017. Folded protection sheet, shaped to follow the irregular contour of the damaged stones.

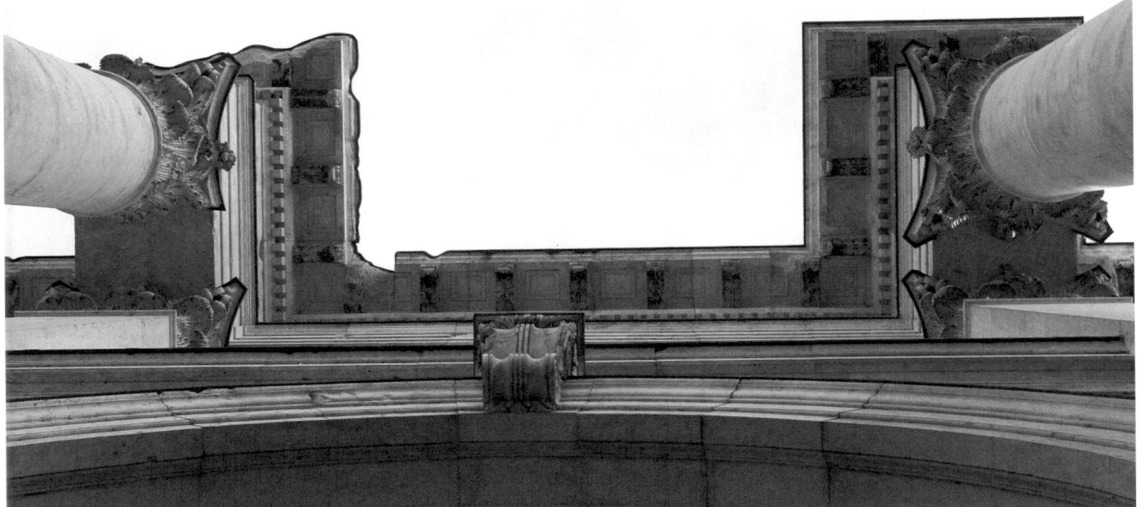

Final Considerations

The described interventions show how temporary interventions do not prioritize the recovery or preservation of a building's image. When «permanent» interventions are finally executed, care is taken to ensure that the consolidation measures do not affect the building's image. Therefore, techniques that may impair the matter in its material structure without altering its material appearance are often used. Such is the case when so-called *modern* materials and techniques utilising reinforced concrete are used. Furthermore, some techniques can damage matter in its material appearance, as is the case with substitution techniques. However, these techniques sometimes turn out to be compatible with the existing construction and mechanical systems of the masonry; therefore, they preserve the documentary value of the matter in its material structure. The use of these kinds of techniques was extensive after World War II, as they provided buildings with a pristine image by erasing all the traces of war and reminders of the conflict. This renewed image entails a reduction of the documentary value of the matter in its material appearance, as these efforts to return a building to the condition it had prior to the war strip the masonry of its testimonial role. Likewise, this approach deletes other kinds of traces, such as gaps, deformations and cracks. The arrangement of the building's damages reveals information regarding the mechanical behaviour of the building; therefore, it has documentary value.[14] This proves that reproducing a building's pre-war image is an impossibility, as that state has been irreversibly lost without being able to go back in time.

The reconstruction of the *Siegestor* in the city of Munich provides an example of a case in which broken pieces of the monument were used as reconstruction material. This reconstruction approach should not be mistaken for the anastylosis technique in which an architectural object is reconstructed by placing its stones in their original location. Anastylosis is the only reconstruction technique that can recover the entirety of matter's documentary value. Yet, the intervention on the *Siegestor* did not pursue to erase any of the traces of building; its application was not intended to deny the losses caused by war which were preserved and treated as another chapter in the building's history. The purpose of the intervention was not to fill the gaps in the object in an undifferentiated way, but the intervention was done in a simplified architectural language.

If the intention had been to erase such traces, substitution techniques would have been employed during the reconstruction of the *Siegestor*. The choice of this reconstruction approach was likely to have been motivated by the lack of economic and material resources available at that time. Nevertheless, despite the distortion of the matter's documentary value caused by the relocation of the stones, the matter still bears some of its documentary value in its material appearance as these stones still carry signs from the past. On the other hand, the documentary value of the matter in its material structure has been irreversibly damaged by the use of *modern* consolidation techniques. Certainly, it would not have made any sense to replicate the brick structure of the arch that had been destroyed during the war. Even so, consolidation techniques compatible with the remains of the existing masonry's construction and mechanical systems could have been chosen.

Döllgast managed to utilise compatible techniques in the completion of the elevations of the *Alte Pinakothek* in Munich in an intervention that highlights the damages the building suffered during the war. By differentiating the intervention as a new building addition, Döllgast does not deny the building's past. Döllgast's approach adds documentary value to the building, as the use of bricks recovered from the remnants of the city serve as a testimony to the period's lack of material resources.[15] This approach adds significance values to the object, as these reused bricks demonstrate how destruction can breed life. Unfortunately, the architect could not implement the responsiveness criteria used for the elevations of the building on the interior, where functional necessities took priority.

Compatible techniques were primarily used in the emergency consolidation of the Church of St. Alban in Cologne; the building was secured using external techniques with a high degree of reversibility, such as propping and placing steel bars. These sorts of techniques support the existing mechanical system without replacing it, thereby preserving the entirety of the matter's documentary value. These techniques provide clues regarding the history of the building and its transformation process (figs. 8 and 9). The intervention proves that emergency interventions can secure a building's stability without interfering with the building's existing values. Should a permanent intervention be initiated after an emergency intervention of that type, it will not be constrained by decisions that have been taken in the past.

Nonetheless, once the decision was taken to include the church in the intervention of Gürzenich Hall, the intervention criterion ceased being temporary and became permanent. The second consolidation intervention included new measures. One measure involved embedding anchors concealed inside the brick masonry in concrete. Intended as long-term solutions, these techniques are irreversible and interfere with the existing isostatic mechanical system by replacing it with a statically indeterminate mechanical system; therefore, they destroy the matter's documentary value in its material structure. The few vault panels that had survived the conflict were demolished along with their documentary value to increase the ruined character of the building.

The work performed at the *Siegestor* and the *Alte Pinakothek* proves that temporary interventions can follow principles of minimal intervention, compatibility, and differentiation. Simplification was employed to satisfy these criteria at both locations. Following these principles is mandatory in this kind of intervention. However, these postulates were abandoned in the interior interventions, which utilised the criteria associated with a permanent intervention. Modern techniques were used without considering their incompatibility with the present building values or future interventions. The care taken in the application of temporary interventions seems to dissipate in the case of definitive interventions; the preservation of the image is so highly prioritised in permanent interventions that nothing can interfere with

8 Lübeck, Marienkirche, 2018. Interior. External techniques with a high degree of reversibility manage to preserve the entirety of matter's documentary values in the consolidation of the church's central nave.

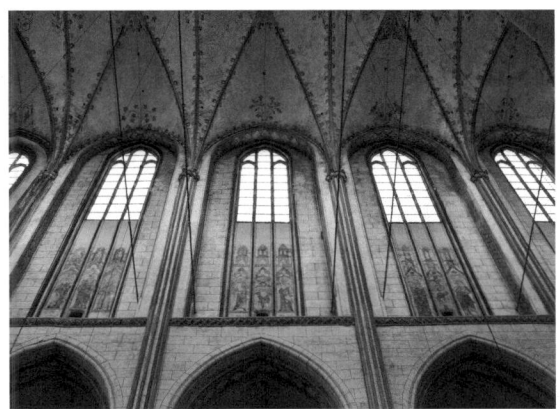

9 Lübeck, Marienkirche, 2018. Mechanism used to attach pairs of steel cables by skirting the masonry buttresses to reduce irreversible perforations to a minimum.

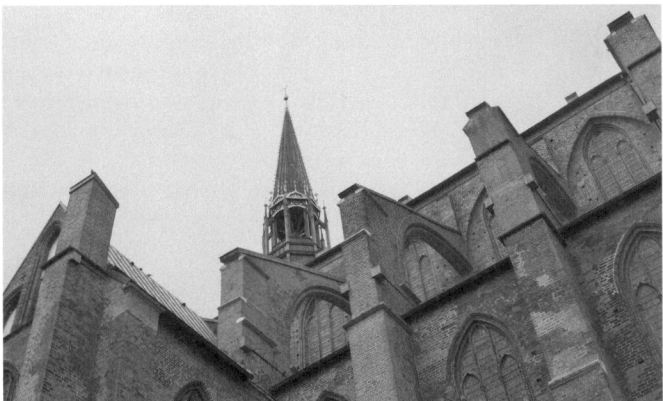

it. As long as they are temporary these actions do not seek to conceal themselves, as their removal is expected at some point. In doing so, temporary interventions appear as another architectural addition, that could just be seen as a new page of the building's history.

The three interventions described in this work have been accepted as permanent. The originally fraught nature of being a war reminder turned with time into an important aspect of each object. The simplicity of the contemporaneous solutions proposed for these projects is surprisingly modern. These solutions offer excellent results that still can be used for the continuous building on the architectural heritage. Today, it would be unthinkable to remove Döllgast's intervention, which is a link in the chain of continuous construction at the *Alte Pinakothek*. Without this link one could not fully understand the building's past.

Temporary interventions entail qualities that support the idea of a continuous building. They are not constrained by the building's image or by the recovery of its historical form. They can fit in the

remains and create a new image without raising as much criticism as permanent interventions of such character would. Consolidating techniques used in temporary interventions can have a high degree of reversibility, as was the case in the urgent consolidation of St. Alban. These techniques would represent another layer and another addition in the building's architectural history; they could be removed in the future if they became detrimental to the architectural object. They not only preserve and enrich a building's documentary value but also conserve its artistic, historic, and significance values. These techniques seek to coexist with the existing architecture without rewriting its history; they add without destroying the existing values. Time reveals that many of these so-called temporary interventions are accepted as permanent. These interventions enrich the restored object, as they preserve its history and contribute to the cycle of its transformation. In this cycle, architecture and construction evolve in a continuous building that should not be concealed through undifferentiated interventions.

1   Based mainly on the findings and definitions of A. González Moreno-Navarro (1999) *four building values* are considered for this research. *Artistic values* relate to the artistic qualities of the object, such as aesthetic and space qualities, urban development, built environment, landscaping, etc. The *documentary value* takes the building itself as a source of information that shows construction methods and residential habits from the past, its transformation over time, etc. The *historic value* relates to past events of historical meaning linked to the building. The *significance value* refers to emotions that the building can trigger in present or future generations.
The preservation of authenticity is understood as the preservation of the integrity of the building values.

2   Berenton 1995, 7.

3   Feilden 2003, 388.

4   Ruskin 1910, 201.

5   This research according to Brandi 2005. First ed. Rome 1963. For the English translation refer to Brandi 2000, 231–233.

6   W. Lübke, 1861, cited in Knopp 1972, 428–432.

7   Author's translation from German. «Lassen wir unseren heutigen Puristen freie Hand und freie Börse. So werden sie alle diese Stylwidrigkeiten in die schönste gothische Uniformität verwandeln, dann aber gute Nacht Originalität, historische Bedeutsamkeit und malerische Mannigfaltigkeit der Denkmale. Es wird alles sehr ‹rein›, aber nicht zum Aushalten seyn!». W. Lübke, 1861, a critical comment on the unity of style approach used in the restoration of the Cathedral of Munich. Full text included in Knopp 1972, 430.

8   Author's translation from German. «Die Baukunst jener Zeiten liegt unseren Technikern im Ganzen so fern, dass es ihnen äusserst schwer wird, sich ihren Formen anzuschliessen; man bildet sich neue Regeln, und wo das Alte sich diesen nicht anschliessen will, muss letzteres oft weichen, um einer vermeinten Symmetrie nicht entgegenzutreten. So ist es vorgekommen, dass den neueren Baumeistern die Details der Architektur zu sehr ausgearbeitet schienen, -es war bequemer, einige

der zarten Strebepfeiler-Krönungen wegzulassen, damit aber dieser Unterschied nicht auffalle, wurden auch die älteren Teile schonungslos ihres Schmuckes beraubt» v. Quast, 1837, Pro memoria in bezug [sic.] auf die Erhaltung der Altertümer in den Königlichen Landen. Text extract included in Huse 1984, 78–82.

9 Author's translation from German. «Heutzutage weiss man durch Mörtel und Tünche aus Allem Alles zu machen. Der gebrechlichste Ziegelbau wird unter ihrem Beistande in einen florentinischen Felsenpalast verwandelt [...]» Reichensperger 1852, 19.

10 Author's translation from German «Antirestauratoren» (Dehio 1901).

11 Author's translation from German. «[...] erhalten und nur erhalten!» (Dehio 1901), «[...] nicht restaurieren – wohl aber konservieren» (Dehio 1905).

12 The Gürzenich contest had two winning teams. R. Schwarz had teamed up with J. Bernard (1902–1959); K. Band and H. Schilling (1921–2009) led the second team.

13 Huse 2004, 222.

14 Doglioni 2008.

15 Zapatero / Mora Alonso-Muñoyerro 2016.

Berenton 1995
C. Berenton: The Repair of Historic Buildings: Advice on Principles and Methods (London 1995).

Brandi 2000
C. Brandi: Teoria del Restauro (Turin 2000).

Brandi 2005
C. Brandi: Theory of Restoration (Florence 2005).

Dehio 1901
G. Dehio: Was wird aus dem Heidelberger Schloss werden? 1901, http://dehio.org/dehio (19.4.2017).

Dehio 1905
G. Dehio: Denkmalschutz und Denkmalpflege im neunzehnten Jahrhundert. Festrede an der Kaiser-Wilhelm-Universität zu Strassburg (Strasbourg 1905).

Doglioni 2008
F. Doglioni: Nel restauro: progetti per le architetture del passato (Venice 2008).

Feilden 2003
B.M. Feilden: Conservation of Historic Buildings (Oxford 2003).

Huse 1984
N. Huse: Denkmalpflege. Deutsche Texte aus drei Jahrhunderten (Munich 1984).

Huse 2004
N. Huse: Kleine Kunstgeschichte Münchens (Munich 2004).

Knopp 1972
N. Knopp: Die Restaurierung der Münchener Frauenkirche im 19. Jahrhundert (Berlin, Munich 1972).

Reichensperger 1852
A. Reichensperger: Die Christlich-germanische Baukunst und ihr Verhältnis zur Gegenwart (Trier 1852).

Ruskin 1910
J. Ruskin: The Seven Lamps of Architecture (London 1910).

Zapatero / Mora Alonso-Muñoyerro 2016
E. Zapatero / S. Mora Alonso-Muñoyerro: La Antigua Pinacoteca de Múnich. Creación de arquitecturas nuevas sobre arquitecturas existentes, Rita Red de Fundamentos 6, 2016, 102–109.

Image Sources

1–7 Dr. E. Zapatero Rodríguez.
8, 9 Courtesy of I. Miranda de las Heras and M. Mena Sánchez.

Denkmalgeschützte Eisenbahnbrücken
Weiterbauen als Option zwischen Erhalt und Verlust

Steffen Marx, Markus Köppel, Jens Müller

Weiterbauen ist im Hochbau seit alters her alltägliche Praxis und ständige Herausforderung. Als Alternative zu Abbruch und Neubau ist es die nahezu zwingende Antwort der Bauschaffenden auf die Fragen des Klimaschutzes und der Ressourcenverschwendung. Ein besonderes Spannungsfeld bietet das Weiterbauen von denkmalgeschützten Objekten, gegenwärtig ein vieldiskutiertes Thema in der Architektur. Wie aber stellt es sich aus der Sicht von Bauingenieuren dar? Im Folgenden soll dies an einem besonders konfliktreichen Thema näher untersucht werden, dem Umgang mit historischen und speziell denkmalgeschützten Bahnbrücken im Bereich und unter Verantwortung der DB Netz AG.

Eisenbahnbrücken sind als Elemente der Netzinfrastruktur unverzichtbar für die Mobilität auf der Schiene. Das Streckennetz und damit auch die Eisenbahnbrücken mit hoher Qualität verfügbar zu halten, ist eine enorme gesellschaftliche Aufgabe. Durch eine richtungsweisende Entscheidung des Bundes sind in den kommenden zehn Jahren Investitionen von über 86 Milliarden Euro in die Sanierung und den Umbau des Schienennetzes geplant.[1] Die Bahn soll im nächsten Jahrzehnt durch die erhebliche Erweiterung des Zugverkehrs eine zentrale Rolle bei der Verkehrswende hin zu umweltverträglicher Mobilität einnehmen.

Eisenbahnbrücken sind extrem langlebige Wirtschaftsgüter. Die meisten Eisenbahnbrücken wurden im Zusammenhang mit dem rasanten Streckenausbau in den Jahren zwischen 1850 und 1920 erbaut.[2] Die ältesten sich noch in Betrieb befindlichen Brücken stammen aus dem Jahre 1837.

Das Durchschnittsalter der 25.700 bestehenden Eisenbahnbrücken beträgt aktuell rund 72 Jahre (Abb. 1). Damit hat ein Großteil dieser Bauwerke seine normative Nutzungsdauer deutlich überschritten. Entsprechend hoch ist der Anteil an Brücken, welche umfangreiche Schäden aufweisen (Zustandskategorie 3)[3] oder deren wirtschaftliche Instandsetzung wegen des großen Schadensfortschritts gar nicht mehr möglich ist (Zustandskategorie 4) (Abb. 2). Viele dieser Brücken müssen in den kommenden Jahren erneuert werden, um einen störungsfreien und sicheren Eisenbahnbetrieb zu garantieren.

Neben ihrer wichtigen Funktion in der Infrastruktur haben Eisenbahnbrücken jedoch auch eine sehr hohe städtebauliche und baukulturelle Bedeutung. Gerade die alten Brücken sind wichtige und identitätsprägende Zeugnisse der industriellen Revolution und des technischen Fortschritts in Deutschland. Viele Bauwerke stehen somit unter Denkmalschutz und sollen möglichst originalgetreu erhalten bleiben.

Der Konflikt aus diesen beiden gesellschaftlichen Forderungen ist vorprogrammiert. Während die DB AG für die wirtschaftliche und einschränkungsfreie Funktionsfähigkeit des Eisenbahnnetzes verantwortlich ist und somit möglichst ökonomisch alte Bauwerke durch Neubauten ersetzen will, kämpfen auf der anderen Seite die Vertreter aller Landesämter für Denkmalpflege um den Erhalt jedes einzelnen Objektes. Verschärft wurde die Auseinandersetzung früher dadurch, dass die Finanzierungsbedingungen der Bahn den Neubau gegenüber der Instandsetzung

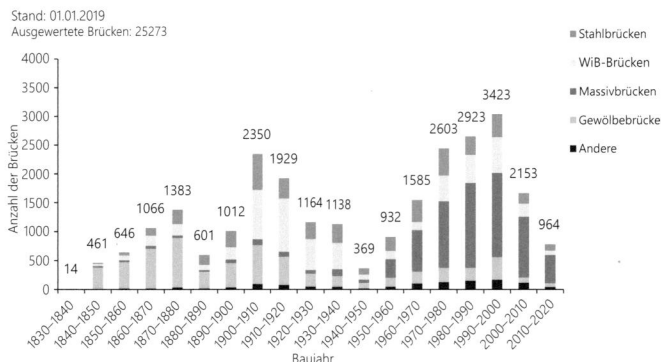

Stand: 01.01.2019
Ausgewertete Brücken: 25273

1   Bauarten und Altersstruktur der Eisenbahnbrücken.

deutlich bevorzugten. Heute finanziert der Bund die Ersatzinvestitionen, und die DB AG ist verpflichtet, die erforderlichen Mittel für ein Mindestmaß für die Instandhaltung selbst zur Verfügung zu stellen. Hinzu kommen oft unzureichende Kenntnisse beider Parteien über die Anforderungen und Zwangspunkte der jeweils anderen Seite und eine häufig unklare Einstufung der bestehenden Brücken hinsichtlich ihres Denkmalstatus. Für viele historische Bauwerke ist zu Beginn einer Maßnahme der Denkmalstatus ungeklärt, die Schutzwürdigkeit wird daher häufig erst mit dem Stellen des Abbruchantrags und damit im Projektverlauf viel zu spät festgestellt.

2   Zustand der Eisenbahnbrücken nach Bauwerksart im Jahr 2019.

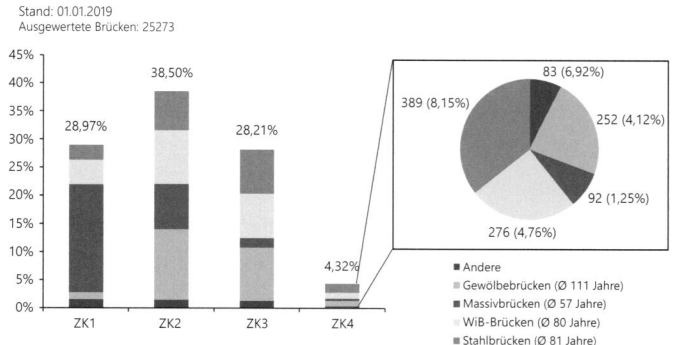

Stand: 01.01.2019
Ausgewertete Brücken: 25273

Denkmalrechtliche Bewertung und Finanzierung von Eisenbahnbrücken

Denkmalrecht ist Ländersache, weshalb es keine bundesweit einheitliche Vorgehensweise gibt. Auf der Grundlage der Denkmalschutzgesetze der Bundesländer haben die Denkmalbehörden die öffentliche Aufgabe, für den Schutz, die Pflege und die wissenschaftliche Erforschung der Baudenkmale zu sorgen. Im Allgemeinen obliegt es der Denkmalfachbehörde, die Baudenkmale zu erfassen, die Denkmaleigenschaft festzustellen und im Ergebnis ein Denkmalverzeichnis aufzustellen und dieses fortzuschreiben. Dennoch ist es für den Denkmalstatus eines Bauwerks nicht Voraussetzung, dass das Bauwerk bereits in einem entsprechenden Denkmalschutzkataster geführt wird. Tatsächlich ist dies nur für einen geringen Teil der Eisenbahnbrücken der Fall, bei den meisten Brücken ist der Status zu Beginn einer Bauprojektplanung ungeklärt und muss auf Anfrage des Projektverantwortlichen durch die Denkmalfachbehörde erst festgelegt werden. Im entsprechenden Projekt sollte deshalb immer von einem sogenannten Denkmalverdacht zur weiteren Abstimmung ausgegangen werden. Da im Zuge der Baurechtserteilung die Denkmalfachbehörde im Falle einer Unterschutzstellung alle geplanten Baumaßnahmen genehmigen muss, ist die frühestmögliche Herstellung des notwendigen Einvernehmens für eine erfolgreiche Projektdurchführung unabdingbar. Ansonsten drohen verlorene Planungskosten und Verzögerungen.

Die Denkmaleigenschaft eines Objektes ergibt sich generell aus den zwei Faktoren Denkmalfähigkeit (Vorhandensein von mindestens einem Bedeutungskriterium/Schutzgrund) und Denkmalwürdigkeit (öffentliches Erhaltungsinteresse). Die Schutzgründe, aufgrund derer sich die Denkmaleigenschaft belegen lässt und die sich teils inhaltlich überlagern, sind im Allgemeinen geschichtliche, künstlerische, wissenschaftliche und städtebauliche Bedeutungskriterien. So kann das Bauwerk zum Beispiel ein besonders wichtiges historisches

Dokument für die Verkehrs- und Wirtschaftsgeschichte darstellen oder Zeugnis einer besonderen technischen Leistung sein. Auch eine geschichtliche Bedeutung als Werk eines lokalen bzw. überregional bekannten Ingenieurs oder Architekten oder eine nicht alltägliche künstlerische bzw. handwerkliche Gestaltung können ein Kriterium für die mögliche Unterschutzstellung sein. Eine spezielle Bauart, seltene Baustoffe oder besondere Konstruktionen können Aspekte für eine wissenschaftliche Bedeutung sein. Schließlich kann die Brücke eine besondere städtebauliche Bedeutung aufgrund ihres Einflusses auf das Straßen-, Ortsoder Landschaftsbild haben.

Über das Vorhandensein von einem oder mehreren Schutzgründen hinaus muss ein öffentliches Erhaltungsinteresse vorliegen, um die Denkmalwürdigkeit eines Objektes feststellen zu können. Die Beurteilung dieses Interesse dient dazu, unter den denkmalfähigen Objekten die zu erhaltenden auszuwählen. Aspekte, die das öffentliche Erhaltungsinteresse einer Eisenbahnbrücke begründen, sind beispielsweise ihre Authentizität und Originalität als geschichtliches Zeugnis, ihre herausragende Bedeutung und Erstklassigkeit gegenüber anderen Objekten, ihr besonders hohes Baualter oder ihr erheblicher Erinnerungsbzw. Identifikationswert für die Menschen in der Region. Denkmalwidrige Eingriffe in die bauzeitliche Substanz und somit in die Aussagekraft der Brücke können zum Verlust der Denkmalwürdigkeit führen.

Dennoch entziehen sich Eisenbahnbrücken teilweise den klassischen Bedeutungskriterien für die Beurteilung der Denkmalfähigkeit, da sie über die Rolle als Einzelobjekt hinausgehend auch als Elemente des gesamten Eisenbahnnetzes bewertet werden müssen. Hinzu kommt, dass die Eisenbahnbrücken seit ihrer erstmaligen Errichtung einem nahezu kontinuierlichen Veränderungsprozess unterliegen, um sie an die steigenden Anforderungen des Verkehrs anzupassen. Die kontinuierliche Veränderung der Konstruktion und der Austausch oder die Ertüchtigung einzelner

Elemente sind offenbar immanenter Bestandteil von Eisenbahnbrücken. Die Weiterentwicklung der Denkmalkriterien für Ingenieurbauwerke hinsichtlich der genannten Aspekte ist Gegenstand aktueller Forschungen, z. B. im DFG-Schwerpunktprogramm »Kulturerbe Konstruktion«.[4]

Es sei noch erwähnt, dass gerade Unternehmen der öffentlichen Hand bei der Erhaltung von Denkmalen in einer besonderen Verantwortung stehen und von ihnen eine Vorbildwirkung ausgehen muss. Das häufig vorgetragene Argument der Unzumutbarkeit der diesbezüglichen Aufwendungen (Art. 14 GG) greift nach ständiger Rechtsprechung für juristische Personen, die sich mittelbar oder unmittelbar mehrheitlich im Staatsbesitz befinden, ausdrücklich nicht. Zu dieser Personengruppe zählen die DB AG und alle ihre Tochterunternehmen. Die Finanzierungsfähigkeit der Aufwendungen für Denkmalschutzbelange im Zusammenhang mit Investitionen in die Schienenwege der Eisenbahnen des Bundes ist darüber hinaus grundsätzlich gegeben, wenn die Eisenbahninfrastrukturunternehmen (EIU) diese im Rahmen von baurechtlichen Auflagen umsetzen müssen. Insbesondere die Leistungs- und Finanzierungsvereinbarung (LuFV) zwischen Bund und DB AG regelt die Finanzierung des Ersatzes bestehender Bauwerke.[5] Soll nach einem sog. Vollverschleiß als wirtschaftlichste Variante eine Generalsanierung stattfinden, können alle damit im Zusammenhang stehenden Kosten voll finanzierungsfähig sein, da es sich hierbei im handelsrechtlichen Sinne um eine Zweiterstellung handelt. Auch wenn die betroffene Anlage z. B. wegen denkmalschutzrechtlicher Auflagen nicht ersetzt werden darf, kommt eine Finanzierung mit LuFV-Mitteln in Betracht.

Die Finanzierungsfähigkeit der Maßnahme mit Bundesmitteln anstatt aus den Eigenmitteln der DB AG für die Instandhaltung bedingt eine einzelfallbezogene Abstimmung zwischen der DB AG und dem Eisenbahn-Bundesamt auf Grundlage einer schriftlichen Anzeige vor Baubeginn. Im Rahmen dessen werden die Randbedingungen

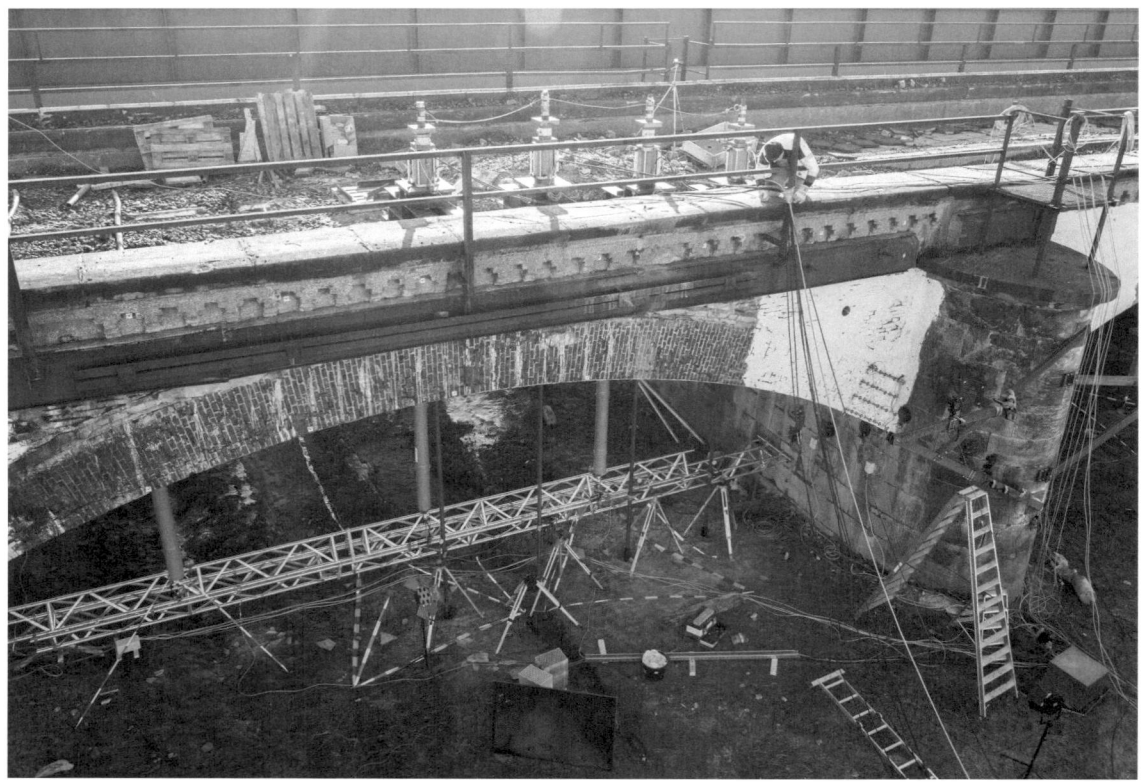

3   Belastungsversuch an der Allerbrücke Verden.

für die Feststellung des »Vollverschleißes« (im handelsrechtlichen Sinne), des Mindestersatzes des Investitionsbeitrags (Zweitherstellung im handelsrechtlichen Sinne), der besonderen, z. B. denkmalschutzrechtlichen Auflagen sowie bisherigen Instandhaltungsmaßnahmen zur Entscheidungsfindung im Einzelnen abgestimmt (s. hierzu § 17 LuFV III).[6]

Wie weiter bauen?

Angesichts des hohen Alters und der baukulturellen Bedeutung einerseits und der verkehrlichen und sicherheitstechnischen Anforderungen andererseits stellt sich die Frage nach dem richtigen Umgang mit dem Bestand an Eisenbahnbrücken. Wie können wir den Bestand in die Zukunft führen?

Wie können im geschilderten Spannungsfeld Lösungen gefunden werden, die beiden Gesichtspunkten bestmöglich Rechnung tragen und die darüber hinaus auch noch nachhaltig und wirtschaftlich sind?

Diese Frage kann nicht für alle bestehenden Eisenbahnbrücken einheitlich beantwortet, sondern muss letztlich für jedes einzelne Objekt individuell beurteilt werden. Dennoch lassen sich einige Fragen und Kriterien formulieren, die bei der Entscheidungsfindung herangezogen werden können. Einerseits spielt die Lage der Brücke im Netz eine große Rolle. Handelt es sich um ein systemrelevantes Objekt im Leistungsnetz, dessen Ausfall überregional verheerende Auswirkungen hätte? Ist es eine Brücke mit enormer Güterverkehrsbelastung und entsprechend hohen Lastwechselzahlen und Achslasten? Ist es eine Brücke im

Regionalnetz bzw. mit geringer Belastung aus dem Eisenbahnverkehr? Besonders für ermüdungsgefährdete Stahlbrücken sind die tatsächlichen Verkehrsbelastungen von großer Bedeutung für deren langfristige Erhaltungsfähigkeit.

Neben der Streckenbelastung sind Bauart und Zustand der Brücke entscheidend. So können viele bestehende Gewölbebrücken aus Naturstein oder Ziegelmauerwerk erhalten werden, selbst wenn sie sich bereits in einem relativ schlechten Zustand befinden. In den meisten Fällen ist die Tragfähigkeit von Gewölbebrücken kein reales Problem, sondern eher eines der richtigen Nachweisführung. Auf beeindruckende Weise konnte dies vor dem Rückbau der Allerbrücke Verden durch einen Belastungsversuch (Abb. 3) gezeigt werden.[7] Hierbei konnte die sechsfache charakteristische Last in das bereits stark verwitterte Bauwerk eingeleitet werden, bevor sich erste Risse im Mauerwerk zeigten. Der schlechte Zustand von Gewölbebrücken resultiert in aller Regel aus defekten Abdichtungen und mangelhafter Entwässerung, was zu Durchfeuchtung und Verwitterung führt.[8] Hinzu kommen in manchen Fällen Schäden aus konzentrierten Lasten mit entsprechenden Rissen und Abplatzungen. Eine hervorragende und langfristig wirksame Methode zur Beseitigung der Schadensursachen stellt der Einbau einer Fahrbahnwanne dar, welche gleichzeitig noch das Problem einer meist zu geringen Fahrbahnbreite löst (Abb. 4). Die Dauerhaftigkeit eines Neubaus lässt sich freilich nur erreichen, wenn gleichzeitig alle vorhandenen Schäden beseitigt, Bewuchs entfernt und die Entwässerungsanlagen wiederhergestellt werden. Auch Steinersatz und Neuverfugung sind häufig zwingend erforderlich.

Deutlich schwieriger stellt sich die Erhaltung historischer Stahlbrücken dar. In vielen Fällen ist die Beseitigung massiver Korrosionsschäden eine besondere und nur mit großem Aufwand zu bewältigende Aufgabe.[9] Selbst wenn der Korrosionsschutz erneuert wird und schadhafte Teile ausgetauscht werden, ist die verbleibende Lebensdauer wegen

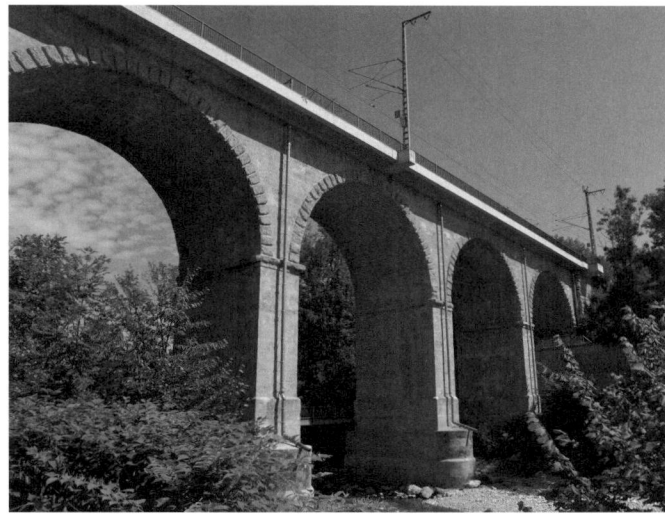

4   Sanierte Gewölbebrücke in Traunstein mit Fahrbahnwanne.

der Ermüdungsproblematik häufig begrenzt. Daher ist in der Regel nur bei einer geringen Streckenbelastung bzw. bei einer moderaten Ermüdungsbeanspruchung der Überbauten eine Sanierung auch langfristig sinnvoll.[10] In Zweifelsfällen kann eine messtechnische Überwachung historischer Stahlbrücken im Rahmen eines Bauwerksmonitorings sinnvoll sein, um die tatsächlich vorhandene Beanspruchung und die daraus im Tragwerk resultierenden Spannungen bzw. Spannungsamplituden und Lastwechselzahlen zu beurteilen und damit Grundlagen für eine verbesserte Lebensdauerermittlung zu gewinnen.[11]

In stark belasteten Strecken muss jedoch auch bei denkmalgeschützten Stahlbrücken häufig der Überbau erneuert werden, wogegen die Unterbauten mit Maßnahmen zur Aufnahme der Bremskräfte erhalten werden können. Ein solcher Eingriff führt in vielen Fällen zum Verlust des Denkmalstatus. Im nachfolgend vorgestellten Beispiel gelang es jedoch, gemeinsam mit der Denkmalbehörde ein »Konzept des Weiterbauens« zu erarbeiten und dies ingenieurtechnisch und handwerklich gut umzusetzen. Der Denkmalstatus der EÜ Lange-Feld-Straße konnte dabei erhalten werden.

Die Eisenbahnbrücke Lange-Feld-Straße
– die wichtigsten 30 Meter Deutschlands

Die Eisenbahnbrücke Lange-Feld-Straße liegt auf der Güterumgehungsbahn in Hannover, einer der höchstbelasteten Güterverkehrsstrecken in Deutschland (unter dem Sub-Titel des Abschnitts wurde das Bauwerk in Zeit-Online beschrieben[12]). Sie zählt zu einem der zahlreichen Brückenbauwerke, die täglich tausende von Tonnen im Schienengüterverkehr – im wahrsten Sinne – ertragen. Errichtet wurde die Brücke 1906 als genietete dreifeldrige Stahlbrücke mit kurzen Randfeldern und großem Mittelfeld. Sie ist damit ein sehr typischer Vertreter der damaligen Bauweise. Diese Bauwerke sind vor allem in unseren Städten in ganz Deutschland zu finden. Die DB AG hat viele Hundert vergleichbare Bauwerke im Schienennetz unter Verkehr.

Die Brücke liegt im Stadtgebiet von Hannover und überführt zwei Streckengleise der Strecke 1750 Wunstorf–Lehrte über die innerstädtische stark frequentierte Verbindungsstraße Lange-Feld-Straße. In direkter Nachbarschaft befinden sich Wohnsiedlungen und Kleingartenanlagen. Der Kreuzungswinkel zwischen Straße und Gleisachse beträgt ca. 45° und ist damit extrem schiefwinklig. Aufgrund der besonderen Gestaltung des Bauwerkes und des historischen Kontextes des Baus der Güterumgehungsbahn von 1906 ist die Brücke in der Niedersächsischen Denkmalliste

als Einzeldenkmal aufgeführt. Wegen eines stark instandsetzungsbedürftigen Zustands sowie einer nicht mehr vorhandenen rechnerischen Restlebensdauer sollte die Brücke erneuert werden (Abb. 5).

Aus dem stark verschlissenen Zustand, den sehr hohen verkehrlichen Anforderungen und dem Erhaltungsbedarf als Denkmal entstand nahezu zwangsläufig der typische Interessenkonflikt. Darüber hinaus konnte die Landeshauptstadt Hannover einer Absenkung der Straße nicht zustimmen, und eine Anhebung der Gleise sollte aus Sicht der DB AG unbedingt vermieden werden. Damit war die Brücke mit geringstmöglicher Fahrbahnhöhe zu planen. Wegen der großen Schiefe sind bei gelagerten Eisenbahnbrücken besondere Anforderungen zu beachten. Der Fahrbahnabschluss soll rechtwinklig ausgebildet werden, und abhebende Lagerkräfte an den spitzen Ecken sind zu vermeiden. Weiterhin sollte die Erneuerung mit möglichst wenigen Sperrpausen für die Güterverkehrsstrecke verbunden sein. Damit waren zahlreiche – auf den ersten Blick – nicht miteinander vereinbare Randbedingungen für die Planung der Erneuerung der EÜ Lange-Feld-Straße vorgegeben.

Im Zuge einer Variantenuntersuchung wurden zunächst verschiedene Regellösungen untersucht, die jedoch weder seitens der Stadt Hannover noch seitens der Denkmalbehörde akzeptiert bzw. genehmigt wurden. Die Vorzugsvariante unter den

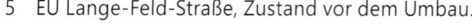

5 EÜ Lange-Feld-Straße, Zustand vor dem Umbau.

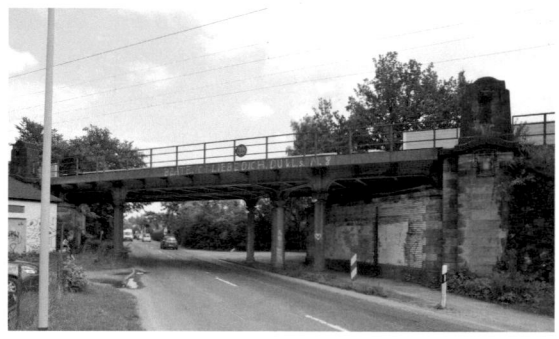

6 EÜ Lange-Feld-Straße, Neubau ohne Anprallgefährdung.

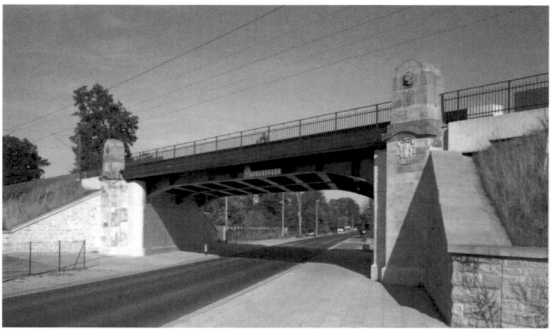

Regellösungen war eine Fachwerkbrücke mit ca. 45 m Stützweite. Diese hätte nach Einschätzung der Beteiligten das Ortsbild negativ verändert, und es wäre aufgrund der größeren Fahrbahnhöhe eine Absenkung der Straße von etwa 50 cm erforderlich gewesen. Die Untere Denkmalbehörde hat die Zustimmung für diese Lösung kategorisch verweigert. In enger Zusammenarbeit mit der DB AG und der Denkmalbehörde wurde nachfolgend eine besondere Bauwerkslösung erarbeitet, bei der ein in der Denkmalpflege völlig neuer Ansatz des »Weiterbauens« verfolgt wurde. Dabei wurde die Anpassung des Bauwerks an die neuen Verkehrsanforderungen bei gleichzeitigem Erhalt des historischen Kontexts als neuer Ansatz für den Umgang mit historischen Brücken begriffen. Entstanden ist ein Bauwerk, das einen neuen innovativen Konstruktionsansatz mit erprobten Regeldetails der DB kombiniert.

Im Ergebnis einer intensiven Variantenuntersuchung wurde ein Stahltrograhmen in den Bestandsabmessungen entworfen. Ziel war es, durch die Einbindung der drei stählernen Hauptträger in die massiven Widerlager ein Rahmentragwerk mit minimaler Fahrbahnhöhe und optimaler Hauptträgerhöhe zu entwickeln, bei dem gleichzeitig auf die stark anprallgefährdeten Stützen im Bereich der Fahrbahnbegrenzung verzichtet werden konnte (Abb. 6). Die drei Hauptträger bilden gemeinsam mit der Fahrbahn einen zweigleisigen Trogquerschnitt (Abb. 7). Die orthotrope Fahrbahn entspricht mit 52 cm trotz erheblich größerer Stützweite nahezu der alten Bestandsfahrbahnhöhe. Damit mussten die bestehenden Straßen- und Gleishöhen nicht verändert werden. Die Bauhöhen der Hauptträger konnten durch die Aktivierung der Einspannwirkung in den Betonwiderlagern so optimiert werden, dass das Lichtraumprofil GC unter Ausnutzung der zulässigen Einragungen der Hauptträger freigehalten wird (Abb. 8).[13] Der Brückenquerschnitt entspricht damit den allgemein gültigen DB-Regelungen ohne Einschränkungen. Um den städtebaulichen und geschichtlichen Kontext der Brücke zu wahren, wurden die historisch wertvollen Natursteinfassungen der Widerlager und Flügel durch eine Natursteinfachfirma geborgen, aufbereitet und nach dem originalen Vorbild in die neuen Unterbauten integriert. Die nicht zu haltenden keramischen Fliesen und die fehlenden Natursteine wurden durch sorgfältig bemusterte Materialien ersetzt.

Der neue konstruktive Lösungsansatz für die Einbindung der stählernen Überbauten in die massiven Widerlager wurde im Entwurf mit den genehmigenden Stellen der DB AG intensiv abgestimmt und diskutiert. Der Prüfingenieur für den Stahlbau wurde frühzeitig eingebunden und hat die Lösung vom Entwurf bis zur Ausführung durchgängig begleitet und geprüft. Die unternehmensinternen Genehmigungen (UiG) wurden

7   EÜ Lange-Feld-Straße, Blick auf Hauptträger von oben.

8   EÜ Lange-Feld-Straße, Rahmenecke mit Zugband.

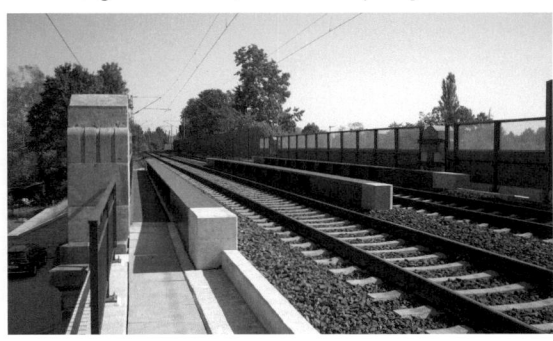

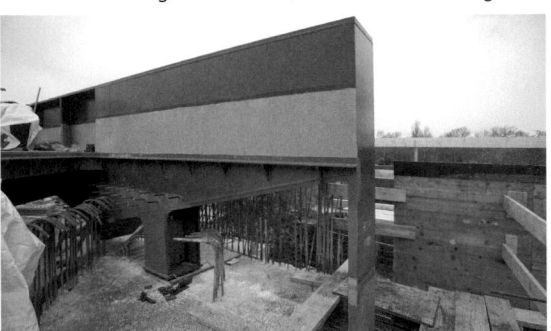

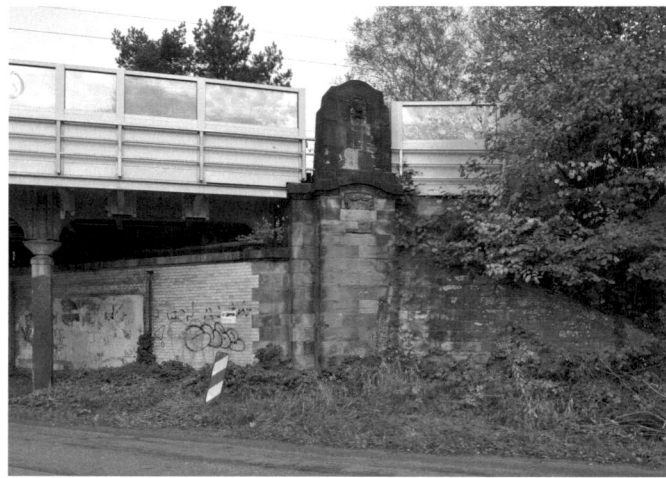

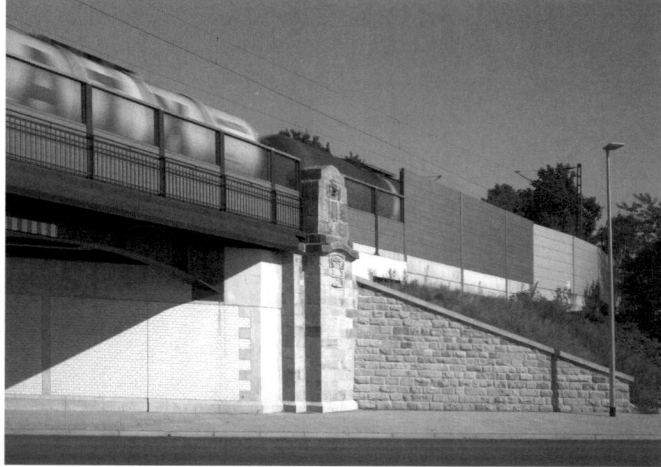

9   EÜ Lange-Feld-Straße alt und neu, lesbare Brückengeschichte.

10   Integrale Verbindung zwischen Überbau und Widerlager.

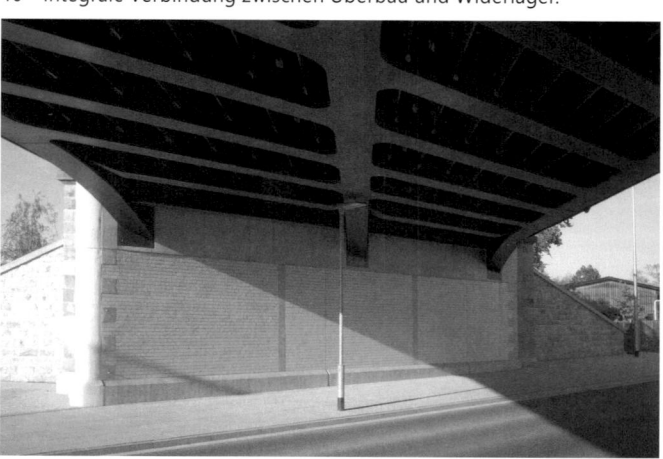

bereits vor der Ausschreibung eingeholt, womit die Ausführungsrisiken minimiert wurden.

Das realisierte Konzept versucht, dem konfliktträchtigen gesellschaftlichen Anspruch zwischen funktionierender Infrastruktur und Denkmalschutz mit einem innovativen Ansatz gerecht zu werden, der die Bauwerkshistorie auch für den Laien lesbar und erlebbar macht (Abb. 9). Der Denkmalstatus des Gesamtobjektes blieb erhalten. Gleichzeitig wurden die essenziellen Anforderungen der DB AG hinsichtlich minimaler Bauhöhen, eines senkrechten Fahrbahnabschlusses, des Verzichts auf abhebesichere Lager, Vermeidung anprallgefährdeter Stützen und minimaler Sperrpausen umgesetzt. Die integrale Ausführung ist robust, ermüdungsarm und nahezu wartungsfrei (Abb. 10). Die EÜ Lange-Feld-Straße in Hannover kann ein Vorbild für das schwierige, hochkomplexe Weiterbauen denkmalgeschützter Eisenbahnbrücken darstellen. Kritisch zu beurteilen bleibt dennoch der Verlust des ursprünglichen stählernen Überbaus.

Die neue Arbeitshilfe zum Umgang mit historischen Eisenbahnbrücken

Beim Umgang mit historisch wertvollen, denkmalgeschützten Eisenbahnbrücken sind im Vergleich zu Neubauvorhaben viele zusätzliche Aspekte zu berücksichtigen, und die zuständigen Denkmalbehörden müssen rechtzeitig an den Planungs- und an den Genehmigungsprozessen beteiligt werden. Die Methodik in der Herangehensweise an historische Eisenbahnbrücken und die Besonderheiten im Projektablauf sind bisher nur fragmentarisch dokumentiert bzw. geregelt.

Häufig kommt es wegen zu später Beteiligung der Denkmalbehörden oder wegen falscher Vorgehensweisen und Abläufe in der Bestandsanalyse bzw. in der Planung von Maßnahmen an denkmalgeschützten Brücken zu erheblichen Störungen und zu Mehrkosten im Projektablauf.

In einem durch die Deutsche Bundesstiftung Umwelt geförderten Forschungsprojekt wurde vom

Ingenieurbüro Marx Krontal Partner in Zusammenarbeit mit der Deutschen Bahn AG, dem Eisenbahn-Bundesamt und den Landesämtern für Denkmalpflege Niedersachsen und Sachsen eine *Arbeitshilfe zum Umgang mit historischen Eisenbahnbrücken* entwickelt. Ziel dieser Arbeitshilfe ist es, eine praxistaugliche methodische Herangehensweise für die speziellen Aspekte der Planung und Ausführung von Baumaßnahmen an historisch wertvollen und denkmalgeschützten Eisenbahnbrücken zu beschreiben.[14]

Die vorliegende Arbeitshilfe dokumentiert die Besonderheiten im Projektablauf bei historischen Bestandsbrücken im Eisenbahnnetz. Darüber hinaus werden zielführende Herangehensweisen zur Erfassung aller Potentiale der Bestandsbauwerke und der erforderliche Planungsablauf zur Beurteilung der Bauwerkszustände sowie das schrittweise Vorgehen in den Entscheidungs- und Planungsphasen beschrieben. Voraussetzung für die Planungs- und Genehmigungssicherheit beim Projektablauf im Umgang mit historischen Bestandsbrücken ist eine mit den Projektpartnern rechtzeitig und grundsätzlich abgestimmte vereinheitlichte Vorgehensweise.

Die Arbeitshilfe definiert die grundlegenden Begriffe der Denkmalfähigkeit und Denkmalwürdigkeit im besonderen Kontext von Eisenbahnbrücken. Sie gibt außerdem Hinweise zur bestandserhaltenden, denkmalgerechten Instandhaltung sowie zur Finanzierung von Bauprojekten im denkmalgeschützten Bestand. Darüber hinaus definiert sie den spezifischen Planungsablauf bei denkmalgeschützten Eisenbahnbrücken und gliedert diesen in die typischen Projektabläufe gemäß der Leistungsphasen der HOAI ein. Dadurch kann eine unmittelbare Verknüpfung mit den etablierten und bekannten Abläufen im Projektmanagement von Bahnbauprojekten erfolgen. Außerdem werden zu jeder Phase die beteiligten Partner benannt, so dass eine rechtzeitige Einbindung der Entscheider und Betroffenen gewährleistet wird. Zusätzlich werden für die Ausführungsphase die notwendigen Maßnahmen für

die Qualitätssicherung denkmalgerechter Instandsetzungen beschrieben.

Die Arbeitshilfe richtet sich an Projektdurchführende der DB AG sowie an Mitarbeiter der Planungsbüros, der Denkmal- sowie der Genehmigungsbehörden gleichermaßen. Durch die Interdisziplinarität der Autorengruppe und durch den wissenschaftlichen Beirat des Projektes ist gewährleistet, dass die verschiedenen Partikularinteressen ausgewogen berücksichtigt wurden. Die Arbeitshilfe stellt damit ein wichtiges Hilfsmittel zur erfolgreichen Projektdurchführung im Kontext denkmalgeschützter Eisenbahnbrücken dar.

Was ist noch zu tun?

Eine wichtige Zukunftsaufgabe für die Denkmalbehörden ist die Klärung des Denkmalstatus möglichst aller bestehenden historischen Eisenbahnbrücken unabhängig von unmittelbar bevorstehenden Bauprojekten. Dies würde einerseits die Planungssicherheit von Bauprojekten erhöhen und andererseits könnte die Beurteilung der Denkmaleigenschaften losgelöst vom Handlungsdruck eines Abbruchantrags erfolgen.

Die Planungsabläufe für den Umbau und die Beurteilung bestehender Konstruktionen unterscheiden sich deutlich von denen im Neubau. Wegen der Heterogenität des Bestandes kann nicht jedes Detail in technischen Vorschriften geregelt werden. Dennoch sollten Musterlösungen für die Sanierung und Ertüchtigung häufig vorkommender Brückentypen wie Gewölbe, stählerne Vollwandträger und genietete Fachwerke sowie Walzträger in Beton entwickelt werden. Planungshilfen zur Bestandserfassung und zur Zustandsermittlung würden die Projektarbeit wesentlich verbessern. Auch die Weiterentwicklung der Richtlinie 805 zur Bewertung der Tragsicherheit bestehender Eisenbahnbrücken[15] ist von großer Bedeutung für die Erhaltung historisch wertvoller Brücken.

Leider wurden in der Vergangenheit viele Bestandsbrücken abgebrochen, weil der

Neubau von Brücken finanzierungsseitig günstiger gestellt war als deren Sanierung. Im Rahmen der Leistungs- und Finanzierungsvereinbarung (LuFV) muss die DB AG nun auch einen erheblichen Eigenanteil für Instandhaltungsleistungen erbringen und nachweisen, sodass sie in unternehmerischer Eigenverantwortung die Instandhaltung bzw. Instandsetzung von denkmalgeschützten Brücken durchführen oder hierfür in einzelfallbezogener Abstimmung auch Bundesmittel einsetzen kann. Damit sind die Weichen dafür gestellt, dem richtigen Grundsatz »Sanierung vor Neubau« zu folgen und in den Verfahren konsequent umzusetzen, denn nichts ist so CO_2-vermeidend und ressourcenschonend wie die Weiternutzung des Bestandes!

Dieser Beitrag entstand im Zusammenwirken von drei Institutionen: dem Institut für Massivbau, Technische Universität Dresden (Prof. Dr.-Ing. Steffen Marx), dem Eisenbahn-Bundesamt, Abteilung 2 (Infrastruktur), Bonn (Dipl.-Ing. Markus Köppel) und der DB Netz AG, Technik- und Anlagenmanagement Brückenbau, Frankfurt am Main (Dipl.-Ing. Jens Müller).

1   Zeit 2019.
2   Naraniecki / Marx 2019.
3   DB 2008.
4   https://www.b-tu.de/fakultaet6/forschung/dfg-schwerpunktprogramm-2255 (2.1.2020).
5   LuFV 2020.
6   LuFV 2020.
7   Schacht et al. 2017.
8   Schacht et al. 2018a; Schacht et al. 2018b.
9   Pflugfelder 2019.
10   Fischer / Lorenz 2011.
11   Steffens et al. 2015.
12   Faigle / Polke-Majewski 2014.
13   DB 1997a.
14   Marx Krontal Partner 2020.
15   DB 1997b.

DB 1997a
DB AG: Ril 800.0130: Netzinfrastruktur Technik entwerfen. Modul 800.130: Streckenquerschnitte auf Erdkörpern. Anlage A01: Eckpunkte des Lichtraumprofils GC und der Grenzlinie, 1997.

DB 1997b
DB AG (Hg.): Ril 805: Tragsicherheit bestehender Eisenbahnbrücken. 1.1.1997.

DB 2008
DB AG (Hrsg.): Richtlinie 804: Eisenbahnbrücken (und sonstige Ingenieurbauwerke) planen, bauen und instand halten. Modul 804.800*: Inspektion von Ingenieurbauwerken; 1.2.2008

Faigle / Polke-Majewski 2014
P. Faigle / K. Polke-Majewski: Die wichtigsten 30 Meter Deutschlands, zeit online, 2.9.2014, https://www.zeit.de/mobilitaet/2014-08/bahn-bruecken-sanierung-karte (2.1.2020).

Fischer / Lorenz 2011
M. Fischer / W. Lorenz: Stahlbau unter Denkmalschutz – Grundinstandsetzung von Viadukt und Bahnhöfen der Hochbahnlinie U2 in Berlin-Prenzlauer Berg, Stahlbau 80 (2011) 6, 419–427.

LuFV 2020
Leistungs- und Finanzierungsvereinbarung III (LuFV III) zwischen der Bundesrepublik Deutschland und den Eisenbahninfrastrukturunternehmen der Deutschen Bahn AG sowie der Deutschen Bahn AG vom 14.01.2020. https://www.eba.bund.de/download/LuFV_III_Vertrag_und_Anlagen_Web.pdf (27.7.2020).

Marx Krontal Partner 2020
Marx Krontal Partner: Arbeitshilfe zum Umgang mit historischen Eisenbahnbrücken, 2020, https://www.marxkrontal.com/files/redaktion/leistung/Veroeffentlichungen/20200131_Arbeitshilfe_zum_Umgang_mit_Eisenbahnbr%C3%BCcken.pdf (2.1.2020).

Naraniecki / Marx 2019
H. Naraniecki / S. Marx: Zustandsentwicklung und -prognose von Eisenbahnbrücken, in: L. Lohaus / M. Haist / S. Marx (Hg.): Beiträge zur 7. DAfStb-Jahrestagung mit 60. Forschungskolloquium, 28.–29.10.2019 in Hannover, Institutionelles Repositorium der Leibniz Universität Hannover (Hannover 2019) 103–118, https://doi.org/10.15488/5532.

Pflugfelder 2019
J. Pflugfelder: Im Wandel: Korrosionsschutz für Eisenbahnbrücken aus Stahl. Stahlbau 88 (2019) 2, 128–135.

Schacht et al. 2017
G. Schacht / J. Piehler / J.Z.A. Müller / S. Marx: Belastungsversuche an der historischen Gewölbebrücke über die Aller bei Verden, Bautechnik 94 (2017) 2, 125–130.

Schacht et al. 2018a
G. Schacht / E. Schwinge / L. Krontal / O. Hahn / S. Marx: Belastungsversuche an einer Mauerwerksbrücke: Bauwerksgeschichte, Zustandsentwicklung und Monitoring, in: W. Jäger (Hg.): Mauerwerkskalender (Berlin 2018) 75–90.

Schacht et al. 2018b
G. Schacht / L. Müller / E. Meichsner / S. Marx: Belastungsversuche an einer Mauerwerksbrücke: Planung und Vorbereitung der experimentellen Untersuchungen, in: W. Jäger (Hg.): Mauerwerkskalender (Berlin 2018) 91–109.

Steffens et al. 2015
N. Steffens / K. Geißler / R. Stein: Bewertung bestehender Brücken unter besonderer Berücksichtigung der Verkehrsbeanspruchung durch Bauwerksmonitoring, in: M. Curbach / H. Opitz / S. Scheerer / T. Hampel (Hg.): Tagungsband des 8. Symposiums Experimentelle Untersuchungen von Baukonstruktionen (SEUB), 24.8.2015 an der TU Dresden, Schriftenreihe Konstruktiver Ingenieurbau kid, Heft 40, 2015, 135–145, https://tu-dresden.de/bu/bauingenieurwesen/imb/das-institut/veranstaltungen/SEUB/6-10#section-3 (2.1.2020).

Zeit 2019
Zeit online: 86 Milliarden Euro für Sanierung der Schienen, zeit online, 26.7.2019, https://www.zeit.de/mobilitaet/2019-07/zugverkehr-deutsche-bahn-schienennetz-investitionen-bund (2.1.2020).

Abbildungsnachweis

1, 2   aus Naraniecki / Marx 2019.
3–10   © Marx Krontal Partner.

»Veredeln« als Ingenieurkonzept in der Denkmalpflege von Brücken

Eugen Brühwiler

Engineering im Bestand will die Prinzipien der Nachhaltigkeit umsetzen, indem das vorhandene Leistungsvermögen einer Brücke mit einer vertieften und präzisen Überprüfung ermittelt und auch ausgeschöpft wird, falls dies die zukünftige Nutzung erfordert. Das Ziel besteht darin, die bestehende Bausubstanz einer Brücke auszunutzen und zu ergänzen, um auf neue Nutzungsanforderungen und Bedürfnisse wirtschaftlich, umweltschonend und sozialverträglich reagieren zu können.

Beim Umgang mit denkmalgeschützten Brücken sind neben technischen und wirtschaftlichen Kriterien auch die Anforderungen der Denkmalpflege und damit die Bewahrung von kulturellen Werten miteinzubeziehen. Die bestehende Brücke soll dadurch eine nächste lange Nutzungsdauer von mehr als 50 Jahren erhalten. Dieses Ingenieurkonzept wird in diesem Aufsatz als ›Veredeln‹ bezeichnet.

Das ›Veredeln‹ als Ingenieurkonzept beinhaltet zwei grundlegende Zielvorgaben:

- Das *Weiternutzen* beinhaltet die unveränderte Nutzung der bestehenden Brücke unter Ausführung der üblichen Überwachung und der geplanten Unterhaltsarbeiten. Neuartige Ingenieurmethoden ermöglichen zu zeigen, dass mehr Tragvermögen und damit eine höhere Leistungsfähigkeit im Brückentragwerk vorhanden ist, als bisher unter Verwendung traditioneller Ingenieurmethoden vermutet wurde.
- Das *Weiterbauen* beinhaltet bauliche Eingriffe zur Anpassung oder Erweiterung einer bestehenden Brücke, um neue Nutzungsanforderungen zu erfüllen. Bauliche Eingriffe sind möglichst wenig invasiv zu gestalten, sodass sie nicht oder kaum erkennbar sind. Um dieses Ziel zu erreichen, sind hochleistungsfähige Baustoffe zweckmäßig, die bei einem minimalen Mengeneinsatz ein möglichst großes Tragvermögen ermöglichen.

Das ›Veredeln‹ soll den Anforderungen der Denkmalpflege genügen, indem die bestehende Bausubstanz weitgehend oder ganz erhalten bleibt. Auf die Notwendigkeit einer baulichen Anpassung oder Erweiterung der bestehenden Brücke soll mit möglichst sanften Eingriffen reagiert werden, die nicht oder kaum erkennbar sind.

Weiternutzen

Grundsatz

Eine Brücke ist ein technisches Objekt und kann so lange genutzt werden, wie ihr Zustand, ihr Tragvermögen und eine wirtschaftliche Erhaltung dies ermöglichen. Sie ist kein Lebewesen und hat somit auch kein natürliches »Ende einer Lebensdauer«. Obwohl es oft suggeriert wird: Das Alter und die Konstruktionsart einer Brücke allein sind keine hinreichenden Kriterien für einen Abriss einer Brücke. Die einzig entscheidende Frage ist: Kann eine bestehende Brücke in Zukunft weiterhin und vielleicht auch mit höheren Verkehrslasten und einer stärkeren Verkehrsmenge befahren werden? Kann sie – so wie ist – weiterhin und vielleicht gar stärker beansprucht werden? Dabei ist zwischen zwei zentralen Aspekten zu unterscheiden:

- Kann die Brücke auch höhere Lasten aus z. B. schwereren Zügen aufnehmen? Ist ihre *Tragsicherheit* also auch in der Zukunft ausreichend?
- Und falls dies so ist: Kann die Brücke auch eine größere Verkehrsmenge aus z. B. verdichtetem Zugverkehr und die damit zusammenhängenden, sich häufiger wiederholenden Beanspruchungen verkraften? Ist also neben der Tragsicherheit auch die *Ermüdungssicherheit* für die künftigen Verkehrslasten (selbst unter Berücksichtigung der in ihrer Nutzungsgeschichte schon eingetretenen »Ermüdung«) ausreichend?

Die Herausforderung für die Ingenieurin und den Ingenieur besteht darin, diese zentralen Fragen unvoreingenommen, aber wohlwollend und mit technisch effizienten Verfahren zu beantworten. Die Vorgehensweise basiert darauf, an der Brücke selbst zunächst detaillierte Informationen zu sammeln und damit möglichst präzise Daten für die Beurteilung des statischen Tragvermögens und des Ermüdungsverhaltens aufzubereiten. Mit diesen Daten ist danach zu zeigen, dass die bestehende Brücke, z. B. durch das Ausnutzen bislang unberücksichtigter Tragreserven, höher beansprucht werden

kann, ohne dass Verstärkungen ausgeführt werden müssen – selbstverständlich unter Einhaltung der grundsätzlichen Sicherheitsanforderungen der Baunormen.

Dies soll im Folgenden am Beispiel der Ermüdungssicherheit von genieteten stählernen Bahnbrücken erörtert werden. Dazu dienen drei Bahnbrücken exemplarisch als Fallbeispiele.

Monitoring-basierter Ermüdungsnachweis von genieteten Stahlbrücken

Bahnbrücken werden durch heutigen und künftig vorgesehenen Bahnverkehr oft stärker beansprucht als in der Vergangenheit. Entsprechend wird der Nachweis eines genügenden Tragvermögens der Brücke anspruchsvoll. Rechnerische Nachweise, sogenannte Nachrechnungen unter Verwendung traditioneller Vorgaben der Baunormen, führen in der Regel zu einem negativen Ergebnis, auch für Brücken, die sich im Betrieb normal verhalten und bewähren. Dies ist auf konservative Lastmodelle zurückzuführen, welche die wirklichen Verkehrslasten nur ungenau abbilden.

Die neuartige Nachweismethodik besteht darin, die im Brückentragwerk auftretenden Beanspruchungen messtechnisch zu erfassen. Damit können die wirklich auftretenden Spannungen zuverlässig und präzise erkannt werden. Die Messwerte

1   Bahnbrücke über den Rhein bei Eglisau (Schweiz), 90m gespannte Flussbrücke in genieteter Stahlbauweise, Baujahr 1896.

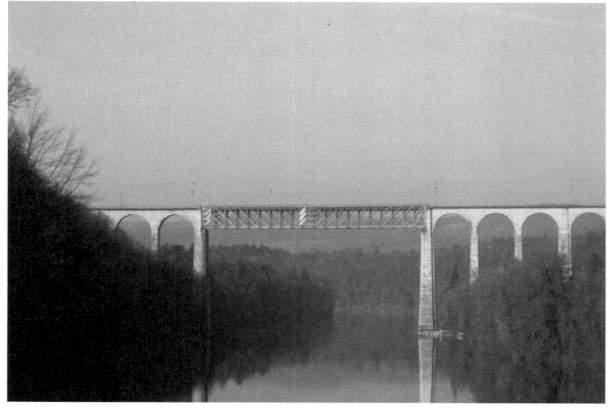
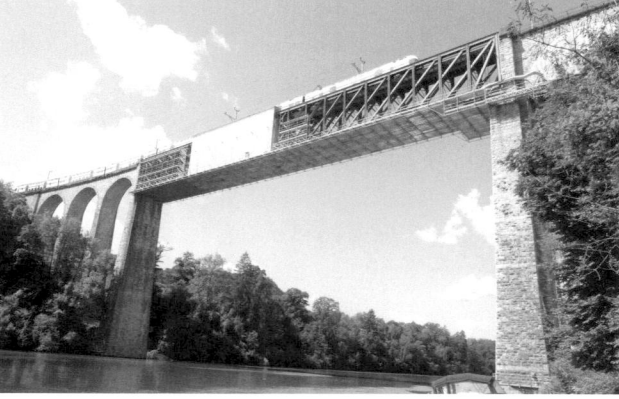

werden ausgewertet, um die Größe der Spannung (Beanspruchung) und der Spannungswechsel in den genieteten Konstruktionsdetails infolge der Zugüberfahrten zu bestimmen. Je nach Größe der Achslast und der Anordnung der Achsen des Zuges ergeben sich unterschiedliche Spannungswerte. Dabei führen beispielsweise die Lokomotiven und die Achslasten von voll beladenen Güterwagen zu hohen Spannungswerten, während die Personenwagen geringere Spannungen im Brückentragwerk erzeugen. Nicht immer kann dabei in den maßgebenden Messquerschnitten gemessen werden, weil die Zugänglichkeit nicht gegeben ist. Das ist nicht schlimm: Für diese Messquerschnitte werden die Beanspruchungen nachträglich mit einem verfeinerten Tragwerksmodell rechnerisch ermittelt, in das zuvor die erfassten Messwerte zur Eichung des Rechenmodells eingespeist wurden.

Genietete Bahnbrücken sind in der Regel seit mehr als 100 Jahren in Betrieb, und sie haben während der bisherigen Nutzung durch Zugüberfahrten bereits sehr viele Spannungswechsel erfahren. Bei hoch frequentierten Bahnlinien mit beispielsweise 250 Zügen pro Tag und Gleis, ergeben sich bereits nach 60 Jahren etwa 100 Mio. Spannungswechsel, die für das Ermüdungsverhalten bedeutend sind. Die Frage, ob weitere hinzukommen dürfen, hängt entscheidend von der Größe

dieser Spannungswechsel ab: Wie stark schwanken die Spannungen? Da das Ermüdungsverhalten von genieteten Konstruktionsdetails aufgrund von experimentellen Forschungsarbeiten seit 50 Jahren gut bekannt ist, weiß man: Es gibt eine *Ermüdungsdauerfestigkeit*: Falls die Größe der Spannungsschwankungen kleiner ist als diese Ermüdungsdauerfestigkeit – dann kann ein Nietdetail mit unendlich vielen Spannungswechseln beansprucht werden ohne zu brechen! Nur bei Ermüdungsspannungen, die größer sind als diese Ermüdungsdauerfestigkeit, können Ermüdungsrisse in den Nietdetails auftreten und zu einem Ermüdungsbruch führen.

Wenn Brücken also auch nach 100 Jahren keine Ermüdungsrisse erkennen lassen, kann gefolgert werden, dass sie offenkundig mit Ermüdungsspannungen beansprucht worden sind, die kleiner waren als die Ermüdungsdauerfestigkeit. Und eben dies ist dann mit einem messtechnischen Monitoring der maßgebenden Nietdetails nachzuweisen.

Die Leistungsfähigkeit des Ansatzes zeigen die drei in den Abbildungen 1 bis 3 gezeigten genieteten Stahlbrücken. Sie wurden jeweils mit Messsensoren ausgerüstet, um die Beanspruchungen der maßgebenden genieteten Konstruktionsteile infolge der Zugüberfahrten über eine Zeit

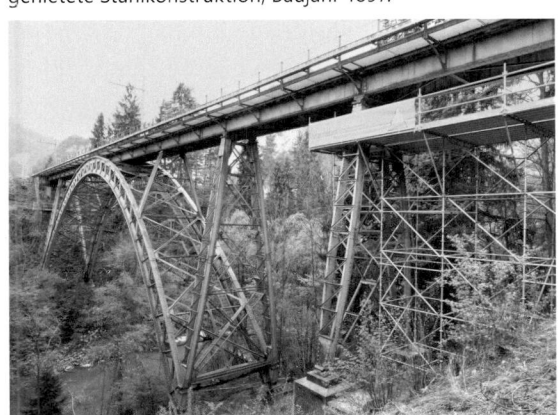

2   Bahnbrücke über die Kander bei Wimmis (Schweiz), genietete Stahlkonstruktion, Baujahr 1897.

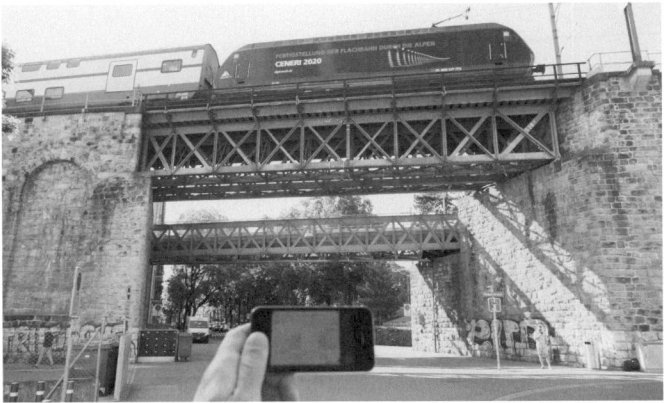

3   Straßenunterführung des Wipkingerviadukts in Zürich (Schweiz), genietete Stahlkonstruktion, Baujahr 1896; Monitoring von Messwerten auf dem Smartphone.

von mehr als zwölf Monaten aufzunehmen. Die Messung ergab: Die maximalen Spannungswerte sind kleiner als die Ermüdungsdauerfestigkeit!

Daraus durfte gefolgert werden, dass eine Ermüdungsschädigung in den maßgebenden Nietdetails auch nach mehr als 120 Jahren Nutzungsdauer sehr unwahrscheinlich ist. Zudem konnte auf der Basis der Messwerte eine gewisse Tragreserve gegenüber der Ermüdungsdauerfestigkeit ausgewiesen werden, sodass auch eine allfällig höhere Beanspruchung durch künftig verkehrende schwerere Züge noch aufgenommen werden kann.

Durch den Monitoring-basierten Nachweis bekommen genietete Stahlbrücken so eine nächste lange Nutzungsdauer. Die Kosten für das Monitoring der Ermüdungsspannungen machen nur einen Bruchteil der Kosten aus, die ein Ersatzneubau verursachen würde – der mit traditionellen, rein rechnerischen Ingenieurnachweisen das zu erwartende Szenario wäre.

Weiterbauen

Grundsatz

Erst wenn alle Methoden und Technologien der präzisen Erfassung des effektiven Leistungsvermögens einer Brücke ausgeschöpft sind und die Anforderungen einer künftigen Nutzung vom vorhandenen Tragvermögen dennoch nicht erfüllt werden können, sollte es zu Eingriffen in die Bausubstanz der Brücke kommen. Zudem führen neue Nutzungsanforderungen wie die Verbreiterung der Fahrbahn oder eine geänderte Nutzungsart zu baulichen Eingriffen und damit zu einer Veränderung der originalen Brücke.

Gerade bei Betonbrücken führen frühzeitig auftretende Schäden zu einem Bedarf einer Wiederherstellung der Dauerhaftigkeit der Brückenkonstruktion durch eine Instandsetzung. Zudem können Risikoanalysen in Zusammenhang mit außergewöhnlichen Einwirkungen wie Entgleisung, Anprall, Hochwasser oder Erdbeben ebenfalls bauliche Maßnahmen erforderlich machen.

Das Ziel des Weiterbauens besteht darin, die Eingriffsstärke möglichst zu begrenzen. Dazu sind neue Technologien mit Hochleistungsbaustoffen oft zielführend, denn seit jeher haben neuartige Baustoffe zu Fortschritten geführt. Die unter dem Begriff ›Sanierung‹ subsummierten tradierten Methoden, z. B. unter Verwendung von Beton und Mörtel, sind in der Regel nicht effektiv.

Technologien mit Hochleistungsbaustoffen betreffen den Einsatz von Spannsystemen mit Spannstahl oder Carbonfasern sowie hochfesten Stahlstangen, mit denen eine zusätzliche Bewehrung des Tragwerks realisiert werden kann. Seit bald 30 Jahren werden Lamellen mit Carbonfasern als zusätzliche Bewehrung eingesetzt, und neuerdings steht auch Carbonbeton beispielsweise für die Verstärkung von flächigen Tragwerken wie Gewölbe zur Verfügung. Nachfolgend wird beispielhaft die neuartige UHFB-Technologie vorgestellt.

Instandsetzung und Verstärkung von Betonbrücken mit Hilfe der UHFB-Technologie

Eine der wichtigsten Aufgaben des konstruktiven Ingenieurbaus ist die Entwicklung von neuartigen Technologien zur Verbesserung bestehender Betonbauten, um deren Nutzungsdauer zu verlängern und sie für größere Nutzlasten zu verstärken. In den letzten 30 Jahren wurden zementgebundene Ultra-Hochleistungs-Faserverbund-Baustoffe (UHFB) entwickelt. UHFB besteht aus einem zementgebundenen kompakten Gefüge aus Partikeln und feinsten Quarzkörnern, welches durch eine sehr große Menge von etwa 15 mm kurzen, schlanken Stahlfasern hochfest und verformungsfähig gemacht wird. UHFB ist wasserdicht, und die Festigkeit ist vergleichsweise hoch. Das Tragvermögen wird durch die Einlage von Bewehrungsstäben in den UHFB weiter erhöht. Damit steht ein hochleistungsfähiger Verbundbaustoff zur Verfügung.

Die grundlegende Idee der UHFB-Technologie zur Instandsetzung und Verstärkung von Betonbauten besteht darin, Bauteile aus Stahlbeton

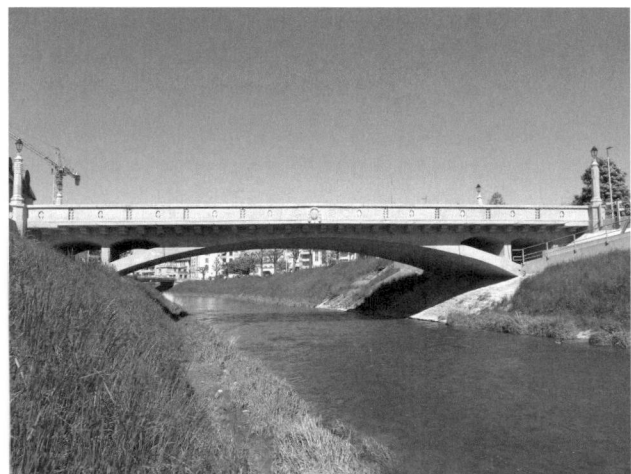
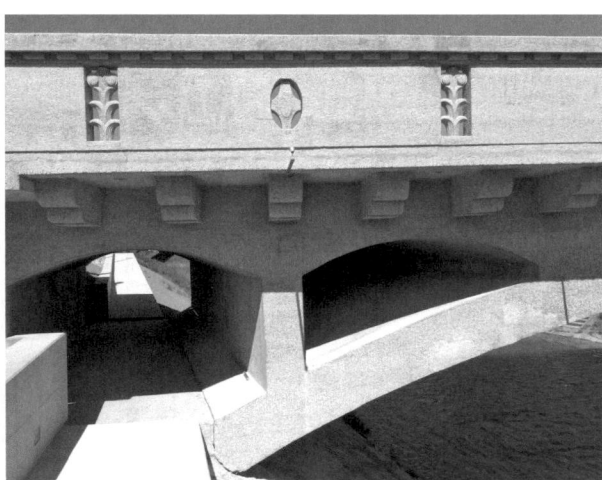

4   Guillermaux-Brücke in Payerne (Schweiz), Baujahr 1920.

mit einer Schicht UHFB gezielt zu »härten«, um stark exponierte Oberflächen zu schützen und die Tragfähigkeit statisch stark beanspruchter Bauteile zu erhöhen. Dadurch verbessert der UHFB das Tragvermögen und die Dauerhaftigkeit der originalen Betonbauten. Durch den Einsatz von UHFB wird das ursprüngliche Betonbauwerk veredelt und erhält einen Mehrwert, der eine weitere langjährige Nutzungsdauer ermöglicht. Die UHFB-Technologie wird in der Schweiz seit 15 Jahren zur Instandsetzung und Verstärkung bestehender Infrastrukturbauwerke wie Brücken eingesetzt.

Die Guillermaux-Brücke im Städtchen Payerne in der Schweiz wurde 1920/21 in Betonbauweise gebaut (Abb. 4). Das primäre Tragwerk der Brücke aus damaligem Eisenbeton bestand aus einem Drei-Gelenk-Bogen mit Gelenken am Bogenscheitel und an den beiden Widerlagern. Bei einer Bogenspannweite von 27,6 m und einer Scheitelhöhe von nur 2,8 m ergibt sich eine Schlankheit von 1:10 des flachen, 0,65 m dicken und 8,2 m breiten Bogens.

Die mit Verzierungen versehenen Brüstungen und die vier Obelisken an den Brückenenden, die vom damaligen Stadtarchitekten Louis Bosset (1880–1950) entworfen wurden, sowie der flache Bogen bestimmen die Ästhetik der Brücke. Der Ingenieur dieser Brücke ist nicht bekannt. Obwohl diese Betonbrücke aus der Frühzeit des Eisenbetonbaus in Kontrast zu den schlanken und statisch raffiniert konzipierten Betonbrücken von Robert Maillart steht, besitzt sie ihre eigenen kulturellen Werte. Das Objekt befindet sich im Inventar schützenswerter Bauwerke.

Die Eisenbetonkonstruktion wies Schäden auf und hatte eine ungenügende Tragfähigkeit. Im Jahre 2015 wurde die Brücke im Hinblick auf eine weitere lange Nutzungsdauer ertüchtigt. Die Konzeptidee der eingesetzten UHFB-Technologie bestand darin, die Tragfähigkeit der Brücke zu erhöhen, indem zuerst das Scheitelgelenk des Bogens blockiert und dann eine 50 mm starke, mit Betonstahl bewehrte UHFB-Schicht unter der Fahrbahn eingebaut wurde, die als Zuggurt in Brückenlängsrichtung wirkt. Dieser UHFB-Zuggurt wurde an den Brückenenden befestigt.

Diese von außen nicht sichtbare Änderung des statischen Systems führte zu einer bedeutenden Erhöhung der Steifigkeit und des Tragvermögens der Brücke. Gegenüber dem ursprünglichen statischen System konnte so das Tragvermögen beinahe verdoppelt werden. Zusätzlich dient die UHFB-Schicht

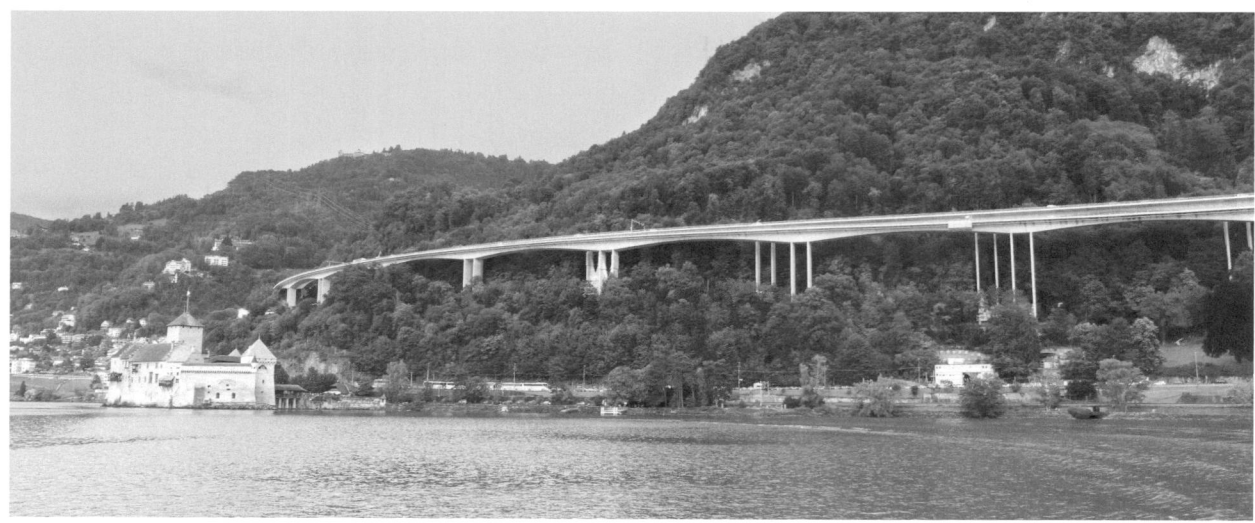

5   Schloss Chillon und Chillon-Autobahnviadukte (Baujahr 1969) entlang des Genfersees (Schweiz).

als Abdichtungsschicht und schützt so, sozusagen als »dichtes Dach«, den darunterliegenden Eisenbeton vor einem direkten Kontakt mit Wasser und Tausalzen. Dadurch wird die Dauerhaftigkeit der Brücke wiederhergestellt und verbessert.

Die Brüstungen mit den Verzierungen sowie die Obelisken wurden denkmalgerecht restauriert und mit einem hydrophobierenden Oberflächenschutz vor Wassereintritt geschützt. Auf den vier Obelisken wurden die ursprünglichen Beleuchtungskörper wieder aufgesetzt und eine Beleuchtung der Gehwegflächen und der Verzierungen in den Brüstungen wurde neu angebracht.

Die Arbeiten wurden 2015 ausgeführt. Die Baukosten betrugen 60 % der geschätzten Kosten für einen Ersatzneubau. Die bald 100-jährige Brücke ist nun, ähnlich wie eine neuwertige Brücke, genügend leistungsfähig für eine weitere lange Nutzungsdauer.

Die bisher größte Anwendung der UHFB-Technologie betraf 2014/15 die Chillon-Viadukte der Autobahn entlang des Genfersees bei Montreux (Abb. 5). Das Schloss Chillon am Ufer des Genfersees gehört zu den wichtigsten und beliebtesten Denkmalen der Schweiz. In den 1960er

Jahren wurde hier ein Teilstück der Schweizer Autobahnen gebaut. Aufgrund der gegebenen Topografie wurde zunächst ein Tunnel geplant. Aus Kostengründen wurde schließlich ein Viadukt gebaut, das aus einem Wettbewerb hervorging.

Das ausgeführte Projekt überzeugte nicht nur aus ökonomischen und technischen Gründen, sondern auch hinsichtlich einer harmonischen Einpassung in die Landschaft mit dem Schloss. Die Zahl der Doppelstützen des Viadukts wurde auf ein Minimum reduziert, was Spannweiten von 104 m ergab. Die beiden Viadukte wurden soweit wie möglich von der Landschaft abgesetzt und entsprechend der Hanglage versetzt. Dies führte zu einem schlanken und leicht wirkenden Bauwerk, das sich elegant der gegebenen Topgrafie entlang schwingt. Die Chillon-Viadukte gehören zu den bedeutendsten Zeugen aus der Zeit des Autobahnbaus und sind entsprechend als Bauwerke der modernen Architektur im Inventar schützenswerter Bauten aufgeführt.

Nach rund 40 Jahren Betriebsdauer wies die Spannbetonkonstruktion die üblichen Betonschäden auf und das Tragvermögen war ungenügend im Hinblick auf künftige Straßenlasten. Die

UHFB-Variante erwies sich als die am wenigsten invasive und kostengünstigste Variante und wurde ausgeführt. Die Fahrbahnplatte der 2100 m langen Spannbetonkonstruktion wurde mit einer 50 mm dicken Schicht aus bewehrtem UHFB verstärkt. Dadurch wurden das Tragvermögen der Fahrbahnplatte in Querrichtung und des Brückenträgers in Längsrichtung deutlich erhöht. Zudem wurde die Stahlbetonplatte der Fahrbahn mit der UHFB-Schicht abgedichtet. Die für die beiden Viadukte notwendige UHFB-Menge von je 1240 m³ wurde im Sommer 2014 und 2015 auf der Baustelle in einer vollautomatischen UHFB-Zentrale hergestellt und in nur je fünf Wochen mit einer speziell entwickelten Einbaumaschine verbaut (Abb. 6).

Die Chillon-Viadukte sind nun mit einem von außen nicht sichtbaren Eingriff veredelt worden im Hinblick auf eine zweite, lange Nutzungsdauer. Einer der wichtigsten Kunstbauten des Autobahnbaus in der Schweiz bleibt so im originalen Erscheinungsbild erhalten.

Folgerungen

Anhand von Beispielen erläutert dieser Aufsatz das Veredeln von Brücken als grundlegendes Ingenieurkonzept. Das messtechnische Monitoring einer Brücke ist eine Technologie, die eine präzise Erfassung der Leistungsfähigkeit einer bestehenden Brücke ermöglicht mit der Zielvorgabe *Weiternutzen*. Beim *Weiterbauen* erfolgen die baulichen Eingriffe in die originale Bausubstanz möglichst sanft und baukostengünstig. Dazu stehen neuartige Technologien und Hochleistungsbaustoffe zur Verfügung. Die Veredelung von Betonbauwerken mit dem Hochleistungsbaustoff UHFB ermöglicht einen technisch effizienten, diskreten Eingriff in die Bausubstanz.

Das ›Veredeln‹ als Ingenieurkonzept erfüllt somit neben den technischen und wirtschaftlichen Anforderungen auch die Anforderungen der Denkmalpflege. Zudem ist das Ingenieurkonzept hinsichtlich der Nachhaltigkeit bedeutend, da bereits

6   Chillon-Viadukte: Maschineller Einbau des Frisch-UHFB.

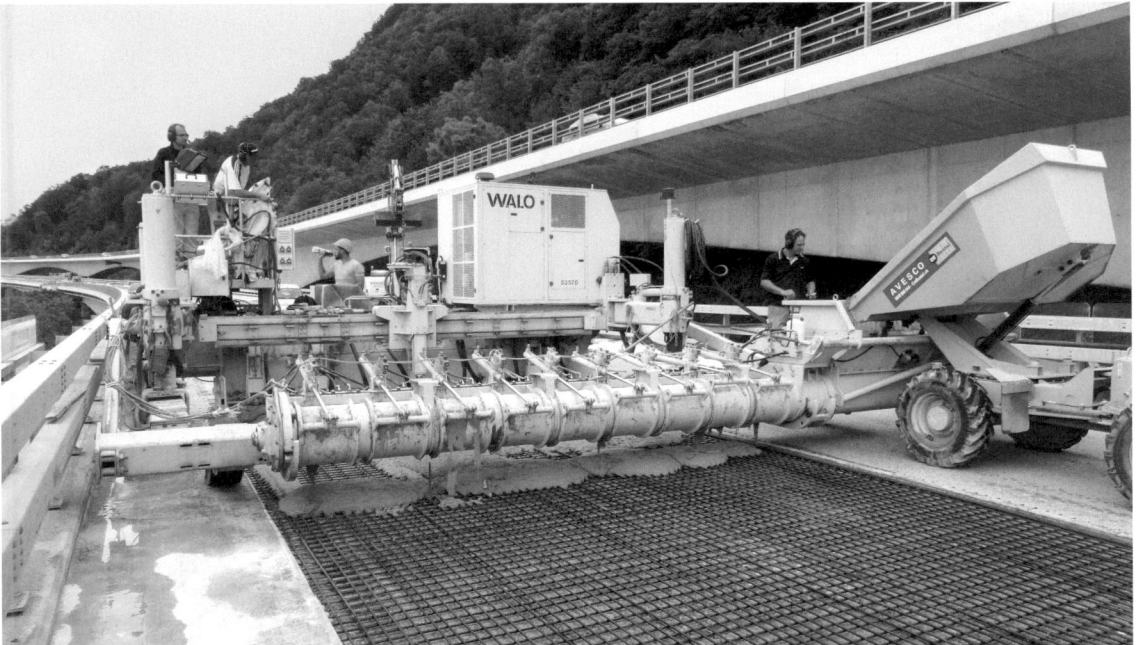

verbaute und genutzte Baustoff-Ressourcen weiterverwendet werden. Demgegenüber ist das heute noch übliche Abriss-Ersatzneubauen hinsichtlich der Nachhaltigkeit problematisch. Das Veredeln von Betonbauten mit der UHFB-Technologie ist somit im Sinne eines haushälterischen Umgangs mit Ressourcen nicht nur sinnvoll, sondern auch notwendig.

Die vorgestellten Methoden und Technologien basieren auf einer grundlegenden Kenntnis der Geschichte des konstruktiven Ingenieurbaus. Dem Ingenieurwesen werden hochwertige Leistungen abverlangt, denn Kreativität und Innovationsfreude werden herausgefordert. Motivierende und dankbare Projekte sind der Gewinn und die Belohnung für die Ingenieurin und den Ingenieur.

Bosshard et al. 2012
M. Bosshard / P. Steck / C. Meyer / E. Brühwiler / M. Tschumi / S. Haldimann: Ermüdungssicherheit von Brücken – Teil 2: Nachweis basierend auf den Messwerten des Monitoring-Projekts »Bahnbrücke Eglisau«, Stahlbau 81/11, 2012, 868–874.

Brühwiler / Hirt 1987
E. Brühwiler / M. A. Hirt: Das Ermüdungsverhalten genieteter Brückenbauteile. Stahlbau 56/1 1987, 1–9.

Brühwiler / Hirt 2010
E. Brühwiler / M. A. Hirt: Umgang mit genieteten Bahnbrücken, Stahlbau 79/3, 2010, 209–219.

Brühwiler 2012
E. Brühwiler: Neuartiger Umgang mit genieteten Bahnbrücken, Der Eisenbahningenieur, 2, 2012, 10–13.

Brühwiler / Denarié 2013
E. Brühwiler / E. Denarié: Stahl-UHFB – Stahlbeton Verbundbauweise zur Verstärkung von bestehenden Stahlbetonbauteilen mit Ultra-Hochleistungs-Faserbeton (UHFB), Beton- und Stahlbetonbau 108/4, 2013, 216–226.

Brühwiler 2013
E. Brühwiler: Grundsätze der Denkmalpflege bei Bahnbrücken, in: Fachstelle für Denkmalpflege (Hg.): Schweizer Bahnbrücken, Architektur- und Technikgeschichte der Eisenbahnen in der Schweiz, Band 5 (Zürich 2013) 215–220.

Meyer et al. 2012
C. Meyer / M. Bosshard / E. Brühwiler: Nachweis der Ermüdungssicherheit von Brücken – Teil 1: Veranlassung, Ziel und Messkonzept des Monitoring-Projekts »Bahnbrücke Eglisau«, Stahlbau 81/7, 2012, 504–509.

Abbildungsnachweis

1 rechts, 2, 4, 5, 6   Fotos: Eugen Brühwiler.
1 links, 3   Fotos: Philippe Schiltz.

Von der Notwendigkeit des Weiterbauens
– und warum es im Brückenbau anscheinend so schwierig ist

Werner Lorenz

Drei Planeten für den Neubau

Im Jahr 2020 fällt der *Earth Overshoot Day* auf den 22. August.[1] Dem *Club of Rome* zufolge hat die Menschheit an diesem »Erdüberlastungstag« alle über das Gesamtjahr weltweit erneuerbaren Ressourcen bereits verbraucht; vom 23. an lebt sie für den Rest des Jahres über ihre Verhältnisse. Grundlage der entsprechenden Berechnungen ist das Konzept des ökologischen Fußabdrucks: Man vergleicht das, was der Erde entnommen wird, mit dem, was sie regenerieren kann. Am 22. August ist der Faktor 1 erreicht. Vice versa bräuchte die Weltbevölkerung zurzeit rechnerisch 1,6 Erden, um ihren Ressourcenbedarf nachhaltig zu decken. Würden alle so leben wie in Deutschland, bedürfte es gar dreier Planeten.

Erstaunlicherweise ist der Anteil der Bauproduktion an dieser zukunftsverweigernden Ausbeutung in der öffentlichen Diskussion kaum ein Thema. Im Dezember 2019 hat Judith Lembke in einem bemerkenswerten Beitrag in der *ZEIT* einige Eckwerte in wenigen Sätzen zusammengefasst: »Was neue Gebäude an Ressourcen fressen und an Kohlendioxyd verursachen, stellt die üblichen Verdächtigen wie Flugverkehr und Fleischproduktion locker in den Schatten: Bauen verursacht 40 % aller globalen CO_2-Emissionen, [allein] die Zementherstellung ist je nach Quelle für acht bis fünfzehn Prozent des Ausstoßes verantwortlich. Das ist mehr als doppelt so viel wie die Emission des gesamten Flugverkehrs.«[2]

Beängstigend ist dabei die ungebremste Beschleunigung des Verbrauchs. Im gesamten 20. Jh. wurden in den USA 4,5 Milliarden Tonnen Beton verbaut – in China waren es allein in den drei Jahren von 2011 bis 2013 6,6 Milliarden. Selbst der dafür benötigte Sand ist längst zu einem Ressourcenproblem geworden. Sand ist nicht gleich Sand, Wüstensand etwa ist zu feinkörnig und zu rund, als dass sich daraus Beton herstellen ließe. Konservativen Schätzungen zufolge baut die Menschheit jährlich doppelt so viel nutzbaren Sand ab, als alle Flüsse der Welt nachliefern. Der Sandabbau ist zu einem weltweiten Milliarden-Geschäft mit teils mafiösen Strukturen und oft gravierenden »Kollateralschäden« für die Umwelt geworden.[3] Die Ressourcenbilanz mag im Stahlbetonbau besonders verstörend sein, doch der Fußabdruck anderer Bauweisen – verbunden mit etwa der Stahl- oder Aluminiumproduktion – steht dem nur begrenzt nach. Lembkes Fazit: »Bauen frisst Ressourcen und schädigt das Klima wie keine andere Branche.«

All das ist bekannt, doch es zeitigt bisher kaum ernsthafte Konsequenzen. Nahezu absurd mutet es an, dass der ins Gigantische angewachsene europäische Normungsapparat heute bis ins letzte Detail die Zulassung und Verwendung jeder Schraube vorschreibt, aber zu derart essentiellen Fragen schweigt. Bestens geregelt wird der Planet immer schneller und rücksichtsloser ausgeschlachtet, ohne dass dem Vorschriften nennenswerte Grenzen setzen würden.

Unbestritten ist das Problem komplex. Es stellt sich in vielen Teilen der Welt grundlegend anders dar als in einer bereits großflächig dicht bebauten und von einer hochentwickelten Infrastruktur gekennzeichneten Region wie Mitteleuropa. Hier zumindest gibt es – einmal angenommen, das Bauen sei im gegenwärtigen Maße überhaupt erforderlich – eigentlich nur zwei Wege, um dem ungebremsten Ressourcenfraß Einhalt zu gebieten. Die eine Möglichkeit ist, im Neubau weniger und weniger *neues* Material zu verbrauchen (Abb. 1). Die andere liegt darin, sich auf das zu besinnen, was schon da ist, und es kontinuierlich an veränderte Erfordernisse anzupassen, also: Weiterbauen.

Der Wert des Weiterbauens ist messbar

Unter den vielen guten Gründen für das Weiterbauen ist die enorme ökologische Signifikanz der Bauwerkserhaltung vielleicht der bedeutendste. Sie ist einfach notwendig, und sie ist quantifizierbar. Grundlegende Fakten dazu lieferten bereits in den 1990er Jahren etwa die Untersuchungen, die Niklaus Kohler, Uta Hassler und Herbert Paschen 1999 unter dem Titel *Stoffströme und Kosten in den Bereichen Bauen und Wohnen* veröffentlichten.[4] Wie ein roter Faden durchzieht ihre auf umfassenden quantitativen Erhebungen basierenden Empfehlungen das Paradigma: »Weniger Neubau, intelligente Fortschreibung des Bestandes«.[5] Längst ist die Einsicht in das ökologische Potenzial des Weiterbauens im Diskurs über das Bauen der Zukunft zum Mainstream geworden. So spart das Positionspapier 2019 des Bundes Deutscher Architekten (BDA) unter dem Titel *Das Haus der Erde* nicht an klaren Formulierungen: »Reduktion ist keine modische Attitüde, sondern Überlebensnotwendigkeit«, heißt es dort, um dann zu fordern: »Bauen muss vermehrt ohne Neubau auskommen. Priorität kommt dem Erhalt und dem materiellen wie konstruktiven Weiterbauen des Bestehenden zu und nicht dessen leichtfertigem Abriss. [...] Wir brauchen eine neue Kultur des Pflegens und Reparierens.«[6] Merkwürdig mutet es da auf den ersten Blick fast an, wenn auch die jungen Aktivist*innen der *Architects for Future* 2020

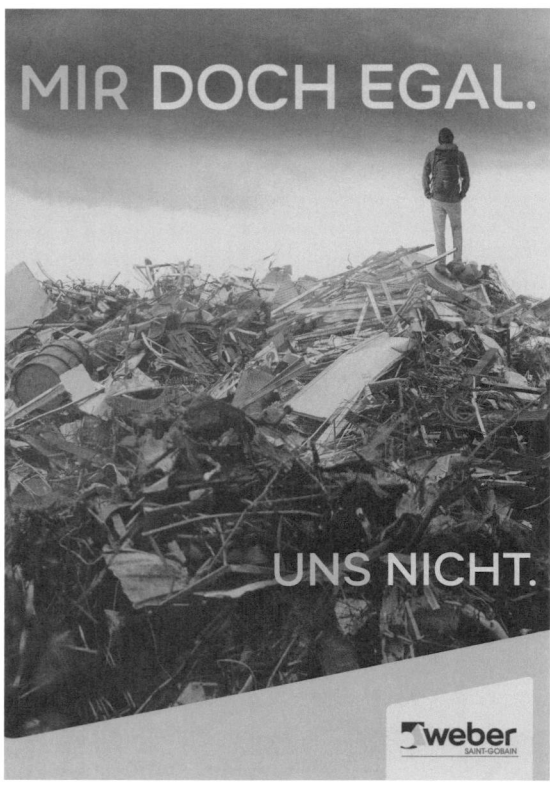

1   Mir doch egal. Werbung eines Herstellers rezyklierbarer Dämmstoffe, 2020.

als erste von sieben Forderungen ihres Grundsatzstatements nichts anderes als: »Hinterfragt Abriss kritisch!« setzen.[7] Würde man da nicht Radikaleres erwarten, fällt ihnen denn nicht mehr ein? Vermutlich ist es ganz anders: Sie beobachten schlicht, dass sich zwischen Diskurs und Praxis nach wie vor und allzu oft ein ziemlicher Graben auftut.

»Fra il dire e il fare c'è il mezzo del mare...«[8]

Woran liegt das? Ich möchte dies im Folgenden in einem Teilgebiet des Bauens näher untersuchen, das mir als Bauingenieur vertraut ist und mit dem ich seit einem Vierteljahrhundert befasst bin – der Entscheidung über den weiteren Umgang mit denkmalgeschützten, in der

Regel stählernen Brücken. Sie sind stets bereits altgedient, oft schon fast ein Jahrhundert lang intensiv befahren worden und sollen nun nach den Planungen des »Baulastträgers« (ein bemerkenswerter Fachbegriff für den Eigentümer) durch einen Neubau ersetzt werden. Im Vorfeld der Baumaßnahme ist dazu das »Einvernehmen« mit der Denkmalpflege herzustellen. Kommt es zu keiner Einigung, entscheidet als letzte Instanz die oberste Denkmalschutzbehörde. Bei Straßenbrücken ist dies eine Landesbehörde, die in den einzelnen Bundesländern unterschiedlich strukturiert sein kann, bei Bahnbrücken ist es das Eisenbahnbundesamt.

Der behauptete notwendige Ersatz des denkmalgeschützten Bauwerks wird in der Regel technisch, vielleicht wirtschaftlich oder auch »betrieblich« begründet, was heißt, eine als Alternative vorstellbare, aber eben aufwendige Sanierung würde die betreffende Verkehrsverbindung zu lange unterbrechen. Nun sind Brücken durchaus komplizierte Gebilde. Sie unterscheiden sich von anderen Konstruktionen des Hochbaus wie etwa Wohn-, Verwaltungs- oder Kulturbauten dadurch, dass ihr sicherer Gebrauch nicht nur von ihrer statischen Tragfähigkeit und überschaubaren Verformungen des Tragwerks abhängt, sondern auch von einer ausreichenden Ermüdungssicherheit. Stahl und Stahlbeton verlieren durch über lange Zeiträume immer wieder stark wechselnde Beanspruchungen allmählich einen Teil ihrer Tragfähigkeit, sie »ermüden«. Eben dies ist der Fall bei Brücken. Jede Überfahrt eines Zuges, bei manchen Bauteilen der Brücke gar jede einzelne Achslast, bewirken einen derartigen Lastwechsel. Der Körper merkt sich jede Zigarette, heißt es – die Brücke merkt sich jeden Zug und in manchen Teilen sogar jede Achse.

Das Problem ist schon seit ersten ermüdungsbedingten Achsbrüchen der jungen Eisenbahnen in der Mitte des 19. Jhs. bekannt, seitdem immer wieder Gegenstand intensiver Forschungen gewesen und mittlerweile gut kalkulier- und bewertbar. Sehr genau lässt sich heute beurteilen, ob und wie stark die Tragsicherheit eines Stahlbauteils durch inzwischen vielleicht millionenfache Lastwechsel reduziert wird, ob gegebenenfalls tatsächlich das Ende der »Lebensdauer« von Teilen oder gar der ganzen Brücke erreicht ist – oder ob sie unter Berücksichtigung der realen Beanspruchungen und der Belastungsgeschichte nicht noch ein weiteres Jahrhundert ihren Dienst tun kann.

Hier genau setzt das »Weiterbauen« einer Brücke an. Oft sind es allenfalls einzelne Teile oder Teilbereiche einer Brücke, die Schwächen zeigen und verstärkt oder ersetzt werden müssten, um die nach einer Instandsetzung angestrebte neue Lebensdauer von mindestens 50, lieber 70 oder gar 100 Jahren zu erreichen. Es geht darum, mit hochwertigem Engineering der Brücke gezielt da zu helfen, wo sie Probleme hat. Das ist oftmals mehr als eine »Reparatur«, die nur einen alten Zustand wiederherzustellen sucht. Weiterbauen zielt darauf ab, die Brücke fitter zu machen als sie es jemals war – sei es, weil wir inzwischen mehr über potenzielle alte Mängel wissen, die sich nun beheben lassen, sei es, weil sie auf künftig erhöhte Verkehrslasten ausgelegt werden soll.

Eben weil die diesbezügliche Beurteilung nicht ganz einfach ist, ziehen die Denkmalpflege oder auch engagierte Bürgerinitiativen fachkundige Ingenieur*innen hinzu, um die Stichhaltigkeit der für einen Ersatzneubau vorgebrachten Gründe angemessen beurteilen und im besten Falle vielleicht gar eine einvernehmliche Lösung im Sinne des Weiterbauens entwickeln zu können. In der Regel sind allerdings kontroverse und schnell verbissene Auseinandersetzungen zwischen »Erneuerern« und »Bewahrern« die Folge. Die Facetten der Argumentation können unterschiedlich sein, die Muster jedoch sind immer ähnlich, die Prioritäten klar verteilt. Jede der beiden Seiten argumentiert technisch, aber – und das ist das Entscheidende – aus einer anderen Haltung heraus. *Eine* Konstante zieht sich dabei wie ein roter Faden durch sämtliche Streitfälle, in die ich eingebunden war: Mit der Idee des Weiterbauens haben die »Erneuerer« in der Regel nichts am Hut.

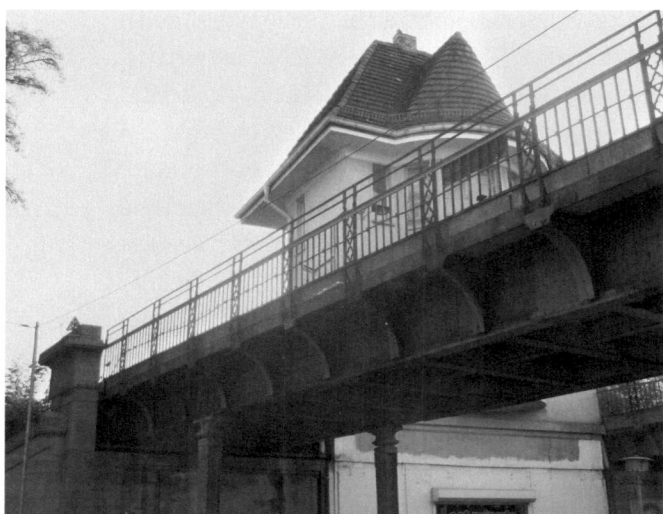

2   Brücken über die Wiltbergstraße mit Stellwerk, 2015.

Warum tun gerade wir Bauingenieur*innen uns in der alltäglichen Praxis offenbar so schwer mit dem Weiterbauen? Betrachten wir zunächst auf zwei Schauplätzen den üblichen Ablauf solcher Streitfälle.

3   Brücken über die Wiltbergstraße, Auflagerung auf der Zwischenstütze, 2015.

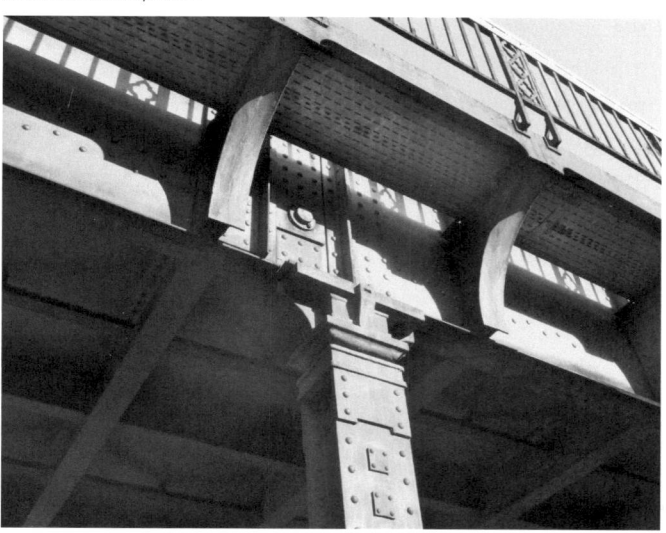

Schauplatz 1: Berlin-Buch, Brücken über die Wiltbergstraße

Unmittelbar hinter dem S-Bahnhof Buch queren vier Stahlbrücken die Wiltbergstraße; zwei von ihnen dienen der S-Bahn, zwei der Fernbahn in Richtung Stettin. 1911 bzw. 1914 errichtet, bilden sie zusammen mit einem dazwischen liegenden Stellwerk ein nahezu vollständig im Original erhaltenes Ensemble (Abb. 2). Stadtbildprägend und zudem betont baukünstlerisch gestaltet, stand es als Gesamtheit unter Denkmalschutz. Die vier Brücken sind als Dreifeldträger ausgebildet: An den Enden lagern sie auf gemauerten Widerlagern, zur Verkürzung der Spannweite wurden auf beiden Seiten der Straße im Übergang zu den Gehwegen Zwischenstützen angeordnet (Abb. 3). Die Bauweise ist typisch für die seit den 1870er Jahren im heutigen Stadtgebiet von Berlin gebauten Brücken, mit denen die S- wie die Fernbahnlinien über querende Straßen geführt wurden. Eben weil die allermeisten von ihnen in den letzten Jahrzehnten bereits dem Abriss anheimgefallen sind, kam dem Erhalt hier besondere Bedeutung zu.

Der erste Antrag der Deutschen Bahn auf Aufhebung des Denkmalschutzes setzte 2006 wohl auf die technische Inkompetenz des Landesdenkmalamts. In für den Laien unverständlichen Formblättern waren viele Zahlen angegeben, die in der Aussage mündeten, die Lebensdauer der Brücken sei nur noch bis 2022 gewährleistet. Zudem wurden diverse Einschränkungen benannt, die eine weitere Nutzung mit sich bringen würde, auch wären die Stützen nicht ausreichend gegen den Anprall schwerer Fahrzeuge gesichert und nicht zuletzt wäre der Korrosionszustand derart schlecht, dass eine Sanierung keinen Sinn mehr machte. Das Landesdenkmalamt ließ sich dadurch nicht beeindrucken und wies den Antrag zurück. Es vergingen Jahre, 2015 legte die Bahn dann einen erweiterten und nun durch das Gutachten eines Prüfingenieurs kommentierten Abrissantrag vor.

Bei genauerem Hinsehen zeigte er auf, dass sich das behauptete kurzfristige Ende der

Lebensdauer allein auf die unmittelbar unter den Gleisen liegenden kleinen Längsträger bezog – eben jene Tragglieder, die im Grundsatz durch die Überfahrt jeder einzelnen Achse einen Lastwechsel erfahren. Für alle anderen Haupttragglieder, so das Gutachten, sei eine wesentlich höhere Lebensdauer zu prognostizieren. Es empfahl, eine im Regelwerk der Bahn explizit vorgesehene genauere Berechnung (nach »Stufe 4«)[9] und damit verbundene Belastungstests durchzuführen, was erfahrungsgemäß erhebliche weitere Tragreserven aufdecken würde. Die Bahn lehnte dies jedoch ab, blieb bei ihrem Abrissantrag, und in der Folge wurde ich als Gutachter des Landesdenkmalamtes eingeschaltet. Meine Stellungnahme unterstützte das Konzept von detaillierter Berechnung und Messung und schlug im Übrigen vor, die kleinen Längsträger im Sinne des Weiterbauens zu ersetzen. Etwas zugespitzt formuliert: Man verschrottet ja üblicherweise auch kein Auto, wenn die Reifen abgenutzt sind.

Die Positionen waren damit abgesteckt; wenig später kam es zum Showdown in der Bahnzentrale am Berliner Nordbahnhof. Die Sitzung entsprach dem Typus, den ich bereits gut kannte. Dem Vertreter des Landesdenkmalamtes und mir saß eine Vielzahl an Bahnmitarbeiter*innen gegenüber, die uns offenbar beeindrucken sollte, von denen die meisten aber in der Folge lediglich schwiegen. Nachdem das ursprünglich vorgebrachte Hauptargument der angeblich bald abgelaufenen Lebensdauer nicht mehr wirklich verfing, wurden im Lauf des Gesprächs nun vornehmlich auf den Neubau bezogene) planerische Vorgaben des Regelwerks als Argumente genutzt – bis dahin, dass bei Erhalt des Ensembles die Rettungswege bei einem Unglück auf einer der denkmalgeschützten Brücken eben nicht die heute standardisierte Breite hätten (ungeachtet dessen, dass die von allen Seiten frei zugänglich waren). Frappierend war auch die Begründung für die Ablehnung der vom Prüfingenieur angeregten genaueren Berechnung und Messung: Man wisse ja, dass dabei nichts wesentlich Neues herauskomme, der Aufwand sei zu groß und zudem sei das ja sehr kompliziert.

Trotz der scheinbaren Gesprächsbereitschaft war eigentlich schon nach wenigen Minuten klar, dass die interne Entscheidung für den Abriss nicht etwa noch einmal zur Diskussion stand. Das Ganze diente offenkundig allein der Aktenlage, in der nun ein Abstimmungsgespräch als »stattgefunden« vermerkt werden konnte.

Wie so oft endete der Konflikt mit der Niederlage des Denkmalamtes. Noch stehen die Brücken und werden weiterhin befahren, doch längst ist die Abrissgenehmigung wirksam. Der Ersatz ist nur noch eine Frage der Zeit.

Schauplatz 2: Hamburg-Altona, Sternbrücke

Die 1925/26 errichtete Hamburger Sternbrücke überquert einen verkehrsreichen Platz; ihr Name leitet sich daraus ab, dass hier Wege aus sieben Richtungen sternförmig zusammenlaufen. Wie in Berlin-Buch handelt es sich um einen viergleisigen Brückenzug mit zwei Fern- und zwei S-Bahn-Gleisen; auch hier sind die (in diesem Fall) zwei Brücken als Dreifeldträger mit Pendelstützen als Zwischenauflagern ausgebildet.

Ihr besonderer Denkmalwert ist durch gleich mehrere Bedeutungsebenen begründet. Zum einen beeindruckt die anspruchsvolle Inszenierung des Dialogs von Technik und Architektur. Der streng aus Werkstoff und Konstruktion abgeleiteten Formensprache der stählernen Überbauten und Stützen steht die gleichermaßen sachliche, aber hochwertige Gestaltung der zugehörigen Gewölbe, Widerlager und Kasematten gegenüber, die auch Kioske und eine öffentliche Toilette beherbergten. Die Detaillierung der Backsteinfassaden greift örtliche Traditionslinien auf, die hier gerade in den 1920er Jahren in hoher neuer Blüte standen (Abb. 4 u. 5).

Zum anderen kommt der Brücke ein besonderer bautechnikgeschichtlicher Wert zu. So sichern schwere, in den Widerlagern verborgene Gegengewichte die Endauflager gegen ein mögliches Abheben bei ungünstigen Laststellungen,

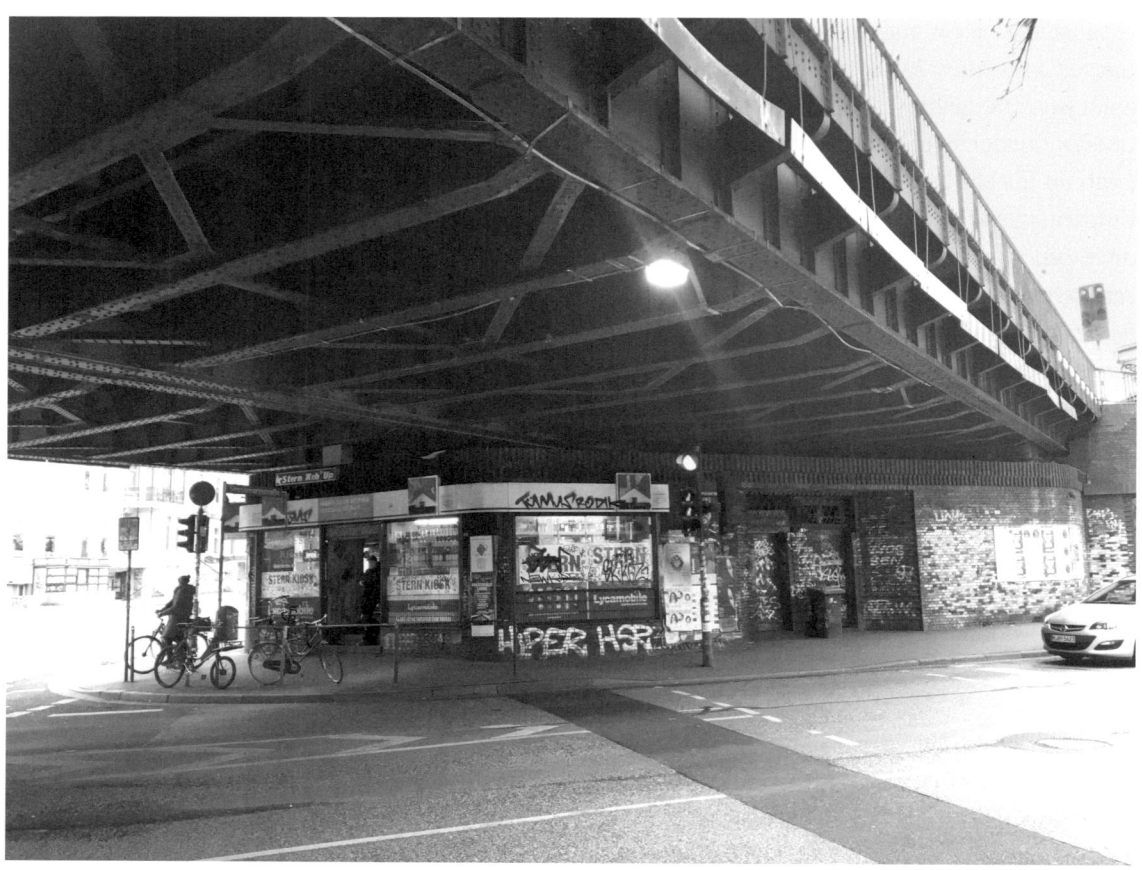

4   Sternbrücke Hamburg, Untersicht, 2017.

eine zeittypische Bauweise, für die es heute in Deutschland vermutlich nur noch wenige Beispiele gibt. Die Ausführung im höherwertigen Baustahl St 48 steht exemplarisch für die in den 1920er Jahren intensivierten Bemühungen der Reichsbahn, auf diese Weise größere Spannweiten und wirtschaftlichere Bauweisen zu ermöglichen; die Sternbrücke zählt hier deutschlandweit zu den frühen Beispielen. Zeitgenössische Berichte hoben darüber hinaus die außerordentlichen Herausforderungen der damaligen Montage hervor, galt es doch, die Vorgängerbrücken mit möglichst geringen Beeinträchtigungen des laufenden Verkehrs gegen die Ersatzneubauten auszutauschen.

Nicht zuletzt ist das gesamte Ensemble ein Ausweis der technischen wie gestalterischen Kompetenz des Bauingenieurs Otto Blunck, der nicht nur für weitere markante Brückenbauten in Hamburg verantwortlich zeichnete, sondern auch maßgeblich am richtungsweisenden Neubau des Bahnhofs Zoologischer Garten in Berlin (ab 1934) als einer seinerzeit »unerhört modernen« Rahmenkonstruktion mitwirkte. Es kann nach alldem kaum verwundern, dass die Sternbrücke nicht nur anlässlich der umjubelten Verkehrsübergabe am 11. Mai 1926 als »Glanzleistung deutscher Technik« gefeiert wurde, sondern heute auch als Denkmal geschützt ist.

Die Auseinandersetzung um Abriss oder Ertüchtigung folgte im Grundsatz zunächst demselben Muster wie in Berlin-Buch: ein erster Antrag auf Entlassung aus dem Denkmalschutz mit ähnlichen Argumentationsclustern, Unsicherheit und Zweifel der Denkmalbehörde, die Hinzuziehung eines eigenen Gutachters, die übliche große Gesprächsrunde, diesmal in der Bahnzentrale in Hamburg. Der Unterschied: Alles auf diesem Schauplatz war von Beginn an (und ist es noch heute) schärfer gezeichnet, oder auch: dramatischer.

Wieder gab es zwar Argumente der Bahn, die nicht wirklich überzeugen konnten. So verwies sie etwa auf die Kontergewichte als heute undenkbare Konstruktionsweise (die zudem schwierig zu sanieren sei) und auf die historischen Brückenlager, die in der aktuellen *Eisenbahnspezifischen Liste Technischer Baubestimmungen (ELTB)* des Eisenbahn-Bundesamtes (EBA) nicht mehr vorgesehen seien. Schon bedenkenswerter hingegen ist hier die Problematik der in und unmittelbar an der Kreuzung stehenden Brückenstützen, die bei der jetzigen Straßenführung zu Engstellen und Gefahrenpunkten führen und sich durch einen stützenfreien Neubau der Brücke beseitigen ließen. Vor allem aber ist die Sternbrücke hochfrequentiert: Pro Tag verkehren hier etwa 1.000 Züge des Nah- und Fernverkehrs, nachts kommen noch Güterzüge hinzu. Anders als in Berlin-Buch war die ermüdungsbezogene Argumentation bereits mit Messungen untersetzt, die auf den ersten Blick tatsächlich eine nur noch geringe »Restnutzungsdauer« zu bestätigen schienen.

War dieses Verkehrsbauwerk ungeachtet seines vielschichtigen Werts nicht wirklich schlicht »am Ende«? Man musste schon genauer hinsehen, um zu entdecken, dass in den vorgelegten Berechnungen diverse Stellschrauben »auf der sicheren Seite liegend« (Originalzitat aus den Unterlagen) angesetzt worden waren. Veränderte man sie nur ein wenig, was sich fachlich gut begründen ließ, wurden die Prognosen wesentlich günstiger. Selbst der vorgelegte Messbericht schränkte ein, dass genauere Anpassungen der Berechnung »realitätsnähere Ergebnisse« ergeben würden: »Um eine umfassende Aussage zum Systemverhalten des Bauwerks treffen zu können,

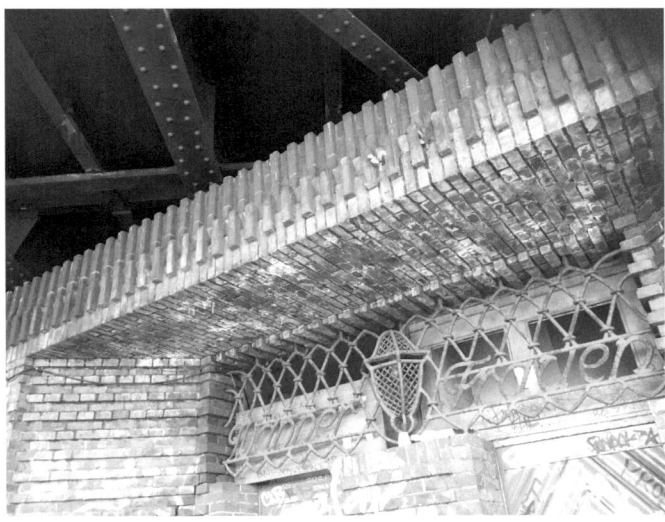

5   Sternbrücke Hamburg, Eingang zu den ehemaligen Toiletten, 2017.

sollten weiterführend die Berechnungsmodelle angepasst werden.« Ohne hier auf weitere technische Details einzugehen – es zeigte sich: Trotz der unverkennbar schwierigeren Ausganglage lieferten auch diese vorgelegten Untersuchungen keine zwingende Begründung für den beantragten Abriss.

Schärfer gezeichnet war das Panorama des Konflikts jedoch bald auch auf der Seite der »Bewahrer«. Die zunächst fachliche Auseinandersetzung wurde zunehmend politisch. Anders als in Berlin-Buch ist die Gegend um die Sternbrücke ein lebendiger »Kiez« mit Kneipen und Clubs. Spätestens als sich abzeichnete, dass der geplante stützenfreie Neubau mit einer Scheitelhöhe von 21 m alle umgebenden Bauten überragen würde (Abb. 6), formierte sich eine gleichermaßen breite wie bunte Gegenbewegung. Der lebendige Protest gegen den »Mega-Neubau der Sternbrücke« reicht inzwischen von der örtlichen »Szene« über Künstlerinitiativen und den hoch engagierten Denkmalverein Hamburg bis hin zu Architekten- und Ingenieurkammer. Eine *Initiative Sternbrücke* initiiert und bündelt den Widerstand, und wer nicht selbst dabei sein kann, darf zwischenzeitlich

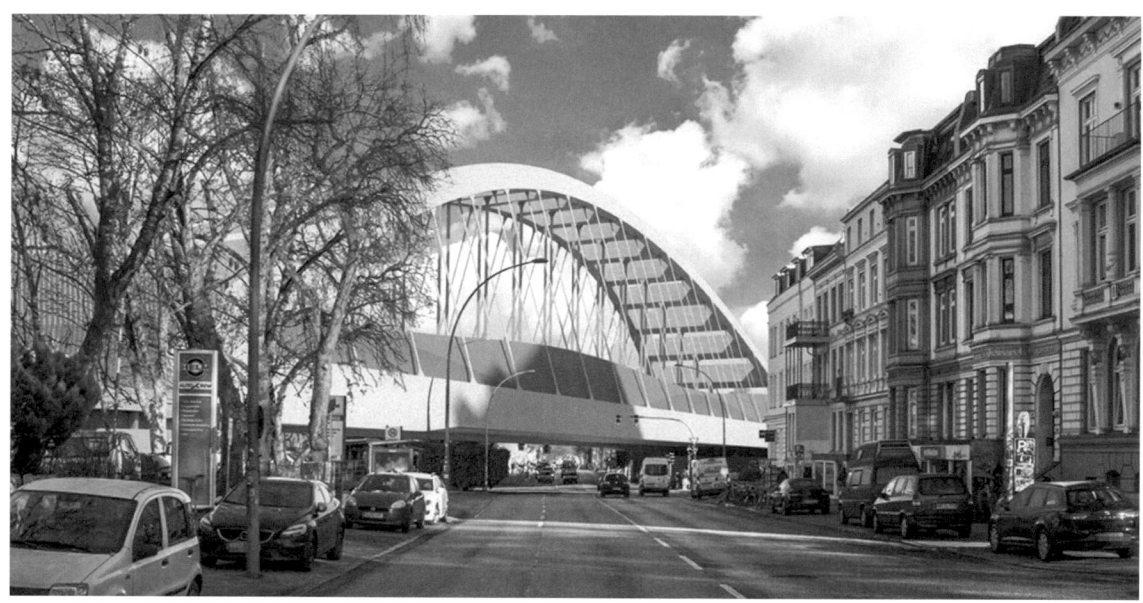

6   Sternbrücke Hamburg, Neubauentwurf der DB Netz AG, 2020.

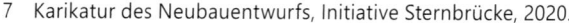

7   Karikatur des Neubauentwurfs, Initiative Sternbrücke, 2020.

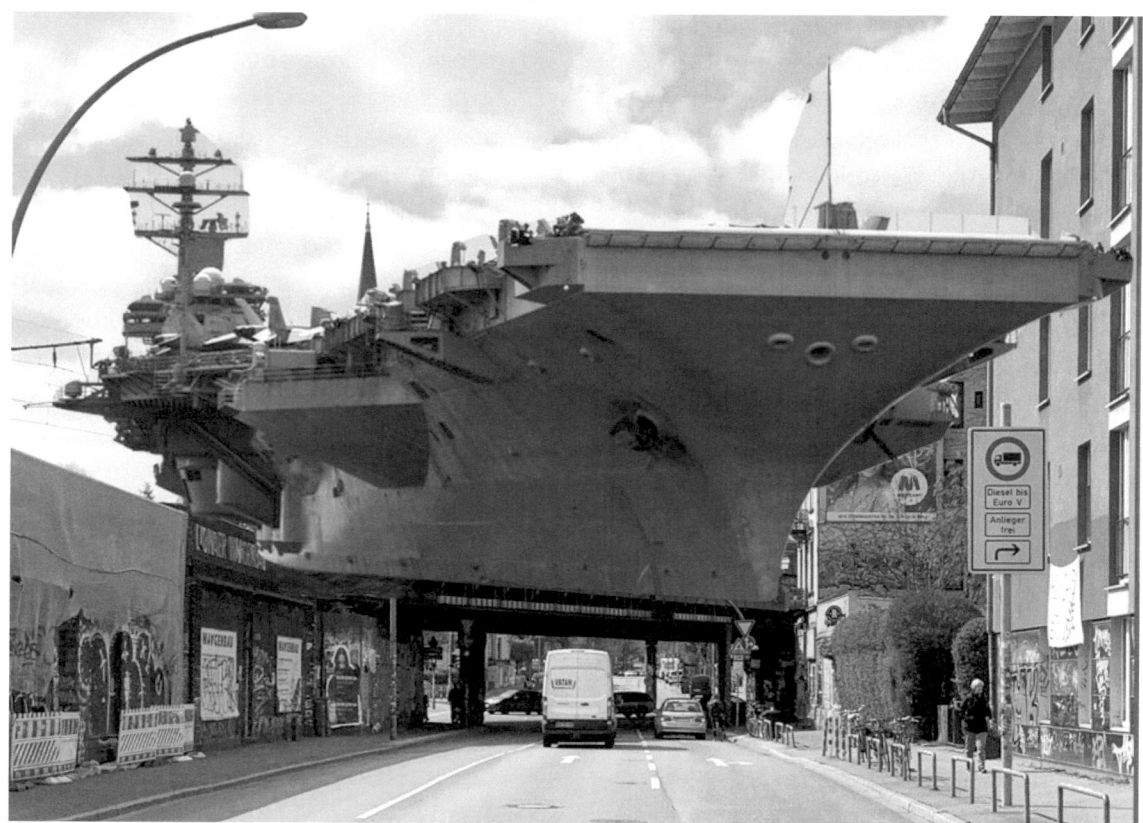

zumindest T-Shirts mit der aufgedruckten Sternbrücke erwerben (Abb 6, 7 u. 8).

Zusätzliche Brisanz erhielt der Konflikt durch eine erstmalige umfassende statische Nachrechnung der bestehenden Brücke, mit der das Denkmalamt ein bundesweit agierendes großes Ingenieurbüro beauftragt hatte. Verantwortlich war ein erfahrener und renommierter Kollege, der schon langjährig u.a. auch als Prüfingenieur für das Eisenbahnbundesamt tätig ist. Die Nachrechnung kam zu dem Ergebnis, dass die Sternbrücke bei gutem Willen für eine weitere Lebensdauer von (mindestens) 50 Jahren auch für die prognostizierte intensive Nutzung mit überschaubarem Aufwand instandgesetzt werden kann. Die detaillierte Untersuchung, die auf Druck der Bürgerinitiativen vor wenigen Wochen schließlich auch veröffentlicht wurde, unterstrich: Der Erhalt durch Weiterbauen stellt eine realistische Alternative zum Ersatz durch die geplante neue Brücke dar – die »auf der grünen Wiese« eine durchaus gute Lösung darstellen könnte, hier aber in ihren Auswirkungen auf das umgebende Stadtquartier verheerend wäre. Dass die Erhaltungslösung mit hoher Wahrscheinlichkeit preiswerter sein wird als der Neubau, sei im Übrigen nur noch am Rande erwähnt.

Gleichwohl sind Abriss und Neubau im Einverständnis zwischen der Bahn und dem Land Hamburg inzwischen beschlossen; die Bahn verweist dabei gern darauf, dass das Land den Neubau im Wunsch nach einer stützenfreien Kreuzung ja sogar »bestellt« habe. In einer Zeit, in der Strategien zur Reduzierung des innerstädtischen Verkehrs und die Rückgewinnung der Stadtquartiere durch die Bewohner*innen die Diskussion beherrschen, ist dies für eine rot-grüne Landesregierung zumindest verwunderlich. Mit nur ein wenig Erinnerungsvermögen an vergleichbare innerstädtische Verkehrsprojekte der zweiten Hälfte des 20. Jhs. ist davon auszugehen, dass der vorgesehene Neubau im Falle seiner Realisierung schon bald als »Bausünde« der 2020er Jahre und spätes Manifest einer untergehenden Verkehrspolitik gewertet werden wird. Ob

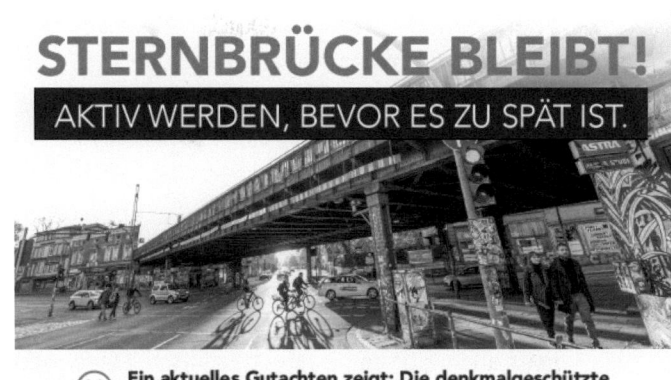

8   Flugblatt der Initiative Sternbrücke, 2020.

es wirklich so kommt, scheint jedoch angesichts der immer breiteren Ablehnung durchaus fraglich. Anders als in Berlin-Buch ist der Ausgang hier noch offen. Die Entscheidung wird letztlich nicht mehr eine technische, sondern eine politisch-gesellschaftliche sein.

Horror vetustatis

Der in zwei Facetten beschriebene Ablauf ist typisch für derartige Konflikte. Warum war und ist es für die beteiligten Bahningenieur*innen offenbar undenkbar, das Weiterbauen-Konzept als

Alternative zum Neubau überhaupt ernsthaft in Erwägung zu ziehen? Direkt danach gefragt, würden sie mit Gewissheit antworten, dass man durchaus abgewogen habe, um dann noch einmal eben jene technischen, betrieblichen oder auch wirtschaftlichen Gründe anzuführen, die schon offiziell die Abriss-Entscheidung begründet haben.

Nie jedoch sind technische Entscheidungen nur durch technische Parameter bestimmt, niemals auch gibt es nur *eine* technisch zwingende Lösung für ein Problem. Wenn mir der zuständige Berliner Denkmalpfleger den ersten Abrissantrag für die Brücken in Berlin-Buch mit dem Kommentar weiterleitete, vermutlich könne man gegen die Gesetze der Physik ja leider nichts machen, dann verkennt das die grundlegende Einbettung jeder technischen Entscheidung in ihr strukturelles, kulturelles und historisches Umfeld. Und es verkennt vor allem, dass jede technische Entscheidung auch die Frage einer persönlichen Haltung ist.

Was also mag in diesem Sinne die Entscheidungen der Kolleg*innen geprägt haben? Recht trivial und doch maßgeblich dürfte allein schon die Finanzierung der Projekte den Neubau nahezu zwingend gemacht haben. Seit 2009 ist die Deutsche Bahn durch die *Leistungs- und Finanzierungsvereinbarung* (LuFV) – ein umfassendes Vertragswerk mit dem Bund – nicht nur zur Aufrechterhaltung und Entwicklung der Schieneninfrastruktur in Deutschland verpflichtet.[10] Die LuFV regelt auch deren Finanzierung. Explizit ist vereinbart, dass der Bund ausschließlich Ersatz-Neubauten finanziert, während Instandhaltung und Instandsetzung der Bahn obliegen. Salopp gesagt: Ein »Weiterbauen« müsste die Bahn aus der eigenen Tasche bezahlen, den Neubau hingegen bekommt sie finanziert.

Da für derartige Großprojekte wie in Berlin-Buch oder Hamburg-Altona, die oftmals zudem in ganze Strecken-Upgrades eingebettet sind, vor aller genaueren Planung stets zunächst die Finanzierung stehen muss, prägt diese in der Folge alle weiteren Schritte der Projektentwicklung. Die scheinbar ergebnisoffene Abwägung der

Denkmalschutzbelange kann gar nicht ergebnisoffen sein. Noch nie in den zahlreichen Gesprächen zwischen Bahn und Denkmalpflege, an denen ich teilnehmen durfte, wurde dies allerdings angesprochen – ein recht ungleiches, doch ziemlich aufwendiges Theater, in dem der Ausgang stets schon feststand, nur dass die eine Seite dies noch nicht wusste. Erst in den letzten Jahren ist die vorentscheidende Wirkung der LuFV auch in Denkmalkreisen bekannter geworden. Nach intensiven Bemühungen gelang es 2019 dem *Deutschen Nationalkomitee für Denkmalschutz* (DNK), in die seit 2020 geltende Neufassung LuFV III einen Passus einzubringen, der im Fall denkmalgeschützter Brücken die Tür zu Ausnahmen ein wenig öffnet. Ob dies allerdings im Fall der Sternbrücke noch Wirksamkeit entfalten kann, muss die weitere Entwicklung dort zeigen.

Die förmliche Fixierung auf den Neubau korreliert mit einer offenbar deckungsgleichen Grundüberzeugung der Akteure. »Ich bin der, der für den Abriss zuständig ist« empfing mich im Zusammenhang mit den Berliner Yorck-Brücken der für den Denkmalschutz in der Region zuständige Mitarbeiter der Deutschen Bahn; mehr als damals verstehe ich heute, dass das offenbar nicht ironisch gemeint war. Scheinbar selbstverständlich und weitestgehend unhinterfragt bestimmt das Leitbild Neubau das Ingenieurhandeln der Kolleg*innen. Es ist untersetzt durch ein gewaltiges Regelwerk, in dem für eben den Neubau alle denkbaren Einzelheiten sowohl hinsichtlich der Planungsabläufe als auch für die konstruktive Ausbildung bereits bis ins Detail vorgegeben sind.

Angesichts des nominellen Alters von mehr oder weniger 100 Jahren war in den beiden exemplarisch angeführten Fällen der grundsätzliche Ansatz, die Brücken zu erneuern, von vornherein nicht nur finanzierungstechnisch, sondern auch in den Köpfen Prämisse der Planung gewesen. Nur so erklärt es sich, dass etwa an den Brücken in Berlin-Buch ungeachtet der gerade hier ergebnisoffenen ambivalenten »Grenzlage« mit guter Tragfähigkeit, nur wenigen problematischen

Ermüdungskennwerten und einem besonderen Denkmalwert dennoch keine belastbare alternative Untersuchung angestellt wurde: eine Vergleichsuntersuchung, die nicht eine bereits gefällte Neubauentscheidung hätte versucht zu bestätigen, sondern vielmehr den notwendigen Erhalt des Baudenkmals als Prämisse gesetzt, den erforderlichen Ertüchtigungsaufwand für eine auch langfristige Weiternutzung ermittelt und diesen erst danach in Relation zum Neubau gewertet hätte.

Nur eine neue Brücke ist eine gute Brücke – dieses Leitbild ist gewachsen in jahrhundertealten Traditionslinien des Bauingenieurwesens. Entstanden im Zeichen der Aufklärung, hat es sich seit dem 18. Jh. gerade an den neuen Werkstoffen Stahl und Beton sukzessive ausgebildet, vor allem anderen stets verbunden mit dem Versprechen der Entwicklung und Eroberung des Neuen: Wozu sich da mühsam mit altem Eisen aufhalten, das doch seine »nominelle« Lebensdauer schon erreicht hat?

Gerade an denkmalgeschützten Brücken (und nicht nur Brücken!) stoßen dabei zwei gegensätzliche berufsständische Verpflichtungen aufeinander: Ingenieur*innen müssen die aus heutiger Sicht erkannten immanenten Mängel alter Bauweisen als Quelle künftiger Schäden oder gar Versagens beheben, Denkmalpfleger*innen hingegen sollen und wollen sie als vielleicht gerade authentische Zeugnisse einer früheren Konstruktionskultur erhalten. Dieses grundsätzliche Dilemma führt zu einem Schwarz-Weiß-Denken auf beiden Seiten. Im Bauingenieurwesen wird es schon in der Ausbildung kontinuierlich reproduziert: Den eher ganzheitlich orientierten Kultur- und Geisteswissenschaften stehen hochspezialisierte Ingenieurstudiengänge gegenüber, in denen traditionell vornehmlich richtige und falsche Lösungen miteinander verglichen und in Klausuren abgefragt werden. Innerhalb der hier gelehrten mechanischen und rechnerischen Modelle gibt es diese eindeutigen Lösungen tatsächlich. Zur Abbildung des Vorhandenen sind freilich stets auch andere, vielleicht realitätsnähere Modelle denkbar,

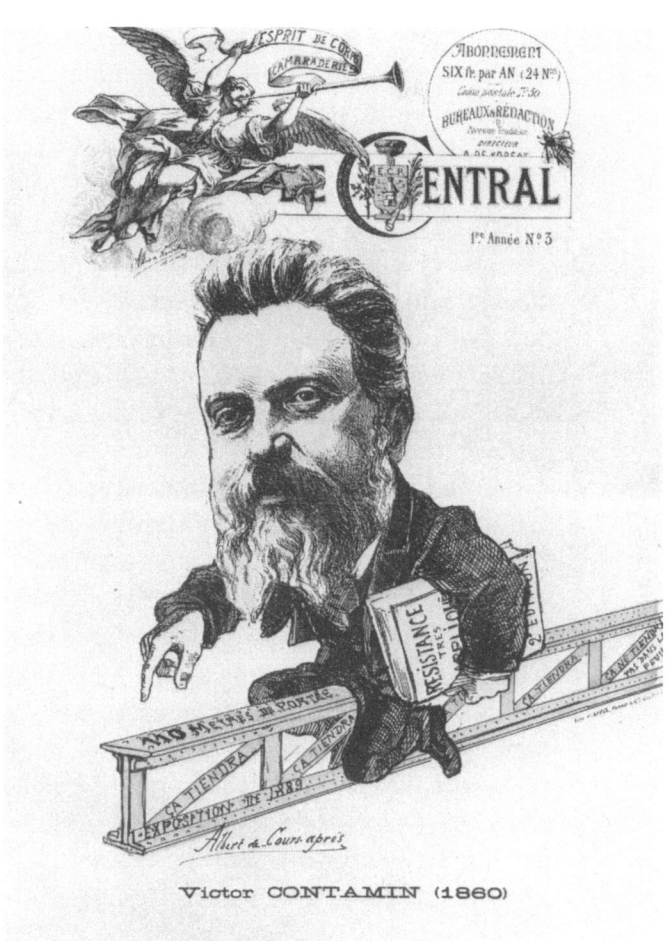

9   Karikatur des auf seine Formeln gestützten Bauingenieurs Victor Contamin, 1889.

und plötzlich gibt es nicht mehr nur richtig oder falsch, schwarz oder weiß. Unbestritten macht die Klarheit seiner Berechnungen eine der traditionellen Stärken des Ingenieurwesens aus – am Bestand indes erweisen sich die Überhöhung des (doch nur gewählten) statischen Modells und die damit verbundenen Illusion der eindeutigen Aussage als eine seiner Schwächen.

Derart ergebnisoffen zu denken, ist nicht nur für Ingenieur*innen, sondern in jedwedem Entscheidungsprozess ein anstrengendes und stets neu anzugehendes Unterfangen. Eben daraus beziehen klare, einfache Lösungen, für die zudem ein ausgefeiltes technisches Regelwerk bereitsteht, ihre hohe Attraktivität. Das Denken in Dichotomien ist freilich auch verführerisch. Je geschlossener es ist, umso mehr birgt es die Gefahr der Realitätsverweigerung. Erst unlängst antwortete ein Kollege auf meinen Vorschlag, die leicht angerosteten Stahlstützen, die gerade den Denkmalwert einer nun unbestritten trockenen und anderweitig verstärkten Fassade ausmachten, im Bestand zu belassen, mit pathetischer Stimme: »Ein Johann Leisering[11] steht für diese Lösung nicht zur Verfügung« – auch wenn sie keinerlei bautechnische Nachteile mit sich gebracht hätte. Schon mehrfach auch erhielt ich in der Auseinandersetzung um historische Brücken trotz des vorliegenden regelgerechten Ermüdungsnachweises schließlich die Frage: »Ja *glauben* Sie denn wirklich, dass diese schon ein Jahrhundert alte Brücke noch für weitere 100 Jahre genutzt werden kann?« Dass ein Ingenieur, wenn er nicht mehr weiter weiß, nach dem Glauben fragt, ist beachtenswert. Ein merkwürdiges Urgefühl, das seine Altersvorstellung vielleicht ja von dem des Menschenmöglichen auf die Brücke überträgt, schlägt die Logik des ingenieurwissenschaftlich geschulten Verstandes. Unversehens scheint da der *Horror vetustatis* auf, jenes Erschrecken vor dem Alter, das einen auf Jugend, Dynamik und stete Erneuerung durch permanentes Kaufen und Verkaufen gepolten ökonomischen und gesellschaftlichen Konsens einem dunklen Schatten gleich begleitet.

Eine Frage der Werte

Mühsam ist das Sich-Einlassen auf die Komplexität des Bestandes und dessen differenzierte Ertüchtigung im Sinne des Weiterbauens allemal. Wer dies auf sich nehmen will, braucht motivierende Werte: Erst wenn mir das Denkmal etwas wert ist, bin ich bereit, nicht zu ruhen, bis Erhalt und behutsame Entwicklung gesichert sind.

Dass für die planenden Ingenieur*innen die geschichtliche oder kulturelle Besonderheit, die städtebauliche Dimension oder auch die gestalterische Qualität eines Brückendenkmals allenfalls nachrangig von Bedeutung sind, mag noch als verständlich erscheinen. Was aber gerade im Umgang mit Bestandsbrücken verwundert: Es gab und gibt in der Regel auch keine erkennbare Identifikation mit dem technischen Denkmal als Erbe des eigenen Berufsstandes, das zu erhalten ein Wert wäre – eine facheigene Wertschätzung, die sich aus so etwas wie dem Stolz auf die eigenen Vorgänger generiert. »*A man who knows the price of everything and the value of nothing*«: In Oscar Wildes *Lady Windermere's Fan* charakterisiert Lord Darlington so den Zyniker[12], und doch erinnert der Satz an manche Ingenieurkolleg*innen, denen ich begegnet bin. Die Konsequenzen sind unmittelbar: Der Denkmalschutz wird nicht etwa als Chance für den Erhalt eines als wertvoll erkannten Bauwerks verstanden, sondern als planungstechnisches Hindernis auf dem Weg zum Neubau, das es formal korrekt zu überwinden gilt.

Die fehlende fachspezifische Inwertsetzung erstaunt umso mehr, als die Konflikte andererseits stets schnell von einem »Wir und die Anderen« durchzogen sind. Unverständnis, Abneigung und Überheblichkeit – in ihren wechselseitigen Feindbildern stehen sich Bewahrer und Erneuer, Denkmalpfleger*innen und Ingenieur*innen oft näher, als sie zugegeben mögen. Gerade unter letzteren aber stößt man dabei auf einen Corpsgeist, der an die im 18. Jh. begründeten *Corps des Ingénieurs* als Keimzellen des Berufsstandes denken lässt. Wie mir zugetragen wurde, sah mein Stahlbau-Professor an der TU Berlin in mir »... einen guten Mann, der aber leider auf die andere Seite gewechselt ist.« Und im Konflikt um den Erhalt eines Teilstücks des Hochbahnviadukts in Berlin-Kreuzberg ließ mein unbestritten hochkompetenter Gegenspieler es sich schon 1996 nicht nehmen, mich öffentlich als den »Kunsthistoriker aus Cottbus« zu kennzeichnen oder – je nach Lesart – zu desavouieren. Derartige Ausgrenzungen sind rasch verbunden mit einer gewissen Überheblichkeit, die freilich oft mit einem offenkundigen Gefühl der

Unterlegenheit in Kommunikation und Sprache einhergeht.

Gut geschützt durch etablierte Apparate, Planungsroutinen, Vertragswerke und nachgeordnete Regelungen, vermitteln die Planer*innen dann vor allem das Gefühl, ungeachtet aller Bedrängnis sowieso am längeren Hebel zu sitzen. Schon der Hauch einer Arroganz der Macht aber läuft jeder ernsthaften Auseinandersetzung zuwider, die Kommunikation auf Augenhöhe verkommt zu allenfalls gönnerhaften Zugeständnissen.

Welche Verantwortung?

Es gehört zum guten Ton jeder nur ein wenig hervorgehobenen Fachkonferenz, in Gruß- oder Einleitungsworten das Hohelied der gesellschaftlichen Verantwortung des Bauingenieurs zu singen.[13] In welcher Verantwortung aber sehen sich die Planer*innen der Bahn, denen ich begegnen durfte?

»Meine Verantwortung liegt darin, für jeden Teil eines Bestandsbauwerks unter angemessener Berücksichtigung der Kosten seine Standsicherheit, Gebrauchstauglichkeit und Dauerhaftigkeit nach den heute gültigen Regelwerken formal korrekt nachzuweisen; wenn ich dies nicht kann, lässt es sich nicht weiter nutzen« – so in etwa die Antwort, die ich erst vor wenigen Monaten auf eine diesbezügliche direkte Frage erhielt. »Wenn ich davon auch nur in einem kleinen Detail abweiche und es passiert etwas«, so eine andere Kollegin, »stehe ich mit einem Bein im Gefängnis.« Eben dies ist die Qualität der regelbezogenen Legitimation, auf die wir uns verlassen können, wenn wir über eine Brücke fahren – wie könnten wir es sonst auch wagen? Eben dies ist aber auch die Haltung, die Bestandsbrücken leicht keine Chance lässt.

»Civil engineering is the art of working with the great sources of nature for the use and benefit of society« – so lautet der im Jahr 2004 aktualisierte Leitsatz der britischen Institution of Civil Engineers (ICE). Er fordert von den Bauingenieur*innen des 21. Jhs. mehr als den regelkonformen Nachweis der statischen Verlässlichkeit. »For the use and benefit of society« – nimmt man dies ernst, verlangt es die integrative Abwägung unterschiedlicher gesellschaftlicher Zielvorstellungen und die ingeniöse Entwicklung bestmöglich »ganzheitlicher« Lösungen. Und selbst wenn vielen Ingenieur*innen im Umgang mit dem Bestand die Bewahrung des geschichtlich gewachsenen Bedeutungswerts dabei als nachgeordnete Kategorie erscheinen mag, lässt sich spätestens die nüchterne, von Zahlen unterlegte Ressourcenbilanz des Weiterbauens in dieser Abwägung – eigentlich – nicht mehr ignorieren. Weiterbauen statt neu bauen – das ist ein Paradigmenwechsel. Es ist höchste Zeit, darüber nachzudenken, wie sich das Bewusstsein dafür auch in der Praxis des planerischen Alltags befördern und etablieren ließe.

1   Mitteilung der Deutschen Gesellschaft des Club of Rome, https://www.clubofrome.de/earth-overshoot-day-2020 (21.8.2020).

2   Lembke 2019.

3   Sand. Ein nur scheinbar unendlicher Rohstoff. Deutschlandfunk 5.1.2020, https://www.deutschlandfunk.de/sand-ein-nur-scheinbar-unendlicher-rohstoff.724.de.html?dram:article_id=460151 (21.8.2020).

4   Kohler et al. 1999.

5   Ebd. 18.

6   BDA 2019, ohne Seitenangabe.

7   https://www.architects4future.de/statement (21.8.2020).

8   »Zwischen dem Sagen und dem Machen liegt die Hälfte des Meeres.«

9   DB Netz AG 2012.

10   LuFV III 2020.

11   Name geändert.

12   Lord Darlington in: Oscar Wilde, Lady Windermere's Fan, 1892, act 3.

13   Vgl. Lorenz 2001 mit weiteren Literaturverweisen.

BDA 2019
Bund Deutscher Architekten (BDA): Das Haus der Erde. Positionen für eine klimagerechte Architektur in Stadt und Land. Beschlossen in Halle / Saale 25.5.2019, https://www.bda-bund.de/wp-content/uploads/2019/04/Das_Haus_der_Erde_.pdf (2.9.2020).

DB Netz AG 2012
DB Netz AG: Tragsicherheit bestehender Eisenbahnbrücken: Modulfamilie 805 (2012).

Kohler et al. 1999
N. Kohler / U. Hassler / H. Paschen: Stoffströme und Kosten in den Bereichen Bauen und Wohnen (Berlin, Heidelberg 1999).

Lembke 2019
J. Lembke: Ein Haus wie eine Mehrwegflasche, Frankfurter Allgemeine Sonntagszeitung, 29.12.2019, Nr. 52, 62.

Lorenz 2001
W. Lorenz: Von Tugend, Verantwortung und Qualität – Rede gegen das Verschwinden des Ingenieurs, in: Bundesingenieurkammer (Hg.): Ingenieurbaukunst in Deutschland. Jahrbuch 2001 (Hamburg 2001) 112–121.

Lorenz 2020
W. Lorenz: Engineer's art or art of Engineering? Thinking about the term Ingenieurbaukunst, in: Bundesingenieurkammer (Hg.): Ingenieurbaukunst – Engineering Made in Germany (Berlin 2020) 10–15.

LuFV III 2020
Leistungs- und Finanzierungsvereinbarung III (LuFV III) zwischen der Bundesrepublik Deutschland und den Eisenbahninfrastrukturunternehmen der Deutschen Bahn AG sowie der Deutschen Bahn AG, 2020.

Schmidbauer 2020
W. Schmidbauer: Die Kunst der Reparatur (München 2020).

Abbildungsnachweis

1   db Deutsche Bauzeitung 06/2020.
2–5   Werner Lorenz.
6   DB Netz AG / Vössing Ingenieurgesellschaft mbH.
7, 8 Initiative Sternbrücke.
9   Le Central 1 (1888/89) Nr. 3.

Weiterbauen als gesellschaftliche Aushandlung

Die Villencolonie Alsen in Berlin-Wannsee
120 Jahre Strategien im Umgang mit großbürgerlichen Wohnbauten

Sabrina Flörke

Der Berliner Ortsteil Wannsee im Südwesten der Hauptstadt erfreut sich als Ausflugsziel fernab des Brandenburger Tores großer Beliebtheit. Die Tagestouristinnen und -touristen unternehmen von hier eine Schiffsrundfahrt über die Havelseen, besuchen die Gedenk- und Bildungsstätte Haus der Wannsee-Konferenz (HdWK) oder genießen den Garten des Museums Liebermann-Villa. Die beiden letztgenannten Einrichtungen liegen am Westufer des Großen Wannsees ein Stück entfernt vom Bahnhof Wannsee und der Schiffsanlegestelle (Abb. 1). Doch die Besucherinnen und Besucher dürfen auf ihrem Weg dorthin kaum freie Sicht auf das Wasser des Sees genießen, was nicht selten zu Verwunderung führt. Der Spaziergang oder die Fahrt mit dem Bus führt vorbei an hohen Hecken und Zäunen, die den Blick über die Seegrundstücke mit den repräsentativen Villen, kleineren Reihenhäusern und Sportvereinen versperren. Dabei stammen die beiden oben genannten Gebäude aus der Zeit kurz nach der Jahrhundertwende, als sichtversperrende Grundstückseinfriedungen untersagt waren. Denn um 1900 nahm Wannsee die besondere Rolle einer stadtnahen Sommerfrische für das Berliner Groß-bürgertum ein. Die Idee eines gemeinschaftlich bewohnten Parks als übergeordnetes landschaftsgestalterisches Konzept hatte Wilhelm Conrad (1822–1899) für die Villencolonie Alsen mit nachhaltigen Planungsvorgaben bereits ab den späten 1860er Jahren am Wannsee realisiert.

Das HdWK von 1914 und die Liebermann-Villa aus dem Jahr 1909 wurden mit den bestehenden Vorgaben projektiert. Sie sind heute als Garten- und Baudenkmale in der Denkmalliste von Berlin verzeichnet. Für Besuchergruppen bilden sie die zwei Hauptanziehungspunkte am Westufer des Großen Wannsees inmitten einer von Verdichtung geprägten Siedlungsstruktur. Der nachfolgende Beitrag beschreibt die Entwicklungsphasen der ursprünglich als Sommerkolonie gegründeten homogenen Raumstruktur von ihren Anfängen um 1870 bis in die Gegenwart. Dabei werden die zeittypischen Wertungen des Weiterbauens unter Berücksichtigung der sich im 20. Jh. vollziehenden gesellschaftlichen Verwerfungen aufgezeigt und an konkreten Beispielen verdeutlicht.

Die Entstehung der Sommerfrische am Wannsee

Auf Geheiß des Bankiers Wilhelm Conrad wurden im Jahr 1870 die ersten als Sommerresidenzen genutzte Villen für großbürgerliche Berliner Familien am Großen und Kleinen Wannsee realisiert. Am Rande des vom Landschaftsarchitekten Peter Joseph Lenné (1789–1866) für Potsdam und seine Umgebung ausgearbeiteten Verschönerungs-Planes gelegen[1], entwickelte der Privatinvestor Conrad mit der Villencolonie Alsen ein exklusives Refugium der Sommerfrische. Es war das erste Mal in der Entwicklungsgeschichte des Berliner Südwestens, dass sich das Großbürgertum außerhalb der Stadt und in der Nähe zu den Potsdamer königlichen Sommerresidenzen Glienicke und Babelsberg großflächig architektonisch selbst manifestierte.

Der Lenné-Schüler und spätere Gartenbaudirektor Berlins Gustav Meyer (1816–1877) entwarf

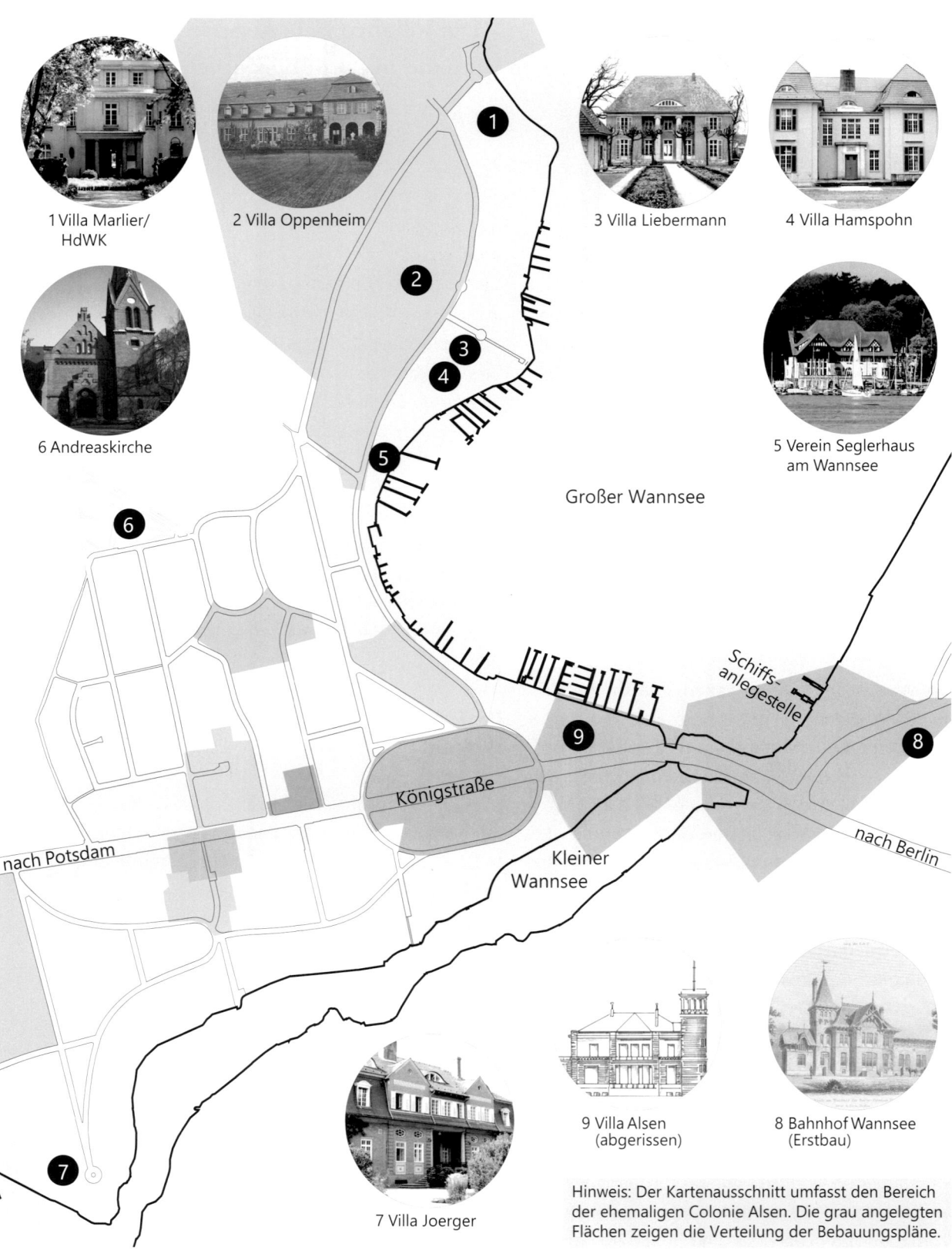

1 Villa Marlier/
HdWK

2 Villa Oppenheim

3 Villa Liebermann

4 Villa Hamspohn

6 Andreaskirche

5 Verein Seglerhaus
am Wannsee

Großer Wannsee

Schiffs-
anlegestelle

Königstraße

nach Potsdam

nach Berlin

Kleiner
Wannsee

6

7

8

9

9 Villa Alsen
(abgerissen)

8 Bahnhof Wannsee
(Erstbau)

7 Villa Joerger

Hinweis: Der Kartenausschnitt umfasst den Bereich
der ehemaligen Colonie Alsen. Die grau angelegten
Flächen zeigen die Verteilung der Bebauungspläne.

1   Lageplan von Wannsee.

die Straßenanlage mit Hippodrom und großzügiger Grundstücksparzellierung.[2] Ganz in der Tradition der Potsdamer Kulturlandschaft sollte auch hier ein bewohnter Park entstehen, der Landschaft und Architektur in einzigartiger Weise verbindet. Doch anders als im nahegelegenen Glienicker Schlosspark, den eine einzelne Familie bewohnte, sollte in der Colonie Alsen eine Gemeinschaft Gleichgesinnter den Park formieren. Das kollektive Selbstverständnis der Kolonistengruppe von Bankiers, Unternehmern, Wissenschaftlern und Künstlern war geprägt durch die Sehnsucht, der wachsenden Großstadt Berlin entfliehen, gemeinschaftlich die Sommerfrische mit Segelsport genießen und sich zudem architektonisch selbst darstellen zu können.

Letzteres wurde durch die bauplanerischen Vorgaben Conrads gesteuert. So wurden Grundstückskäufer per Kaufvertrag und grundbuchrechtlicher Eintragung in Abteilung 2 auf eine Bauweise verpflichtet, die auf die Errichtung villenartiger Wohnbauten samt ihrer Nebenbauten abzielte. Hinzu kamen Vorgaben zu Einfriedungsarten und -höhen. Grundstückseinfriedungen durften demnach mit Gitter oder Laubwerk besetzt sein, aber nur eine Höhe von maximal drei Fuß über dem Straßenrand erreichen. Bretterzäune waren jedoch untersagt.[3] Weitere Gestaltungsparameter betrafen die Fassaden und den Garten. Was aber die Kolonie als einzigartig für den Berliner Raum hervorhob, war nicht nur das Konzept eines gemeinschaftlich bewohnten Parks, sondern zusätzlich die grundbuchrechtlich festgeschriebenen grundstücksübergreifenden Aussichtsflächen auf den Wannsee. Den Wohnbauten in hinterer Baureihe ohne direkten Wasserzugang wurden aus den ungeöffneten Fenstern des Erdgeschosses bzw. Parterregeschosses uneingeschränkte Sicht auf den See ermöglicht. Für die Ufergrundstücke bedeutete das, dass Bepflanzungs- und Baueinschränkungen in bis auf ein Fußmaß klar definierten Aussichtskorridoren entsprechend der Gebäudekanten der begünstigten Haupthäuser zu befolgen waren.[4]

Die erste Bauphase war geprägt von einer Heterogenität an Baustilen.[5] In der Kernphase bis 1898 entstanden an den Wannseehängen Sommervillen im spätklassizistischen Stil, die italienische und deutsche Renaissance waren beliebt, und auch der Schweizer Stil fand Verbreitung. Die Homogenität der Kolonie lag in der Nutzung und Platzierung der Baukörper inmitten der großflächigen, nicht voneinander abgeschotteten, jedoch individuell gestalteten Landschaftsgärten, die Ausdehnungen von bis zu 25.000 m² erreichen konnten (Abb. 2).

Die Kolonisten sahen den Wert des Bauens in einer besonders repräsentativen Architektur. Auch wenn die Wohnbauten nur in den Monaten April bis Oktober genutzt wurden, standen Gestaltung und Ausstattung der Häuser und Gärten im Fokus der Aufmerksamkeit. Nicht selten gehörten zu einem Haupthaus zehn Nebenbauten, die für die Bewirtschaftung und Instandhaltung des Grundstücks wie auch für die Repräsentation als notwendig erachtet wurden. Die Sommerkolonie bot den Siedlerfamilien einen starken Kontrast zu ihren Stadthäusern oder den Stadtwohnungen in Berlin und eröffnete die Möglichkeit einer großflächigen Entfaltung. Hinzu kam der hohe gesellschaftliche Wert der Kolonie, denn Wilhelm Conrad konnte die Käufer seiner Grundstücke nach Belieben auswählen. Private und berufliche Netzwerke[6] waren ausschlaggebend für die Entstehung der Kolonistengruppe, die sich in den Anfangsjahren im Sinne einer persönlichen Auslese Conrads konstituierte.

Die Gründung der Gemeinde Wannsee

Bis zu Conrads Tod 1899 entstanden durch seine Entwicklungsstrategien Wohnbauten auf 69 Grundstücken, der Bahnhof Wannsee wurde als neuer Halt zwischen Potsdam und Berlin eröffnet, eine Kirche (Andreaskirche) samt Friedhof wurden durch Conrad gestiftet, und der Vereinssitz Seglerhaus am Wannsee als Mittelpunkt der Kolonie (s. Abb. 1) sowie zwei weitere Ausflugslokale dienten dem geselligen Zusammensein in der Sommersiedlung. Im Jahr 1898 ging die Kolonie verwaltungstechnisch in der Landgemeinde Wannsee auf. Der Name Alsen verschwand damit von den Landkarten. Testamentarisch legte Conrad fest, dass die Erbengemeinschaft erst fünf Jahre nach seinem Tod sämtliche noch verbliebene Liegenschaften veräußern durfte.[7]

Hier trat nun die von dem Architekten Otto Stahn (1859–1930) gegründete Terraingesellschaft *Landgesellschaft Wannsee G.m.b.H.* als steuernder

Akteur auf. Von Conrad war Stahn mit dem Bau der neuen Kirche (1896) beauftragt worden. Zeitgleich errichtete er unweit davon auch ein Sommerhaus für sich selbst und steuerte dann mit seiner Terraingesellschaft die weitere bauliche Entwicklung im Sinne des Koloniegründers. Hierfür formulierte er für neu zu erschließende Straßen ähnliche Vorgaben.[8] Auch die bestehenden grundbuchrechtlichen Verordnungen hatten nach wie vor Geltung. Sie wirkten sich auf die weiteren Bauvorhaben aus, da sie auch für alle

2   Situationsplan der Colonie Alsen 1883.

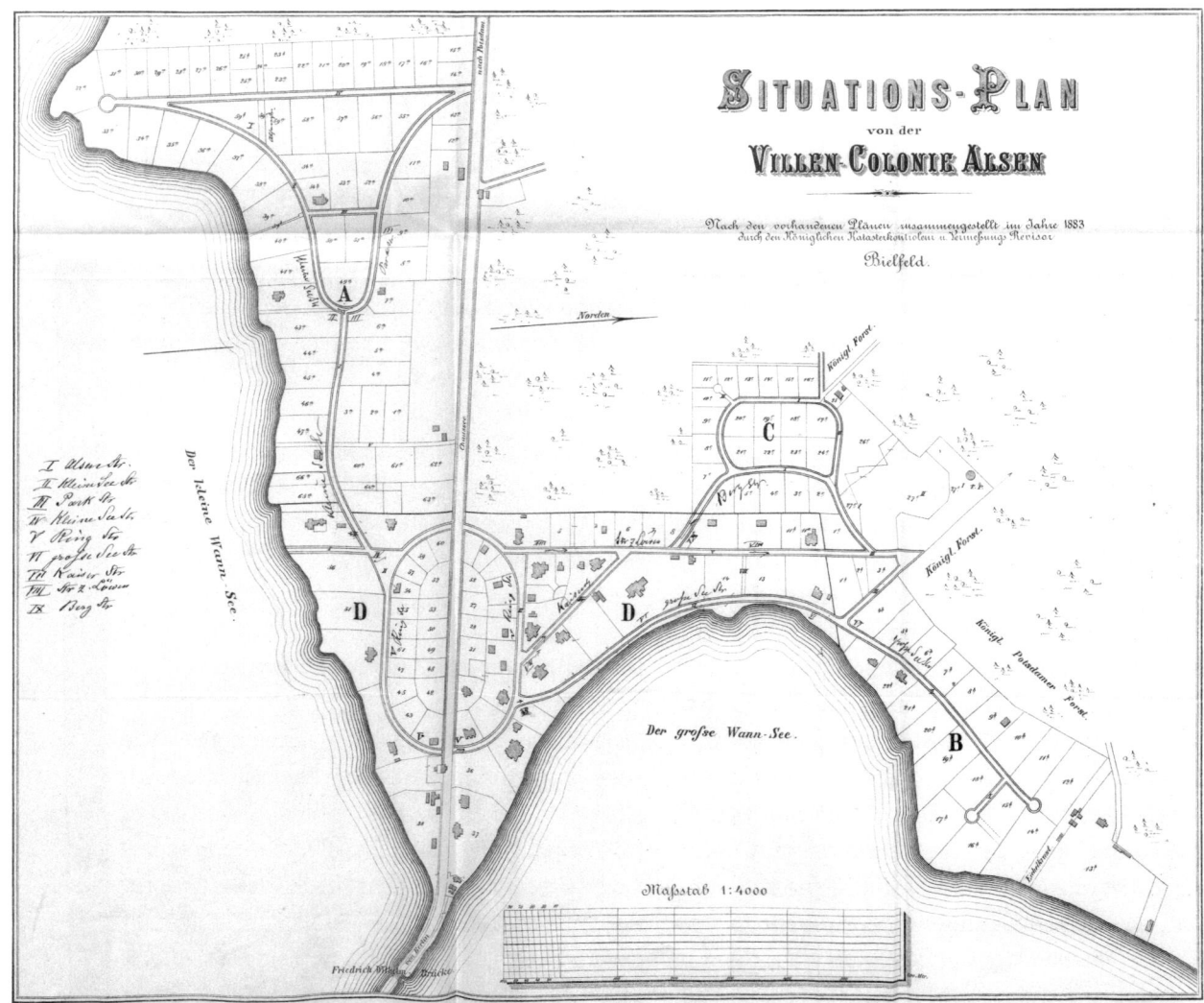

Rechtsnachfolger der Erstkäufer wirksam blieben. Die Terraingesellschaft veräußerte die noch unbebauten Flächen jedoch nun vermehrt auch an das mittlere Bürgertum. Die neu geschaffenen Parzellen waren kleiner und gleichförmiger und wurden mit Einfamilienhäusern geringeren Bauvolumens ausgestattet. Entlang der Königstraße, bzw. der Bundesstraße 1 als großer Durchfahrtsstraße siedelte sich zwar nach und nach Gewerbe an, die Anrainerstraßen blieben jedoch als rein bürgerliche Wohnstraßen erhalten. Auch nach 1905 entstanden so weiterhin vornehmlich temporär genutzte Wohnbauten wie die Villen für Max Liebermann (1847–1935), für Ernst Marlier (1875–1948; das heutige HdWK) oder für Carl Joerger (1871–1945) (s. Abb. 1).

Die bisherige Maxime, Wannsee als einen Ort der Sommerfrische zu nutzen, blieb auch nach dem Ersten Weltkrieg in weiten Teilen gewahrt.[9] Allerdings wirkte sich die durch die Reparationszahlungen des Versailler Vertrages geschwächte Wirtschaftslage und die einsetzende Inflation der Nachkriegsjahre in Form hoher Kapitalverluste auch auf Wannseeaus. Manche von ihnen kamen in so große Bedrängnis, dass die Stadthäuser aufgegeben wurden und das Wannseer Sommerhaus zur ganzjährigen Wohnadresse wurde. Das seit Anbeginn der Kolonie rege gesellschaftliche Leben mit Salons und Freizeitvergnügen im Seglerhaus prägte die Siedlung auch nach Conrads Tod vor allem in den Sommermonaten und weiterhin nach der Gründung Großberlins 1920.

Ein erstes gesellschaftliches Konfliktfeld in der Betrachtung der Weiterentwicklung von Wannsee offenbarte sich mit dem erstarkenden Antisemitismus gegenüber den jüdischen Bewohnerinnen und Bewohnern. Viele Villen- und Landhausbesitzerinnen und -besitzer hatten jüdische Wurzeln oder waren Mitglied der Berliner jüdischen Gemeinde. Innerhalb der großbürgerlichen Kolonistengruppe war bis dato, vermutlich auch aufgrund des ähnlichen Vermögenshintergrundes, die Bedeutung der Konfession in den Hintergrund gerückt, sodass auf Wunsch jüdischer Anwohnerinnen und Anwohner der Friedhof der Siedlung zu einem Bestattungsort für beide Religionen geworden war. Nach 1933 sahen sich die jüdische Bevölkerung der Kolonie jedoch vermehrt einer Ausgrenzung ausgesetzt, die es zuvor in der Form hier nicht gegeben hatte.

Umbrüche im Nationalsozialismus

Mit der Machtergreifung der NSDAP 1933 rückte Wannsee mit seinen herrschaftlichen Wohnhäusern immer mehr in den Fokus des erstarkenden Machtapparates. Manche Familien schätzten den Ernst der politischen Lage frühzeitig ein, verließen ihre Heimat und gingen ins ausländische Exil. Ihren Grundbesitz in Wannsee behielten sie dennoch und agierten vom Ausland aus als Vermieter. Der Druck wurde jedoch so groß, dass die Besitztümer, wenn nicht ohnehin schon konfisziert, so schließlich doch verkauft werden mussten, und dies erheblich unter ihrem Wert. Diese Villen und Landhäuser dienten fortan hochgestellten Persönlichkeiten des NS-Staates als Wohnsitz oder wurden zu Schulungszentren und Erholungsheimen der NSDAP umfunktioniert. In der Villa des Malers Max Liebermann wurde ein Schulungslager für weibliche Bedienstete der Deutschen Reichspost eingerichtet, und die Villa Marlier diente ab 1940 als Gästehaus für SS-Angehörige. Die politischen und wirtschaftlichen Bestrebungen der Nationalsozialisten, sich repräsentativ in der Stadt zu positionieren, wurden mit den herrschaftlichen Wohnbauten in Wannsee erfüllt. In den Jahren bis zum Kriegsausbruch kam es daher überwiegend nur zu kleineren Umbauten im Inneren der bereits bestehenden Wohnbauten.

Das kulturelle Leben wurde durch das Nazi-Regime und den Zweiten Weltkrieg unwiderruflich beendet. Die Regimegegner und die jüdischen Familien waren emigriert oder ermordet worden. In das Ausland Emigrierte kehrten nicht mehr nach Wannsee zurück. Die Villen und Landhäuser wurden während der Kriegsjahre aufgrund der Notstandsituation als Notlazarette umgenutzt.

Dies betrifft u. a. die benachbarten Villen von Max Liebermann und Johann Hamspohn (1840–1926), die für eine gemeinsame Nutzung als Krankenhaus einen Verbindungsgang erhielten. So war das einstige Atelier des Malers Operationssaal geworden, und der Garten war größtenteils planiert. Max Liebermann war bereits 1935 gestorben und hatte die Emigration seiner Tochter und den Selbstmord seiner Frau als letzten Ausweg vor Deportation nicht mehr erleben müssen. Mit der Vertreibung sowie der Vernichtung der kulturellen Elite ging 1945 auch die Identität Wannsees verloren. Einhergehend mit dem damit verbundenen ebenfalls verlorenen Kapitalvermögen sahen viele Villen bei Kriegsende undefinierten Zwischen- und Umnutzungen sowie einer ungesicherten Zukunft entgegen. Diese Situation bildete schließlich die Ausgangslage für die weitere bauliche Entwicklung in Wannsee ab 1945.

Die Nachkriegsjahre

Die Restitutionsverhandlungen zwischen der Stadt Berlin und den vor dem Krieg enteigneten Besitzern wie auch deren Erben verhinderten bzw. verzögerten bis in die späten 1950er Jahre die Entwicklung eines richtungweisenden Baugeschehens in der ehemaligen Colonie Alsen. Das Land Berlin und andere institutionelle Akteure kauften einige Grundstücke auf und richteten dort u. a. schulische Erholungsheime ein; vorerst wurden nur minimale bauliche Veränderungen im Inneren der Gebäude vorgenommen. Auf dem Grundstück der einst großbürgerlichen Villa des Unternehmers Marlier (HdWK), in der 1942 die Wannsee-Konferenz zur »Endlösung der Judenfrage« stattgefunden hatte, tummelten sich in den 1950er Jahren im neu eingerichteten Schullandheim Kinder aus Berlin-Neukölln.[10] Die seit dem Krieg etablierte Infrastruktur aus Krankenhäusern und Heimen wurde darüber hinaus an mehreren Standorten durch die Errichtung von Neubauten ergänzt und somit die Entwicklung der Gesundheitsbranche in

Wannsee befördert. Dieser Trend wurde dadurch weiter verstärkt, dass durch die Teilung Berlins Wannsee zum Naherholungsort für die Westberliner wurde, die durch den Mauerbau vom Brandenburger Umland abgeschnitten waren.

Hinzu kam, dass Wannsee, in der amerikanischen Besatzungszone gelegen, als Wohngegend attraktiv war. So war die Villa Joerger von den Amerikanern anfangs als Residenz für einen hochrangigen Militär vorgesehen.[11] Doch das Schicksal des Hauses sollte durch den Kauf des Vereins Wannseeheim für Jugendarbeit, heute Stiftung wannseeFORUM, eine andere Wendung nehmen; ab 1951 erfuhr die Villa durch Umbau zu einer Begegnungs- und Ausbildungsstätte eine nachhaltige Nutzung. Ursprünglich hatte der Verein bei seiner Suche nach einem neuen Standort einen Neubau präferiert.

Mit dem Gedanken einer »Neuerfindung und Neustrukturierung« kam der in der Nachkriegsgesellschaft weitverbreitete Zeitgeist auch in baulicher Hinsicht zum Ausdruck. Die Folge davon war auch in Wannsee in Form von Abrissgenehmigungen spürbar. Vor allem der ältere Baubestand noch aus der Zeit der Kolonie vor 1900 musste Neubauprojekten weichen, u. a. auch die Villa des Koloniegründers Wilhelm Conrad von 1870, Villa Alsen genannt (s. Abb. 1). Einst war sie von den Architekten Hermann von der Hude (1830–1908) und Julius Hennicke (1832–1892) im Stile der Potsdamer Turmvillen[12] errichtet worden. Die Villa war einer der ältesten Bauten in Wannsee und nahm mit ihrer Lage am Eingang zur Kolonie fast die Rolle eines Pförtnerhauses für den Ortsteil ein.

Die programmatische bauliche wie städtebauliche Weiterentwicklung begann ab 1960 durch allerdings nur teilweise umgesetzte Bebauungspläne. Sie zielten jeweils auf Einzelbereiche des vormaligen Koloniegebietes ab. Insgesamt stellen sie sich eher als Flickenteppich denn als Zeugnis einer übergeordneten Planung für den Bestand dar (s. Abb. 1). Damit erfuhr das ursprüngliche bauliche und städtebauliche Konzept der Kolonie als homogener Wohnsiedlung wenig bis gar keine Berücksichtigung, und mit geringer Wertschätzung einher ging der mangelnde Wille, es als historisches Zeugnis zu erhalten. Entlang des Großen Wannsees wurden Sonderzweckflächen für den Wassersport eingerichtet. Für neu zu errichtende bauliche Anlagen auf diesen Flächen gilt bis heute als einzige Beschränkung, dass diese »so in die Uferlandschaft eingeordnet werden, dass eine Beeinträchtigung des Landschafts- und Ortsbildes Am Großen Wannsee nicht eintreten kann«.[13]

Das Verständnis von Verwaltung, Planerinnen und Planern sowie Bauherrenschaft für ein »orts-bildprägendes Weiterbauen« in Wannsee ist seit den 1950er Jahren jedoch sehr mannigfal-tig. Die Villa Liebermann etwa erfuhr mit dem Inkrafttreten des Bebauungsplanes ein drittes Mal

eine Umnutzung, ohne dass dies große bauliche Veränderungen an der Außenhaut mit sich brach-te. Die Innenräume wurden für den neuen Pächter, den Deutschen Unterwasser-Club (DUC), umge-baut. In der ehemaligen Diele entstand eine Bar, im Obergeschoss wurden Wände herausgenommen, und dort, wo einst das Atelier Max Liebermanns gewesen und später ein Operationssaal eingerich-tet war, wurden nun Vorträge gehalten oder Filme vorgeführt. Der Garten diente fortan benachbar-ten Segelvereinen als Winterstellfläche für ihre Boote und den Mitgliedern des DUC als Parkplatz für ihre PKW (Abb. 3).[14] Für die Bestandsgebäude Villa und Pförtnerhaus war es letztendlich Glück, dass der Raumbedarf des Tauchervereins sich auf die Flächen innerhalb der Villa beschränkte. Dies war nicht die Regel. Manch andere am Ufer des

3   Straßenansicht Villa Liebermann um 1970.

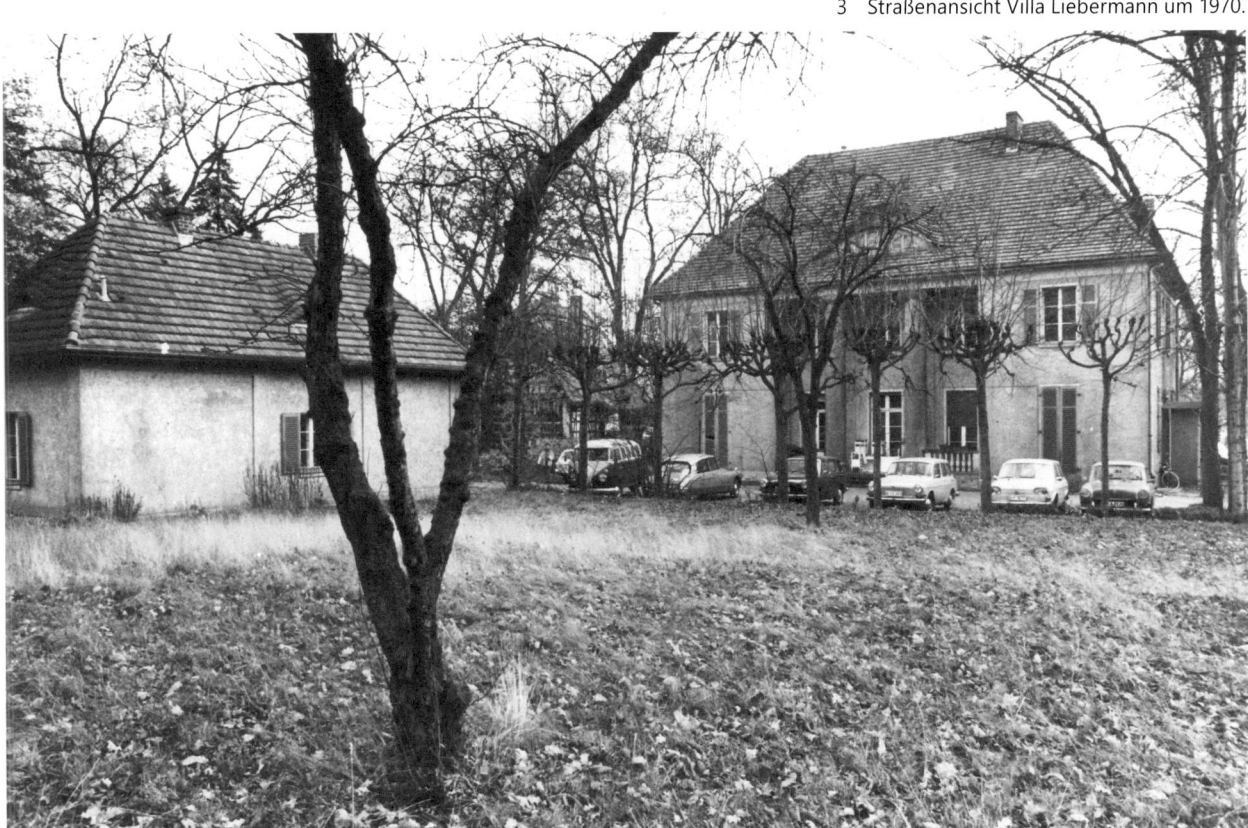

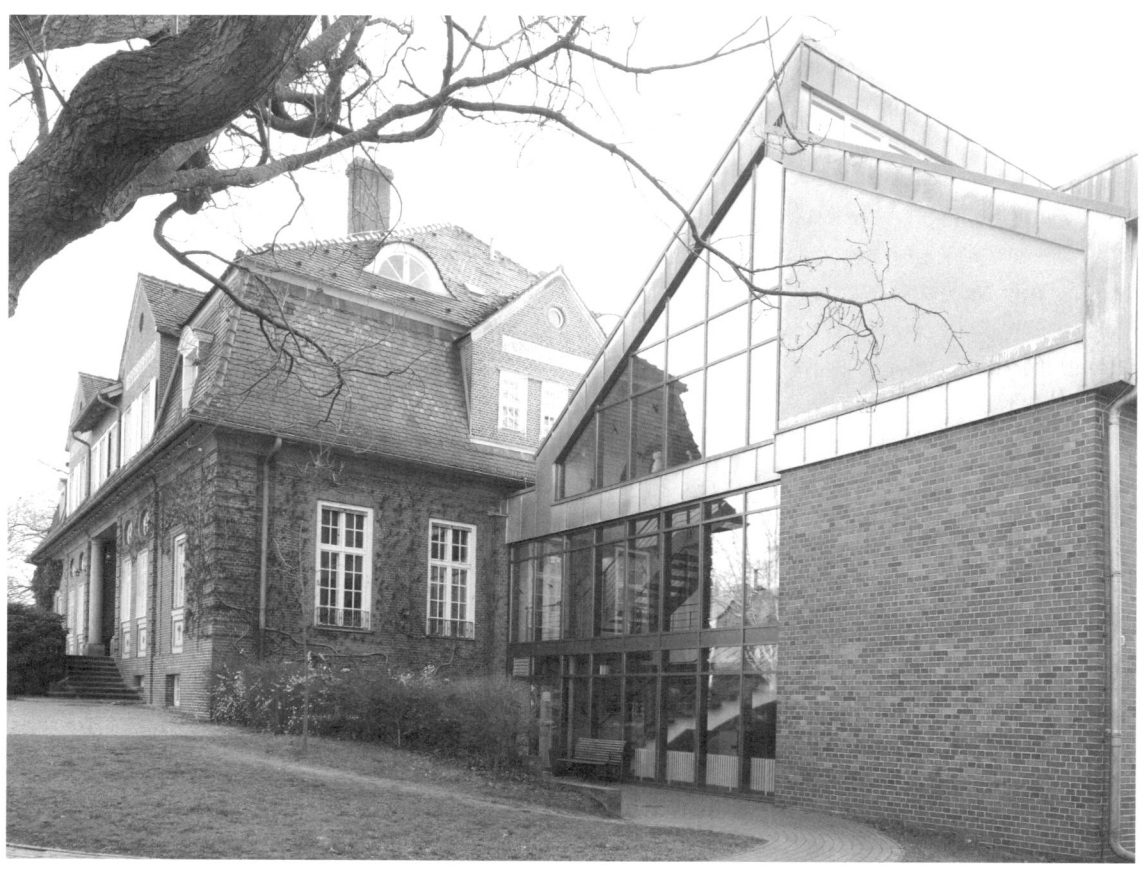

4   Villa Joerger mit Anbau (oben: Nordseite; unten: Südseite).

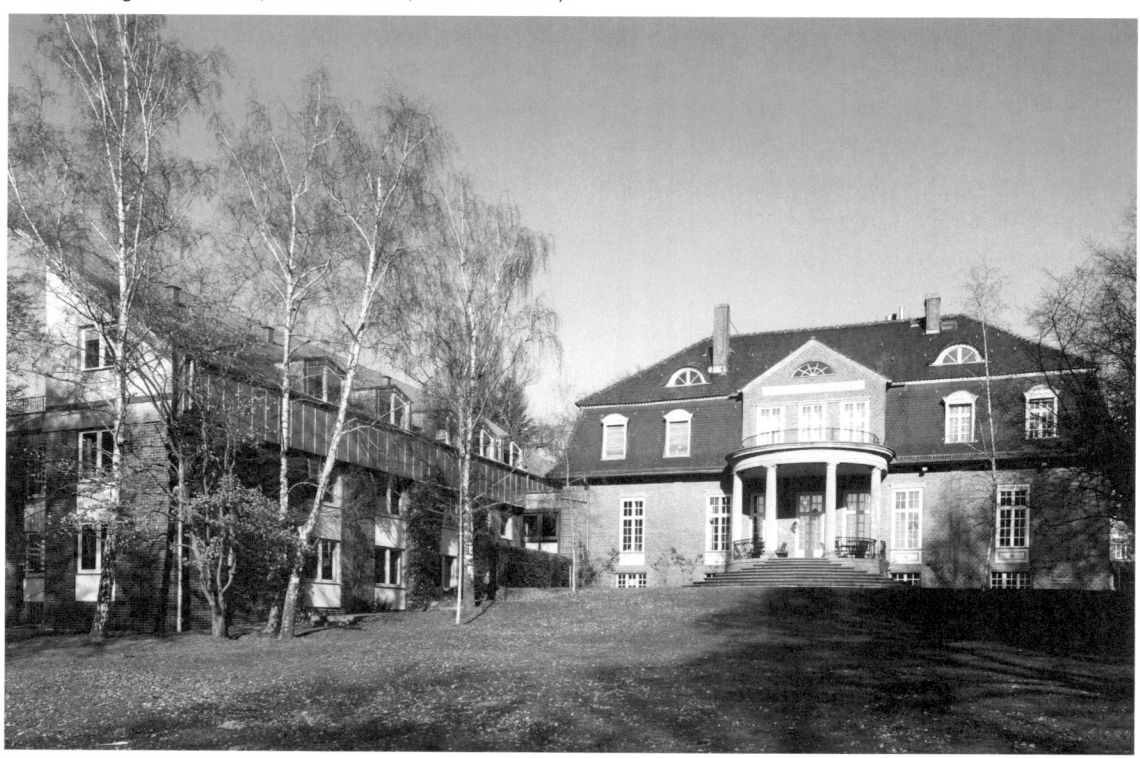

Großen Wannsees befindliche Villa war ebenfalls von der Sondernutzungsfläche betroffen und wurde für Neubauten abgerissen.

Die bereits erwähnte Villa Joerger befindet sich dagegen auf einem Areal ohne Bebauungsplan. Dort wurde ebenso wie bei der Villa Liebermann die Umnutzung bei Erhalt der Bausubstanz durch einen Verein als verantwortlicher Akteur vollzogen, nämlich dem Wannseeheim für Jugendarbeit e.V. Die Aus- und Fortbildungsstätte hatte aber nur »Überlebenschancen«, wenn sie Übernachtungsmöglichkeiten anbieten konnte. Das Landhaus selbst bot dazu nicht genügend Raum. Aus Lottomitteln und Spenden wurde 1964 ein zweigeschossiger Anbau mit Gästezimmern realisiert. Dieser wurde als Seitenflügel mit Flachdach orthogonal zum Bestand konzipiert und durch ein verglastes Treppenhaus mit diesem verbunden (Abb. 4 oben). Beim Betreten des Grundstücks bleibt der Anbau durch den Bestand verdeckt und ist kaum sichtbar. Mit dem Schlaftrakt bildet die Villa einen L-förmigen Bau, und erst gartenseitig wird der jüngere zurückhaltende Anbau sichtbar. Etwas dunkler zeichnet sich die nordseitige Ziegelsichtfassade gegenüber dem von den Architekten Alfred Breslauer (1866–1954) und Paul Salinger (1865–1942) errichteten Haupthaus ab, in dem mit fast unveränderter Raumaufteilung heute Büros, Seminarräume und die Küche mit Kantine untergebracht sind.

1995 wurde das ehemalige Wohnhaus unter Denkmalschutz gestellt. Als nun die Aufstockung des Anbaus anvisiert wurde, erließ das Denkmalamt die Auflage, dass sich das Dach von dem Bestandsgebäude abheben sollte.[15] Realisiert wurde ein als Pult- und Satteldach ausgeführtes Dachgeschoss, das sich mit einer Zinkverkleidung von der Ziegeldeckung des Haupthauses abzuheben suchte (Abb. 4 unten). Der Anbau ist in seinem Bauvolumen nicht viel kleiner als der Bestand, und trotzdem nimmt er sich bescheiden zurück. Gartenseitig wirkt es, als würde er sich, dem leicht abfallenden Gartengelände entgegen, ganz vorsichtig an die Villa herantasten. Auch auf der nördlichen Eingangsseite schafft die großzügige Glasfläche mehr eine Annäherung als eine Kluft zwischen den Gebäudeteilen. In den Fenstern spiegelt sich die Gebäudekante der Villa wider und komplettiert scheinbar die Seitenansicht. In den 2000er Jahren folgten Wiederherstellungsmaßnahmen im Garten und weitere Sanierungsmaßnahmen am Bau. Einzelne große Birken verdecken mit ihrem Laub im Sommer die Ansicht des Anbaus, und so entsteht der Eindruck eines veritablen Villensolitärs inmitten einer grünen Gartenanlage. Das ehemalige Wohnhaus Joerger gilt als eines der bedeutendsten Landhäuser Berlins und gehört »zu den besten Bauten dieses Genres im Werk der Architekten«[16] Breslauer und Salinger.

Divergierende Bauherrenwünsche

Nur wenige mit dem Schicksal der Häuser Liebermann und Joerger vergleichbare Fälle finden sich in Wannsee, was auch durch die geringe Anzahl der Bau- und Gartendenkmale deutlich wird. Die bauliche Entwicklung der 1960er und 1970er Jahre stand oftmals einer Bewahrung des Bestands entgegen und resultierte aufgrund divergierender Bauherrenwünsche vor allem in Abriss- und Neubautätigkeiten. Die großzügigen Gartenflächen boten günstige Gelegenheit, eine Verdichtung voranzutreiben. Von unternehmerischen und wirtschaftlichen Interessen geleitet, standen ab den 1960er Jahren Wohnungsbaugesellschaften in Wannsee für großmaßstäbliches Weiterbauen und Verdichten auf dem Gebiet der ehemaligen Colonie Alsen. Punktuell erzeugten ihre Neubauten Konfliktfelder, die vor allem von gestalterischen Gegensätzen zwischen ortsbezogener Landhausbebauung und ortsunabhängiger Wohnbebauung geprägt waren. Durch die starke Verdichtung wurde den weiterhin bestehenden repräsentativen Bauten auf den vormals großzügigen Grundstücken buchstäblich die Luft abgeschnürt.

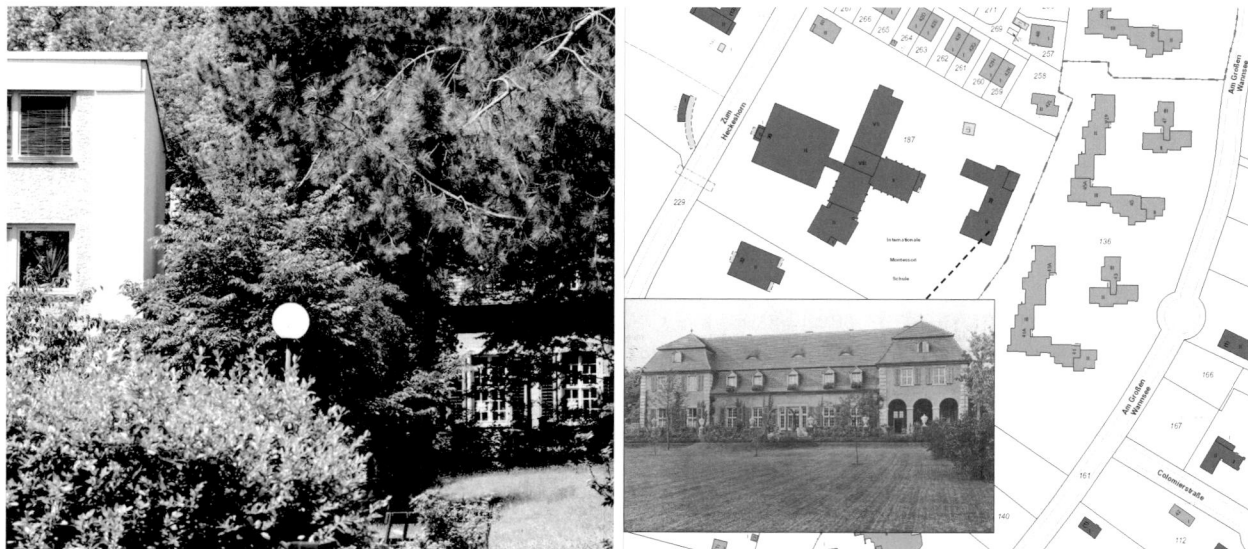

5   Die Villa Oppenheim (links: Blick von Osten, Gartenseite versperrt durch Wohnbebauung und Baumbestand; rechts: Verortung auf der Flurkarte mit historischer Gartenansicht).

Besonders deutlich wird dies bei der Betrachtung des von Alfred Messel (1853–1909) nahe der Villa Liebermann 1908 für Franz Oppenheim (1852–1929) errichteten Landhauses, das gravierenden Veränderungen unterworfen war (Abb. 5).[17] Diese fortschreitende Bautätigkeit war aufgrund des festgesetzten Bebauungsplanes möglich. Das ursprünglich weitläufige Gartengrundstück mit Ausrichtung zum Großen Wannsee wurde parzelliert und den beiden Nutzungsbereichen »Allgemeines Wohngebiet« und »Sondernutzungsgebiet Krankenhaus« zugeordnet. Das Landhaus wurde dem Krankenhaus zugeschlagen und war lange Zeit Drogentherapiezentrum. Der Garten wurde dagegen mit dreigeschossigen Wohnblocks bebaut, sodass der ehemals gartenseitige Blick auf den See vollends versperrt wurde. Bis auf wenige Meter reichen nun Mehrfamilienwohnhäuser mit Flachdach an das sehr gut erhaltene, mittlerweile als Schule genutzte Landhaus heran. Direkt vor dem Landhausvorplatz auf der anderen Seite ragt heute ein achtgeschossiges Schulungszentrum über die Baumkronen des alten Kiefernbestandes hinaus.

Die Kriegshandlungen in Wannsee waren zwar gravierend,[18] hatten aber verhältnismäßig wenig Bausubstanz zerstört. Viel zerstörerischer wirkten sich die mangelnde Instandhaltung nach dem Krieg und die geringe Wertschätzung sowie das mangelnde Verantwortungsbewusstsein der späteren Eigentümer aus. Sie verfolgten nur selten die Option, auch ohne Abriss innovative Baumaßnahmen durchzuführen. Viele Villen und Nebenbauten überlebten die Abrisswelle der 1960er bis 1970er Jahre nicht.

Erst durch die gartendenkmalpflegerische Restaurierung des im Westen von Wannsee gelegenen Parks Klein-Glienicke rückte auch die Villencolonie Alsen in den 1980er Jahren wieder stärker in das Bewusstsein der Berliner Senatsverwaltung. Der damalige Senator für Stadtentwicklung und Umweltschutz sprach von einer Wiederentdeckung der Kolonie nach Jahrzehnten des völligen Vergessens und empfindlicher Einbußen.[19] Er hatte die Gartendenkmalpflege mit einer gutachterlichen Untersuchung durch Tillmann Johannes Heinisch und Horst Schumacher beauftragt, und pünktlich zur 750-Jahr-Feier Berlins 1987 wurde diese fertiggestellt. Ausgehend von der Situation von 1905 hielten Heinisch und Schumacher grundstücksgenau fest, was an baulichem und gartenplanerischem Bestand noch vorhanden war. Die umfangreichen Ergebnisse hätten in eine Unterschutzstellung des Bestands, wenn nicht sogar in die Einrichtung eines Erhaltungsgebietes münden können, um weitere Entwicklungen zu steuern. Dazu kam es jedoch nicht. Dennoch bildete ihre Arbeit die Grundlage für spätere Denkmalschutzmaßnahmen, die vor allem mit dem neuen Berliner Denkmalschutzgesetz 1995 auch in die Unterschutzstellung der Wohnhäuser Joerger und Liebermann mündeten.

Fazit

Gerade bei der Betrachtung ganzer Ortsteile mit vielen historischen Schichten, wie es hier mit Wannsee für eine Zeitspanne von gut 150 Jahren vorgenommen wurde, ist das Thema Weiterbauen mit seinen Facetten Anbau, Umnutzung, Abriss und Neubau vor allem im Rahmen von Verdichtung ein ganz selbstverständlicher und lebendiger Prozess. Ortsteile entwickeln sich weiter, Eigentümerinnen und Eigentümer wechseln, der Baugeschmack verändert sich, die sich wandelnde Gesellschaft und Politik steuern ihre Entwicklungsmaßnahmen. Hätte man Wannsee in seiner homogenen Struktur als Wohnsiedlung mit seinem einzigartigen grundstücksübergreifenden Grüngestaltungskonzept mit Aussichtsflächen erhalten wollen, so wäre die Einrichtung eines Erhaltungsverordnungsgebietes notwendig gewesen. Bebauungspläne für einzelne Teilflächen zu erstellen und andere große Bereiche unberücksichtigt zu lassen, wirkte sich bis heute wie ein Freibrief für den Zersiedlungsprozess und eine ungesteuerte Verdichtung aus. Die Wertschätzung des Baubestandes gilt seit den 1950er Jahren daher nicht der Fläche, sondern dem Einzelbau. Die Bewahrung und gar die Unterschutzstellung durch die Denkmalbehörde ist vermehrt einzelnen

Privatpersonen und Institutionen zu verdanken, die für sich den Nutzungswert im Erhalt der Bausubstanz definierten. Die Unterschutzstellungsmaßnahmen wurden erst viel später mit dem neuen Denkmalschutzgesetz 1995 vollzogen.

Die großzügigen Koloniegrundstücke eröffneten nach dem Krieg Freiflächen mit zu viel Potenzial für zu schnelles und zu großflächiges Weiterbauen durch Verdichtung, wobei die maximale Verwertung des Grundstückes wohl oft den Ausschlag gab. So hieß es 1969 beispielsweise in der architektonischen Projektdarstellung einer neuen Wohnhausgruppe in Wannsee, dass die »landschaftliche Situation (...) eine höchst ökonomische Nutzung des Geländes«[20] erfordert. In Zeiten der Wohnungsnot, sei es nach dem Zweiten Weltkrieg, während der Teilung Berlins oder angesichts des aktuellen Wachstumsprozesses der Stadt, ist Verdichtung wichtig und notwendig. Dass in Wannsee Weiterbauprozesse vermehrt in Abrissgenehmigungen mündeten, lag zum einen vermutlich an der Sichtweise der Akteure, derzufolge die Bausubstanz der großräumigen Wohnbauten nicht geeignet sei für die jeweiligen Nutzerbedürfnisse. Hier kann ein mangelndes Interesse unterstellt werden, innovative Lösungen des Weiterbauens zu finden.

In Wannsee kommt hinzu, dass eine Vielzahl an Wohnhäusern nach 1945 zu direkten Erinnerungsorten an jene Familien wurden, die durch die Verbrechen der eigenen Gesellschaft vernichtet und vertrieben worden waren. Die allgemein verbreitete Haltung, die Geschehnisse der Kriegsjahre nicht aufzuarbeiten, sondern vielmehr stattdessen ein neues Leben aufzubauen, lässt sich auch auf dem Gebiet des Bauens verfolgen. So wurde in Wannsee oftmals vermieden, sich mit der alten Bausubstanz auseinanderzusetzen, um sie durch Weiterbauen womöglich in neue Projekte zu integrieren. Des Weiteren kommt auch die Unwissenheit der Akteure um die Entstehungsgeschichte von Wannsee hinzu, die als hinzugezogene Bauherren und planende Akteure mit der jeweiligen Architekturgeschichte nicht vertraut waren und sich um deren Kenntnis offenkundig auch nicht bemüht haben.

In den letzten Jahren sind mehrere Publikationen erschienen, die die Geschichte Wannsees und des Berliner Südwestens behandeln.[21] Die Tendenz der Auseinandersetzung mit Bestandsbauten und deren Geschichte sowie deren Bedeutung bewirkt auch in der Gesellschaft ein stärkeres Bewusstsein für die gebaute Umgebung. Dieses Bewusstsein kann wiederum nachhaltig wirken, wenn es in Zukunft um die Herausforderungen des Weiterbauens geht; eine Perspektive, die allgemein wünschenswert wäre, insbesondere für Wannsee aber einen entscheidenden Denkanstoß liefern könnte.

1   Peter Joseph Lenné (1789–1866) war Gartenarchitekt und entwarf mit dem Verschönerungs-Plan der Umgebung von Potsdam 1833 ein landschaftliches Ensemble, das seine Einzigartigkeit auf das harmonische Zusammenspiel von Bauwerken und Landschaft gründet; es erstreckt sich im Westen bis Werder und im Osten bis an den Großen Wannsee und schließt damit den Bereich der Colonie Alsen mit ein. Siehe SPSG, GK II (1) 3639 und Deutscher Rat für Landespflege 1995, 5–11.
2   Wolff 1976.
3   Kaufvertrag Am Großen Wannsee 4, 1872.
4   Heinisch / Schumacher 1988, 216.
5   Ahrends 1926, 92.
6   Genannt sei hier beispielsweise der Club von Berlin. Die Siedler der ersten zehn Jahre waren alle Mitglieder in diesem elitären Herrenclub. Vgl. hierzu die Mitgliedsliste: Knackmuß 2007, 218–244.
7   Heinisch / Schumacher 1988, 138.
8   Erwähnt sei hier u. a. die nordwestliche Erweiterung der Kolonie in der Hugo-Vogel-Straße, ehem. Moltke-Straße, die Stahn mit Landhäusern im Fachwerkstil beplante und mit ähnlichen grundbuchrechtlichen Vorgaben versah.
9   U. a. im Adressbuch von 1930 sind als Anwohner oftmals die Bediensteten (Gärtner, Chauffeur) genannt, die ganzjährig auf den Grundstücken lebten. Die Eigentümer der »Zweitwohnsitze« selbst werden nicht genannt. Vgl. Hahn's Erben 1930.
10   Haupt 2009, 157–172.
11   Naundorf 2017, 22.
12   Vgl. Börsch-Supan et al. 1996.
13   Bebauungsplan X-56 Steglitz-Zehlendorf 1962.
14   Nedelykov / Moreira 2006.
15   Naundorf 2017 und BWA 221 (4).
16   Denkmaltopographie 2013, 86–87.
17   BWA 221 (3).
18   Knöfel 2015.
19   Heinisch / Schumacher 1988, 9.
20   Detail 1969.
21   Vgl. u. a. Kress 2008; Haupt 2012; Stoffregen-Büller 2014; Schäche et al. 2018.

Sekundärliteratur

Ahrends 1926
B. Ahrends: Wannsee. Ein Beitrag zur Baugeschichte der letzten fünfzig Jahre, in: G. Brasch: Das Wannsee-Buch (Wannsee 1926).

Börsch-Supan et al. 1996
E. Börsch-Supan / H. Ferdinand / R. Röhrbein / J. Strauss: Italienische Turmvillen in Potsdam (Potsdam 1996).

Denkmaltopographie 2013
Landesdenkmalamt Berlin (Hrsg.): Denkmaltopographie Bundesrepublik Deutschland, Denkmale in Berlin (Petersberg 2013).

Deutscher Rat für Landespflege 1995
Deutscher Rat für Landespflege: Pflege und Entwicklung der Potsdamer Kulturlandschaft, Schriftenreihe des Deutschen Rates für Landespflege, 66 (Meckenheim 1995).

Detail 1969
Detail, Wohnhausgruppe in Berlin-Wannsee (München 1969).

Hahn's Erben 1930
A. W. Hahn's Erben: Adreßbuch der Städte Potsdam Nowawes und Werder für 1930 (Potsdam 1930).

Haupt 2009
M. Haupt: Das Haus der Wannsee-Konferenz. Von der Industriellenvilla zur Gedenkstätte (Berlin 2009) 157–172.

Haupt 2012
M. Haupt: Villencolonie Alsen am Großen Wannsee, Begleitband zur Ausstellung in der Gedenk- und Bildungsstätte Haus der Wannsee-Konferenz (Berlin 2012).

Heinisch / Schumacher 1988
T. J. Heinisch / H. Schumacher: Colonie Alsen. Ein Platz zwischen Berlin und Potsdam (Berlin 1988).

Knackmuß 2007
A. Knackmuß: Willkommen im Club? Die Geschichte des Clubs von Berlin und das Schicksal seiner jüdischen Mitglieder im Nationalsozialismus (Berlin 2007).

Knöfel 2015
D. Knöfel: Das Kriegsende 1945 in Berlin-Wannsee. Kämpfe–Kriegstote/Kriegsgräber–Überlebende (Oesingen 2015).

Kress 2008
C. Kress: Die Architekten in Berlins »Zug nach Westen«, in: H. Reif (Hg.): Berliner Villenleben. Die Inszenierung bürgerlicher Wohnwelten am grünen Rand der Stadt um 1900 (Berlin 2008) 93–131.

Naundorf 2017
G. Naundorf: Vom Wannseeheim für Jugendarbeit e.V. zur Stiftung wannseeForum. 70 Jahre politische und kulturelle Bildung in 7 Stationen (Berlin 2017).

Nedelykov / Moreira 2006
N. Nedelykov / P. Moreira: NS- und Nachkriegszeit, in: N. Nedelykov / P. Moreira (Hg.): Max Liebermann. Das Paradies am Wannsee (Berlin 2006) 93–102.

Schäche et al. 2018
W. Schäche / D.R. Schmitz / D. Pessiert: Berlin und seine Bauherren (Berlin 2018).

Stoffregen-Büller 2014
M. Stoffregen-Büller: Uferblicke: Geschichten rund um den Wannsee (Berlin 2014).

Wolff 1976
K. Wolff: Wannsee und Umgebung (Berlin 1976).

Archive/Ämter

Amtsgericht Schöneberg, Grundbuchamt
Kaufvertrag Am Großen Wannsee 4
A Rep. 348-01, Wannsee Bl. 113, Band I, Nr. Kt. 25, Grundbuch zum Grundstück Am Großen Wannsee 4.

Bezirksamt Zehlendorf
Bebauungsplan X-56 Steglitz-Zehlendorf 1962
Bebauungsplan X-56, Bezirksamt Zehlendorf, Festsetzungsdatum 1.3.1962, im Internet: https://fbinter.stadt-berlin.de/ScansBPlan/06_steg-zeh/x-056.html (7.8.2020).

Bauaktenarchiv Zehlendorf im Bezirksamt Zehlendorf
BWA 221 (3)
Bauakte Zum Heckeshorn 38, Bd. 1.
BWA 221 (4)
Bauakte Hohenzollernstr. 14, Bd. 1–2.

Landesarchiv Berlin
Situationsplan der Colonie Alsen 1883
A Rep. 040-05-02, Nr. 12.

SPSG Stiftung Preußische Schlösser und Gärten
SPSG, GK II (1) 3639
Graphische Sammlung: Fotoinventarnummer: F0018261, Titel: Lenné, Peter Joseph (Entwurf), Koeber, Gerhard (Zeichner): Verschoenerungs-Plan der Umgebung von Potsdam, 1833, SPSG, GK II (1) 3639.

Senatsverwaltung für Stadtentwicklung und Wohnen Berlin
Geoportal Berlin
FIS-Broker-Kartensammlung, ALKIS Berlin, Geoportal Berlin, https://fbinter.stadt-berlin.de/fb/index.jsp (15.5.2019), Datenlizenz Deutschland – Namensnennung – Version 2.0, siehe www.govdata.de/dl-de/by-2-0.

TU Berlin, Architekturmuseum, Sammlung online
Landhaus Dr. Franz Oppenheim, Inv. Nr. B 3258,065, https://architekturmuseum.ub.tu-berlin.de/P/174303.php (12.2.2020). Bahnhof Wannsee, Inv. Nr. B 1157, https://architekturmuseum.ub.tu-berlin.de/P/174303.php (12.2.2020).

Abbildungsnachweis

1   Zeichnung: S. Flörke. Fotos: S. Flörke (1, 4, 6, 7 u. Skizze 9); Architekturmuseum der TU Berlin (2, 8); Olaf Beckmann (3, 5).
2   Landesarchiv Berlin, A Rep. 040-05-02, Nr. 12.
3   Max-Liebermann-Gesellschaft.
4, 5 li   S. Flörke.
5 re   Flurkarte: Geoportal Berlin; Ansicht: TU Berlin Architekturmuseum.

Vom Weiterbauen einer alten Spinnerei und der Verfertigung von Geschichte

Albrecht Wiesener

»Die Menschen machen ihre eigene Geschichte,
aber sie machen sie nicht aus freien Stücken
unter selbstgewählten,
sondern unter unmittelbar vorhandenen,
gegebenen und überlieferten Umständen.«
Karl Marx, XVIII. Brumaire des Louis Bonaparte, 1852.

Entfernt man sich vom Stadtzentrum Bielefelds in östlicher Richtung, ist man überrascht über die Ausmaße eines schlossartig anmutenden Bauwerks in unmittelbarer Randlage zur Innenstadt. Es handelt sich um das ehemalige Fabrikgebäude der Ravensberger Spinnerei, in dem sich heute die Volkshochschule Bielefeld befindet. Nach dem Willen der Bielefelder Bauverwaltung sollte der Ende der 1960er Jahre aufgegebene Hauptbau mitsamt Fabrikgelände und angrenzendem Park einem innerstädtischen Verkehrskreuz geopfert werden.

Gegen dieses Vorhaben agierte seit Beginn 1972 eine immer größer werdende Zahl von Bürgern, die sich in Initiativen für den Erhalt und die alternative Nutzung des ehemaligen Fabrikgeländes und des benachbarten parkähnlichen Anwesens zusammenfanden (Abb. 1 u. 2). Einer von Anbeginn bewusst die Öffentlichkeit suchenden Interessenkoalition aus engagierten Bürgern, Konservatoren der verschiedenen Denkmalschutzbehörden, Sachverständigen und einzelnen Bielefelder Ratsvertretern gelang es bereits im Januar 1974, den Hauptausschuss des Bielefelder Rates von der Erhaltenswürdigkeit des Industriedenkmals zu überzeugen und damit den drohenden Abriss abzuwenden.[1] In seiner gutachtlichen Stellungnahme vom 20.11.1973, die dem politischen Beschluss des Rates vorausgegangen war, verdeutlichte der Landeskonservator von Westfalen-Lippe die besondere Genese der Wertschätzung des ehemaligen Fabrikgebäudes: »Der Rang als Baudenkmal ist erst in den letzten Jahren im Zuge der in der ganzen Bundesrepublik erst jetzt einsetzenden Erforschung und positiven Wertung der Architektur des mittleren und späten 19. und frühen 20. Jahrhunderts und dabei vornehmlich infolge des amtlichen Auftrags zur Einbeziehung der technischen Kulturdenkmälern erkannt worden.«[2]

Wie sehr sich dabei die Politiker der Stadt Bielefeld von der diskutierten Denkmalwürdigkeit des Fabrikschlosses in ihrem Selbstverständnis als vernünftig handelnde und dem Expertenwissen der Verwaltung vertrauende Akteure überrascht zeigten, verdeutlichte bereits Anfang 1973 ein CDU-Ratsmitglied auf einer Bürgerversammlung im Bielefelder Osten: »Ein Dezernat, 35 Diplomingenieure und 135 Ingenieure haben uns verschwiegen, was zumindest einige unter ihnen wissen mussten: Dass wir es hier mit einem nahezu einmaligen, bauhistorischen Kulturdenkmal zu tun haben.«[3]

Angesichts dieses politisch wie gesellschaftlich offenkundig vermittlungsbedürftigen Lernprozesses, der die Unterschutzstellung wie auch den sich anschließenden Umbau des Fabrikkomplexes zu einem Kultur- und Freizeitzentrum u.a. mit Volkshochschule, Kino, Museen und gastronomischen Einrichtungen begleitete, und vor dem Hintergrund der vielfach diskutierten

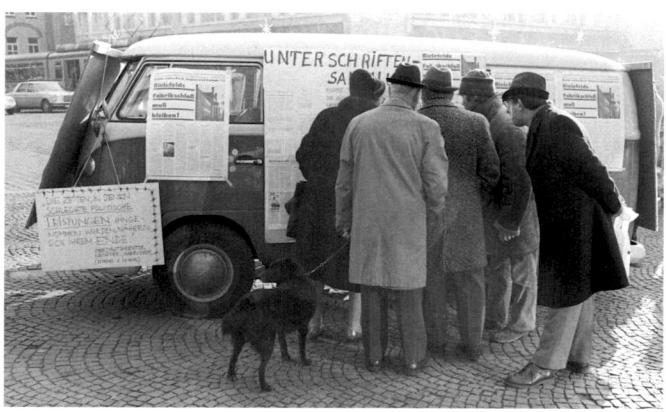

1   Ein VW-Bulli, mit Transparenten versehen, informierte in der Adventszeit über den geplanten Abriss des Fabrikschlosses.

2   Ein einfach hergestelltes Flugblatt der Bürgerinitiative, das eine große Wirkung erzielte (1972).

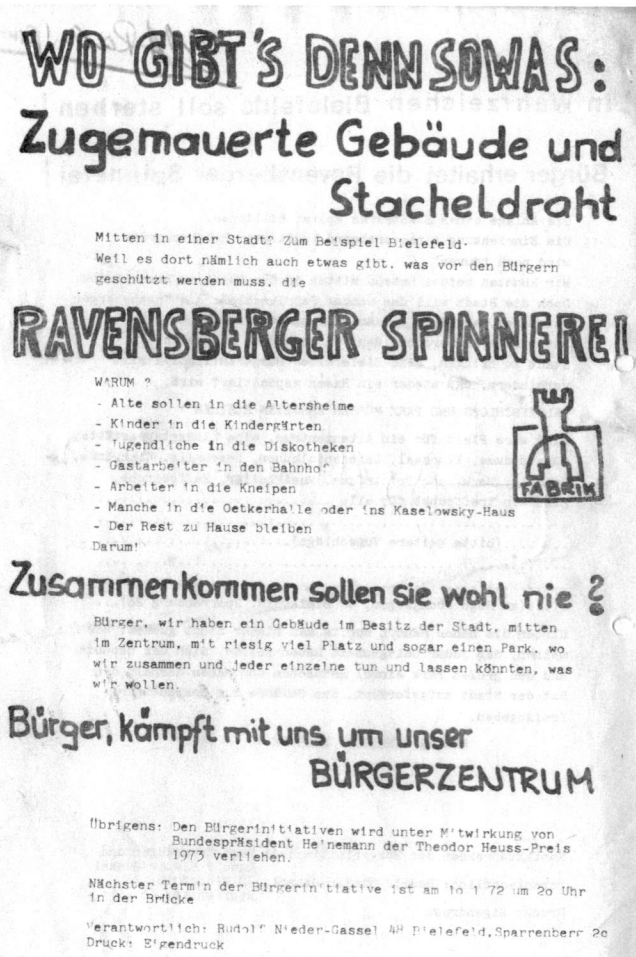

»Grenzübergänge«, die mit der gezielten baulichen Veränderung von Denkmalen einhergehen, sollen die folgenden Ausführungen vor allem zwei Aufweitungen der Diskussion über das »Weiterbauen am Denkmal« ermöglichen.[4]

Zum einen geht es im vorliegenden Aufsatz um die »dichte Beschreibung« der Möglichkeiten und Grenzen des Umbaus eines für die Wirtschafts- und Sozialgeschichte des Ortes Bielefeld so bedeutsamen Industriedenkmals, dessen Erfolgsgeschichte nicht zuletzt durch die Verleihung des Europäischen Denkmalpreises an die am Schutz und Erhalt der Ravensberger Spinnerei beteiligten Bürgerinitiativen im November 1986 verdeutlicht wurde.[5] Diese »dichte Beschreibung« soll vor allem auf der Grundlage von Zeitzeugenberichten beteiligter Personen erfolgen, die Aufschluss über die Generierung von Wissen und Fertigkeiten während des Umbaus des ehemaligen Fabrikgebäudes geben können. Dabei steht die Praxistauglichkeit normengebundenen Wissens ebenso zur Diskussion wie das im Prozess des Um- und Weiterbauens am Denkmal überhaupt erst gewonnene Praxiswissen von beteiligten Experten.[6] Unterhalb der Ebene der gesellschaftlichen Wertsetzung, die sich in Denkmalentscheidungen materialisiert und deren Unabgeschlossenheit insbesondere durch die Frühgeschichte der Auseinandersetzung mit Industriedenkmalen deutlich geworden ist, soll dabei die Bedeutung der praktischen Auseinandersetzung mit dem vorgefundenen Material, dem technischen Wissen und der gesellschaftlichen Erwartung an die zukünftige Funktion des Denkmals besonders hervorgehoben werden.[7]

Andererseits verweist die doppelte Zeitbedingtheit, und damit die Kontingenz denkmalbezogener Entscheidungen, die sich im denkmalpflegerischen Gutachten verdeutlichte, auf eine zweite notwendige Aufweitung der Diskussion über das Weiterbauen am Denkmal. Am Beispiel des Umbaus der Ravensberger Spinnerei soll auch die gesellschaftliche Bedingtheit einer für die fachliche Diskussion des »Weiterbauens«

zentralen Werthaltung herausgearbeitet werden – der Anerkennung der »Geschichtlichkeit« des konkreten Ortes und der gesellschaftlichen Ausnahmesituation, die zur Entscheidung über die konkrete Verwirklichung des Umbaus beigetragen haben. Diese sollen nicht als der Weiterbauen-Praxis vorausgehend angesehen werden, sondern selbst als Ergebnis einer langwierigen Auseinandersetzung innerhalb der städtischen Öffentlichkeit über die gesellschaftliche Bedeutung des Industriedenkmals und einer praktischen Konfrontation mit dem Bauwerk im Zuge des Umbaus. Darin besteht ein wesentlicher Unterschied zu aktuellen Diskussionen und der darin häufig anzutreffenden statuarischen Akzeptanz der Geschichte als Legitimations- und Erzählreservoir für eine an Geschichten arme Gegenwart des Bauens.[8]

Geschichte als handlungsanstiftende »Idee« ist hier in doppelter Hinsicht als »Prozess« und »Ergebnis« gesellschaftlicher Auseinandersetzungen anzusehen und weniger als bloße Voraussetzung einer denkmalpflegerischen Maßnahme oder einer architektonischen Gestaltungsentscheidung. Nicht allein um die Wiederentdeckung der Geschichte eines Industriedenkmals als Freilegung seiner historischen Bedeutsamkeit geht es somit, sondern ebenso um die Sichtbarmachung einer eigenen Geschichte des Machens anhand der Praxis des Weiterbauens am Denkmal. Dies geht über die architektonische Dramatisierung der Brüche und Schnittstellen weit hinaus und setzt, wie am Beispiel der Ravensberger Spinnerei zu zeigen sein wird, eher die beharrliche Bereitschaft voraus, sich auch produktiv mit der Komplexität der historischen Konstruktion und ihren Funktionsschwächen auseinanderzusetzen und deren geschichtliche Bedeutung vor dem Hintergrund der Umbaupraxis jeweils neu zu verhandeln.[9]

Die Ravensberger Spinnerei eignet sich für diese Diskussion in besonderer Weise. Sie stellt eines der ersten in Deutschland unter Schutz gestellten und erfolgreich umgebauten Industriedenkmale

der Frühzeit der Hochmoderne (um 1860) dar und ist im Hinblick auf seine Größe, die verwendeten Materialien und die komplexe Gebäudestruktur eher ein sperriges Erbe vergangener Zeiten. Zudem fiel die Unterschutzstellung in diejenige Phase der bundesrepublikanischen Geschichte, die auf besondere Weise durch eine sozialdemokratisch orientierte Gesellschaftspolitik wie durch deren offenkundige Krisenhaftigkeit gekennzeichnet war. Wohlfahrtsstaatliche Stadtentwicklungspolitik, die sich auch in Bielefeld in einem überdimensionalen Stadterneuerungsvorhaben materialisierte und dabei häufig wirtschaftliche vor soziale Belange setzte, sowie die schrittweise Entstehung einer »konfliktorientierten Partizipationskultur« in den bundesdeutschen Städten waren dabei in gleicher Weise Anzeichen für einen Veränderungsprozess auch im Umgang mit dem städtischen Denkmalbestand und dessen Neubewertung für die Ausprägung von Stadtkultur und Urbanität.[10]

Die Ravensberger Spinnerei im Stadtbild Bielefelds

Das Gebäude der Ravensberger Spinnerei ist eingebettet in eine Parklandschaft und kündet auch in seiner heutigen veränderten Form auf beeindruckende Weise von einem wirtschaftlichen Aufschwung um die Mitte des 19. Jhs., der im Bielefelder Osten vor allem durch die Leinenindustrie geprägt war. Das 1855–58 im neogotischen Stil nach englischem Vorbild errichtete Fabrikschloss beherbergte die ein Jahr zuvor auf Anregung des Bielefelder Leinenhändlers Hermann Delius gegründete *Ravensberger Spinnerei A.G.*, ein Zusammenschluss einheimischer Leinenhändler zum Zweck der industriellen Herstellung von Flachs- und Hanfgarnen.[11] Wirtschafts- und sozialgeschichtlich gesehen stellte der Bau der Spinnerei-Anlage »eine Erlösung für die erwerbslose Bevölkerung der städtischen Feldmark und des Umlandes« dar und brachte

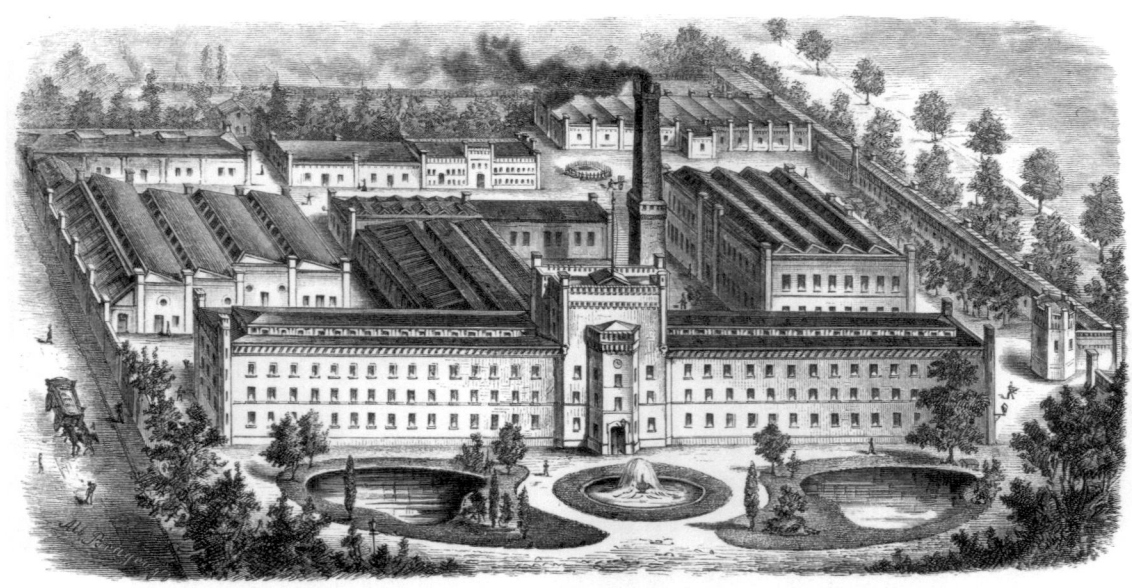

Ravensberger Spinnerei in Bielefeld.

3   Gesamtansicht der Ravensberger Spinnerei. Undatierter Stich von Adalbert Brager aus den 1870er Jahren.

4   Die Ravensberger Spinnerei als »ungesicherte Gefahrenstelle«, die für den Abriss vorgesehen war.

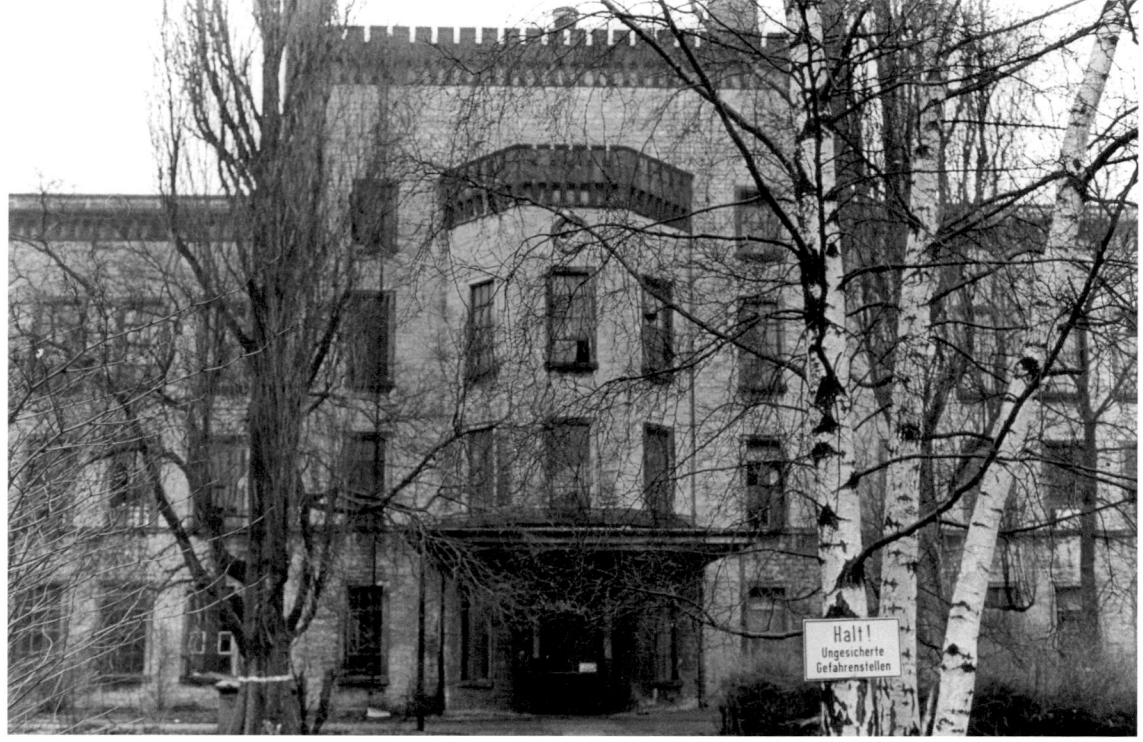

nach seiner Fertigstellung ca. 5 % der lokalen Bevölkerung in Lohn und Brot.[12]

Dass sich im Gebäude der Ravensberger Spinnerei (Abb. 3) ein besonderer Ausdruck bürgerlichen und industriellen Selbstverständnisses bei gleichzeitiger Berücksichtigung der aktuellsten technischen Standards im Fabrik- und Repräsentationsbau verkörperten, darauf verweisen die zeitgenössischen Aussagen nach ihrer Inbetriebnahme: »… und kühn«, so Hermann Delius 1868, »darf die Ravensberger Spinnerei jeden Vergleich herausfordern – außer Marshall in Leeds ist kein besser eingerichtetes Etablissement in Groß-Britannien.«[13] Die im Vergleich mit dem Mutterland der Leinenindustrie und auch den schlesischen Regionen so vorteilhafte Ausstattung und Produktionsweise der Ravensberger Spinnerei resultierte vor allem aus der konsequenten Fokussierung auf die produktionstechnisch notwendige Konstruktionsweise aus Gusseisen und Kappendecken sowie aus der zweifellos gelungenen Verbindung von schlichter Gestaltung im Ganzen und architektonischer Detailverliebtheit im Besonderen. »Eine große Fabrik aus einem Guss« solle entstehen, so ihr Erbauer und erster technischer Direktor Ferdinand Kaselowsky 1855, und dieses Anliegen bezog die angrenzenden Bauten der Hechelei, der Direktorenvillen und Arbeiterwohnungen ausdrücklich mit ein.[14]

Für Jahrzehnte blieb die Ravensberger Spinnerei trotz der zunehmenden Industrialisierung des ostwestfälischen Raums das Zentrum der Bielefelder Leinenindustrie und dank der angrenzenden Werkswohnungen und weiterer sozialer und kultureller Einrichtungen in unmittelbarer Nachbarschaft ein herausragender Ort für die Arbeits- und Lebenswelt tausender Beschäftigter der Stadt Bielefeld. Trotz der wirtschaftlich schwierigen Phasen nach den beiden Weltkriegen erlebte die Ravensberger Spinnerei – bedingt durch verpasste Modernisierungen in den 1950er Jahren – ihre eigentliche Existenzkrise erst zum Ende der 1960er Jahre. Sie führte zur deutlichen Verkleinerung des laufenden Betriebs und zum Entschluss für einen Neubau außerhalb von Bielefeld, in den die verbliebenen 450 Angestellten 1971 einzogen.

Das Gelände der Ravensberger Spinnerei mit 61.000 m² war bereits 1968 für ca. 6 Millionen DM an die Stadt Bielefeld verkauft worden. Schon lange Zeit vor dem Ende der Nutzung des Geländes der Ravensberger Spinnerei begann der Verfall des Fabrikschlosses und der Nebengebäude (Abb. 4). Die hohen Mauern und die Unzugänglichkeit des Geländes trugen ein Übriges dazu bei, dass am Ende der 1960er Jahre der besondere Charakter dieses Industriedenkmals in der Bielefelder Öffentlichkeit weitgehend in Vergessenheit geraten war.[15]

Die Wiederentdeckung der Ravensberger Spinnerei und die Konflikte um ihren Erhalt

Es waren Architekturstudenten der ehemaligen Werkkunstschule in Bielefeld, die das verlassene Gelände der Ravensberger Spinnerei zu Beginn der 1970er Jahre wiederentdeckten und bei ihren städtebaulichen Recherchen zum Bielefelder Osten auch dessen Bedeutung und aktuelle Gefährdung erkannten. Die Planungen für ein Verkehrskreuz direkt an der Stelle des Hauptgebäudes der Ravensberger Spinnerei, die nicht nur zu dessen Abbruch, sondern auch zur Vierteilung des gesamten Areals geführt hätten, waren zu diesem Zeitpunkt nur einigen wenigen Amtsvertretern und Politikern der im Rat vertretenen Parteien bekannt. Allerdings war zu diesem Zeitpunkt bereits die Abstimmung über den Flächennutzungsplan und den Generalverkehrsplan der Stadt Bielefeld abgeschlossen, an der 1963 auch der Landeskonservator beteiligt war. Die Landesdenkmalbehörde hatte es in ihrem Schreiben unterlassen, das noch in Betrieb befindliche Gebäude der Spinnerei als Denkmal auszuweisen.[16] Die Haltung der Bauverwaltung der Stadt Bielefeld begründete ihr Dezernent Jörgen Hotzan im Interview Ende 1972 mit der jugendpolitischen Stadtzeitschrift -die blätter-, die der Ravensberger Spinnerei ein ganzes

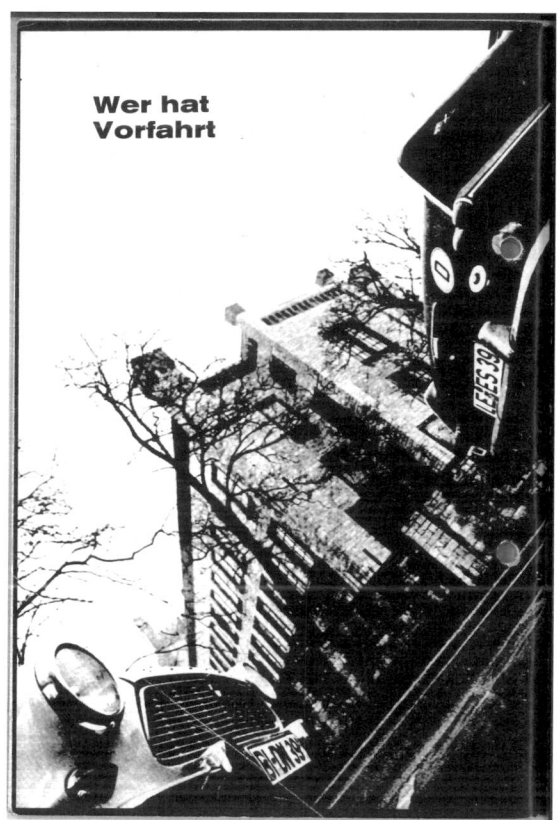

**Wer hat
Vorfahrt**

5   Rückseite der Zeitschrift -*die blätter*- 1972/73.

Heft widmete (Abb. 5). Hotzan, in Fragen der Stadtsanierung und des Weiterbaus des stadtbildprägenden Ostwestfalendamms unerbittlich die Maximalvorstellung einer sozialdemokratischen Stadtentwicklungspolitik der 1960er Jahre repetierend, gab sich angesichts des zunehmenden Zuspruchs, den die Ravensberger Spinnerei in der lokalen und überregionalen Öffentlichkeit erfuhr, in der Frage des Erhalts aufgeklärt und prinzipienfest zugleich. Zwar sei, so Hotzan im Interview, »die Zeit vorbei, in der man Wohnsiedlungen als reine ›Schlafstädte‹ anlegen konnte«, demnach seien auch Jugend- und Freizeitmöglichkeiten für die Innenstädte wichtig und unterstützenswert.[17] Aber auch der Landeskonservator hätte ihm bescheinigt, dass an der Vierteilung des Spinnerei-Geländes kein Weg vorbeiführe: »Ich

habe eingesehen, dass diese Straßenführung für Bielefeld notwendig ist.«[18]

Ob der Landeskonservator richtig zitiert wurde, spielte in diesem Falle keine Rolle. Die Position der Verwaltung blieb trotz des anschwellenden und immer stärker den Erhalt des gesamten Ensembles einfordernden Bürgerprotestes die gleiche, und so wurde im Hauptausschuss am 10.3.1976 (gegen die Stimmen der FDP) die Planungsvariante einer Vierteilung des Geländes beschlossen (Abb. 6). Dieser Beschluss sollte das Fass zum Überlaufen bringen. Wütende Leserbriefe aufgebrachter Bielefelder Bürgerinnen und Bürger waren die Folge: »... an erster Stelle gehört: die Gestaltung des Stadtbildes, das wir lieben. Reizt uns an Bamberg oder Lübeck ein Straßenkreuz [...]? Meine Damen und Herren des Rates und der Verwaltung: Sie haben nicht weit geschaut.«[19] Aber gerade gegen den Vorwurf der Verkehrsideologie wusste sich die Stadt zu wehren und vertrat in zahlreichen öffentlichen und persönlichen Auseinandersetzungen mit der Bielefelder Bevölkerung offensiv ihr Verständnis einer zeittypischen kommunalen Verkehrspolitik. So verteidigte der SPD-Fraktionsvorsitzende Franz Bender die Position des Rates im Februar 1976 mit dem Hinweis auf die Schaffung von mehr Lebensqualität durch das neue Verkehrskreuz auf dem Spinnerei-Gelände.[20] Eine Stadt und ihre Bürger schienen aneinander vorbeizureden.[21]

Dass sich Bielefelds Rat und Verwaltung über diese prekäre stadtpolitische Situation noch nicht klargeworden waren, verdeutlichte kein Ereignis besser als das Hearing von Experten zur Stadtentwicklung über die Entwürfe der Stadtverwaltung für das Gelände der Ravensberger Spinnerei. Das Hearing selbst brachte nur für diejenigen Bielefelder eine Überraschung, die an der Vorrangigkeit der Verkehrsplanung bis zum Schluss festgehalten hatten. Der Bielefelder Rat und die Bauverwaltung mitsamt ihrem Leiter, Jürgen Hotzan, erleben in aller Öffentlichkeit eine peinliche Schlappe. »Fünf zu Null gegen Hotzans VerkehrsKreuz«, so titelte das *Westfalen-Blatt* am nächsten

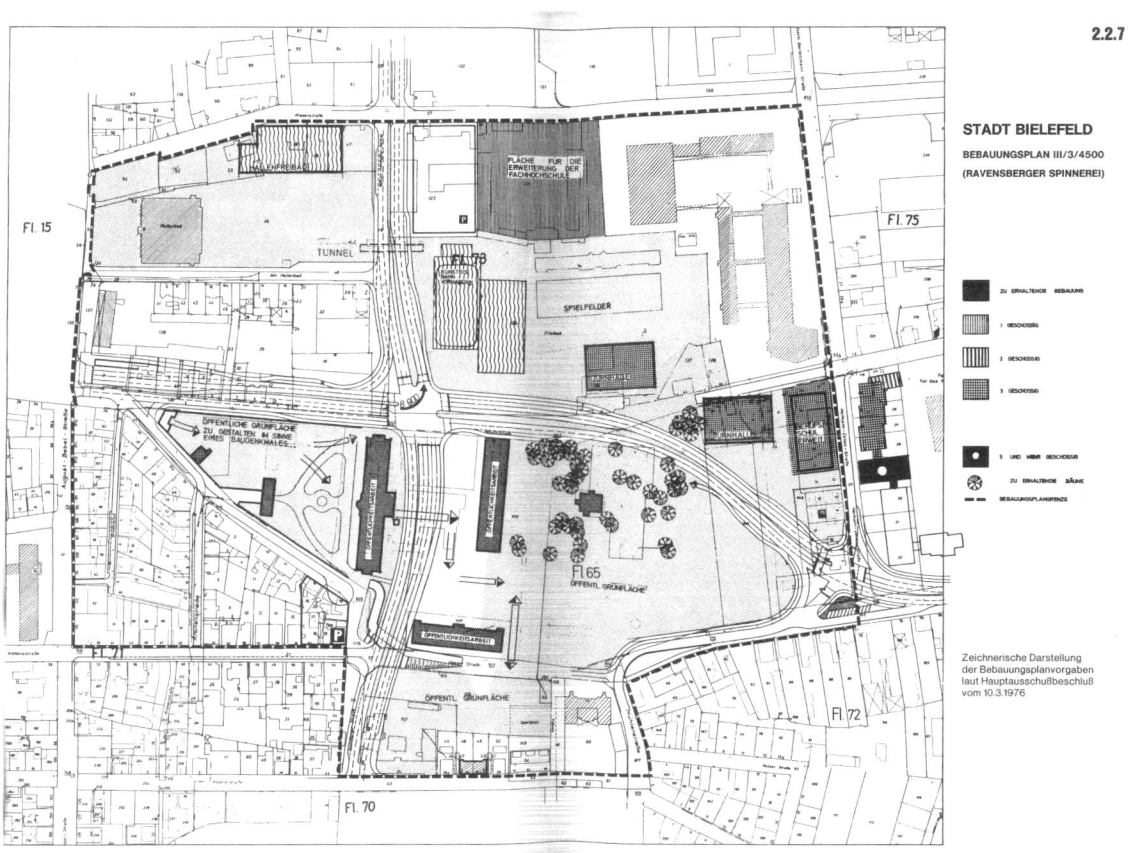

6   Bebauungsplan als Vorlage für den Hauptausschuss, 10.3.1976.

Tag.[22] Insbesondere die Einschätzung des englischen Stadtplaners Colin Buchanan zum Abschluss des Hearings beeindruckte in der Öffentlichkeit: »Die Verwaltung [hat] sich dem Problem mit einer falschen Fragestellung genähert [...], indem die beste Nutzung des vorhandenen ehemaligen Spinnereiareals für die Bielefelder Bevölkerung im Blickpunkt der Erörterung hätte stehen müssen, und nicht die Verkehrsführung in diesem Stadtgebiet.«[23] Deutlicher hätte man nicht zum Ausdruck bringen können, dass die Ravensberger Spinnerei mitsamt dem parkähnlichen und weitläufig bebauten Areal wieder im Zentrum des Stadtbildes von Bielefeld angekommen war – als Industriedenkmal bewahrt und einer neuen baulich wie gesellschaftlich noch offenen Sinnstiftung zugedacht.

Annäherungen an ein Industriedenkmal und die Herausarbeitung als Gebäude

»Ich hatte Angst vor diesem Riesengebäude, diesem Ungetüm, vor dieser großen Aufgabe«, so der Bielefelder Architekt Peter Obbelode im Rückblick über seine erste Begegnung mit dem Fabrikschloss.[24] Ihm war im Oktober 1978 vom Rat der Stadt die Planung für den Ausbau des Geländes der Ravensberger Spinnerei zum »Weiterbildungs- und Freizeitzentrum« übertragen worden, wobei das Hauptgebäude einer Nutzung als Volkshochschule zugeführt werden sollte. Mühsam bahnte er sich mit weiteren Fachleuten den Weg durch den riesigen Gebäudekomplex der ehemaligen Spinnerei, um den Gebäudezustand zu erkunden: »Sich zu

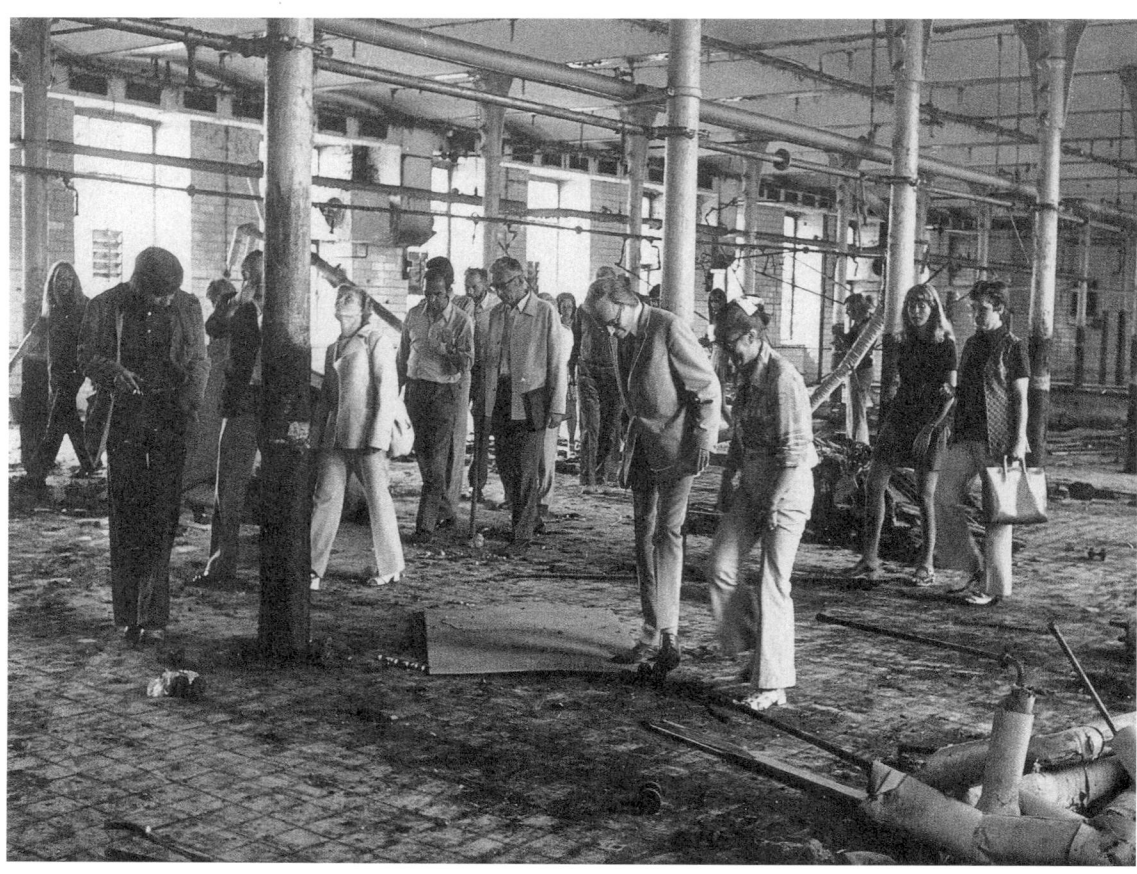

7   Mitglieder des Stadtrates und der Bürgerinitiative im Hauptgebäude der Spinnerei, August 1973.

orientieren war schwierig, Bestandspläne irgendwelcher Art gab es nicht, denn das Gebäude war ja für einen Abriss erworben worden«.[25] Die »Anamnese« des Zustands des Hauptgebäudes konnte zumindest auf erste Begehungen (Abb. 7) eines seit 1974 aktiven fachübergreifenden Arbeitskreises zur Denkmalsbestimmung einzelner Komponenten des umfangreichen Komplexes zurückgreifen, aus dessen Katalog auch die Möglichkeiten einer zukünftigen Nutzung abgeleitet werden sollten.[26] Das Landesdenkmalamt Westfalen-Lippe und das Regierungspräsidium schlugen angesichts der Raumstruktur schon zu diesem frühen Zeitpunkt die Nutzung eines wie auch immer denkmalgerecht sanierten Hauptgebäudes für eine große Bibliothek bzw. für ein Industriemuseum vor. Dennoch waren

die ersten Begegnungen des Architekten mit dem Gebäude vor allem durch Unsicherheit und eine Vielzahl von Fragen gekennzeichnet, für die es ohne aufwändige Untersuchungen und unkonventionelle Planungen kaum eine Antwort zu geben schien: »Wie nähert man sich diesem Gebäude? [...] Wo sind die kranken Stellen? Was steckt in dieser Mauer, wie standhaft ist jene Wand, was bedeutet die Stützenreihe?«[27]

Wenig überraschend hatten die vorläufigen Substanzsicherungsmaßnahmen und das erste statische Gutachten von 1973 für die Gusseisenkonstruktion im Hauptgebäude ergeben, dass eine Nutzung für Unterrichtszwecke ausgeschlossen sei. Bestehende Bauvorschriften verhinderten dabei ein architektonisches Weiterdenken für die öffentliche

Nutzung des beeindruckenden Raumprogramms im Hauptgebäude der Spinnerei.[28] Wie sehr sich dabei konzeptuell offenes Denken für einen sinnvollen und architektonisch ansprechenden Umbau des Fabrikschlosses auf der einen und die Perspektive der Bauverwaltung auf der anderen Seite gegenüberstanden, verdeutlichen Statements und Beobachtungen aus der Anfangsphase des Vorhabens. Es spricht im Rückblick deutlich Bände, wenn mit dem Kunsthistoriker Roland Günter einer der herausragenden Experten der frühen Industriedenkmalpflege bereits 1973 in seiner Beschreibung der Ravensberger Spinnerei als Zeugnis der Bielefelder Industriegeschichte und als mögliches Kultur- und Freizeitzentrum ausschließlich auf die Möglichkeiten des Gebäudes und nicht auf die zu erwartenden Unwägbarkeiten hinsichtlich der Bauvorschriften verwies: »Die Bauweise der Bielefelder Fabrik ermöglicht schnelle Veränderungen der Raumgrößen, den Einbau von leicht umbaubaren Zwischenwänden sowie verschiedene Fußbodenniveaus durch Gerüste, Emporen u. a., die den Räumen gleichzeitig Atmosphäre geben.«[29]

Dagegen standen, wie bereits angedeutet, nicht nur jahrzehntealte Bauvorschriften, die nicht für die Umwandlung historischer Industriebauten für öffentliche Nutzungszwecke verfasst worden waren, sondern gleichzeitig auch eine Mentalität in der Bauverwaltung, die Dirk Ukena, als Leiter der Bielefelder Volkshochschule designierter »Hauptmieter« des umzubauenden Fabrikschlosses, eindrucksvoll in seinen Erinnerungen an die Zusammenarbeit mit dem Hochbauamt wiedergab: »Der Mitarbeiter nahm ein Lineal, verwies auf seine Kenntnis der Normen für Flure und Klassenräume, zog in dem 40 m langen Gebäudeflügel auf dem Papier mit zwei langen Geraden den Flur, drehte sein Lineal um 90° und markierte die Unterrichtsräume. Stellte dann noch fest, dass die Deckenhöhe nicht genug sei, um eine abgehängte Zwischendecke einzuziehen, über den man alle Versorgungsleitung führen könne, und erklärte die Aufgabe für erledigt.«[30]

Keine einfache Ausgangslage für einen im Sanierungsbereich noch unerfahrenen Architekten wie Obbelode, der mit dem Umbau des Fabrikschlosses eine Gestaltungsaufgabe für sich und die Stadtgesellschaft zu definieren suchte, an der man eigentlich nur scheitern konnte. Noch dazu, da die Bielefelder Lokalpresse nach dem Beschluss zum Umbau eher Zweifel am Vorhaben zu äußern begann und von »weißen Elefanten« und »Kosten ohne Ende« sprach. Man solle das Denkmal so lassen, wie es sei und nicht auf Gedeih und Verderb kulturelle Aktivitäten in einem dafür offensichtlich ungeeigneten Gebäude und noch dazu außerhalb des Stadtzentrums ansiedeln, so das Bielefelder *Westfalen-Blatt* im Januar 1981.[31]

Aber noch eine andere Aufgabe stand der Weiterentwicklung des Spinnerei-Geländes zu einem Weiterbildungs- und Freizeitzentrum nach Ansicht des beauftragten Architekten zunächst im Wege. Obbelode sah es für unerlässlich an, die »eigentliche« Spinnerei als Kern der zukünftigen Nutzung und als bauliches Wahrzeichen für den Umbau des gesamten Geländes aus der Vielzahl der An- und Umbauten zu »befreien«. Während der Aufmaßarbeiten kam daher die Idee auf, »nur die Ursprungsbauten zu erhalten und alle Ergänzungsbauten zu entfernen«. So gelang es in kürzerer Zeit die »vielfach ineinander verschachtelten Baumassen« voneinander zu trennen, großzügig abzureißen und das Raumvolumen des Spinnereikomplexes von 48.000 m³ umbauten Raumes auf 12.000 m³ zu verkleinern: »Das Hauptgebäude war herausgeschält.«[32] Dass dieser Umstand kaum Beachtung in der zeitgenössischen wie in der retrospektiven Würdigung des Umbaus der Ravensberger Spinnerei fand, mag aus der heutigen Betrachterperspektive überraschen und verweist auf eine Haltung zum Originalzustand des Hauptgebäudes, die unter aktuellen denkmalpflegerischen Ansätzen kaum mehrheitsfähig wäre. Deutlich wird anhand der Begründungen, die Obbelode für diese Vorgehensweise liefert, dass es für ihn weniger um die exakte bauforscherische Bestimmung des Originalzustands ging, sondern vielmehr um die Schaffung einer verwertbaren Ausgangslage für das entwerferische Gestalten hin zur gewünschten Nutzung des markanten Hauptgebäudes.[33] Alle weiteren Gebäude auf dem Gebiet der Ravensberger Spinnerei waren in ihrer Gestaltung und im Hinblick auf ihre zukünftige Bestimmung davon abgeleitet. Die äußere Sichtbarmachung des Hauptgebäudes in seiner bauzeitlichen Kontur korrespondierte dabei mit einer Entkernung und Freilegung der beeindruckenden Kubatur der Räumlichkeiten im Inneren des Gebäudes (Abb. 8).

»Raumzellen« und konstruktive Struktur als architektonische Kernaufgaben des Umbaus

Aber die gewünschte Nutzung stand als Movens für die gestalterische Lösung nicht allein. Obbelode verwies in seinem Erfahrungsbericht mehrfach auf den »*genius loci*« des Spinnerei-Gebäudes als Ort der Arbeit und des gesellschaftlichen Lebens: »Hier stand schon etwas [...]. Dieses Gebäude hatte einmal funktioniert, in ihm ist

gearbeitet und produziert worden.«[34] Dass dabei der Aspekt der Machtausübung in der kapitalistischen Industriegesellschaft in einer zukünftigen Nutzung des Fabrikschlosses als Bildungs- und Freizeiteinrichtung für die Allgemeinheit kaum architektonisch zum Ausdruck gebracht werden konnte, dürfte ihm von Anbeginn klar gewesen sein. Wichtiger dagegen erschien es Obbelode, über die Funktionalität hinsichtlich der zukünftigen Nutzung hinaus zu denken und die eigentliche Kernaufgabe des Um- bzw. Weiterbauens des Hauptgebäudes als architektonische Verkörperung der früheren Maschinenräume anzugehen. In die dreischiffigen und von Zwischendecken und Einbauten »befreiten« Produktionshallen sollten »von begrenzenden Wand- und Deckenflächen losgelöste ›Raumzellen‹« eingestellt werden, die sich wie einst die Maschinen in den Säulenreihen aneinander aufreihen ließen.[35] Trotz des offenkundigen Unterschiedes zu ihren industriellen »Vorgängern« und trotz einer »eigenständige[n], der neuen Nutzung entsprechende[n] Aussage« wäre damit, so Obbelode im Rückblick, der architektonischen Kernaufgabe auf technisch und

8   Rückfront des Hauptgebäudes vor und nach dem Umbau.

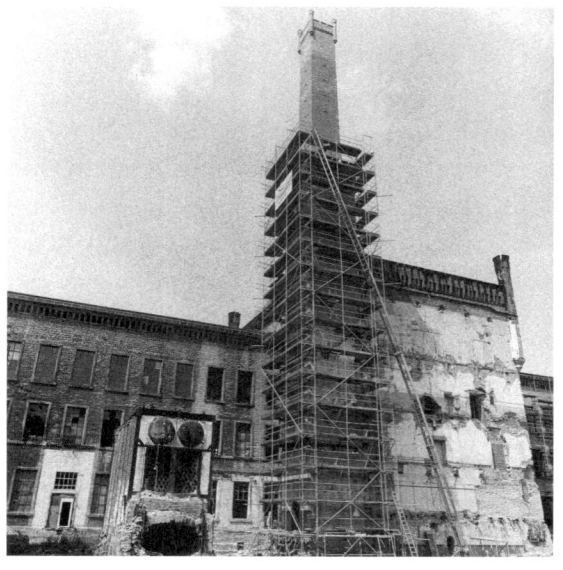
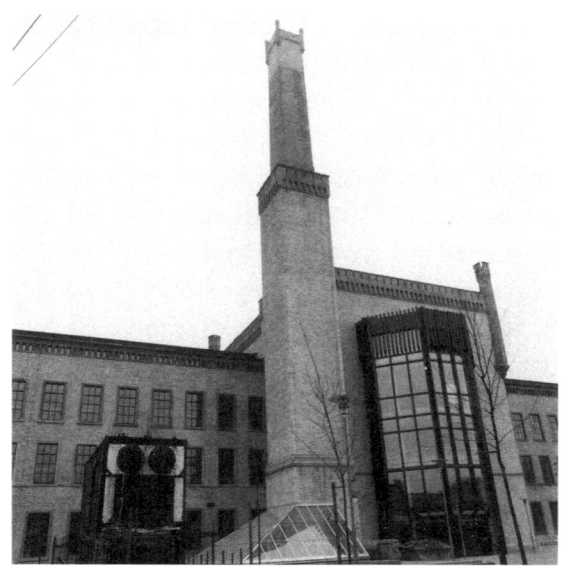

architektonisch anspruchsvolle Weise entsprochen (Abb. 9).[36]

Es bedurfte jahrelanger Verhandlungen und
etlicher Modellversuche, im Zuge derer Obbelode
und die an der Planung beteiligten Architekten
und Ingenieure nachweisen konnten, wie wenig
dem *genius loci* durch die strikte Einhaltung
der Bauvorschriften entsprochen werden konnte, bis dieser Gestaltungsvorschlag für die
Weiterentwicklung des Gebäudes genehmigt wurde – als Alternative zu dem im Schulbauförderungs-
programm des Landes Nordrhein-Westfalen vor-
gegebenen Raumprogramm in Rasterflächen.
Wenig überraschend hatte sich dieses als unzweck-
mäßig für den Umgang mit einem Fabrikgebäude
erwiesen, das 130 Jahre zuvor eben nicht raster-
flächig errichtet worden war und dessen zukünftige Nutzung als Erwachsenenbildungsstätte
andere Notwendigkeiten als herkömmliche
Grundschulen evozierte.[37] Letztlich erwies sich
dabei der Tragfähigkeitsnachweis für die markante konstruktive Struktur des Hauptgebäudes
als Sollbruchstelle aller weiteren Gestaltung:
in ästhetischer Hinsicht, weil Obbelode die
ursprünglichen Standorte der Maschinen und
die originalen Gebäudestützen als gemeinsamen
Ausgangspunkt für die Weiterentwicklung der
dreischiffigen Hallen für Veranstaltungszwecke
verstand. Vielmehr aber noch in baupolitischer
Hinsicht, da mit dem Nachweis, dass auch eine
130 Jahre alte Stützenstruktur aus Grauguss durch
eine Vielzahl ingenieurtechnischer Maßnahmen,
durch die kreative Auslegung von Vorschriften
und nicht zuletzt durch die gezielte Herbeiführung
von Ausnahmesituationen in der baupolizeili-
chen Bewilligung einem alten Gebäude zu neuer
Funktion und gestalterischer Weiterentwicklung
verhelfen konnte.

Der Bielefelder Tragwerksingenieur Sigurd
Prinz hat diese wichtige baupolitische Episode
wenige Jahre nach Abschluss des Umbaus des
Hauptgebäudes nicht ohne Grund als Saulus-
Paulus-Geschichte geschildert.[38] Sein »Damaskus-
erlebnis«, »und was wir später das ›Raspi-Syndrom‹

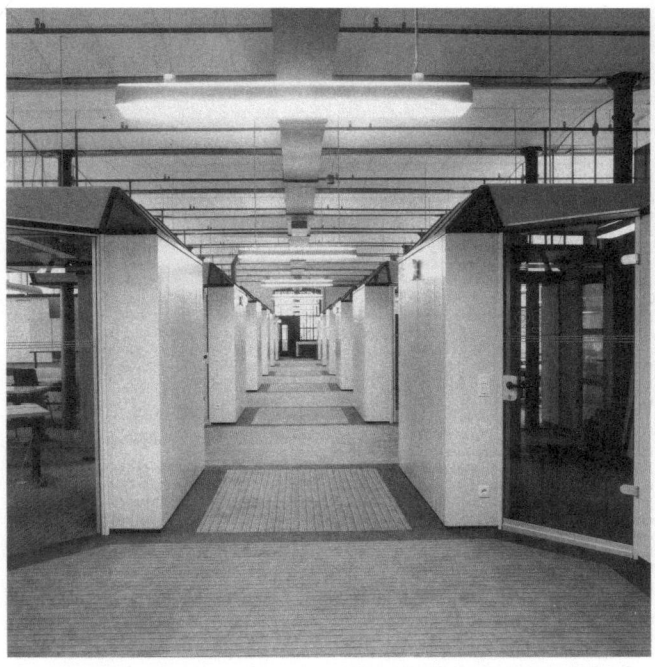

Kompromiß zwischen den Bauvorschriften und den Anliegen der Denkmalpflege: Verwaltungsräume der Volkshochschule im 2. Obergeschoß der Spinnerei

9   Verwaltungsräume der Volkshochschule im 2. OG der Spinnerei.

genannt haben«, war nachhaltig, kein Einzelfall
unter den beteiligten Experten und nur durch
das Faszinosum zu erklären, beim Betreten der
leeren Spinnereisäle völlig überraschend ein vollständig erhaltenes gusseisernes Tragwerk aus
der Mitte des 19. Jhs. vorzufinden, das zudem im
Zusammenspiel von Trägern, Stützen und Kappendecken eine eigene »Konstruktionssprache« kurz
vor dem Durchbruch der Stahlbauweise zum
Ausdruck brachte.[39] Dass sich im gusseisernen
Tragwerk der Ravensberger Spinnerei eine auf-
regende Mélange der Bautechnikgeschichte verbergen sollte, die Prinz in seinem rückblickenden
Beitrag von 1989 skizziert, war sicher auf den ersten Moment nicht abzusehen.

Voraussehbar waren aber die Konflikte, die sich
hinsichtlich des Brandschutzes und der Statik mit
den Bauvorschriften der Gegenwart ergaben. Der

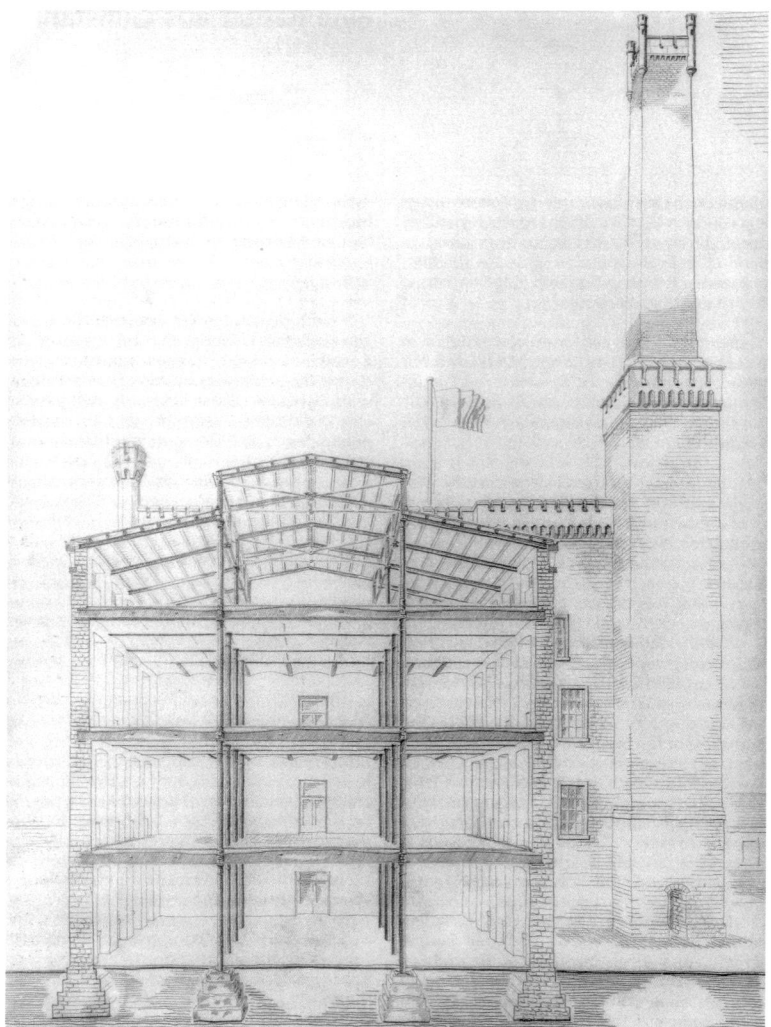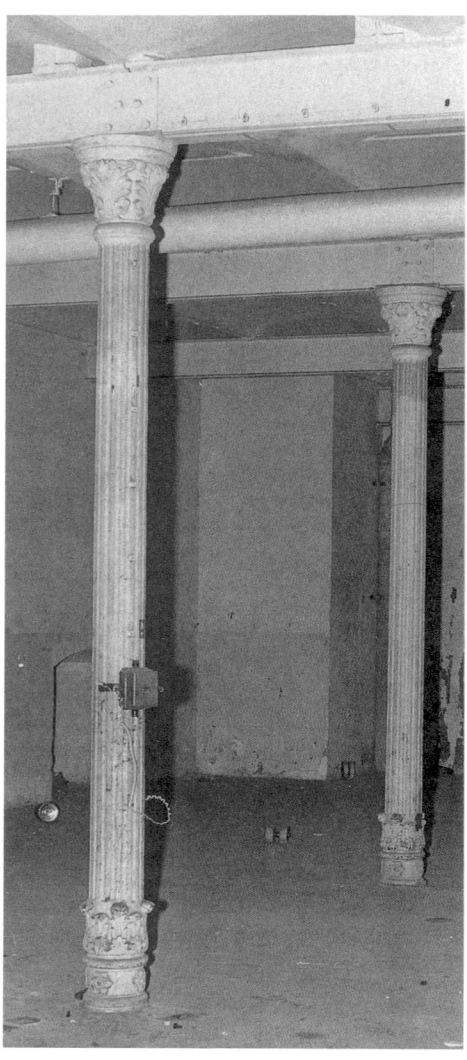

10   Hauptgebäude, Spinnsäle: Konstruktionszeichnung des Stützen- und Trägersystems und gusseiserne Stützen im Mittelbau.

verständliche Wunsch des bekehrten Statikers und des mit dem Umbau betrauten Architekten, die beeindruckende Eisenkonstruktion (Abb. 10) als gestalterisches Element für die Weiterentwicklung des Hauptgebäudes vollständig zu erhalten, verstieß »gegen alle geltenden Bauvorschriften und überschritt damit den Kompetenzbereich der unteren Bauaufsichtsbehörde, die über deren Einhaltung zu wachen hatte«.[40] Um dem 1973 durch einen Sachverständigen der Stadt Bielefeld ausgesprochenen Urteil, dass »die Konstruktion nur in der Lage sei, ihr Eigengewicht zu tragen« und für »Lasten aus einer irgendwie gearteten Nutzung [...] keine Reserven vorhanden seien«, im Sinne eines Erhalts des Tragwerks entgegenwirken zu können, bedurfte es zunächst der systematischen und vorbehaltslosen Untersuchung der Statik und Feuerfestigkeit der Konstruktion.[41] Prinz konnte dafür seine wissenschaftlichen Netzwerke nutzen und durch den Ausbau und die Untersuchung eines der wichtigen Gussträger im Mittelbau die Nachhaltigkeit 130 Jahre alter

Bautechnik und prinzipielle Tragfähigkeit historischen Materials für die Zwecke des Um- und Weiterbaus des Hauptgebäudes nachweisen.

Das war allerdings nur möglich, weil dieses durch vielfache In-Situ-Untersuchungen und Modellversuche gewonnene Wissen über die historische Bautechnik und ihre Materialien eine Legitimität beanspruchen konnte, der im Verlaufe der Auseinandersetzungen mit den Baubehörden gelegentlich auch der spröde Charakter der Bauvorschriften erliegen sollte. Schritt für Schritt, so Prinz und andere Beteiligte in der Erinnerung, ließ sich im alltäglichen Widerstreit mit den Bauvorschriften und ihren Exegeten im Bielefelder Hochbauamt das neu gewonnene Wissen adaptiv für die Umsetzung des architektonischen Gesamtkonzepts einsetzen. In stillschweigender Analogie zur Dauer-WasserberieselungsAnlage, mit der auf Obbelodes Anraten die historische Fassade zeitaufwändig mit dem Ziel gereinigt wurde, das »alte Flair« zu erhalten, sollte sich die Dauerberieselung des Hochbauamtes und die Lobbyarbeit für einzelne Umbau- und Erhaltungsziele des Hauptgebäudes nach dem Motto »Der stete Tropfen höhlt den Stein« als ebenso erfolgreich erweisen.[42]

Dabei spielte eine entscheidende Rolle, dass die Opponenten von Obbelode und Prinz in der Bielefelder Hochbauverwaltung im Fall der Ravensberger Spinnerei dieser künstlerischen Setzung keine überzeugende Alternative entgegensetzen konnten. Gegenüber der Vision eines architektonisch anspruchsvoll und technisch behutsam umgebauten Industriedenkmals als Ort kultureller Betätigung einer Stadtgesellschaft konnten die eigenen Planungen des Hochbauamtes kaum bestehen und kosteten allenfalls Zeit und Nerven. Die Lobbyarbeit der Bürgerinitiative und des Förderkreises seit 1972, die auch auf der laufenden Baustelle mit künstlerischen Aktionen und Informationsveranstaltungen unter großer Publikumsbeteiligung fortgesetzt wurde, zahlte sich am Ende aus.[43] Darüber hinaus verdeutlichte sich in der Handhabung der für den Erhalt

kritischen Belastbarkeitsstudie für die Gusseisenträger die besondere Pointe des Zusammenspiels von Architektur und Bautechnik. Unfreiwillig leisteten die Ingenieure mit dem Ausbau eines Trägers einen Beitrag zur architektonischen Gestaltung des Umbaus, denn Obbelode entschied sich erst nach dem Ausbau dazu, diese Öffnung zu belassen, sie mit Glas abzudecken und darunter eine Empore zu errichten, von der das gusseiserne Tragwerk des Hauptgebäudes auf wunderbare Weise aus der Nähe betrachtet werden kann (Abb. 11).[44]

Darüber hinaus bedurfte es noch einer weiteren situativen Voraussetzung für diesen Erfolg bei der Weiterentwicklung des Hauptgebäudes der Ravensberger Spinnerei. Mit dem Argument, dass »man auch den Kölner Dom für jede Nutzung [würde] sperren müssen, beurteilte man sein Tragwerk nach heutigen Bauvorschriften«, ließ sich vor dem Hintergrund einer bereits 1970 einsetzenden denkmalpflegerischen und gesellschaftlichen Neubewertung historischer Industriebauten genau jene Form des Ausnahmezustands schaffen, in der die Legitimation etablierter baurechtlicher Genehmigungsverfahren durch die Entscheidung des Souveräns ausgesetzt und eine neue Form

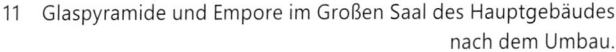

11   Glaspyramide und Empore im Großen Saal des Hauptgebäudes nach dem Umbau.

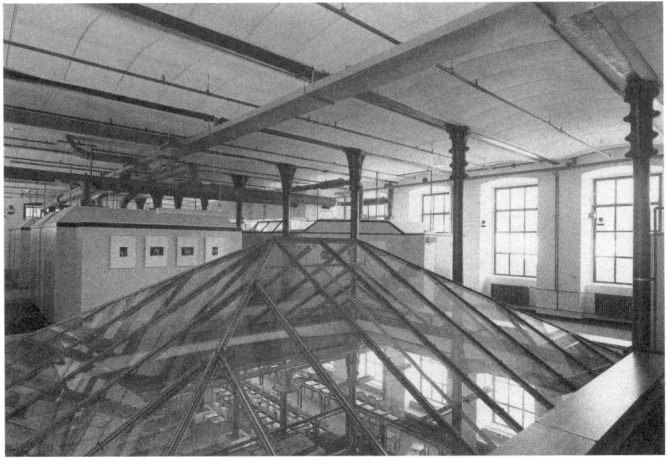

der Legitimität ins Spiel gebracht werden konnte.[45] In diesem Spiel der »Grenzübergänge« zur
Ermöglichung des Weiterbauens am Industriedenkmal war der Souverän das Innenministerium
des Landes Nordrhein-Westfalen, das als oberste
Bauaufsichtsbehörde für alle Abweichungen von
den Bauvorschriften einzeln Zustimmung gab.
Dieses Verfahren bezog seine Legitimität einzig
und allein aus der Hervorhebung einer Ausnahmesituation, in der die Norm der Bauvorschrift
durch den Einzelfall der erhaltenswerten historischen Bausubstanz und seiner architektonischen
Weiterentwicklung außer Kraft gesetzt wurde.[46]

Es ist dieses Bewusstsein einer Ausnahme-
notwendigkeit, die Roland Günter anlässlich der
Fertigstellung des Hauptgebäudes 1986 in deutlichen Worten gegenüber der »angeblich unab-
hängigen, in Wirklichkeit aber seismographisch
einnahme-empfindlichen Pseudowissenschaft
von fachbornierten Experten« als künstlerische
Eigenleistung des Architekten hervorzuheben
und als langjährige und von bitteren Erfahrungen
im Umgang mit der Hochbauverwaltung geprägte Konfliktgeschichte zu beschreiben wusste.[47] Der
Hinweis auf die Konfliktgeschichte des Weiterbauens am Industriedenkmal Ravensberger
Spinnerei ist dabei besonders wichtig, da nur so
die besondere Historizität der Ausnahmesituation
für die konkreten Entscheidungen zugunsten des
architektonischen Konzepts deutlich wird. Was
sich dabei vollzog, ist an anderer Stelle und mit
Blick auf den gesellschaftlichen Epochenbruch
einer Zeit »nach dem Boom« als »Revolution auf
der Mikroebene« beschrieben worden, die »mit
dem intellektuellen Instrumentarium der aus der
Epoche des Booms gewohnten Strukturanalyse
nicht zu erfassen« mehr war.[48] Aber wo die
Begriffe fehlen, gewinnt das Handeln eine umso
größere Bedeutung. Auf diese Weise lässt sich
über die Bestimmung des Denkmalwertes der
Ravensberger Spinnerei und seiner industriellen
Vergangenheit auch die besondere geschichts-
mächtige Dimension ihres Erhalts und Umbaus
verorten. Die politische Gesellschaftsgeschichte

der Bundesrepublik »nach dem Boom« war dabei
weniger durch die Analyse ihrer eigenen veränderten Situation als vielmehr durch das unübersicht-
liche Geschehen in ihr selbst geprägt. Geschichte
schien sich vor diesem Hintergrund irgendwie zu
ereignen, ohne bereits auf den Begriff gebracht
werden zu können.[49]

Geschichte ungleichzeitig

»Bielefeld soll nicht aussehen wie Gelsenkirchen!«
überschrieb die Bielefelder Literaturprofessorin
Marianne Kesting ihren Vortrag im September
1973 in der Kunsthalle der Stadt. Mit Blick auf den
beginnenden Bürgerprotest gegen den drohenden Abriss der Ravensberger Spinnerei und gegen
die Auswüchse der Stadtsanierung forderte sie ein:
»Also: Die Bürger Bielefelds sollten sich rühren. Die
autogerechte Stadt wird uns aufgezwungen, die
menschengerechte müssen wir erkämpfen.«[50] Doch
Bielefelds Bürger waren längst »aufgerührt«, um in
diesem Bild zu bleiben, und hatten innerhalb kür-
zester Zeit die Öffentlichkeit für den Erhalt und den
Umbau der Ravensberger Spinnerei auf eine Weise
aktiviert, die in der Bundesrepublik der frühen
1970er Jahre ihresgleichen sucht. Roland Günter hat
in seinen Erinnerungen darauf hingewiesen, dass
am Ausgangspunkt des Protests keine spontane
Massenkundgebung der Bevölkerung Bielefelds,
sondern vielmehr eine konzertierte Aktion weniger sachkundiger Fachleute und Bürger der Stadt
stand, die Zeitungsartikel, Expertenstatements und
Pressekonferenzen zum bevorstehenden Abriss des
Fabrikschlosses in der Öffentlichkeit lancierten.[51]
Die neuen Bildungseinrichtungen der ostwestfälischen Stadt mit ihren engagierten Studierenden
waren bereits in die ersten Erhebungen zum
Zustand der Ravensberger Spinnerei und des
ehemaligen Fabrikgeländes eingebunden worden. Nun gesellten sich im Protest gegen das
Verkehrskreuz im Bielefelder Osten auch bildträch-
tig Professorenschaft und Bielefelder Prominenz
zueinander und schufen damit ein für den Rat

Durch die Stadt gefressen

Mit der Eröffnung des Tunnels ist der Ostwestfalendamm fertiggestellt. Haben 35 Jahre Streit um Größenwahn in Beton ein Ende?

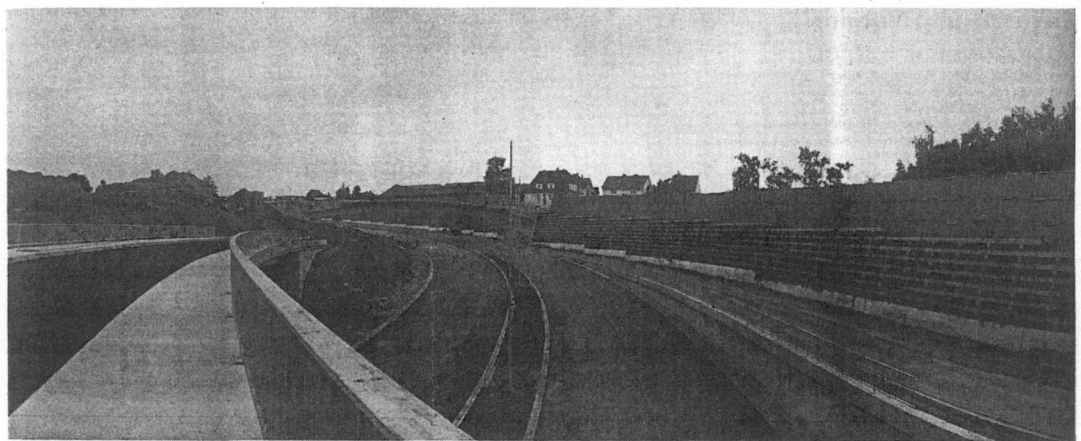

»Ein weiterer großer Schritt in Richtung auf eine effektive Verkehrsentlastung der Innenstadt ist vollendet«: OB Eberhard David in der Einladung zum »Tag des Tunnels« am kommenden Mittwoch. Foto: Ulla Brockmeyer

»Der Moloch Verkehr ist auf die Dauer nur dadurch zu bändigen und zu zähmen, daß man ihm die Freiheit gibt«. Philosophische verkehrspolitische Gedanken des legendären Lokalchefs der »Neuen Westfälischen« Günter Gerke Anfang der 60er (als sein Blatt noch »Freie Presse« hieß). Und weiter: »Solange Kreuzungen, Ampeln und Geschwindigkeitsbegrenzungen dem Verkehr Fesseln anlegen, haben auch die schönsten und breitesten Straßen nur einen bedingten Wert.«

Worte, die als Credo über dem stehen könnten, was fast 40 Jahre Bielefeld beschäftigte. Legitimation für die Stadtplaner, die das Projekt »Ostwestfalendamm« zu einer der größten Baustellen der Republik machten. Provokation für die Sanierungsgegner, die zu Hochzeiten der Häuserabrißbirnen Ende der 70er, Anfang der 80er, Bielefeld auf Platz drei der Liste von Städten mit den meisten Hausbesetzungen brachte.

Drunter

Am 12. Oktober wird mit der Übergabe des 3.Bauabschnittes der Stadtautobahn B 61n der vorläufige Schlußstrich gezogen. Lamentieren um Kosten und wofür man die Hunderte von Millionen Mark sicher hätte besser verwenden können nützen (wiederum vorläufig) nichts mehr. Der Ostwestfalendamm an sich ist fertig. Da steht er nun, fett, feist, in gedecktem Grau und wir schauen end-

lich in die Röhre. Aber der Traum von der großen Freiheit einer Umgehungsstraße um die Stadt herum, wahlweise drunterher oder drüberhin, wurde schon seit 1949 geträumt. Die »Freie Presse« berichtete 1950 von verwegenen Ideen aus einer geheimen Ratssitzung: »Um die an dem Verkehrsproblem krankende Innenstadt vom Fernverkehr zu entlasten, soll die Bundesstraße um den Bielefelder Stadtkern herumgebaut werden. Im wesentlichen verläuft diese zweibahnige Fernverkehrsstraße parallel der Eisenbahn, wobei sie den Johannisberg überquert. An der Jöllenbecker Straße trennt sie sich von dem Schienenweg, um nach Norden an einem zu schaffenden Nordausgang des Hauptbahnhofes vorbeizustoßen und, etwa beim Johannisstift, in einer weiten Kurve nach Westen zu ziehen, bis sie in der Herforder Straße verläuft. Auffahrtstraßen an der zu verbreitenden Kreuz-, Feilen- und Jöllenbecker Straße lassen die Fernverkehrsstraße, die sonst kreuzungsfrei mit Tunneln geführt wird, gut erreichen. Ein Projekt, dessen Kosten unter Zuschuß von Bundesmitteln etwa mit 10 Millionen veranschlagt wird.«

Nun ja, alleine der jetzige Tunnel wird wohl alles in allem an die 180 Millionen verschlungen haben, an jährlichen Folgekosten rechnet man mit 7,5 Millionen Mark. Aber schließlich sind ja auch nur die Kaffeepreise seit den 50ern stabil geblieben.

Nun denn, die Tunnelidee ging erstmal verschütt, weil die Bielefelder Sozialdemokratie zunächst Handlungsbedarf für einen Hubschrauberlandeplatz am Güterbahnhof sah (eine Idee, die später kurzfristig zu einer Vision von Deutschlands drittgrößtem Flughafen auf Bielefelder Stadtgebiet eskalierte, dann in das Gespinst Regionalflughafen Nagelsholz schrumpfte und sich heute verflüchtigt hat).

Drüber

1963 wurde aber wieder an den Autoverkehr gedacht und dem Highway gemacht. Eine Hochstraße bietet »den Vorteil, daß man sie selbst über Häuser und Fabriken hinwegführen kann.« Gerke wiederum sah die Dimension dieses Projektes vergleichbar mit dem mittelalterlichen Stadtmauerbau. Die Nase im Wind hatten die Druckereien von Straßenkarten. In ihnen zierte damals schon ein fiktives Autobahnkreuz das Zentrum der Stadt, dort wo gar nichts war, bis heute, Gottlob.

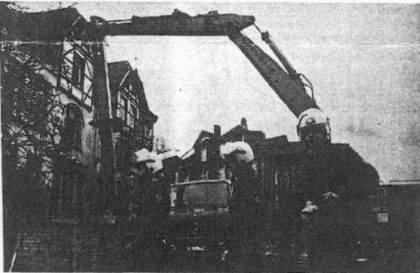

Vorbereitung für den Abriß: 135 Häuser wurden Opfer der »Sanierung« ...

Drunter und Drüber

Im Frühjahr 1965 hieß die Lösung: drei Ebenen; von unterirdisch bis geradezu überirdisch. Die Fundamente wurden gelegt, und liegen immer noch friedlich irgendwo in Bielefelds Erde. Nichtsdestotrotz wurde hier der gedankliche Grundstein gelegt, für das, was sich heute von Brackwede bis zur Eckendorfer Straße

durch die Stadt frißt. Mitten im Kamphof sollte ein Autobahnkreuz entstehen, Parkhäuser allhier und allda, es sollte Anbinder zur Uni geben sowie zum papiernen Flughafen Nagelsholz. Raspi, Eisbahn und Wiesenbad sollten ebenfalls geopfert werden. Das Monumentalprojekt Ostwestfalendamm schrumpfte planerisch im Laufe der 70er Jahre mehr und mehr. Die Pläne brachten eine Bürgerbewegung auf die Beine, die Bielefeld bis dahin noch nicht gesehen hatte. Hausbesetzungen und gewaltsame Räumungen fanden fast jeden Tag statt. RaSpi und drumrum konnten gerettet werden, trotzdem wurden an die 135 Wohnhäuser vor allem im Kamphof und um die Große Kurfürstenstraße Opfer der »Sanierung«.

Jürgen Hotzan schließlich wurde selbst Opfer kleiner Einfamilienhäuschen. Er wurde im Zuge des Braker Giftmüllskandals geschaßt und lebt heute in einer verkehrsberuhigten Zone zu Berlin und frönt ganzheitlich dem Katholizismus.

Licht am Ende des Tunnels?

Die Eröffnung des Tunnels kann man nun moralisch und pragmatisch (was hätte man mit dem Geld alles machen können ...) verdammen, aber natürlich

zieht. Träumen von futuristischen Highways auf Stahlträgern allerdings schob der seit 1968 verantwortliche Stadtbaurat Jürgen Hotzan einen Riegel vor: Beton ist grau, also Bielefeld-adäquat und zudem billiger. Hotzan wurde fürderhin zur treibenden Kraft der sogenannten Stadtsanierung und zur

dem Westen auf der A 2. Da isser nunmal. Der Moloch steht, als Mahnmal für Stadtplanung von gestern, nehmen wir ihn hin. Hin zu einer anderen Verkehrspolitik, in Zukunft, vielleicht, man kanns ja mal versuchen. Und der Ostwestfalendamm geht als letztes Großprojekt in die Annalen ein, das sich

vor dem Individualverkehr verbeugt. Wenn da nicht der Anschluß B 66n zur Autobahn in Hillegossen als drohendes Gespenst im Hintergrund stände.

»Das Problem ist nur, man kann damit leben. Für niemanden ist eine Welt zusammengebrochen. Die Stadt ist häßlicher geworden, sie ist ungemütlicher und beängstigender geworden, aber wir leben immer noch.« (Christian Presch, Mitglied der Bielefelder Selbsthilfe, Sanierungsgegner der ersten Stunde, anno 1987 im StadtBlatt zum Thema Ostwestfalendamm).

Achim Borchers

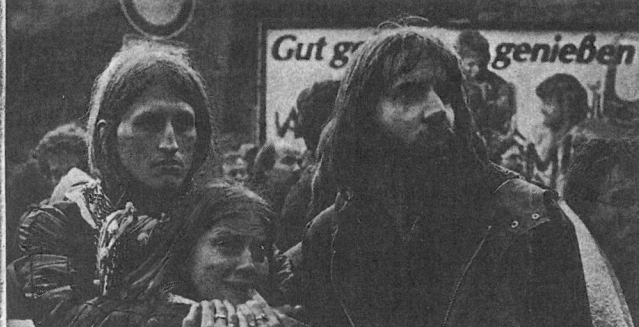

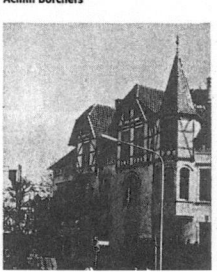

12   Artikel im alternativen Stadt-Blatt anlässlich der Fertigstellung des Ostwestfalendamms.

wie für die Verwaltung der Stadt Bielefeld ungewohntes, um nicht zu sagen: verstörendes Bild des Protests. In aller Öffentlichkeit war dem Rat und der Verwaltung verdeutlicht worden, dass es in dieser Stadt Menschen gab, denen es nicht gleichgültig war, wie sich das Bild der Stadt durch den Abriss eines stadtbildprägenden Industriedenkmals veränderte.

Aus dieser beeindruckenden Haltung der Bielefelder Bürger zum Schutz eines bedrohten Industriedenkmals und der konfliktreichen, letztlich aber erfolgreichen Umsetzung eines architektonisch anspruchsvollen Konzepts für den Um- und Weiterbau des Fabrikschlosses eine Aufstiegsgeschichte der städtebaulichen Denkmalpflege in der Bundesrepublik zu verfertigen, dürfte allerdings an den Erfahrungen der Beteiligten wie den tatsächlichen Auswirkungen dieses Beispiels für die Stadtentwicklung in Bielefeld vorbeizielen. Es ist bezeichnend, wie sehr die unmittelbar mit der Rettung des Spinnerei-Gebäudes verbundenen Akteure die Konflikthaftigkeit dieser Geschichte hervorheben und auf die Ausnahmesituation beim Um- und Weiterbau zu einem Bürgerzentrum verweisen.[52]

Entgegen der Erwartung von Kesting gegenüber der Bürgerschaft der Stadt Bielefeld entwickelte sich aus dem beharrlichen und letztlich erfolgreichen Handeln zum Erhalt und zum möglichen Umbau des Spinnerei-Gebäudes keine gleichlautende Konsequenz für die angesichts der zeitgleich begonnenen Bielefelder Stadtsanierung im Raum stehende Frage nach dem »Weiterbauen« der Stadt am Ende des Industriezeitalters. Bewahrung eines Industriedenkmals im Bielefelder Osten und Zerstörung ganzer Straßenzüge im Bielefelder

Westen durch den Bau des umstrittenen Ostwestfalendamms und die flächenhafte Sanierung von Gebäudesubstanz waren gleichzeitige Momente einer ungleichzeitigen Städtebaupolitik, die sowohl durch den Bruch mit der Vergangenheit innerstädtischer Wohnmilieus und Verkehrsgestaltung als auch die Emphase historischer Bedeutsamkeit des Einzeldenkmals gleichermaßen gekennzeichnet war.[53] Vom *genius loci* sprach angesichts der Häuserabrisse im Bielefelder Westen im Kontext der Trassenführung des Ostwestfalendamms niemand mehr. Die Bielefelder Bürgerschaft musste vielmehr befürchteten, dass sich durch dieses umstrittene Verkehrsprojekt die Innenstadt in eine »Beton- und Steinfläche« verwandeln würde.[54] Angesichts der über Jahre verödenden Freiflächen in der Bielefelder Innenstadt wartete die Bielefelder Bevölkerung vergeblich auf einen vergleichbar kreativen Umgang mit dem *horror vacui*, wie ihn der Architekt Obbelode im Angesicht des entkernten Hauptgebäudes der Ravensberger Spinnerei an den Tag gelegt hatte.

Aber Geschichte wurde in Bielefeld eben nicht nur »als nachahmenswertes Beispiel für den phantasievollen Umgang mit einem stadtbildprägenden Denkmal« gemacht.[55] Angesichts des sich unaufhaltsam durch die Innenstadt fressenden Lindwurms Ostwestfalendamm (Abb. 12) bekam das Wort »Weiterbauen« in Bielefeld noch eine ganz andere Bedeutung und ließ die Bürger eher an den zu Beginn der 1980er Jahre sehr viel präsenteren dystopischen Charakter der Geschichtswerdung denken: »Spacelabs fallen auf Inseln, Vergessen macht sich breit. Es geht voran! Keine Atempause, Geschichte wird gemacht. Es geht voran!«[56]

1   StAB 1974.
2   Ellger 1989, 113; Ellger 1975, 14–15.
3   Lösche 1977, 124.
4   Will 2020, 36.
5   Lorenz 1989, 99; Geertz 1983.
6   Will 2020, 72–89; Lorenz / Fischer 2011, 419–427.
7   Zit. n. Ukena / Röver 1989, 113.
8   Land Berlin 2020.
9   Will 2020, 53.
10 Saldern 2006, 15.
11 Ditt 1989, 12.
12 Ditt 1989, 17.
13 Neumann 1989, 52.
14 Neumann 1989, 62; Vogelsang 1989, 101–104.
15 Frankfurter Allgemeine Zeitung, 31.5.1976.
16 Hauptausschuss des Bielefelder Rates, 1973, zit. n. Stadt-
    verwaltung Bielefeld 1977.
17 Hotzan 1972/73, 21.
18 Hotzan 1972/73, 24.
19 Leserbrief, zit. in Westfalen-Blatt, 19.3.1976.
20 Westfalen-Blatt, 19.2.1976.
21 Lorenz 1989, 95.
22 Westfalen-Blatt, 7.10.1976.
23 Zit. n. Lorenz 1989, 96.
24 Zit. n. Beaugrand 2013, 452.
25 Obbelode 1989, 71.
26 Barth 1989, 63.
27 Obbelode 1989, 71.
28 Barth 1989, 66; Günter / Weber 1972, 1403.

29 Barth 1989, 66.
30 Ukena 2013.
31 Westfalen-Blatt, 23.1.1981.
32 Zit. n. Obbelode 1989, 71.
33 Will 2020, 76–77 und die Zitate von Waldenfels und
    Otero Pailos in FN 8, ebd.
34 Obbelode 1989, 71.
35 Obbelode 1989, 78.
36 Obbelode 1989, 78.
37 Beaugrand 2013, 453.
38 Zit. n. Prinz 1989, 85.
39 Prinz 1989, 91; Lorenz / Heres 2006, 163–170.
40 Prinz 1989, 91.
41 Prinz 1989, 90.
42 Obbelode 1989, 82–83; Beaugrand 2013, 454.
43 Beaugrand 2013, 451.
44 Prinz 1989, 91.
45 Prinz 1989, 90; Pevsner 1970, 273–288; Günter 1971, 34–54.
46 Schmitt 1922, 19.
47 Günter 1973.
48 Döring-Manteuffel 2007, 575.
49 Habermas 1985, 1–14.
50 StAB 1973.
51 Günter 1986.
52 Lorenz 1989, 99.
53 Westfalen-Blatt, 2.3.1974.
54 Zit. n. Planen und Bauen 1975, 30.
55 Zit. n. Lorenz 1989, 99.
56 Fehlfarben: Ein Jahr (Es geht voran), 1982.

Barth 1989
U. Barth: Zur Umnutzung eines Industriedenkmals, in: Ukena /
Röver 1989, 63–69.

Beaugrand 2013
A. Beaugrand: Arbeiterzwingburg, Fabrikschloss, Kulturfabrik –
Die Ravensberger Spinnerei und ihre Umnutzung, in: Ders.
(Hg.): Stadtbuch Bielefeld 1214–2014 (Bielefeld 2013) 448–457.

Ditt 1989
K. Ditt: Geschichte der Ravensberger Spinnerei, in: Ukena /
Röver 1989, 11–38.

Döring-Manteuffel 2007
A. Döring-Manteuffel: Nach dem Boom. Brüche und Kontinui-
täten der Industriemoderne seit 1970, Vierteljahreshefte für
Zeitgeschichte 4, 2007, 559–581.

Ellger 1975
D. Ellger: Ravensberger Spinnerei, Deutsche Kunst und
Denkmalpflege 33, 1975, 14–15.

Ellger 1989
D. Ellger: Gutachtliche Stellungnahme des Landeskonservators,
in: Ukena / Röver 1989, 111–113.

Geertz 1983
C. Geertz: Dichte Beschreibung, Beiträge zum Verstehen kultureller Systeme (Frankfurt a. M. 1983).

Günter 1971
R. Günter, Der Fabrikbau in zwei Jahrhunderten, archithese
3+4/1971, 34–54.

Günter 1986
R. Günter: David gegen Goliath, Der Erfolg der Kultur, Basler
Zeitung, 11/1986.

Günter / Weber 1972
R. Günter / K. Weber: Fabrikschloss als Kommunikations-
zentrum, Bauwelt 63, 1972, 1400/1403.

Habermas 1985
J. Habermas: Die Neue Unübersichtlichkeit. Die Krise des
Wohlfahrtsstaates und die Erschöpfung der utopischen
Energien, Merkur 431, 1985, 1–14.

Hotzan 1972/73
J. Hotzan: »Wir haben bisher jeder Bürgerinitiative gehol-
fen.« Interview mit Jürgen Hotzan, -die blätter- 268, 1972/73,
21–28.

Land Berlin 2020
Land Berlin: Sanierungsgebiet Rathausblock: Symposium zur Geschichte des Ortes Dragonerarreal, https://www.berlin.de/rathausblock-fk/themen/artikel.686734.php (4.5.2020).

Lösche 1977
W. Lösche: Einiges über die zeitgenössische Zerstörung von Lebensbereichen mit dem Fallbeispiel Bielefeld (Bielefeld 1977).

Lorenz 1989
K.O. Lorenz: Ein Erfolg der Bielefelder Bürgerinitiativen, in: Ukena / Röver 1989, 93–100.

Lorenz / Fischer 2011
W. Lorenz / M. Fischer: Stahlbau unter Denkmalschutz – Grundinstandsetzung von Viadukt und Bahnhöfen der Hochbahnlinie U2 in Berlin-Prenzlauer Berg, Stahlbau 80, 2011, 419–427.

Lorenz / Heres 2006
W. Lorenz / B. Heres: Archäologie des Konstruierens – Untersuchungen zur Entstehung von Konstruktionssprachen an den Eisentragwerken der Eremitage St. Petersburg, Forum der Forschung 19, 2006, 163–170.

Obbelode 1989
P. Obbelode: Der Umbau – ein Kampf mit den Vorschriften der Bauordnung, in: Ukena / Röver 1989, 71–84.

Neumann 1989
E.G. Neumann: Zur Architektur der Spinnerei, in: Ukena / Röver 1989, 49–62.

Planen und Bauen 1975
Planen und Bauen. Vorträge im Rathaus Bielefeld (Bielefeld 1975).

Pevsner 1970
N. Pevsner: A History of Building Types (Princeton 1970).

Prinz 1989
S. Prinz: Tragwerk-Konstruktion – eine Rarität aus Gussstahl, in: Ukena / Röver 1989, 85–91.

Saldern 2006
A. von Saldern: Vgl. zur stadtgeschichtlichen Einordnung, Integration und Fragmentierung in europäischen Städten. Zur Geschichte eines aktuellen Themas, Archiv für Sozialgeschichte XLVI, 2006, 3–60.

Schmitt 1922
C. Schmitt: Politische Theologie (Berlin 1922).

StAB 1973
Stadtarchiv Bielefeld: Bestand Oberbürgermeister 0437, Auszüge aus dem Vortrag von Prof. Dr. Marianne Kesting, Universität Bielefeld am 26.9.1973, Kunsthalle.

StAB 1974
Stadtarchiv Bielefeld: Bestand Protokolle Hauptausschuss des Rates 0688, Beschlussprotokoll, 16.1.1974.

Stadtverwaltung Bielefeld 1977
Stadtverwaltung Bielefeld, Planungsamt (Hg.): Zusammenstellung der Gutachterbeiträge anlässlich des Hearings am 6. Oktober 1976 (Bielefeld 1977).

Ukena 2013
D. Ukena: Der Umbau-Architekt. Erinnerungen an Peter Obbelode, in: Beaugrand 2013, 451.

Ukena / Röver 1989
D. Ukena / H.J. Röver: Die Ravensberger Spinnerei. Von der Fabrik zur Volkshochschule – zur Umnutzung eines Industriedenkmals in Bielefeld (Hagen 1989).

Vogelsang 1989
R. Vogelsang: Ein lustiger großer Garten, in: Ukena / Röver 1989, 101–104.

Will 2020
T. Will: Kunst des Bewahrens. Denkmalpflege, Architektur und Stadt (Berlin 2020).

Abbildungsnachweis

1   Stadtarchiv Bielefeld, 400-3_unverzeichnet 01.
2   Stadtarchiv Bielefeld, Bestand 108-1_73, Ravensberger Spinnerei (1972-1973).
3   Stadtarchiv Bielefeld, 400-3_31-124-4.
4   Stadtarchiv Bielefeld, 400-3_unverzeichnet 02.
5   Rückseite -die blätter- Nr. 268, Dezember 1972, Nr. 269, Januar/Februar 1973.
6   Bielefeld Planen + Bauen 1977, o.S.
7   Hans Dieter Johner, aus Ukena / Röver 1989, S. 96.
8   Hans Loose, aus Ukena / Röver 1989, 74 (li.) bzw. 75 (re).
9   Hans Loose, aus Ukena / Röver 1989, 68.
10 li Walter Hölterhoff, aus Ukena / Röver 1989, 86.
10 re Westfälisches Amt für Denkmalpflege, aus Ukena / Röver 1989, 55.
11   Detlef Langwald, aus Ukena / Röver 1989, 90.
12   Stadt-Blatt Bielefeld vom 6.10.1994, 5.

School Renovation Programme in Vienna
Exploring the Actions of Relevant Social Groups and the Potential for Interpretative Flexibility

Maja Lorbek

Schooling in the future will take place in existing school buildings. The reason is simple: in German-speaking countries, most school buildings were built during either the late 19th century or the postwar era of demographic, economic, and educational expansion. Existing schoolhouses need to be maintained and renovated, but also adapted to accommodate changing educational requirements. The German notion of *Weiterbauen* denotes continued construction in existing buildings, ranging from subtle surface renewal to comprehensive renovation to modernisation based on extensive material, spatial, and structural interventions. Different forms of renovation also include a conceptual reinterpretation of existing buildings, a process that, according to Gieryn, starts immediately with inhabitation.[1] Loosely based on *Social Construction of Technology* (SCOT)[2] as the theoretical framework, this article will examine the school renovation programme in Vienna carried out between 2008 and 2017 with the aim of identifying relevant social groups and studying the potential for interpretative flexibility during renovation.

School Building as Socially Constructed Technology

When compulsory education was gradually introduced in European countries starting from the 18th century, the principle of a single teacher and the assigned class was inscribed in the design of school buildings. The school building type based on serial classrooms as the main feature was adopted in most European countries as it offered an economical, well-organised, and easily replicable solution for teaching large numbers of pupils. Unlike the large schoolroom of the premodern era, where several actors with teaching duties interacted with pupils of different age and abilities, the graded school of the modern era is based on the principle of one teacher and an assigned homogenous class: a group of children of the same age and comparable abilities. The schoolhouse containing a series of classrooms evolved gradually over more than 300 years.[3] The modern schoolhouse allocates teachers and their classes to classrooms, which are additively organised along corridors and strictly separated from one another and the other school facilities. Initially, the impetus was to place the maximum number of pupils in a schoolroom. 19th-century school construction handbooks reveal the rationale for the spatial layout of the classroom. According to historic construction manuals, the depth of a schoolroom in elementary schools is limited to 10 m as the maximum distance for hearing the teacher's voice, or to 8 m for pupils to be able to see the school board. At the same time, classroom width is restrained by the space required for daylight to penetrate the room.[4] The serial classroom, derived from such physical, spatial, and technological limitations, reflects not only the principle of teacher-centred education and discipline, but also the effort to organise mass schooling efficiently and economically. Based on a given number of pupils within a given area, Austrian educational laws prescribed the founding of new schools by the local school administration. Since the late 19th century, the legislative frameworks for school organisation, which accompanied the implementation of compulsory schooling, resulted in a system of geographically dispersed school facilities and large school building portfolios in mid-sized towns and larger cities. Schoolhouses from different eras and diverse building types constitute the publicly owned school building stock. Despite the typological variety, the public school building stock is based on schoolhouses with serial classrooms and the principle of one teacher allocated to one group of learners.[5] In this way the classroom can be classified, as Martin Lawn argues, as a social technology.[6]

In this article, which draws on the idea that technology is socially constructed, the schoolhouse containing a series of classrooms is classified according to Bijker's four units of analysis[7] as a technological artefact. The notion of school buildings as technological artefacts and the identification of relevant social groups will allow for an assessment of interpretative flexibility during the renovation process.

In this study I used published documents and an interview with architects working on school renovations to describe relevant social groups and the technological frame, and to assess the potential for interpretative flexibility during renovation. I worked as a consultant in two renovation processes in the Viennese school renovation programme. My involvement was limited to surveying damage, research on the original design concept and building components, and contributing to renovation concepts. Unlike my interview partners in this study, who planned renovation for several schools from beginning to completion, I was only involved with some stages of the renovation process. Through my contributions to renovation planning I was able to gain insight into the process and the actors; however, I did not attempt to conduct participant observation or auto-ethnography.

Social Construction of Technology (SCOT)

During the 1980s, *Social Construction of Technology* emerged, along with *Large-Scale Technological Systems* (LTS) and *actor-network theory* (ANT), as one of the three major theoretical approaches for studying technology from a socio-technical perspective.[8] The SCOT model was chosen for studying renovation concepts and processes for building stock as it focuses on the networks of actors and artefacts and explores the mechanisms of closure for technologies.[9] This study focuses on the «singular artefact» or «technical system»: the school building consisting of serial classrooms. The key concepts associated with the artefact as the unit of analysis are relevant social groups, interpretative flexibility, stabilisation and closure, and technological frame.[10]

The notion of interpretative flexibility in SCOT, which starts with the premise that technological artefacts are culturally constructed and interpreted, is defined as actors' varied interpretation of the artefacts as well as flexible design of the technical systems itself.[11] Interpretative flexibility can also be described as alternative strategies devised by the relevant social groups to solve the «problems» of the technological artefact. While schools remain based on the organisational principle of assigning one group of learners to one teacher, 20th-century school architecture ventured beyond the typology of serially aligned classrooms. Alternative school designs during the 1970s explored flexible and adaptable building layouts. In existing school buildings based on serial classroom design, refurbishment processes offer a chance to redesign the facility according to the principles of flexibility and adaptability.

Interpretative flexibility in the SCOT framework goes beyond the flexibility concepts proposed in architectural theory and practice since the 1960s. Groák defines adaptability in the building's spatial organisation as the capacity for different social uses while flexibility allows different physical arrangements.[12] In Groák's definition of flexibility and adaptability, agency is attributed solely to the building as a technological artefact. The *Open Building*, a well-known concept for flexible use of space first developed by Habraken in the 1960s, acknowledges users and other actors through the idea of «levels», which enable a different degree of control for individuals, groups, and organisations in the design process.[13] Nevertheless, architectural theory and practice to date still focus on the material and spatial aspects of flexibility, hence inadequately addressing the intertwined process of co-creation established between the technical artefacts and the social groups.

Relevant social groups include organisations and institutions, as well as organised or informal groups of individuals deemed significant if certain groups share the same set of meanings attached to a specific artefact.[14] As shown later in this chapter (in the section *Renovation of school buildings: Analysing relevant social groups and interpretative flexibility*), relevant social groups in school change once the renovation process has started. When in use, school buildings are «interpreted» by teachers, pupils, and janitors as well as in some degree by external groups such as school administration and parents. During renovation the agency of (re)interpretation shifts to administrative departments in charge of strategic planning and renovation and to externally commissioned architects and engineers.

The third important concept in SCOT is the notion of closure and stabilisation, which can best be described as the phase of consolidation of the technical artefact once the problems or controversies associated with the technical system are considered solved by the relevant social groups.[15] Debate about the class-based teaching and the graded school system, highly disputed during the 17th and 18th century, came to an end in late 19th century when this form of school organisation became the dominant form of schooling.[16] During the 1970s there were attempts to introduce the nongraded school based on an open-plan

design[17], and more recently multi-grade classroom grouping and clustered classroom layout have been introduced.[18] These new approaches for organising schooling and allocating teachers and pupils in space show that the closure of the serial classroom as a technical artefact is gradually becoming destabilised.

The concept of a technological frame is the fourth key idea relevant for the singular artefact: «A technological frame structures the interactions among the members of a relevant social group and shapes their thinking and acting».[19] In order to analyse the development of artefacts, Bijker proposes a three-step approach. During the first step, sociological deconstruction is used to identify the artefact's interpretative flexibility; in the second step, the social construction of the artefact is described; and finally, the construction process is explained in terms of technological frames for relevant social groups.[20]

Changing the School Brief, Disbanding the Serial Classroom

Since the introduction of compulsory schooling, the main element of the school has been the classroom. This form of spatial organisation is particularly important for existing school buildings as in most building types and building classes, self-enclosing classroom walls are also load-bearing. In new construction, classroom space remains limited, even though the floor area has steadily increased. The number of pupils per classroom in Austria has decreased from a height of around 80 pupils in the second half of the 19th century. After WWII, the maximum number was lowered to 36, and after the school reform in 1962 to 30 pupils per classroom. In 2007 the number of pupils per classroom was reduced to 25. An average classroom, where teaching and learning mostly still take place, has an area of approximately 63 m². Thus in existing school buildings a space of a mere 2.4 m² per person is available for 25 pupils and one teacher. In comparison to offices, where according to Austrian labour protection laws at least 8 m² floor space per person in working rooms is required, classroom space is indeed scarce. Moreover classroom acoustics are challenging for teaching and learning in an open space arrangement.

Following the *spatial turn* in cultural and social studies[21], the question of changing the spatial setting in traditional learning environments has reemerged.[22] Social scientists and pedagogues are now exploring the effects of learning spaces on educational outcomes. Design of new schools is increasingly based on schoolroom clusters, flexible arrangements, and a range of additional learning spaces outside traditional classrooms.[23] Changes in the spatial organisation and design briefs for new school facilities reflect a shift from homogenous, stable classes to a flexible grouping of learners, team-teaching, and individualised learning. Existing school building stock in German-speaking countries is still not equipped with facilities and extra space for all-day schooling and lacks working space for teachers. Traditionally, Austrian teachers conduct their preparatory work at home because teachers' rooms in schools do not provide enough working space. In the classrooms, ex-cathedra teaching is still inscribed into the traditional spatial layout.

New educational concepts increasingly rely on personalised instruction, team-teaching, and working in groups. Design briefs for new school facilities include aligning groups of classrooms around common halls called clusters, thus enabling cooperation between classes. Conventional school layout with self-enclosed serial classrooms in existing educational facilities was not designed for accommodating these new modes of teacher-based tutoring. To provide space for new learning settings, teachers have started to appropriate circulation and recreational areas in school buildings, particularly for personalised instruction and working in small groups. In addition to promoting multifunctional use in all-day facilities,

non-governmental actors such as the Montag Stiftung (Montag Foundation) have actively argued for the inclusion of space outside the classroom for educational and meeting purposes. As actors who define design briefs for competitive tender, many school authorities have adopted the inclusion of external areas as a teaching and learning place in their space allocation programming. This practice applies to design briefs for new schools in Vienna, where the size of classrooms, now referred to as *Bildungsraum* (educational space), has been increased from 63 m² to 78 m² and should form a cluster consisting of multifunctional space, communal room for teachers, and auxiliary infrastructure.[24] Similar approaches in the programming of new school buildings can be observed in Munich (*Münchner Lernhauskonzept*, Munich learning house concept).[25] According to Daniel Kurz, clustering and shared multifunctional areas were introduced by Peter Märkli (competition entry school «Im Birch»). Exploration of the learning landscape has also dominated school building competitions in Switzerland.[26]

In existing school buildings, spatial appropriation of areas outside the classroom is contested as educational uses obstruct escape routes and compromise fire safety. Modification of the spatial setting to form clusters would require comprehensive measures, often affecting the supporting structure of the building. Moreover, as circulation, recreational, and classroom space in many historic school types is already limited, redesignation of these areas for multifunctional communal space would further aggravate classroom shortage in dense urban areas.

School Renovation Programme in Vienna

In Vienna, school buildings for compulsory education are built, managed, and maintained by the city municipality and its numerous departments. The city owns 300 school buildings for mandatory education with a total area of 1,723,000 m².[27]

The building stock houses 352 compulsory schools maintained by the city. Facilities include elementary schools, secondary schools, middle schools, special schools, and polytechnic schools as well as vocational schools. The majority of schoolhouses, 57%, were built before 1920.[28] Most of the schools from the Gründerzeit period (1840s to 1870s period of promoterism) are under monumental protection. During the post-war era of economic prosperity, economic and demographic growth, and educational expansion from 1950 to 1980, 69 new school facilities (24% of the stock) were constructed.[29] Demographic decline and suburbanisation in the late 1970s were followed by urban expansion in the 1990s when the municipality initiated several new housing developments on the city fringes.[30] The urban growth resulted in an intense school building activity in these areas, and within the framework of *Schulbauprogramm 2000* (School Building Programme 2000), 35 new schoolhouses (12% of the stock) were built.[31] Despite continued construction of new school facilities, the new construction rate is relatively low, and thus the share of old facilities will always dominate the entire building portfolio.

Funds for investments in school construction in Vienna are limited, and a large share of the municipal investment goes into housing and public transport. Between 2001 and 2011, Vienna's population grew by around 10%. Statistics Austria's forecasts assume continued strong growth until 2025 with a population growth of 15% predicted by 2030. As a result of continued immigration, there is a considerable need for additional school classes in the compulsory school sector. New trends in education such as individualisation, inclusion, and all-day schooling require even more extra space, in both newly constructed and existing school facilities.

The new schools that the municipality is building in the urban expansion and conversion areas (Seestadt Aspern, Nordbahnhof, Sonnwendviertel) are based on a novel school model called the *Campusschule* (campus school), which unites kindergartens, elementary schools, and compulsory secondary schools in one location. Prefabricated modular annexes with additional classrooms are being built at numerous sites of existing school facilities in order to accommodate new pupils. While the municipality finances new construction and hence the budget for new buildings and annexes is centralised, the city districts are financially responsible for the maintenance of school facilities in their area. The districts' limited budgets have resulted in a renovation backlog in many school buildings. The municipality started to carry out major renovations in parts of the stock in 2002. However, the financial resources were not sufficient to renovate all school buildings comprehensively. Following media reports on parts of the ceiling plaster falling in two schools in 2006, the Viennese controlling authority assessed building safety and inspections in comparison to the valid status of static survey reports. The administration also involved civil engineers for a closer structural inspection of school facilities. The building surveyors carried out structural analysis for several buildings. During surveying, several technical deficiencies such as soil moisture, corroding steel carriers, undesirable fire loads on escape routes, damage in façade plaster, and faulty roof construction, were detected. In 2007 the city council approved a plan to renovate 242 existing school buildings between 2008 and 2017 with a designated investment budget of 570 million euros[32], with districts expected to fund 60% of the overall cost of renovation. In comparison, between 2012 and 2022 the city of Vienna planned to spend 700 million for 11 *Campus*-type educational facilities, with the city contributing 330 million euros and the rest to be obtained through public-private partnership.[33]

The school renovation programme is based on a value-preserving approach, which entails elaborate maintenance rather than comprehensive refurbishment. The value-preserving strategy was chosen due to limited financial means. The entire stock was surveyed for the first time, and based on this survey, seventeen different general measures were determined, with a focus on construction and HVAC deficiencies. Additional measures included constructional fire protection, implementation of barrier-free access, and limited energy efficiency standard enhancement. Limited means were allocated for extra spaces for all-day school; however, the creation of additional floor area outside the school building (annexes) is not included in these measures. The renovation process was planned for school buildings while in use, and hence major renovation work could only be implemented during school holidays.

In 2016 and 2017 the *Rechnungshof* (the Austrian Court of Audit) evaluated the renovation programme. The Rechnungshof report criticises the split of financing and decision-making between the municipality and the districts.[34] The report also identified one of the main risks for long-running renovation programmes for school facilities: as schoolhouses can only be renovated in limited periods during school holidays, planned measures sometimes become obsolete as building regulations change and technological standards are raised.[35] As a result of the non-binding nature of districts' commitment to finance the measures, delays in the planning process, and seasonal limitation on construction, not all planned renovation measures were executed.

In 2018 a second renovation programme was started in parallel with the first.[36] The second programme focuses on a smaller number of school facilities and aims for more comprehensive renovations. Programme measures also include temporary school facilities to avoid the problems associated with renovation. Additional funding is available for innovative pedagogical or ecological approaches. Moreover the municipality plans to finance up to 90% of the renovation cost.

Along with school renovation, the city of Vienna is building new schools and expanding existing facilities. Most of the newly constructed educational facilities are based on the *Campusschule* model. Annexes with additional classrooms, based on modular production and serial construction elements, are being added to existing educational facilities. Within the municipal administration, the three different construction activities – new construction, annexe buildings and renovation – are strictly separated.

The main responsibilities for the renovation programme are distributed between three of the municipal departments: MA (*Magistratsabteilung*) 19 «Architecture and Design», MA 34 «Building and Property Management», MA 56 «School Building Maintenance», the latter acting as the programme coordinator. Initially MA 19 was designated to carry out the renovation planning, with MA 34 acting as a commissioning and supervising agent for construction, and MA 56 as a coordinator. Because of understaffing, MA 19 commissioned external consultants, predominantly architects with renovation planning. The relevant political bodies, authorities, planners, and commissioned contractors are shown in figure 1.

Assessing School Renovation: The Architects' Perspective

In this section, the renovation process is described from the architects' perspective. The description and the interpretation in this section are based on an interview with experienced architects who have carried out several school renovation projects since 2008. For professional and ethical reasons, my informants chose to remain anonymous. Within the renovation programme scheme, municipal department MA 19 commissions the architects through procurement (fig. 1). During this stage the scope of work is determined, and the planning documents are provided. According to my interview partners, both parties were initially not experienced, but in the course of several projects the commissioning process became elaborate and professional, with a clearly determined scope of work and comprehensive planning documentation. The architects perceived the

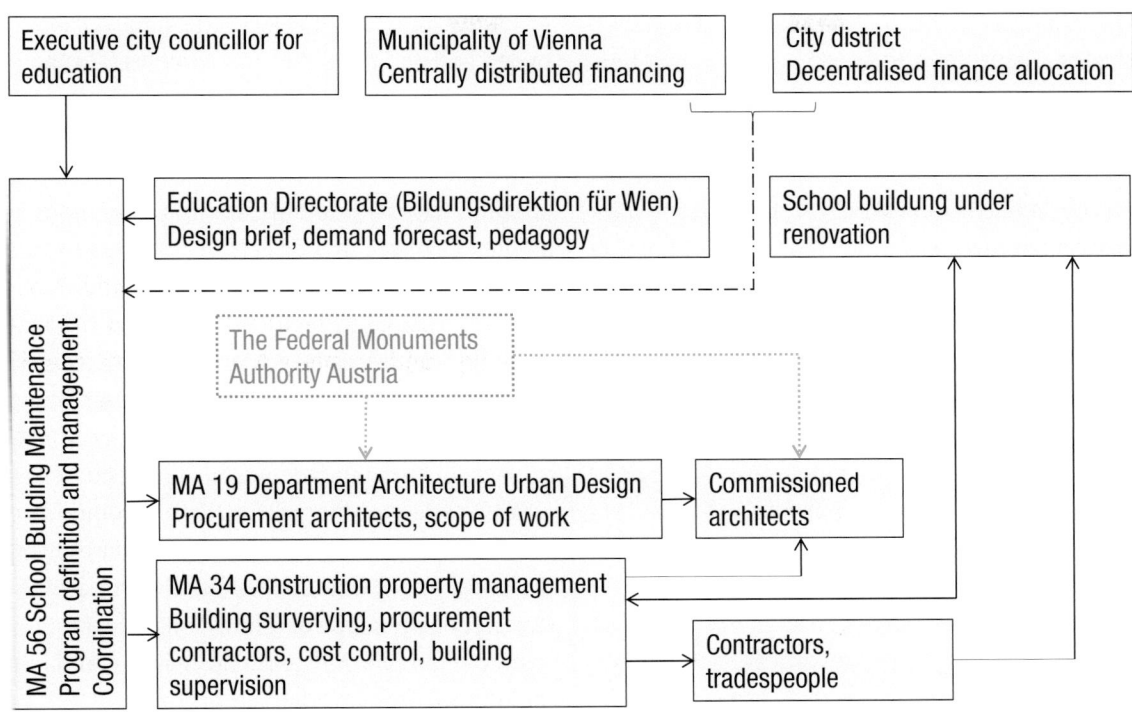

1   Relevant political bodies, authorities, planners, and commissioned contractors for schools in Vienna.

growing professionalisation in the commissioning and briefing procedure as a learning process.

Before the start of the programme, two municipal departments carried out periodic maintenance and some modernisation measures. MA 19 was responsible for the design, and MA 34 planned the maintenance measures and acted as the commissioning and supervising agency for contractors. As many of the previous renovation measures were not recorded in the building documentation, the architects had to update the building documentation. For some steps, this also required upgrading historic measures to the current state-of-the-art requirements. «OIB Guidelines»[37], which regulate basic requirements for construction, were adopted simultaneously with the start of the renovation programme. This affected the fire protection plans, which were established previously and thus had to be changed according to the new higher standards applicable to school buildings. My informants

pointed out that escape routes in schools require higher standards. For young children and adolescents, we cannot assume responsible, «grown-up» behaviour during evacuation. Moreover school buildings are intended to provide shelter during a state of emergency, resulting in higher standards of fire and earthquake protection.

Similarly, higher standards also affected barrier-free design and energy efficiency requirements. In 2010, when the Viennese Anti-Discrimination Law was adopted, the city of Vienna commissioned architects for studies in which barrier-free design for specific school facilities was evaluated. However, the implementation of such measures was not included in the budget for the renovation programme. The architects also reported that no additional classrooms were created due to the limited scope of renovation depth in the programme. Similarly, pedagogically informed modernisation measures were not taken into consideration.

The changes in normative standards entailed changes in planning and building documentation, resulting in complicated and lengthy implementation of the renovation measures. As the overall renovation concept of the programme was based on preserving and maintaining the current state (*Substanzsanierung*) rather than comprehensive refurbishment, enhancing the standards and finding an optimal degree of intervention was the subject of a negotiation process between the architects and municipal agents. It is important to note that different municipal departments were simultaneously involved in planning as well as responsible for issuing building permits and monitoring compliance with the legislative and normative framework.

The architects perceived that the length of the planning and renovation process and the fact that education seems to be on everybody's agenda meant that municipal departments were subject to a lot of political pressure. During the renovation and construction process, the architects and the three municipal departments established communication and decision-making routines. While the involved parties were able to achieve clarity in decision-making, the flow of information from architects to and from commissioning bodies in the administration remained less than ideal. Nevertheless the architects characterised the optimisation of communication between municipal and external actors positively as yet another learning process. However, my informants criticised the lack of information for current users, including school principals and janitors, who in particular have in-depth knowledge of their respective school facilities. My interview partners developed informal ways to convey information on planned renovation measures to school principals and tried to integrate janitors' expertise in their renovation planning.

Municipal agents conveyed the message that each school should be treated in the same way and that limited funds were distributed on the principle of equality. However, according to the architects, the claim that all schools are well maintained and equipped is to some degree questionable, as they have observed that schools in more affluent districts are in much better condition and equipped with more facilities. Such effects are probably the result of parents' associations in affluent neighbourhoods exerting pressure on district authorities and school principals who maintain well-established networks with the relevant municipal departments. From the architects' perspective, school communities as users are pleased with any improvement, however small. In summary, my informants stated that the biggest challenge was to plan over longer stretches of time for a very brief period of construction work. Improving the programme would entail funding for a more comprehensive scope of renovation and measures to accommodate changes in normative standards during the overlong planning process.

Mediating School Renovation: The Municipal Perspective

Publications and information on school renovation in the media are limited as the majority of municipal publications, websites, and exhibitions deal with social housing and the construction of new schools is used primarily to portray municipal activities as providing educational welfare. Information on school renovation is limited to reports on the city of Vienna webpage and in a 2012 issue of the municipal magazine *Perspektiven* dedicated to schools. Online information on renovation is basic: cost and planned measures are described, and some exemplary cases are presented to illustrate the renovation programme. In the article on school renovation in *Perspektiven* written by the main programme coordinator, Bellak, the programme is defined as the cooperation between the central municipal administration and the districts, following the objective of optimising the use of existing school facilities.[38] The author refers to the extensive building surveying that took place before the city council adopted the programme and then provides a matter-of-fact description of renovation measures on which the programme is based. The article also includes the number of schools already renovated and the amounts spent on construction work. Two exemplary facilities are presented in the article. For each facility, the scope of work is described, and photographs before and after renovation for one of the schools are provided. However, one of the illustrative cases depicted in the article, a comprehensive renovation project, is a little misleading as it goes beyond the scope of the renovation programme. In the last section the author addresses the complexity of coordination and decision-making between the many involved actors and institutions. The author, who perceives the task as a successful «*Jahrhundertprojekt*» (the project of the century), stresses the importance of project management techniques for ensuring cost control and smooth implementation. In the last paragraph, pupils are described as content users who enjoy coming to school.[39]

Renovation of School Buildings: Analysing Relevant Social Groups and Interpretative Flexibility

In the terminology of SCOT, the school building is a technical artefact, while the involved actors constitute a technological frame. During the use phase, school principals, teachers, pupils, janitors, and parents are agents, replicating prescribed use of space or reinterpreting spatial designation by deviant appropriation. The use of space is nevertheless predominantly traditional, as it is determined by the serial classroom, which inform teaching and learning practices according to long-established educational standards. The closure mechanisms for the serial classroom and school building as a technological artefact took place in the 19th century. The history of the serial classroom shows that despite the open-plan

school experiments in the 1970s, there were no attempts to dismantle the graded school and the self-enclosed class unit.[40] During the 20th century the window of opportunity for interpretative flexibility for educational facilities never opened. The lack of floor area invariably leads to appropriation of space areas outside the classrooms. Existing buildings are however also subject to reinterpretation through normative regimes. As state-of-the-art standards, in particular fire and earthquake protection, energy efficiency, and barrier-free design, are continuously upgraded, the condition and adequacy of buildings are thus invisibly, yet continually, re-assessed. Invariably, in addition to expected deterioration, the upgrade of the regulatory standard leads to some degree of value reduction of existing buildings.

Once the renovation process is initiated, new relevant social groups enter the scene. The actors include several municipal departments and commissioned planners such as construction engineers, architects, and experts in fire protection planning. The design brief for each school facility is reassessed, and some adaptations are made. The value-preserving renovation is a set of value-preserving renovation measures, which are to be distributed in line with requirements assessed during the building survey, the budget agreed between central and district authorities, and the principle of equality among the educational facilities. Only some measures can be classified as value-enhancing. The implementation of the programme is both a negotiating and a learning process between relevant municipal agencies and external experts. Users are not assigned an active role in this process, but are sometimes involved informally. Political stakeholders such as the opposition parties in the municipal council influence the process through controlling institutions such as the City of Vienna Court of Audit and the Austrian Court of Audit. Their reports are widely discussed in the media. Because of political pressure, municipal departments limit the scope of information on the renovation projects to the public.

Conclusion

Despite justified criticism from the controlling bodies, the Viennese «value-preserving renovation programme» has its merits. The core objective of the programme is the preservation of the technical artefact and the school institution according to the status quo. This approach can be classified as a «value-preserving maintenance strategy», with a limited degree of value enhancement according to the classification categories as defined by König et al.[41] The renovation strategy does not take into account the highly heterogeneous state of the building stock in each of the age classes. However, an earlier maintenance and rehabilitation policy, geared exclusively towards single buildings without considering the stock as a whole, was abandoned in favour of a portfolio-based approach. The Viennese renovation programme reframed periodic maintenance work, previously not centrally coordinated, into an overarching strategy and adopted a portfolio-based approach. The programme explicitly excluded new construction, expansion, or attic conversion. During the first stage (Sanierungspaket I) spatial reorganisation of the technical artefact was left out of the equation. During this stage relevant social groups involved in the renovation process did not aim for the restructuring of the self-enclosed serial classrooms. The potential to open up a window of opportunity for interpretive flexibility during renovation was not taken. However, lessons learnt during the process and the suggestions by the controlling institutions were incorporated in the second renovation programme. In the follow-up programme additional funding for pedagogic or ecological innovation will be provided, and temporary facilities, which enable comprehensive renovation measures in vacated school buildings, will be available. In addition to novel pedagogical elements, the second programme aims for a more comprehensive value-enhancing renovation, yet again opening up the potential for interpretive flexibility.

To a certain degree the Viennese value-preserving renovation programme follows the principle of flexible design strategies according to the *life cycle options*, an idea first introduced by Ellingham and Fawcett in 2006.[42] The options approach allows for postponing decisions and investments into the future, thus better incorporating uncertainty in planning. In times of scarce financial resources, strategic thinking in managing and maintaining public building stock will be of crucial importance. There are many uncertainties regarding the future development of the Austrian school system. While the introduction of a comprehensive school system is quite unlikely, all-day schooling will eventually become the norm in compulsory schools. For the time being, moderate investment and restrained interventions in existing schoolhouses are possibly the right solutions because of stalled educational reforms and the slow integration of all-day facilities. However, because of substantial changes in the spatial organisation of newly constructed schools and the need for restructuring of space and additional facilities in the historic school building stock, the allocation of funding between new construction and renovation may become a subject of dispute in the future.

This article is based on data obtained during my PhD research and my involvement with two renovation projects (in cooperation with Veit-Aschenbrenner architects, who were however not my informants) that were part of the «SUSA» renovation programme. I thank my anonymous interview partners for sharing their experiences and insights.

1   Gieryn 2002, 35.
2   Pinch / Bijker 1984; Bijker / Bijsterveld 2000; Bijker et al. 2012.
3   Lange 1967; Burke / Grosvenor 2008, 32–66; Göhlich 2009, 94–97.
4   Behnke 1889, 25–27.

5   Lorbek 2020, 78–79.
6   Lawn 1999, 63–82.
7   Bijker 2010, 69.
8   Bijker / Pinch 2012, xiv.
9   Csáky / Leitgeb 2009, 7–10.
10 Boyd / Schweber 2018, 2.
11 Bijker 2010.
12 Groák 1992, 15, 17.
13 Kendall / Teicher 2000, 31.
14 Pinch / Bijker 1984, 34.
15 Pinch / Bijker 1984, 23.
16 Jenzer 1991.
17 Lorbek 2020, 71–77.
18 Hubeli et al. 2012, 33–34; Casserly et al. 2019.
19 Bijker 2010, 69.
20 Bijker 2010, 69.
21 Böhme 2009, 16–22.
22 Sigurðardóttir / Hjartarson 2016, 62–63; Hubeli et al. 2012, 25–67.
23 Hubeli et al. 2012, 38.

24 Stadt Wien 2019, 25–26.
25 Adomat et al. 2018.
26 Kurz 2015, 9.
27 Perspektiven 2012, 28.
28 Perspektiven 2012, 28, calculation by the author.
29 Perspektiven 2012, 28, calculation by the author.
30 Pirhofer / Stimmer 2007, 144.
31 Perspektiven 2012, 28, calculation by the author.
32 Bellak 2012, 30.
33 Zlamal 2012, 54.
34 Rechnungshof 2018.
35 Rechnungshof 2018.
36 Stadt Wien 2018.
37 OIB = Österreichisches Institut für Bautechnik (Austrian Institute of Construction Engineering).
38 Bellak 2012, 30.
39 Bellak 2012, 32.
40 Lorbek 2020, 71–77.
41 König et al. 2009, 27.
42 Fawcett et al. 2012, 549.

Adomat et al. 2018
D. Adomat / A. Büchler / M. Wenz: Das Münchner Lernhaus-konzept, 2018, http://www.ganztag-muenchen.de/index.php/das-muenchner-lernhauskonzept/123-das-muenchner-lern-hauskonzept (2 January 2020).

Behnke 1889
G. Behnke: Schulbauwesen im Allgemeinen. Volksschulen und andere niedere Schulen, in: J. Durm / H. Ende / E. Schmitt / H. Wagner (Hg.): Handbuch der Architektur. IV. Theil. Entwerfen, Anlage und Einrichtung der Gebäude. 6. Halbband, Heft 1. Sechste Abteilung: Gebäude für Erziehung, Wissenschaft und Kunst (Darmstadt 1889) 79–135.

Bellak 2012
F. Bellak: Das Wiener Schulsanierungspaket, Perspektiven der Aufbau 3–4, 2012, 30–32.

Bijker 2010
W. E. Bijker: How is technology made?—That is the question!, Cambridge Journal of Economics 34, no. 1, 1 January 2010, 63–76.

Bijker / Bijsterveld 2000
W. E. Bijker / K. Bijsterveld: Women Walking through Plans: Technology, Democracy, and Gender Identity. Technology and Culture 41, no. 3 (2000), 485–515.

Bijker / Pinch 2012
W. E. Bijker / T. Pinch: Preface to the Anniversary Edition, in: Bijker et al. 2012, xi–xiv.

Bijker et al. 2012
W. E. Bijker / T. P. Hughes / T. Pinch (ed.): The Social Construction of Technological Systems: New Directions in the Sociology and History of Technology (Cambridge 2012).

Böhme 2009
J. Böhme: Raumwissenschaftliche Schul- und Bildungs-forschung, in: J. Böhme (ed.): Schularchitektur im interdiszi-plinären Diskurs: Territorialisierungskrise und Gestaltungs-perspektiven des schulischen Bildungsraums (Wiesbaden 2009) 13–22.

Boyd / Schweber 2018
P. Boyd / L. Schweber: Unintended consequences: institution-al artefacts, closure mechanisms and the performance gap. Supplemental Data, Building Research & Information, Vol. 46, 2018, Issue 1, 10–22.

Burke / Grosvenor 2008
C. Burke / I. Grosvenor: School (London 2008).

Casserly et al. 2019
A. M. Casserly / B. Tiernan / G. Maguire: Primary teachers' per-ceptions of multi-grade classroom grouping practices to sup-port inclusive education. European Journal of Special Needs Education, Vol. 34, 2019, Issue 5, 617–613.

Csáky / Leitgeb 2009
M. Csáky / C. Leitgeb: Kommunikation – Gedächtnis – Raum: Orientierungen im spatial turn der Kulturwissenschaften, in: M. Csáky / C. Leitgeb: Kommunikation – Gedächtnis – Raum: Kulturwissenschaften nach dem «Spatial Turn» (Bielefeld 2009) 7–10.

Fawcett et al. 2012
W. Fawcett / M. Hughes / H. Krieg / S. Albrecht / A. Vennström:

Flexible strategies for long-term sustainability under uncertainty, Building Research & Information, Vol. 40, 2012, Issue 5, 545–557.

Gieryn 2002
T. F. Gieryn: What buildings do. Theory and Society 31(1) 2002, 35–74.

Göhlich 2009
M. Göhlich: Schulraum und Schulentwicklung: Ein historischer Abriss, in: J. Böhme (ed.): Schularchitektur im interdisziplinären Diskurs: Territorialisierungskrise und Gestaltungsperspektiven des schulischen Bildungsraums (Wiesbaden 2009) 89–102.

Groák 1992
S. Groák: The Idea of Building: Thought and Action in the Design and Production of Buildings (London 1992).

Hubeli et al. 2012
E. Hubeli/U. Paßlick/K. Reich/J. Schneider/O. Seydel: 10 Thesen: Zentrale Herausforderungen für die Partner/innen im Schulbau, in: Montag Stiftungen Jugend und Gesellschaft (ed.): Schulen planen und bauen: Grundlagen und Prozesse (Berlin 2012) 25–68.

Jenzer 1991
C. Jenzer: Die Schulklasse: eine historisch-systematische Untersuchung (Bern 1991).

Kendall/Teicher 2000
S. Kendall/J. Teicher: Residential Open Building (New York 2000).

König et al. 2009
H. König/N. Kohler/J. Kreißig/T. Lützkendorf: Lebenszyklus-analyse in der Gebäudeplanung (München 2009).

Kurz 2015
D. Kurz: Entwicklungen im Schulbau, in: Edition Hochparterre (Hg.): Grundrissfibel Schulbauten: 30 Architekturwettbewerbe in der Schweiz 2001–2015 (Zürich 2015) 9–19.

Lange 1967
H. Lange: Schulbau und Schulverfassung der frühen Neuzeit: Zur Entstehung und Problematik des modernen Schulwesens (Wernheim, Berlin 1967).

Lawn 1999
M. Lawn: Designing Teaching: The Classroom as a Technology., in: I. Grosvenor (ed.): Silences & Images: The Social History of the Classroom, History of Schools and Schooling, vol. 7 (New York 1999) 63–82.

Lorbek 2020
M. Lorbek: Schulen weiterbauen. Strategische Entwicklung von Schulgebäudebeständen (Bielefeld 2020).

Perspektiven 2012
N. N.: Zahlen, Daten, Fakten zu den Wiener Schulen, Perspektiven: der aufbau 3–4, 2012, 28.

Pinch/Bijker 1984
T. J. Pinch/W. E. Bijker: The Social Construction of Facts and Artefacts: Or How the Sociology of Science and the Sociology of Technology Might Benefit Each Other. Social Studies of Science 14, no. 3 (August 1984), 399–441.

Pirhofer/Stimmer 2007
G. Pirhofer/K. Stimmer: Pläne für Wien Theorie und Praxis der Wiener Stadtplanung von 1945 bis 2005, 2007, https://www.wien.gv.at/stadtentwicklung/studien/pdf/b008280a.pdf (28 December 2019).

Rechnungshof 2018
Rechnungshof Österreich: Bericht des Rechnungshofes. Wiener Schulsanierungspaket 2008 bis 2017. Reihe WIEN 2018/8, https://www.rechnungshof.gv.at/rh/home/home/Wiener_Schulsanierungspaket_2008_2017.pdf (28 December 2019).

Sigurðardóttir/Hjartarson 2016
A. K. Sigurðardóttir/T. Hjartarson: The Idea and Reality of an Innovative School: From Inventive Design to Established Practice in a New School Building. Improving Schools 19, no. 1 (March 2016), 62–79.

Stadt Wien 2018
Stadt Wien: 570 Millionen Euro für das Schulsanierungspaket II (2018) https://www.wien.gv.at/bildung/schulen/schulbau/sanierung/schulsanierungspaket-zwei.html (28 December 2019).

Stadt Wien 2019
Stadt Wien: Räumlich-pädagogisches Konzept für Schulen der Stadt Wien – Neubauten und Erweiterungsbauten, unpublished competition document (2019).

Zlamal 2012
M. Zlamal: Wien baut elf neue Campus-Standorte, Perspektiven: der aufbau 3–4, 2012, 30–32.

Image Source

1   Diagram by Maja Lorbek.

Ein Manifest zur Kontinuität
»Reproduktives Entwerfen« als Haltung und Methode des Weiterbauens in der Architektur

Georg Ebbing, Moritz Henkel

Entgegen zahlreicher Erneuerungstheorien und radikaler Tabula-rasa-Strategien, die immer noch geschichtsvergessen nicht nur die architektonische Gestalt, sondern auch gleichermaßen das architektonische Entwerfen bestimmen und das Gebäude als das Ergebnis eines voraussetzungslosen, scheinbar genialen Einfalls betrachten, gibt es eine historisch weit zurückreichende, bis heute beständige und immer wieder sich neu formierende Kultur des Referenzierens und Aneignens von architektonischen Werken und räumlichen Situationen. Die damit oft verbundenen Verfahren im architektonischen Entwurfsprozess wie das Zitieren, Kopieren, Verfremden, Montieren, Dekonstruieren, Transformieren oder gar Abstrahieren und Konzeptualisieren sind vielen Architektinnen und Architekten zu selbstverständlichen Techniken geworden, die in Lehre und Praxis gleichermaßen eine anerkannte und weitverbreitete Anwendung finden (Abb. 1).

Auf unterschiedliche Weise wird das Vorhandene – ob realisiert oder Papier geblieben – zur Referenz des eigenen Tuns. Oft wird es zum Ausgangspunkt oder konzeptuellen Kern eines eigenen Entwurfs gemacht, ohne dass die Quelle offengelegt wird oder gar im neuen Entwurf erkennbar bleibt. Das »Neue«[1] ist dabei zumeist das Ziel dieser Strategien und dient im Wesentlichen zur Legitmation der Auseinandersetzung mit dem historisch Vorhandenen. Originalität, Besonderheit und Neuheit werden häufig als die wesentlichen Triebfedern eines quasi künstlerischen architektonischen Tuns erkoren, und die eigenständige schöpferische Leistung gilt noch immer als ein wesentliches Qualitätsmerkmal allen künstlerischen Schaffens.

Demgegenüber stehen jene entwerferischen Praktiken, die nicht im Besonderen, Auffallenden, Exzentrischen oder Originellen, sondern im Vertrauten, im Bekannten sowie Wiederkehrenden und

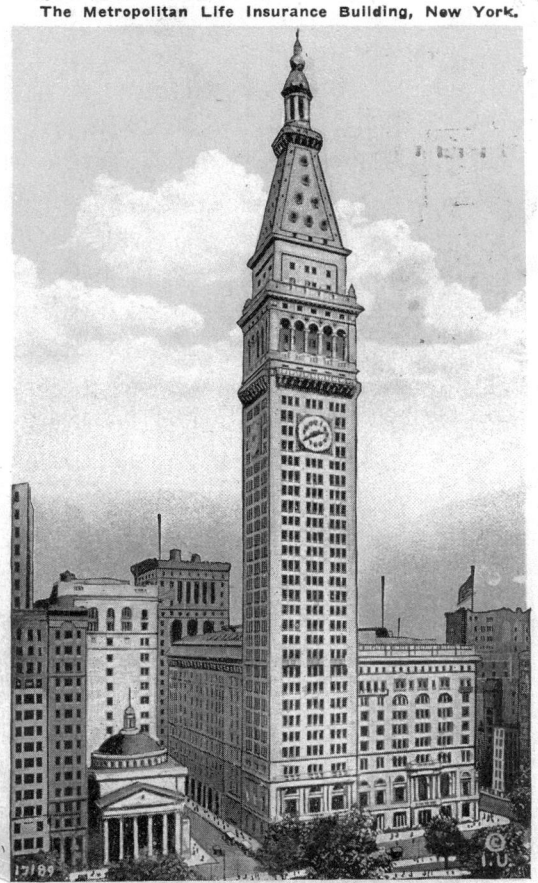

1 Napoleon Le Brun, Metropolitan Building, New York 1901. Das frühe Hochhaus kopiert in weiten Teilen unverkennbar den Campanile in Venedig.

The Metropolitan Life Insurance Building, New York.

Unscheinbaren die eigentlichen Qualitäten und Aufgaben eines Entwurfes sehen. Hier werden mit Architektur und Städtebau atmosphärische Bild-räume geschaffen, die Erinnerungen an Geschich-ten und Bedeutungen sowie an Traditionen und Kontinuitäten evozieren und wachrufen wollen. Architektur und mit ihr der gebaute Raum werden auf diese zurückhaltende Weise zum Hintergrund für das Leben.

Reproduktives Entwerfen

In dieser Tradition verstehen wir auch das »Repro-duktive Entwerfen« als eine Arbeits- und Entwurfs-methode, die im Wesentlichen auf alles, was bereits in der Architektur existiert, zurückgreift, um dadurch auf vielfältige architektonische und städtebauliche Situationen angemessen zu reagie-ren. Diese Methode findet sowohl in der Lehre als auch in unserer entwerferischen Praxis ihre Anwendung.

Der Begriff des »Reproduktiven Entwerfens« wurde von uns geprägt und beinhaltet sowohl eine historische wie eine fortschrittlich-produktive Dimension. Der Begriff des Reproduktiven umfasst für uns eine weitreichende Bedeutung, die von einem stetigen Prozess der Erneuerung ausgeht und nicht nur den Gedanken des Wiedergebens und Vervielfältigens, sondern auch die Wiederaufnahme und Neukonstitution von Traditionen umfasst. Der belegbare und erkennbare Bezug zum Vorhan-denen ist ein wesentlicher Teil dieser Methode. Das Entwerfen wiederum verstehen wir als den wesentlichen Prozess jeder gestalterischen Arbeit. Dieser wird durch sinnliche Wahrnehmung und Imagination gleichzeitig bestimmt. Dazu gehören für uns gleichermaßen Analyse, Recherche und das Sehen und Erfassen von Einzelheiten, aber vor allem Ganzheiten, sowie »die imaginative Entdeckung und visuelle Rekonstruktion der Phänomene, um sie zu konzeptualisieren.«[2]

Vor dem Hintergrund einer zunehmenden Aus-einandersetzung mit dem gebauten Bestand unter

Aspekten wie der Wieder- und Weiterverwendung oder dem Um- und Weiterbau kommt nicht nur der Haltung der entwerfenden Architektin, des entwer-fenden Architekten, sondern vor allem der Entwurfs-methode im Umgang mit dem Vorhandenem eine überaus wichtige Rolle zu. Im Folgenden wird das Manifest[3] zu einer solchen Entwurfsmethode, die wir »Reproduktives Entwerfen« nennen, vorge-stellt. Die darin formulierten acht Thesen beruhen auf zahlreichen Gedanken, Theorien, Bauten und Argumenten, die wir an unterschiedlichen Orten kennen und schätzen gelernt haben und die wir uns im steten Bewusstsein über die Abhängigkeit von diesen angeeignet und anverwandelt haben. Auch wenn die Thesen unterschiedliche Aspekte ein und desselben Themas in den Mittelpunkt rücken, so drehen sie sich jedoch alle um den Kern des »Reproduktiven Entwerfens«, was zur Verstärkung unserer Grundthese und zur Verdeutlichung unse-rer Haltung zwingend zu Redundanzen führen muss.

Dieses Manifest wendet sich an alle, die mit der gebauten Umwelt ebenso weiterbauen wollen, sowie an jene, die immer wieder dazu aufgefor-dert sind, über die Gestaltung von Objekten und Räumen nachzudenken.

1. These: Wir sind es leid immer wieder neu anzufangen!

Auch wenn vielerorts immer wieder ein steter Wandel und eine Folge von Brüchen in der gebau-ten Welt beschrieben werden, so lässt sich in einem gleichen Maße auch die Kontinuität von Theorien, Gedanken, aber auch die stete Wiederkehr von Motiven, Gestalten und Formen feststellen. So fra-gen wir bei allen heutigen Aufgaben »vor allem anderen die Geschichte um Rat«[4].

Und da wir uns darüber bewusst sind, dass »die Architektur, die wir betreiben, nicht unse-re Erfindung« sein kann, »sondern als ein Erbgut von anderen Völkern (und Zeiten) auf uns gekom-men ist«[5], ist uns jeglicher avantgardistischer und revolutionäre Impetus beim Entwerfen fremd. An die Stelle des weißen Blattes als Projektionsfläche für die eigenen individualistischen Gedanken tritt das Archiv und die Recherche als Grundlage für den reproduktiven Entwurf. Wir sind davon überzeugt, dass unser zeitgenössischer Entwurf nur dann angemessen sein kann, wenn er auf dem aufbaut, was sich bewährt hat und was wir kennen und lieben gelernt haben. Wir sehen daher keine Notwendigkeit jede Bauaufgabe, jeden Entwurf ganz neu zu denken und von Grund auf neu zu entwickeln, da es schon viele vor uns gab, die bereits herausragende Lösungen für gleiche und ähnliche Aufgabenstellungen gefunden haben (Abb. 2).

2. These: Alles Vorhandene ist reproduzierbar.

Alles Gebaute wie auch Gedachte der Architektur stellt

> »einen großen unermeßlichen Schatz von Formen, der bereits in der Welt durch viele Jahrtausende der Entwicklung bei sehr verschiedenen Völkern in Ausführung von Bauwerken entstanden war und niedergelegt ist«[6],

dar. Diesen immensen Schatz machen wir in Gänze zur Grundlage unserer Entwurfsmethode, da wir davon ausgehen, dass alles, was wir vorfinden, das Ergebnis von nachdenkenden Vorfahren ist. Auch wenn uns manches heute nicht mehr angemessen und schön oder gar falsch erscheint, so muss uns immer wieder bewusst sein, dass diese Bauten und Situationen aus guten und nachvollziehbaren Gründen entstanden sind. Diese gedanklichen Leistungen, die in den Entwürfen und Bauten aufgehoben sind, gilt es zu respektieren und sie zum unerschöpflichen Fundus für das Weiterbauen zu machen. Dieser wird durch unsere Vorlieben, aber auch durch unsere heutigen Vorstellungen und Bedürfnisse beinahe von alleine sortiert und eingeschränkt.

Kriterien, die jeweils aus der konkreten Aufgabenstellung an einem konkreten Ort heraus entwickelt werden, dienen zur Filterung des Vorhandenen im Hinblick auf seinen konkreten vorbildlichen Wert, ebenso wie die pure Faszination für Formen, Gestalten und Atmosphären zur Auswahl einer Referenz führt (Abb. 3).

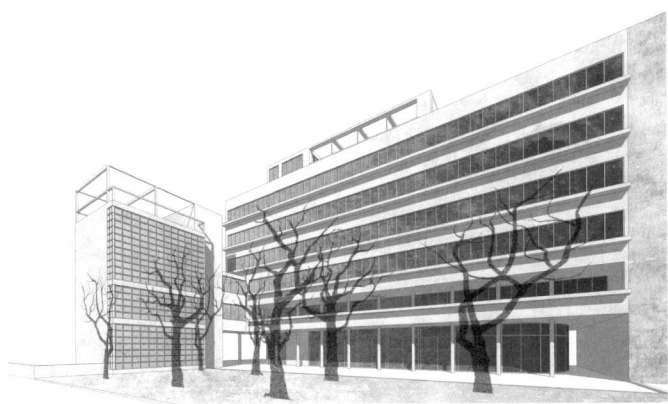

2   Wettbewerbsbeitrag »San Riemo«. Die Auslober hatten ein Programm gefordert, welches aus unserer Sicht in naher Verwandtschaft zum Kommunehaus »Narkomfin« von Moissei Ginsburg und Ignati Milinis von 1928–30 in Moskau steht. Es war daher für uns naheliegend nicht nur die Grundrissstruktur von damals zu verwenden, sondern auch die damalige Fassadenkomposition so wörtlich wie möglich zu übernehmen.

3   »The Rising«, Patrizia Huperz, Uni Siegen, Sommerakademie Berlin, Platz der Luftbrücke; Eduard Ludwig, Luftbrückendenkmal, Berlin 1951. Die Studentin reproduziert hier das ursprüngliche Luftbrückendenkmal und macht dieses durch Vergrößerung zu einem Hochhaus mit einer eigenen skulpturalen Qualität.

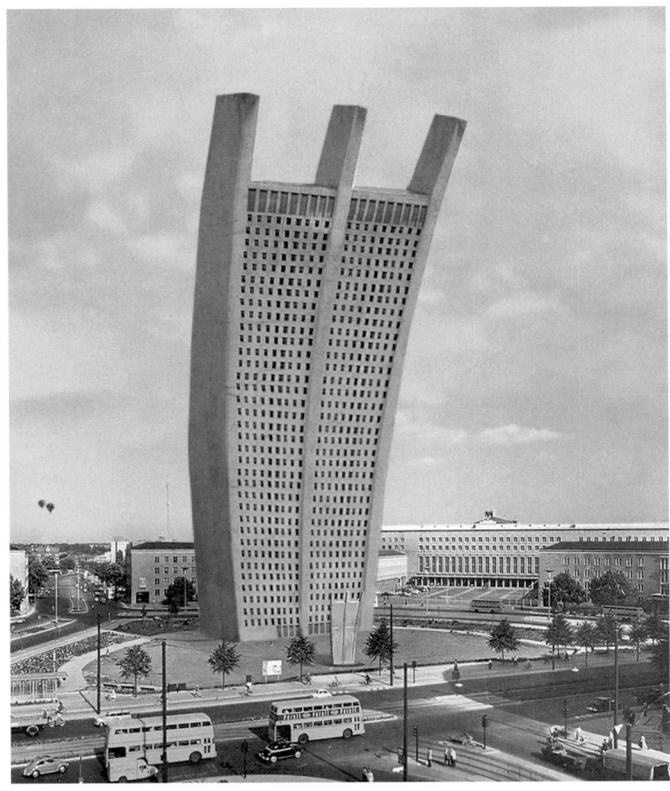

3. These: Es gibt weder formale noch stilistische Tabus.

Wollen wir wirklich die Stadt, die Architektur ganz konkret weiterbauen, so helfen formale oder gar stilistische Tabus überhaupt nicht weiter. Viel zu unterschiedlich sind die Orte, zu vielfältig sind die Architekturen und Situationen, die sich bewährt haben und daher wert sind, weitergeführt zu werden. Dabei es ist wenig hilfreich, sich auf einen Stil, auf eine Formensprache zu beschränken oder gar einen Alleinvertretungsanspruch auf eine bestimmte Lösungsmöglichkeit zu erheben.

Die Festlegung eines Tabus scheint zudem eine Setzung durch eine wie auch immer geartete höhere Instanz oder höhere Macht zu implizieren. Genau dies wollen wir nicht. Würde man diesen gesetzten Tabus folgen, so würden wir uns von vornherein nicht nur viel zu vieler angemessener Lösungen berauben, sondern uns a priori in ein Entweder-Oder begeben, das uns vielfältige verlockende Möglichkeiten verweigern würde. Anonyme Architekturen ebenso wie »Architektur ohne Architekten«[7] oder prominente Bauten und berühmte Räume der Architekturgeschichte treten für uns zunächst gleichberechtigt nebeneinander. Aus unserer Sicht hat auch

> »unsere Zeit [...] den Charakter, alles zu fassen, was jemals in der Vorwelt sich ausbildete, alle Erfahrungen des Vergangenen zu benutzen, und so schließt sie auch die in verschiedenen Jahrhunderten verschieden herrschende Bauart nicht aus.«

Und so gilt auch für uns, dass die heutige Architektur dabei nicht »die Grundsätze des Schönen [...] aus der Acht setzen, und ohne diese kein Unternehmen beginnen« kann.

> »Keine Einschränkung findet hier (durch uns) statt, nur dem einen oder dem anderen Baustyl als dem allein Herrschenden zu opfern. Und wenn sie auch den einen als den, woran das Auge am meisten gewöhnt ist, über die andern erhebt, so weist sie doch auch diese nicht zurück, und lässt dem Künstler freie Hand zu wählen und anzuwenden, was ihm gut und zweckmäßig dünkt.«[8]

Insofern verstehen wir uns als radikale Eklektiker, also als »der Wählende, [...] der Künstler, der aus dem Vorhandenen das ihm Geeignete aussucht und seinen Zwecken anzupassen trachtet« (Abb. 4).[9]

4. These: Reproduktives Entwerfen funktioniert in jedem Maßstab und an jedem Ort.

Da das »Reproduktive Entwerfen« nicht nur eine Entwurfsmethode darstellt, sondern gleichsam eine Haltung im Umgang mit dem Vorhandenen beinhaltet, nähern wir uns zunächst jeder Aufgabe an jedem Ort auf gleiche Weise (Abb. 5).

Zum wesentlichen Ausgangspunkt für das Weiterbauen an einem konkreten Ort und für eine konkrete Bauaufgabe wird zunächst die

4 »Reverse Boullée« Kristina Seibel, Uni Siegen, Sommerakademie Berlin, Platz der Luftbrücke; Étienne-Louis Boullée, Kenothaph Henri de Turenne, 1782. Auch unrealisierte Projekte wie dieser Entwurf von Étienne-Louis Boullée aus dem Jahr 1782 gehören zum »Erbgut« der Architektur, auf das wir gerne zurückgreifen.

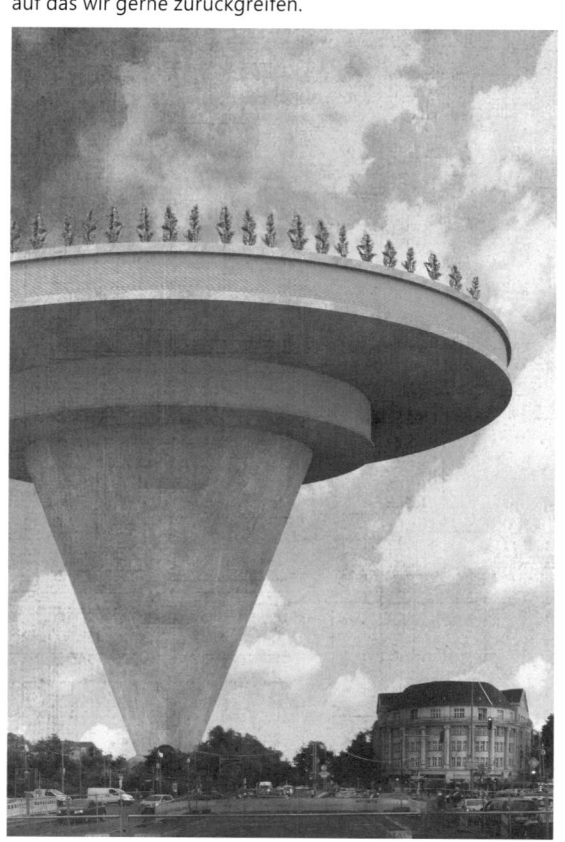

Auseinandersetzung mit den örtlichen Gegebenheiten, dem städtebaulichen Kontext in seiner sinnlich erfahrbaren Gesamtheit. Wesentlich für die Methode des »Reproduktiven Entwerfens« ist sodann die Inbeziehungsetzung des Ortes mit seiner Geschichte und deren Verwandtschaft zu anderen Orten und räumlichen Situationen. Hier gilt es, örtliche und überörtliche Traditionen zu ergründen. Dabei kann es sich um formale, konstruktiv handwerkliche oder gestalterische Traditionen handeln. Diese gilt es über den Ort hinaus in einen weiteren Zusammenhang mit der Baugeschichte zu stellen und Verwandtschaften zu anderen Orten herzustellen. Gleiches gilt für die geforderten Funktionen und formulierten Nutzungsprogramme (s. Abb. 5).

Wenn hier davon die Rede ist, dass sich dieses Verfahren auch auf jeden Maßstab beziehen lässt, so umfasst die Recherche auch handwerkliche Traditionen, die sich nicht nur in der großen Fügung des Hauses zu erkennen geben, sondern auch im architektonischen Detail erfahrbar sind. So lassen sich z. B. je nach Ort unterschiedliche Fensterkonstruktionen oder Fußleisten als Bezugspunkt ausmachen. Die Recherchen auf den unterschiedlichen Maßstabsebenen führen zu erweiterten Kenntnissen und vermitteln uns ein Erfahrungswissen, das in Formen und Konstruktionen gespeichert ist und durch unsere Untersuchungen auch zu unserer Erfahrung wird, mit der wir weiterbauen können.

5   Wettbewerbsbeitrag Gründungsviertel Lübeck 2014. Bei unserer Recherche fanden wir einen Wettbewerb aus dem Jahr 1901, der eine sehr ähnliche Aufgabenstellung für Lübeck beinhaltete. Die für uns verfügbaren Entwürfe, die alle im Architekturmuseum der TU Berlin aufbewahrt werden, stellten den Fundus dar, aus dem wir jeweils drei Entwürfe auswählten, um diese am Computer quasi wie mit »Oelpapier« nachzuempfinden und den gegebenen Parzellengrößen anzupassen.

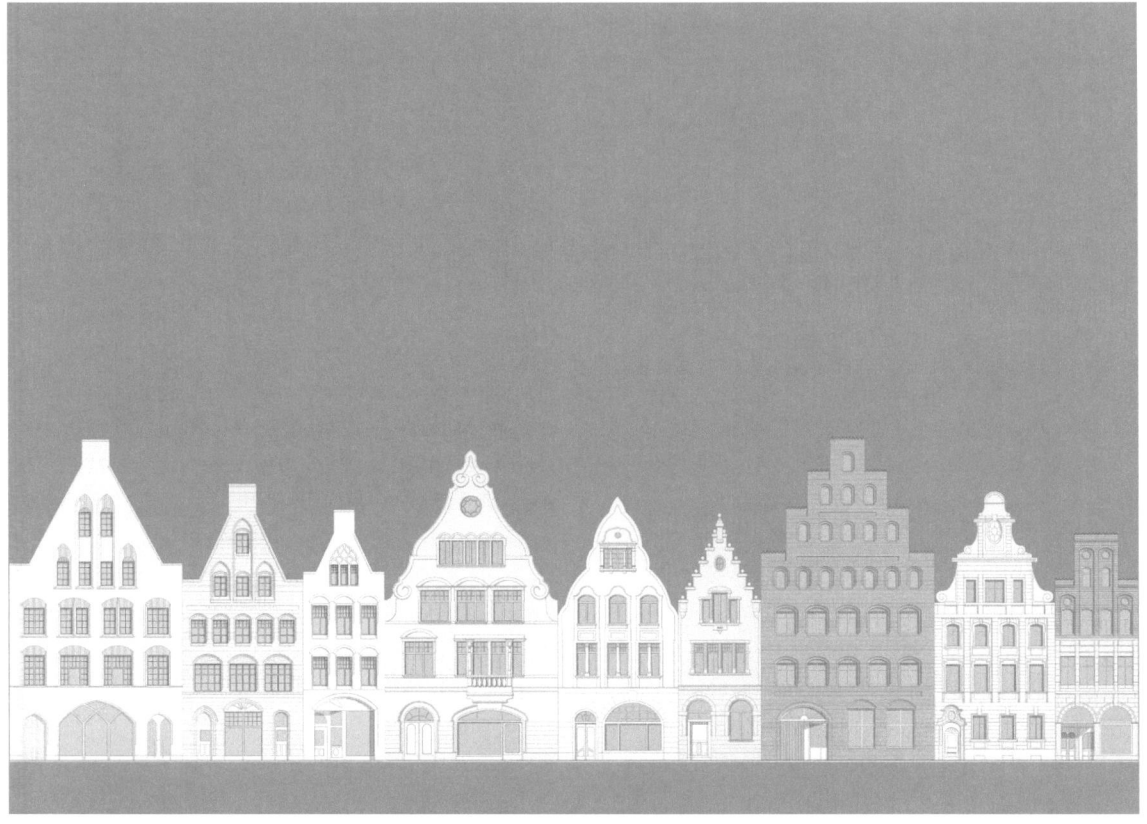

5. These: Das Vorhandene wird nachempfunden, nicht kopiert!

Im Umgang mit dem Vorhandenen existieren zahlreiche Verfahren oder »Operationen«[10], die von der Analogie über die Collage bis hin zur Narration oder Rekombination reichen. Neben diesen verschiedenen Operationen lässt sich auch eine lange Tradition der »Nachahmung der Alten« feststellen. Doch während sich die Nachahmungsmodelle insbesondere des 19. Jhs. auf eine Nachahmung der Natur beziehen,[11] versuchen wir heute die Nachahmung der Alten in ein Nachempfinden der

6 »Hochhausentwurf Frankfurter Allee« Dmitrij Regel, TU Dortmund, Sommerakademie Berlin, Der Himmel über Berlin – Hochhäuser am S-Bahn-Ring. Hier wird ein Entwurf von Martin Elsässer für ein Hochhaus an der Friedrichstraße in Berlin von 1921 nachempfunden.

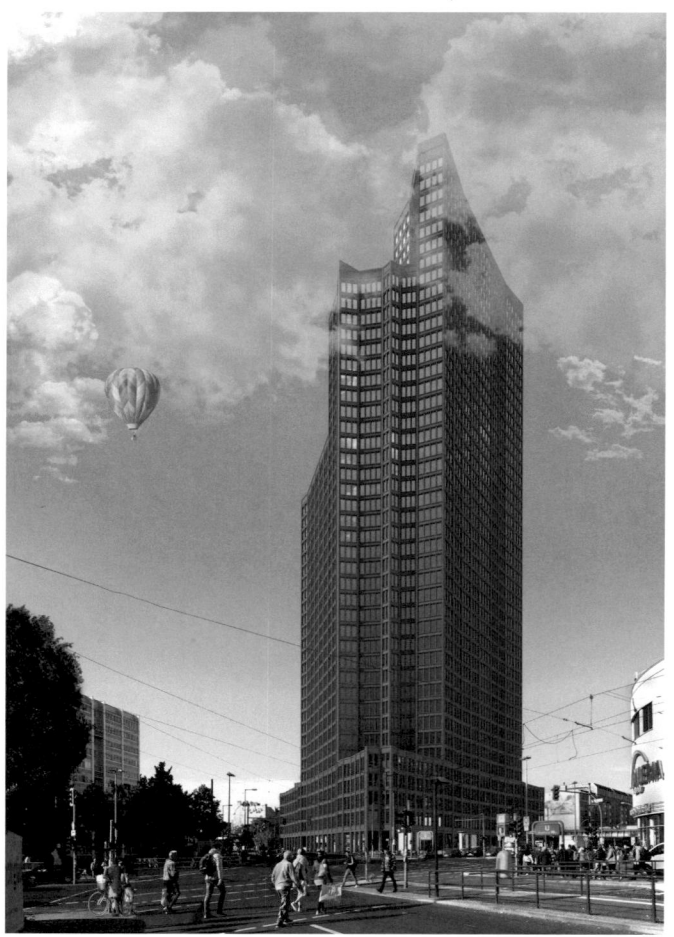

Alten zu überführen. Das Nachempfinden verbindet sich deutlich mehr mit einem Hineindenken und auch Nachformen, als es aus unserer Sicht das pure Kopieren tut, ohne dies a priori grundsätzlich abzulehnen. Denn auch wenn allein durch das Kopieren mitunter interessante Bauten entstehen können, so kann eigentlich allein aus dem Vorhandenen nichts wirklich Überzeugendes entstehen. Erst die eigene »Verwirklichung«, wie Schinkel es nennt, führt zu »immer neuen Wendungen«[12], die das Vorhandene zurücklassen. Doch im Gegensatz zu Schinkel liegt es uns nicht daran, das Vorhandene zurückzulassen, sondern unter den heutigen Bedingungen eine möglichst große Nähe zu diesem herzustellen. Dabei empfinden wir uns manches Mal wie in der Schreibwerkstatt eines Klosters in der Zeit vor der Erfindung des Buchdruckes. Die einzelnen Schreiber haben mit ihren individuellen Fähigkeiten den Text abgeschrieben, dadurch sind leichte, zumeist aber keine gravierenden und schon gar nicht inhaltlichen Abweichungen entstanden. Sein graphisches Erscheinungsbild hat sich unter der Hand des Schreibers verändert, und doch war es immer der gleiche Text. Und auch wenn Gottfried Semper 1834 heftig mit den »Kunstjüngern« ins Gericht geht, so erscheint uns in übertragener Hinsicht und auch heute noch das »durchsichtige Oelpapier« als »Zaubermittel«, durch das »wir unumschränkte Meister über alte, mittlere und neue Zeit« gleichermaßen werden.[13] Und selbst wenn wir dieses Beispiel in die Neuzeit nach Erfindung des Buchdrucks überführen wollen, so finden natürlich bis heute Übersetzungen und Neuinterpretationen der vorhandenen Ursprungstexte statt, ohne jedoch ihren Inhalt komplett in Frage zu stellen oder gar zu ändern. Lediglich die Wortwahl und die Rechtschreibung haben sich vielleicht geändert. Und so

»betreiben wir nicht Historismus. Wir versuchen vielmehr, die Geschichte in der Sprache der gegenwärtigen Probleme zu verstehen. Wir nehmen also eine positive Erfahrung wieder auf – nicht, um sie zu wiederholen, sondern um sie weiterzuführen«[14] (Abb. 6).

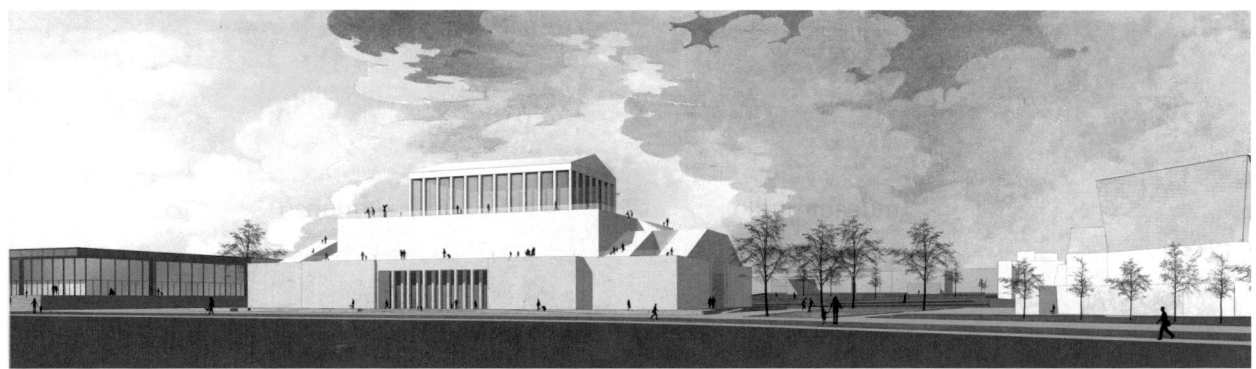

7   Wettbewerbsbeitrag »Museum der Moderne« Berlin 2015. Wir adaptierten den Papier gebliebenen Entwurf von Friedrich Gilly und machten diesen Entwurf, der eigentlich so etwas wie ein früher Grundstein für die Nationalgalerie von Mies van der Rohe hätte sein können, zum Schlussstein des Kulturforums.

Zum nachempfindenden Weiterführen gehört für uns auch eine kritische Auseinandersetzung mit den Fragen der ästhetischen Reduktion, der Transformation oder der formalen wie konzeptuellen Abstraktion als scheinbare Zeichen einer wie auch immer gearteten Zeitgenossenschaft. Im Rahmen des »Reproduktiven Entwerfens« haben sich dabei drei wesentliche methodische Ansätze herauskristallisiert:

- Reproduktives Entwerfen mittels möglichst genauer Adaption des Vorbildes (Abb. 7),
- Reproduktives Entwerfen mittels Maßstabsveränderung und Größenanpassung (Abb. 8),
- Reproduktives Entwerfen mittels freier Komposition (Abb. 9).

Natürlich ist uns bewusst, dass mit dem Abhandenkommen eines verbindlichen und für alle lesbaren Formenkanons die Vorbilder von vielen

8   »Px4« Ole Burandt. HSRM Wiesbaden, Sommerakademie Berlin, Mehringplatz; Hans Poelzig, Hochhaus am Bahnhof Friedrichstraße, Berlin 1922. Der Entwurf Poelzigs wird in seiner Dimension verändert und verdreifacht, um einen eindrucksvollen Raum zu bilden. Dadurch wird der ursprüngliche Entwurf vom Objekt zum Raumbildner umgedeutet.

9   »Passagen« Marianne Kaiser, TU Dortmund, Sommerakademie Berlin, Mehringplatz; Giuseppe Mensoni, Galleria Vittorio Emanuele II, Mailand, 1867; Edmond Legraive, Passage de la Bourse, Charleroi, 1893. Der studentische Entwurf verbindet unterschiedliche Passagenbauten zu einer eigenen Komposition.

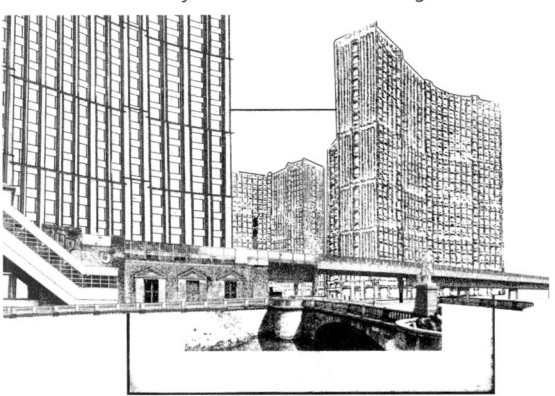

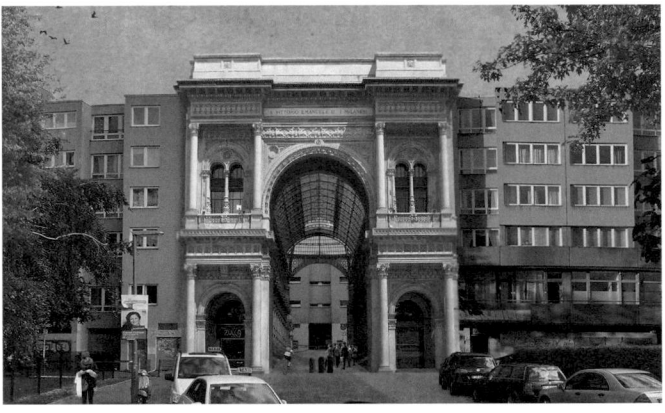

umgedeutet und vor allem unter dem Einfluss der Avantgarde-Moderne mit ihrem Diktum der Einfachheit, Abstraktion und Simplifizierung bis heute prägend sind, doch geht damit auch ein großer Verlust von sinnlicher, haptischer und atmosphärischer Qualität ebenso verloren wie eine gewisse Vieldeutigkeit und Komplexität.

6. These: Alles Vorhandene bleibt im Neuen stets erkennbar!

Auch wenn z.B. Gottfried Semper in seiner Ablehnung des »Kunstjüngers«, der »sein Herbarium voll mit wohlaufgeklebten Durchzeichnungen aller Art« stopft und »getrost nach Hause« geht, genau jenen Eklektizismus des Historismus auf das schärfste kritisiert, so verspürt er doch an anderer Stelle ein befriedigendes Gefühl, wenn er »bei einem Werke, sei es noch so weit von seiner Entstehungsquelle entfernt, das Urmotiv als Grundton seiner Komposition« erkennt.[15] Das Vorhandene liefert eine positive Anleitung im Erfinden, und »das Neue«, so Semper, »wird an das Alte geknüpft, ohne Kopie zu sein und von der Abhängigkeit leerer Modeeinflüsse befreit.«[16]

10   Leo von Klenze, Königsbau, Erweiterungsbau der Residenz, München ab 1809 (Klenze ab 1823). Trotz aller Umdeutungen und der Transformation der Fassade bleibt der florentinische Palazzo Pitti (ab 1458) im Neuen sichtbar und sogar prägend.

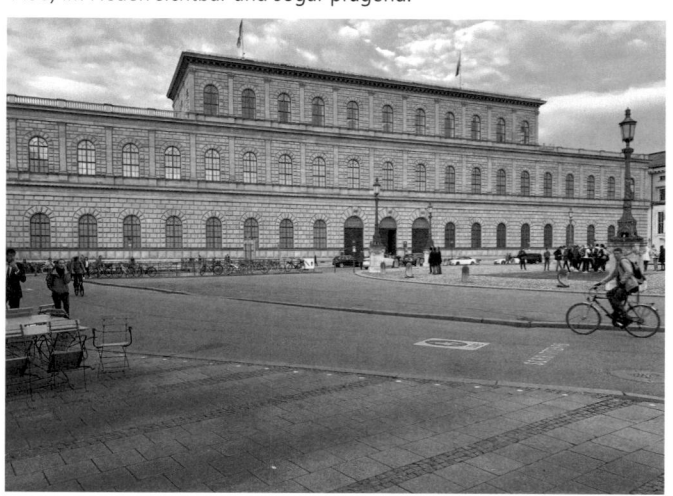

Wenn bei allem das Vorhandene als ein Grundton oder gar als das prägende Vorbild, als die wesentliche Referenz erhalten bleibt, so wird damit auch eine Kontinuität hergestellt. Und genau darum geht es beim Weiterbauen mit Hilfe des »Reproduktiven Entwerfens«: Es geht nicht um ein Überformen oder Verfremden, sondern vor allem um eine Arbeit mit und am Vorhandenen, um diesem seine innewohnenden Qualitäten abzulauschen, diese vielleicht zu verfeinern, nur wenig zu verändern oder um etwas Anderes ihm ähnlich zu machen. Erst die Möglichkeit, das Vorhandene in dem Neuen zu erkennen (Abb. 10), erweckt den Charakter des Vertrauten oder Gewohnten. Und genau dies ist das Ziel, wenn die Aufgabe der Architektur vor allem darin erkannt wird, »der Macht des Genius loci Folge zu leisten, sich ihr unterzuordnen und sie so dienend zu steigern.«[17]

7. These: Die Qualitäten der alltäglichen Orte werden erkannt, benannt und zum Maßstab für uns gemacht![18]

Jede Bezugnahme zu etwas Vorhandenem setzt eine intensive Auseinandersetzung mit diesem voraus. Damit dieses Vorhandene zu einem Maßstab, vielleicht sogar zu einem Vorbild oder einer Referenz für den eigenen Entwurf werden kann, ist es notwendig die Eigenschaften des Gegebenen zu untersuchen und seine positiven wie auch negativen Qualitäten zu erkennen und zu benennen.

Dabei geht es nicht nur um die Rezeption der sogenannten Meisterwerke oder der großen öffentlichen und prominenten Bauten von zumeist bekannten oder gar berühmten Architektinnen und Architekten, sondern insbesondere auch um die präzise Wahrnehmung der alltäglichen Orte und der sie prägenden Bauten. Es sind genau jene Orte, die als städtebaulicher Hintergrund unseren Alltag oftmals sehr zurückhaltend und anonym bestimmen. In diesen Häusern, in diesen Räumen halten wir uns auf und wissen oftmals deren selbstverständliche und authentischen Qualitäten zu schätzen. Sie prägen unsere Wahrnehmung von

Architektur und Stadt, und sie funktionieren oftmals in einem sehr umfassenden Sinn als unsere gebaute Umwelt. Gerade weil diese Orte so prägend sind und weil wir vielfältige Erinnerungen und Empfindungen damit verknüpfen, muss ihnen unsere gesamte Aufmerksamkeit zukommen, vor allem dann, wenn wir die gebaute Stadt mit der Vielzahl ihrer charakteristischen Orte weiterbauen wollen. Denn uns muss bewusst sein, dass vor allem die nicht prominenten Orte, die Orte des Alltags den wesentlichen Hintergrund des Lebens darstellen. Ihnen kommt eine überaus wichtige Bedeutung im Gesamtzusammenhang der großen wie kleinen Stadt zu, und die »formalen Eigenschaften«[19] jener »unbewussten Orte«[20] »haben sich für uns mit Tränen, Liebe und Enttäuschungen verbunden«[21] und sind uns daher so wertvoll.

Dabei gilt es jedoch, den Blick als Architektin und Architekt auf diese alltäglichen Orte zu richten, denn es ist unsere Aufgabe, die räumlichen, atmosphärischen Qualitäten zu benennen und poetisch zu verklären. Gerade dieser poetische Blick auf den Alltag ist es, der zum Weiterbauen der Stadt in angemessener Form überhaupt erst befähigt. Durch die damit verbundene Wertschätzung des Alltäglichen und das Bewusstsein für seine Qualitäten werden diese Orte zum Maßstab für unser heutiges Tun. Ihre positiven Qualitäten versuchen wir durch unsere Entwürfe nicht nur in der Welt zu behalten, sondern auch zu vermehren. Wir halten es für eine positive Qualität von entwerfenden Architektinnen und Architekten, wenn sie sich verschiedener Stile und Formensprachen im Sinne angemessener Lösungen bedienen können, um so in der Lage zu sein, unterschiedliche Hauscharaktere zum Ausdruck zu bringen (Abb. 11).

8. These: Wer das Vorhandene nutzt und Respekt vor den Gedanken und Werken unserer Vorfahren hat, entwirft reproduktiv!
Es geht um ein Bewusstsein und einen wissenden Umgang mit dem Vorhandenen. Dazu gehört auch die Kenntnis des bisher geleisteten

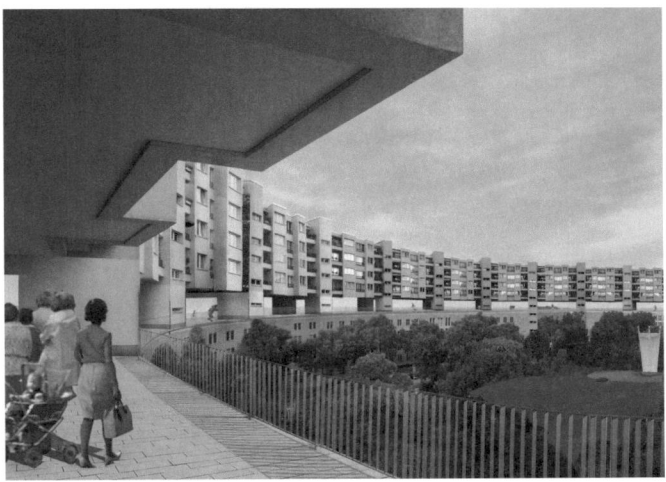

11   »Die schwebende Siedlung« Vanessa Scholl, TU Dortmund, Sommerakademie Berlin, Platz der Luftbrücke; Hans Scharoun, Werner Düttmann, Mehringplatz Berlin bis 1975. Der Entwurf nimmt die alltäglich gewordene Bebauung um den Mehringplatz in Berlin auf und transloziert sie auf die bestehende Bebauung am Platz der Luftbrücke, um damit wieder zu einem alltäglichen Ort zu werden.

und vor allem die Relativierung der zeitgenössischen Entwürfe und Lösungen gegenüber den Leistungen der Vorfahren. Diese als Maßstab zu erkennen und anzuerkennen und auch gleichzeitig zu einem Teil unserer eigenen Möglichkeiten zu machen, ist aus unserer Sicht die große Qualität des »Reproduktiven Entwerfens«. Wenn wir reproduktiv entwerfen, so tun wir dies ganz offensichtlich und in vollem Bewusstsein, vor allem aber immer unter Benennung des jeweiligen ursprünglichen Entwurfsverfassers. Wir wollen nicht vortäuschen, dass es unsere Leistung sein könnte, sondern fühlen uns auch moralisch verpflichtet, unsere Quellen explizit zu benennen und darzustellen. Dies ist Teil unserer Wahrhaftigkeit und erscheint uns gegenüber der Größe der zurückliegenden Leistungen angemessen. Dabei kommen wir uns manches Mal vor wie jener Künstler, den Johann Heinrich Füssli um 1780 auf seinem Gemälde »Der Künstler verzweifelnd angesichts der Größe der antiken Trümmer« dargestellt hat. Den Kopf auf den Arm gestützt nachdenkend über die mitunter herausragenden Leistungen unserer

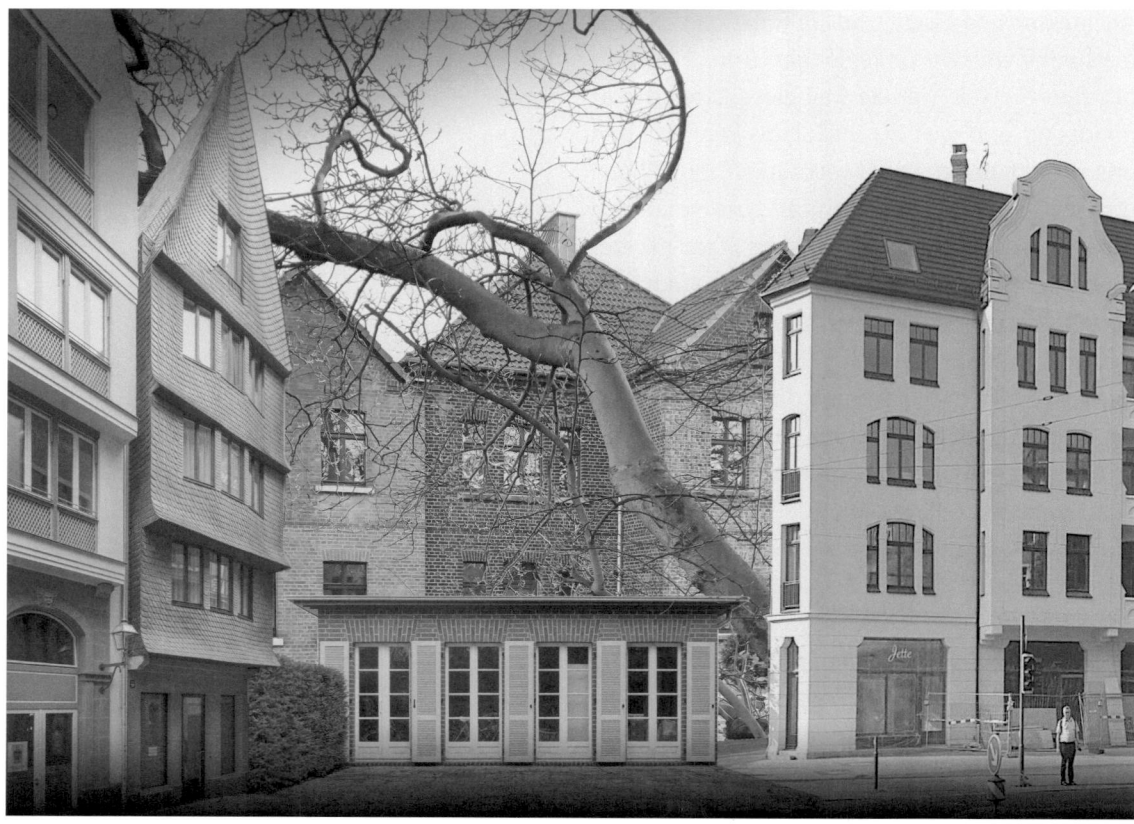

12   Reproduktive Häuser von Ebbing Architekten, von Ey Architektur, Philipp Rentschler Architekten und Moritz Henkel. Alle Bauten sind in vielfältiger Hinsicht reproduktiv, indem sie historische Vorbilder nachahmen, variieren oder zitieren.

Vorfahren versuchen wir deren Geheimnisse und Poesie, die eben auch in den alltäglichen Werken liegen können, zu ergründen (Abb. 12).

Fazit

Gerade heute in einer Zeit, in der alle Bildvorlagen, alle Quellen scheinbar überall und jederzeit verfügbar sind, geht es umso mehr um das Verständnis der in diesen Bildern verborgenen Erfahrungen und um das Wissen, das mit diesen Bildern verbunden ist. Vor allem geht es darum, sich immer wieder bewusst zu machen, welche Bilder und welche Traditionen uns prägen und welche wir als wesentlich für unsere eigene Arbeit anerkennen. Dieses Bewusstsein führt dazu, dass wir immer wieder in

der Lage sein müssen, »klar zu formulieren, von welcher Architektur unsere eigene entsteht.«[22] Dazu bedarf es einer Wahl und vor allem einer Entscheidung, die den entscheidenden Charakter des »Reproduktiven Entwerfens« ausmacht.

Nur aus diesem Verständnis heraus können wir aus unserer Sicht weiterbauen, und dies sowohl in einem architektonisch-handwerklichen als auch kulturell-intellektuellen Sinn. Denn machen wir uns doch nichts vor:

> »... sind wir nicht alle Plagiatoren, wenn wir etwas taugen. Denn wir können nicht eine einzige, große und flammende Idee ausdrücken noch eine Situation von bleibendem Wert schaffen, ohne irgendwen, bewusst oder unbewusst zu bestehlen.«[23]

Und so werden wir auch weiterhin versuchen, dies möglichst bewusst zu tun, um

»auch dem angehenden Baumeister und dem Zöglinge der Architektur die mühevolle Bahn seines Studiums auf eine Weise zu erleichtern [...], dass er ohne weite und schwankende Umwege in den echten Geist dieser Kunst eingeweiht werde«.[24]

Und so schätzen wir die Schönheiten in all ihren unterschiedlichen und verschiedenartigen, immer wiederkehrenden Ausbildungen.

Das »Reproduktive Entwerfen« steht damit in der Tradition der »Alten«, die sich spätestens seit den *Querelles des Anciens et Modernes* im 18. Jh. als diejenigen zu erkennen gaben, die in den Werken und Gedanken ihrer Vorfahren nicht nur den Maßstab, sondern auch das Vorbild und den ideellen Bezug für das gegenwärtige Tun gesehen haben.

1   »Neu« verstehen wir hier als eine spezifische Eigenschaft, die das Artefakt von allem, was vorher war, sichtbar und deutlich erkennbar unterscheidet. Das »Neue« wird dabei oftmals als wichtiges Kriterium zur Abgrenzung von allem bisher Vorhandenen betrachtet und als überaus erstrebenswert und geradezu als eine notwendige Eigenschaft aller gestalteten Artefakte benannt. Darüber hinaus gilt vielen das Neue als Ausweis und Beleg für eine wie auch immer geartete Zeitgenossenschaft, das den jeweiligen Zeitgeist, was auch immer das sei, befriedigt. Insbesondere Karl Friedrich Schinkel weist ausdrücklich auf den Wert des Neuen hin, wenn er etwa in seinem Lehrbuch schreibt: »Aus dieser einfachen Betrachtung geht schon hervor, daß eigentlich jedes Kunstwerk etwas ganz neues enthalten muß, sei dies Neue in ihm auch noch so geringe u nur von dem feinsten Sinn bemerkbar...« (Schinkel 2001, 149). Das »Neue« wird zudem immer wieder als Inbegriff des Zeitgemäßen und Modernen betrachtet. Zur vielfältigen Auslegung des »Neuen« siehe u.a.: Daidalos 1994.
2   Ungers 1982, 9.
3   Ebbing et al. 2014.
4   Hirt 1809, III.
5   Hirt 1809, III.
6   Schinkel 2001, 149.
7   So der Titel eines Werkes von Bernard Rudofsky (Rudofsky 1993).
8   Stieglitz 1834, II, 189.

9   Wasmuth 1930, II, 328.
10   Froschauer 2019, 158ff.
11   Siehe dazu u.a. Mayer 2017.
12   Zitiert nach Oechslin 2012, 15.
13   Semper [1834] 1979, 216.
14   Rossi 1974, 3.
15   Gottfried Semper, zitiert nach Lampugnani 1998, 96.
16   Gottfried Semper zitiert nach: Lampugnani 1998, 96.
17   Sörgel 1918, 221.
18   Diese These wurde gegenüber dem Manifest modifiziert. Im Original heißt sie: »Die Qualitäten des Vorhandenen werden offengelegt, vermehrt und behalten ihren Platz in der Welt!«
19   Šik 1987, 15.
20   Der deutsche Fotograf Thomas Struth benannte 1987–1988 seine Ausstellung, die in Bern, Edinburgh, Münster und Frankfurt zu sehen war, mit genau jenem Titel: *Unbewusste Orte*. In dem gleichnamigen Katalog (Struth 1987) wird im Vorwort darauf hingewiesen, dass Struth solche Orte in präzisen Bilder festhält, die zumeist der bewussten Wahrnehmung entzogen sind, aber »zum gemeinsamen Unbewußten der Menschen in Düsseldorf und New York, Münster und Edinburgh, Tokio und Paris gehören.«
21   Šik 1987, 15.
22   Rossi 1974, 32.
23   Anatole France in: Hegemann 1925, 179.
24   Hirt 1809, VI.

Daidalos 1994
Das Neue / What's New. Daidalos Nr. 52, 15. Juni 1994.

Ebbing et al. 2014
G. Ebbing / M. Henkel / P. Rentschler / U. von Ey: Manifest. Reproduktives Entwerfen, 0 (Berlin / Bochum 2014), http://www.reproduktives-entwerfen.de/wp/wp-content/uploads/2016/05/Reproduktives-Entwerfen-No-0-Manifest.pdf (22.7.2020).

Froschauer 2019
E. M. Froschauer: Entwurfsdinge. Vom Sammeln als Werkzeug moderner Architektur (Basel 2019).

Hegemann 1925
W. Hegemann: Dänischer Klassizismus. »Der Geist der Gotik«, »Die Antike als Schutzwehr gegen die Tradition« und der Sieg des »Plagiats«, Wasmuths Monatsheft für Baukunst, 1925/5, 173–179.

Hirt 1809
A. Hirt: Die Baukunst nach den Grundsätzen der Alten, Vorrede (Berlin 1809).

Lampugnani 1998
V. M. Lampugnani (Hg.): Hatje-Lexikon der Architektur des 20. Jahrhunderts (Ostfildern-Ruit 1998).

Mayer 2017
H. Mayer: Mimesis und moderne Architektur. Eine architekturtheoretische Neubewertung (Bielefeld 2017).

Oechslin 2012
W. Oechslin: »Verwirklichung«. Schinkels architektonisches Geschichtsverständnis, in: H. T. Schulze Altcapppenberg / R. Johannsen (Hg.): Karl Friedrich Schinkel. Geschichte und Poesie. Das Studienbuch (Berlin 2012) 13–22.

Rossi 1974
A. Rossi: Vorlesungen, Aufsätze, Entwürfe. Texte zur Architektur 4 (Zürich 1974).

Rudofsky 1993
B. Rudofsky: Architektur ohne Architekten (Düsseldorf 1993).

Schinkel 2001
K. F. Schinkel: Das Architektonische Lehrbuch. G. Peschken (Hg.) (München, Berlin 2001).

Semper [1834] 1979
G. Semper: Vorläufige Bemerkungen über bemalte Architektur und Plastik bei den Alten. Altona 1834, in: H. und M. Semper (Hg.): Gottfried Semper. Kleine Schriften (Mittenwald 1979) 215–258.

Šik 1987
M. Šik: Jene analoge Stadt, Werk und Zeit, 4, 1987, 14–15.

Sörgel 1918
H. Sörgel: Einführung in die Architektur-Ästhetik. Prolegomena zu einer Theorie der Baukunst (München 1918).

Stieglitz 1834
C. L. Stieglitz: Beiträge zur Geschichte der Ausbildung der Baukunst. 2 Bände (Leipzig 1834).

Struth 1987
T. Struth: Unbewusste Orte. Katalog zur Ausstellung (Köln 1987).

Ungers 1982
O. M. Ungers: Morphologie City Metaphors (Köln 1982) 9.

Wasmuth 1930
G. Wasmuth (Hg.): Wasmuths Lexikon der Baukunst, 2 Bände (Berlin 1930).

Abbildungsnachweis

1   Historische Postkarte, private Sammlung.
2   Wettbewerbsbeitrag »San Riemo«, Georg Ebbing, Moritz Henkel, Ulrich von Ey, 2017.
3   Studentischer Entwurf von Patrizia Humperz, TU Dortmund, 2018.
4   Studentischer Entwurf von Kristina Seibel, Uni Siegen, 2018.
5   Wettbewerbsbeitrag Gründungsviertel Lübeck; Georg Ebbing, Moritz Henkel, Ulrich von Ey, 2014.
6   Studentischer Entwurf von Dmitrij Regel, TU Dortmund, 2019.
7   Wettbewerbsbeitrag »Museum der Moderne« Berlin; Friedrich Gilly, Georg Ebbing, Moritz Henkel, Ulrich von Ey, 2015.
8   Studentischer Entwurf von Ole Burandt, HSRM Wiesbaden, 2017.
9   Studentischer Entwurf von Marianne Kaiser, TU Dortmund, 2017.
10 Foto: Georg Ebbing.
11 Studentischer Entwurf von Vanessa Scholl, TU Dortmund, 2018.
12 Fotos: Repro_Archiv.

Weiterbauen als Studienobjekt

Vom sozialen Wohnungsbau zur nachhaltigen Vielfalt
Weiterbauen eines Wohnhochhauses der 1960er Jahre in Freiburg

Yanna Kaiser

In Deutschland besteht eine wachsende Lücke zwischen einer steigenden Nachfrage an Wohnraum und einer deutlich langsamer wachsenden Neubautätigkeit. Vor allem im Mietwohnungsbau und hier besonders für Haushalte mit niedrigem Einkommen ist diese Diskrepanz problematisch.[1] Hier kommen zum fehlenden Neubau auch die Verluste der Wohnungen, deren Miete durch Modernisierungen ansteigt und die damit für dieses Marktsegment nicht mehr zur Verfügung stehen.

Gleichzeitig besteht ein großer Bedarf an Modernisierungen. Über 40 % des gesamten Wohnungsbestands in Deutschland wurden zwischen 1949 und 1978 errichtet.[2] Ihr oft mangelhafter Zustand und ihr überdurchschnittlich hoher Energiebedarf bedingen das zunehmend schlechte Image dieser Gebäude. Vor allem in den 1960er und 1970er Jahren entstanden diese Mietwohnungen zudem oft im städtebaulichen Kontext monofunktionaler Neubausiedlungen mit über 1.000 Wohneinheiten. Da diese bereits zur Bauzeit als Sozialwohnungen errichtet wurden, sind sie häufig von sozialer Segregation geprägt. Dadurch sind die Quartiere bis heute oft als anonyme, wenig einladende und somit minderwertige Wohngegenden stigmatisiert.[3] Gegenwärtig verändert sich dieses Bild wieder, vor allem in Regionen mit einem angespannten Wohnungsmarkt. So werden die Wohnsiedlungen in randstädtischen Lagen zunehmend für die niedrigen Mieten und die Lage »im Grünen« geschätzt. Dies hat jedoch wiederum eine Verdrängung der Mietparteien mit dem geringsten Einkommen zur Folge, die dann in noch billigere Wohnungen abwandern müssen.[4]

Handlungsbedarf besteht also insgesamt in den Quartieren, sowohl strukturell als auch die Bausubstanz betreffend. Gesucht werden Konzepte zur ökologischen, ökonomischen und gesellschaftlichen Verbesserung.

Es stellt sich daher die Frage, ob durch Weiterbauen mit dem damit verbundenen schonenden Umgang mit Bausubstanz und Energieressourcen auch über die Wirkungen eines Gebäudes oder Quartiers auf die Sozialstruktur nachhaltig weitergedacht, diese gestärkt und verbessert werden können. Diese Fragestellung soll am Beispiel der energetischen Sanierung des Hochhauses Binzengrün 9, gelegen im Freiburger Stadtteil Weingarten, untersucht werden.

Ziel der Eigentümergesellschaft Freiburger Stadtbau war die Modernisierung eines Wohnhochhauses aus den 1960er Jahren, bei der die energetische Bilanz der Gebäudehülle auf Passivhausstandard gebracht und damit der Energiebedarf minimiert wurde. Zudem wurde das Angebot um mehrere Wohnungstypen erweitert. Durch diese baulichen Maßnahmen sollte in Verbindung mit einer frühzeitigen Einbindung aller Mietparteien in die Planung und Umsetzung eine vielfältige Bewohnerstruktur und eine langfristige Mietpreissicherheit gewährleistet werden. Als zweites Projekt dieser Art hat das Konzept zusammen mit dem ersten sanierten Hochhaus des Quartiers in der Bugginger Straße 50 einen Versuchs- und Beispielcharakter.

Um entsprechend der Fragestellung sowohl die baulichen Eingriffe als auch die sozialen Konzepte und deren gemeinsame Auswirkungen auf das Gebäude, die Bewohnerschaft und das Quartier betrachten zu können, wurden Gespräche und Interviews mit verschiedenen, planungsseitig am Projekt beteiligten Personen aus den Bereichen Architektur, Wohnungswesen und Sozialarbeit geführt.[5]

Die gestellten Fragen bezogen sich auf die Themenbereiche Finanzierung des Projekts, Ablauf der Planung und der Baumaßnahmen, Zusammenarbeit der verschiedenen Akteure und Beteiligung der betroffenen Bewohnerinnen und Bewohner sowie der Umgang mit neuen Energiekonzepten. Um den subjektiven Aussagen der befragten Personen auf Seiten der Planung die Sicht der Bewohnerinnen und Bewohner gegenüber zu stellen, werden zudem die Ergebnisse einer studentischen Projektstudie des Instituts für Umweltsozialwissenschaften an der Albert-Ludwigs-Universität Freiburg einbezogen. Diese 2013 realisierte Studie befasst sich mit dem Image des Stadtteils Weingarten und dessen Veränderung, wertet im Quartier und im gesamten Stadtgebiet Freiburgs durchgeführte Umfragen aus und liefert damit Einschätzungen der getroffenen Maßnahmen durch betroffene und unbeteiligte Personen.[6] Des Weiteren führte die Stadt Freiburg im Zuge des Programms »Soziale Stadt« eine vorbereitende Untersuchung der Gebäude sowie der sozialen Strukturen des Quartiers als Grundlage für eine Sanierung durch, deren Ergebnisse ebenfalls berücksichtigt werden.[7]

Städtebauliche und architektonische Situation

Im Stadtteil Weingarten, westlich der Freiburger Altstadt gelegen, errichtete die Städtische Wohnungsbaugesellschaft Freiburger Stadtbau GmbH (FSB) von 1965 bis 1968 über 1.200 Wohnungen für die schnell wachsende Bevölkerung, größtenteils in Hochhäusern und großen Wohnblocks.[8] Im Jahr 2006 wurde das Quartier Weingarten West in das Programm »Soziale Stadt« aufgenommen, mit dem das Bundesministerium für Verkehr, Bau und Stadtentwicklung die »Stabilisierung und Aufwertung städtebaulich, wirtschaftlich und sozial benachteiligter und strukturschwacher Stadt- und Ortsteile«[9] fördern wollte. Entsprechend dieser Zielsetzung wurde 2007 mit der sukzessiven Sanierung der Gebäude begonnen. Das im Folgenden näher betrachtete Hochhaus Binzengrün 9 wurde vom Architekturbüro siedlungswerkstatt aus Konstanz ab dem Jahr 2012 saniert; Planung und Projektleitung lagen dort in einer Hand. Der Finanzaufwand für die Sanierung belief sich auf insgesamt 11,6 Mio. Euro, somit lagen die Kosten pro m^2 Wohnfläche bei € 1.555. Finanziert wurde dies durch Eigenmittel der FSB sowie durch Förderungen von Bund, Ländern und Kommunen über das Programm »Soziale Stadt« und verschiedene Förderprogramme für energieeffizientes Bauen, beispielsweise der Deutschen Energie-Agentur.[10]

Das betroffene Quartier (Abb. 1) erstreckt sich entlang der zentralen, von Nordost nach Südwest verlaufenden Straße Binzengrün und besteht aus drei Hochhäusern mit je 16 Geschossen nordwestlich des Straßenzugs und südöstlich einem weiteren Hochhaus sowie vier Wohnblöcken aus je einem achtgeschossigen und zwei viergeschossigen Zeilenbauten, die jeweils einen halböffentlichen Innenhof einfassen.[11]

1   Historisches Luftbild der Siedlung Weingarten West entlang der zentralen Achse Binzengrün, Blick von Südwest.

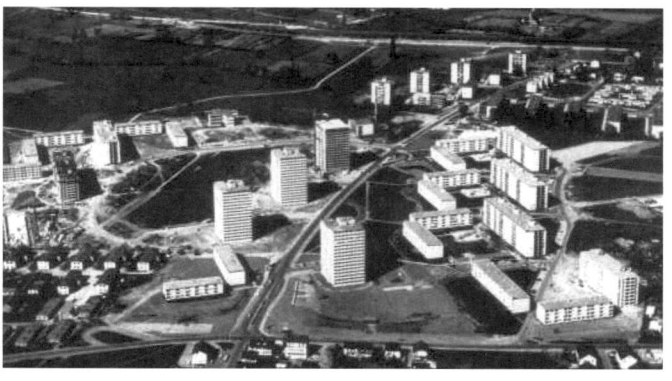

Der Stadtteil ist also geprägt von großen Bauvolumen und hebt sich damit von der kleinteiligeren Umgebungsbebauung ab. Erschlossen werden die Hochhäuser ebenso wie die Wohnblöcke über Stichstraßen von der zentralen Straße Binzengrün oder den umliegenden Straßenzügen Bugginger und Sulzburger Straße. Alle Gebäude sind von großzügigen öffentlichen bzw. halböffentlichen Grünflächen mit heute reichem Baumbestand umgeben. Der Großteil der Wohnungen im Quartier gehört nach wie vor der FSB. Weitere Wohnungen sind im Besitz anderer Wohnungsgesellschaften, privates Wohneigentum spielt hier kaum eine Rolle.

Die bereits erwähnte studentische Studie, welche die Außen- und Binnenwahrnehmung des Quartiers untersucht, stellt eine Diskrepanz zwischen den Aussagen der befragten Gruppen fest. Da zum Zeitpunkt der Befragung viele Bereiche des Quartiers noch nicht saniert waren, zeigen die Änderungsvorschläge innerhalb Weingartens nach wie vor den Wunsch nach Verbesserung in den Bereichen »Sicherheit, Zustand der Gebäude (12,2%) und Sauberkeit (30,6%)«[12]. Dennoch fällt auf, dass die Bewohnerschaft von Weingarten im Gegensatz zu Freiburgerinnen und Freiburgern aus anderen Stadtteilen eher positiv konnotierte Begriffe wie »grün«, »heiter«, »aufgeweckt« und »vielfältig« mit Weingarten assoziiert.[13] Bei der Frage nach Veränderungen im Viertel in den vergangenen zehn Jahren wurde sowohl von In- als auch Externen ein verbessertes Aussehen des Bestands und eine allgemein positivere Wahrnehmung des Quartiers angegeben.[14]

Das Hochhaus Binzengrün 9 liegt als das mittlere der drei ursprünglich baugleichen, in Massivbauweise errichteten Hochhäuser nordwestlich der Straße. Die interne Erschließung erfolgt über einen gemeinsamen Eingang an der Nordseite. Die Obergeschosse werden durch einen zentralen Erschließungskern mit zwei Aufzügen, einem Fluchttreppenhaus und umlaufenden, natürlich belichteten Fluren erschlossen. In jedem der 15 Obergeschosse sind drei Riegel versetzt um den Erschließungskern angeordnet, sodass der Eindruck von drei orthogonal zueinander liegenden Baukörpern entsteht, welche durch die zentrale Verteilerzone zusammengehalten werden. Durch den dadurch entstehenden Versatz in den Fassaden wird der Baukörper vertikal gegliedert. Alle Riegel sind durch Wände mit einem Achsmaß von ca. 3 m unterteilt, wobei jeder Abschnitt einem Zimmer oder einer Funktionseinheit aus innenliegendem Bad und belichteter Küche entspricht. Die mit 8,78 m sehr tiefen Riegel bestehen aus je sechs, sieben bzw. acht Achsen und fassen einmal zwei Zweizimmerwohnungen, zwei Dreizimmerwohnungen und eine Zwei- und eine Dreizimmerwohnung (Abb. 2 oben). Insgesamt waren im Bestand damit 45 Zweizimmerwohnungen mit je 65 m² und 45 Dreizimmerwohnungen mit je 86 m² Wohnfläche vorhanden.

Jede Wohnung verfügt über eine Loggia, die sich entlang der Fassade über die gesamte Breite der Wohnung erstreckt und von allen Räumen und der Küche aus direkt betreten werden kann.[15] Die Fassade wird strukturiert durch die horizontale Wirkung der geschlossenen Brüstungsbereiche dieser Loggien sowie der nach außen sichtbaren Schotten, während die Fassaden an den Schmalseiten geschlossen sind. Die Brüstungen und die geschlossenen Wandflächen waren im Bestand mit Fassadenplatten in variierenden Grün- und Grautönen verkleidet. Die im Zuge des Förderprogramms »Soziale Stadt« durchgeführten vorbereitenden Untersuchungen stellten u.a. »durch die Erhebung der Grundstücke und Gebäude fest[...], inwieweit die für eine Sanierung notwendigen ›städtebaulichen Missstände‹ vorliegen«.[16] Diese Begutachtungen zeigten sowohl bauliche und substanzielle Mängel der Fassade als auch veraltete haustechnische Systeme auf. Zusätzlich zu dem belegten Bedarf einer energetischen Sanierung wurden der Brand- und Schallschutz als nach heutigen Maßstäben unzureichend eingestuft. Aufgrund ihrer kompakten Bauweise liegt der Heizenergiebedarf der Hochhäuser mit jährlich 68 KWh/m² zwar deutlich

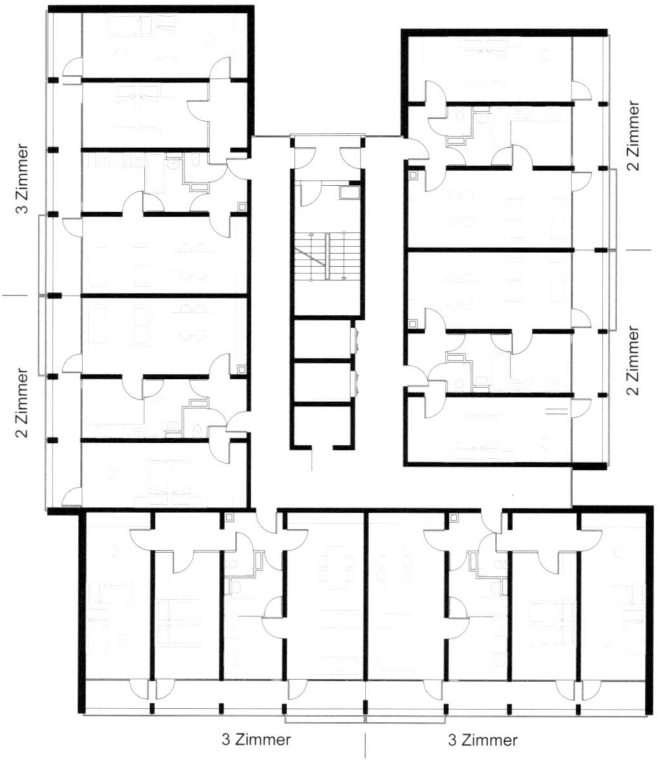

3 Zimmer

2 Zimmer

2 Zimmer

2 Zimmer

3 Zimmer | 3 Zimmer

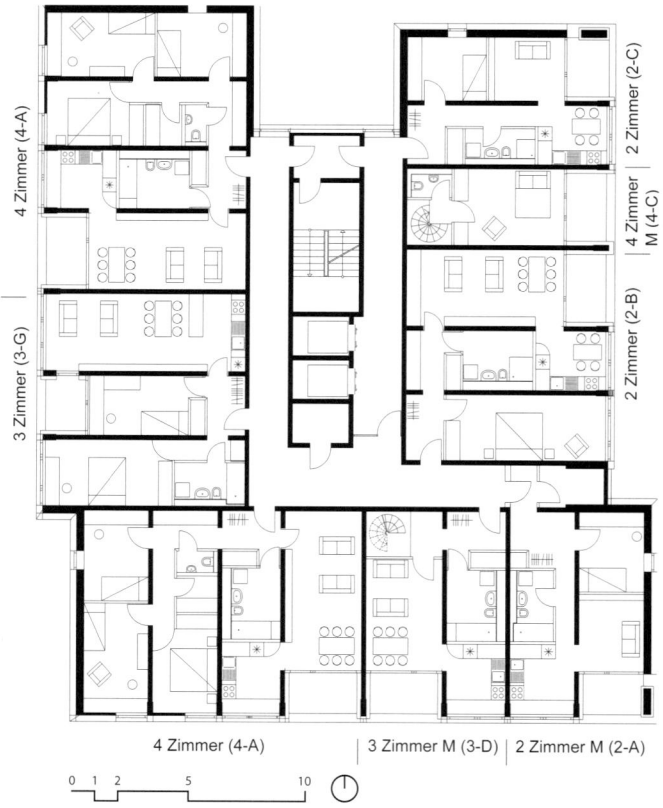

4 Zimmer (4-A)

2 Zimmer (2-C)

4 Zimmer M (4-C)

3 Zimmer (3-G)

2 Zimmer (2-B)

4 Zimmer (4-A) | 3 Zimmer M (3-D) | 2 Zimmer M (2-A)

0 1 2   5   10   ⏱

2   Grundrisse im Vergleich: Bestand (o.) und beispielhafter Umbau (u.).

unter dem Verbrauch der Zeilenbauten, dennoch bot eine Sanierung hier großes Einsparpotential.

Soziale Situation

Die demographische Statistik der vorbereitenden Untersuchungen zeigt deutliche Unterschiede in der Bevölkerungsstruktur in Weingarten im Vergleich zur gesamten Stadt Freiburg. Auffällig ist, dass in Weingarten Senioren, Kinder und Jugendliche stärker, Menschen im Alter zwischen 20 und 45 Jahren hingegen in geringerem Maß vertreten sind. Neben den kinderreichen Familien ist der Anteil der erwerbslosen oder auf Unterstützung angewiesenen Personen sowie der Einpersonenhaushalte und der Alleinerziehenden im Vergleich überdurchschnittlich hoch.[17] Die verfügbaren Wohnungen sind für die Familien oft zu klein, für Alleinstehende, vor allem Seniorinnen und Senioren, eher zu groß und aufgrund mangelnder Barrierefreiheit für viele Menschen nicht mehr uneingeschränkt nutzbar.[18] Der Bericht nennt außerdem einen hohen Prozentsatz an Personen mit Migrationshintergrund im Untersuchungsgebiet und spricht von »kulturellen und nicht zuletzt sprachlichen Divergenzen« sowie der Entstehung von »Parallelgesellschaften«.[19]

Die studentische Projektstudie des Instituts für Umweltsozialwissenschaften an der Albert-Ludwigs-Universität Freiburg sagt im Gegensatz dazu aus, dass das Quartier durch die Bewohner eher als »multikulturell« und »vielfältig« wahrgenommen werde.[20] Diese Aussage deckt sich mit der Einschätzung der für das Quartier zuständigen Sozialarbeiterin Christel Werb. Ihr zufolge wurde vor allem in den Hochhäusern weniger die Differenz zwischen verschiedenen Kulturen, wohl aber die allgemeine Anonymität innerhalb der Bewohnerschaft als problematisch wahrgenommen. Dies sieht sie auch als einen Grund für häufig auftretenden Vandalismus und die Verschmutzung der Eingangsbereiche, Keller und Treppenhäuser.[21]

Dementsprechend stellen beide Untersuchungen fest, dass Bewohnerinnen und Bewohner Handlungsbedarf vor allem in Bezug auf Sauberkeit und Sicherheit sehen. Dass die Wohngegend als unsicher gilt, war laut städtischem Bericht teilweise auf soziale Faktoren und maßgeblich auf den vernachlässigten Zustand der Gebäude zurückzuführen. Auch die Typologie der Gebäude mit einer »hohe[n] Zahl der Wohnungen pro Hauseingang« trägt zu der Anonymität und daraus entstehenden Unsicherheit bei.[22] Das einseitige Angebot von lediglich zwei Wohnungsgrößen und die dadurch gegebene Einschränkung der Klientel sowie eine fehlende soziale Durchmischung beeinflussen diesen Zustand außerdem.

Der Untersuchungsbericht nennt jedoch auch positive infrastrukturelle und soziale Faktoren des Quartiers, die zu erhalten und zu fördern seien. Neben der insgesamt guten Verkehrsanbindung und den Freizeitangeboten werden viele Initiativen und Organisationen erwähnt, die Anwohnerinnen und Anwohner unterstützen. Auch soziale Einrichtungen sind vorhanden. Maßgeblich ist hier der Verein Forum Weingarten vertreten, der als Bewohnerinitiative die Quartiersarbeit mit mehreren Festangestellten leistet und Bürgerbeteiligung organisiert. Darüber hinaus wird eine generell »große Bereitschaft, sich bürgerschaftlich zu engagieren und sich für die Belange des Stadtteils einzusetzen«[23] festgestellt. Der Bericht betont daher, wie wichtig eine weitere Einbindung der Bewohnerschaft in die Entwicklung des Quartiers sei.

Strukturelle, energetische und gestalterische Maßnahmen

Die baulichen Veränderungen des Hochhauses lassen sich unterscheiden in energetische Maßnahmen einerseits, die Eingriffe an der Fassade und der Haustechnik bedeuteten und andererseits die räumliche Umgestaltung, also Veränderungen der Wohnungsgrundrisse. Ziel war es, mit möglichst wenigen, gezielten Eingriffen in die Gebäudestruktur eine größere Vielfalt an zeitgemäßen Wohnungstypen zu gewinnen (Abb. 2 unten). Im Gegensatz zu dem ersten sanierten Hochhaus am Standort, das eher kleinere Wohnungen vor allem für Seniorinnen und Senioren bietet, wurden im Binzengrün 9 auch größere Wohnungstypen realisiert, auch auf Wunsch der Mietparteien, die nach der Sanierung wieder in das Gebäude zurückkehren wollten.[24] Insgesamt wurde das bisherige Angebot von Zwei- und Dreizimmerwohnungen auf nunmehr elf verschiedene Grundrisstypen erweitert, indem die Loggien teilweise der Wohnfläche zugeschlagen und die Grundrisse neu strukturiert wurden (Abb. 3). In Abb. 4 und 5 sind die Typen und Größen der neuen Wohnungen sowie deren Verteilung dargestellt.

Durch die Vielfalt der Wohnungstypen und -größen sollte laut dem Planungsbüro eine Durchmischung der Bewohnerschaft erreicht und die Isolation einzelner Mietergruppen vermieden werden. Trotz der komplexen Umstrukturierungen konnten Struktur und Substanz des Gebäudes weitgehend beibehalten werden, lediglich die Maisonettewohnungen erforderten Eingriffe in das Tragsystem des Gebäudes.[25]

Um dem geforderten Passivhausstandard zu entsprechen, wurden dreifachverglaste Fenster sowie außenliegende Jalousien zur Verbesserung des sommerlichen Wärmeschutzes eingebaut. An den geschlossenen Fassadenflächen wurde ein Wärmedämmverbundsystem angebracht. Mit dieser Maßnahme und durch das Einbeziehen der ursprünglich ohne thermische Trennung auskragenden Balkonplatten in das beheizte Volumen wurden außerdem die Kältebrücken erheblich reduziert. Durch diese Maßnahmen konnte der Energieverbrauch auf jährlich 53 kWh/m² , also auf 78 % des Ursprungsverbrauchs, gesenkt werden, wodurch erhebliche Einsparungen im Bereich der Mietnebenkosten möglich sind.[26]

Auch das Gestaltungskonzept der Fassade spiegelt die strukturellen Eingriffe wider. Die ehemals über Balkone gegliederten Fassaden wurden

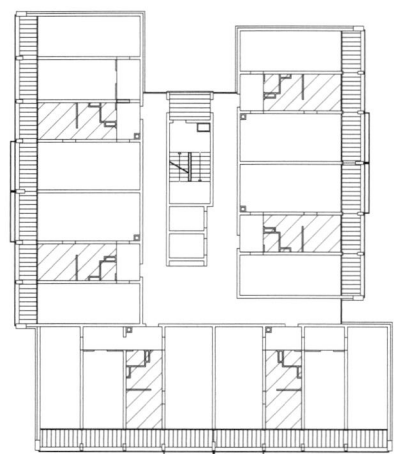
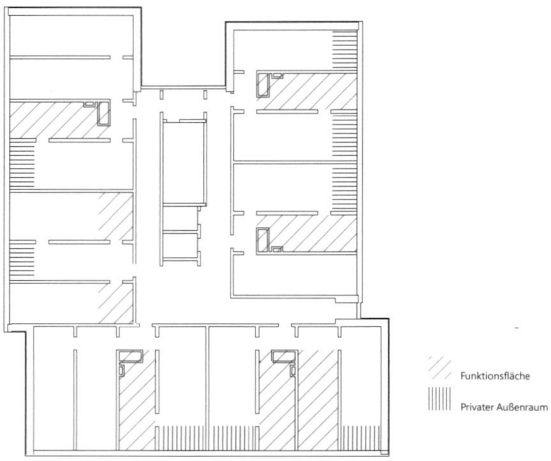

Funktionsfläche

Privater Außenraum

3   Flächenlayout, Vergleich der Funktionsflächen und Außenbereiche in Bestand und Umbau.

Wohnungstypen	Bestand		Umbau		
	Anzahl	Wohnfläche	Anzahl	Wohnfläche	Bezeichnung
Zwei Zimmer	45 x	65 m²	38 x	66 m²	2-A
				66 m²	2-B
				43 m²	2-C
				43 m²	2-D
Drei Zimmer	45 x	86 m²	33 x	69 m²	3-A
				62 m²	3-D (Maisonette)
				69 m²	3-E
				62 m²	3-G
Vier Zimmer			27 x	83 m²	4-A
				97 m²	4-C (Maisonette)
Fünf Zimmer			6 x	107 m²	5-B

4   Anzahl und Größen verschiedener Wohnungstypen, Vergleich Bestand und Umbau.

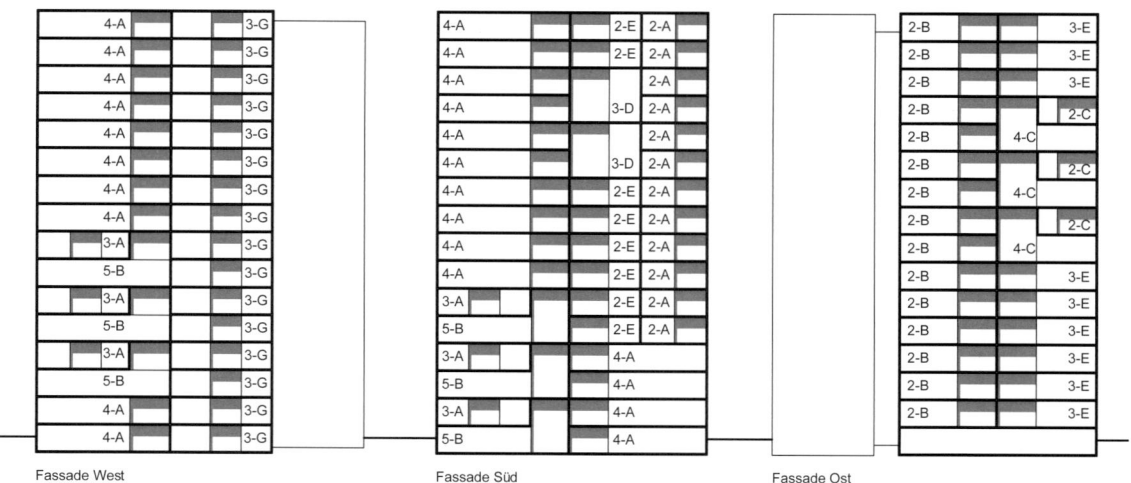

5   Schematische Darstellung der Wohnungstypen, Fassaden West, Süd und Ost.

zu Lochfassaden, wobei die horizontale Gliederung über das Zusammenfassen mehrerer Fenster zu Fensterbändern beibehalten werden konnte. Die konstruktiven Schotten und die Gebäudekubatur sind weiterhin ablesbar, da auf vorgehängte Balkone verzichtet wurde. Neu sind die Maisonettewohnungen, die sich durch die zweigeschossigen Loggien außen abzeichnen und zusammen mit einzelnen Farbfeldern Akzente in der Fassade setzen, die das große Gebäudevolumen gliedern (Abb. 6).

Soziale Konzepte zur Begleitung des Weiterbauens

Gemäß der Städtebauförderungsrichtlinie und damit der Bestimmungen des Baugesetzbuchs zur Förderung des Programms »Soziale Stadt« sollen finanzierte Projekte »Maßnahmen enthalten, die der Verbesserung der Wohn- und Arbeitsverhältnisse sowie der Schaffung und Erhaltung sozial stabiler Bewohnerstrukturen dienen.«[27] Soziale Verträglichkeit eines Bauprojektes bedeutet in diesem Sinne nicht nur, dass Bewohnerinnen und Bewohner durch die baulichen Maßnahmen nicht aus dem Quartier verdrängt werden, sondern, dass die Wohnungen den räumlichen und finanziellen Bedürfnissen entsprechen und die Gebäude den Anforderungen des demographischen Wandels gerecht werden können. Aus diesem Grund wurde von der FSB zunächst ein sog. Umzugsmanagement angeboten. Den Mieterinnen und Mietern des Hochhauses wurde der Wechsel in eine Ersatzwohnung aus dem Bestand der FSB, möglichst innerhalb des Quartiers, finanziert. Außerdem bestand das Angebot, nach Ende der Baumaßnahmen in eine der sanierten Wohnungen zurückzukehren. Alle zurückkehrenden und zukünftigen Mieterinnen und Mieter wurden aktiv in die Planungsprozesse einbezogen.

Diese Beteiligung wurde seitens der FSB organisiert und anhand eines Konzepts durchgeführt, das Christel Werb bereits für das erste Hochhaus in der Bugginger Straße 50 entwickelt hatte. Die

eingesetzten »Wohnverwandtschaften« bedeuteten verschiedene, mit dem Planungs- und Bauprozess verbundene Schritte: So wurde zunächst für jede Mietpartei der Bedarf an Raumangebot und Ausstattung ermittelt. Für die Bugginger Straße 50 ließ die FSB auf Anregung der Sozialarbeiterin dazu ein Grundrissmodell erstellen, um den Mieterinnen und Mietern eine bessere Vorstellung der neuen Wohnungen zu geben und die Entscheidung für einen Wohnungstyp zu erleichtern. Dieses Hilfsmittel war laut Werb sehr wichtig zur Vermittlung der Baumaßnahmen. Aufgrund des geplanten komplexeren Raumgefüges im Hochhaus Binzengrün 9 war die Veranschaulichung anhand eines Modells bei diesem Projekt jedoch nicht möglich. Laut Werb stellt dies einen Nachteil des Entwurfs dar. Nachdem jede Mietpartei sich anhand der Pläne für einen Wohnungstyp entschieden hatte, wurde eine sog. Stockwerksbörse durchgeführt, ein Treffen aller künftigen Mieterinnen und Mieter. Dabei wurde auf Basis der gewählten Grundrisse die Lage der jeweiligen Wohnung, also das Stockwerk und die direkten Nachbarn festgelegt. Dies sollte dazu dienen, von Anfang an möglichst ausgewogene Nachbarschaftsverhältnisse herzustellen. So

6   Bestand (Ansicht Südwest); nach der Sanierung (Ansicht Südost).

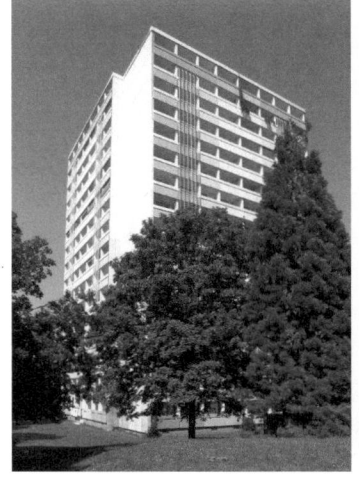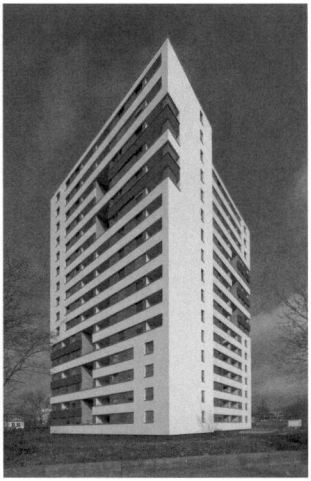

konnte beispielsweise möglichen Lärmkonflikten vorgebeugt werden, indem sich Mieterinnen und Mieter mit ähnlichen Arbeitszeiten in benachbarten Wohnungen zusammenfanden. Zudem wurden Stockwerkssprecherinnen und -sprecher gewählt, die als Vertretung der Mieterparteien und Ansprechpersonen für Christel Werb sowie die FSB zur Verfügung stehen und die Kommunikation und Organisation vereinfachen. In der Regel werden neue Wohnungsbewerberinnen und -bewerber bei der FSB ohne Mitspracherecht der Mieterinnen und Mieter ausgewählt, jedoch wird Wert darauf gelegt, dass sie sich schon vor Einzug mit der direkten Anwohnerschaft bekannt machen können, um das Nachbarschaftsverhältnis zu fördern und die vor der Sanierung vorherrschende Anonymität zu vermeiden.[28]

Der Beteiligungsprozess in Gestaltungsfragen lief für beide Sanierungsprojekte unterschiedlich ab. Für das Pilotprojekt Bugginger Straße 50 hatte Werb nach eigener Aussage eine umfassende Beteiligung an der Gestaltung der Fassade durchsetzen können, mit dem Argument, dass nur ein im Konsens zwischen Mieterschaft, Architekturbüro und FSB entstandenes Konzept zu einer Akzeptanz im Quartier führen könne. Engagierte Bewohnerinnen und Bewohner konnten sich daher in einer Arbeitsgemeinschaft einbringen, ein Ablauf, den die Sozialarbeiterin dem späteren Vorgehen im Binzengrün 9 vorzieht. Dort sei die Fassadengestaltung vom Planungsbüro siedlungswerkstatt allein entwickelt worden.[29] Die Ansichten der Beteiligten weichen hier voneinander ab, laut Aussage des Planungsbüros wurden verschiedene Fassadenentwürfe zum Beschluss vorgelegt, der auch die Mieterinnen und Mieter einbezog.[30] Folgt man der Projektleiterin der FSB, Renate Bräu, so wurde der Entwurf »mit interessierten Bewohner_innen anhand von großen Mustern am Bau besprochen, ebenso der Bodenbelag in den Fluren«[31]. Auch die Einplanung eines Mietertreffpunkts im Erdgeschoss geschah nach Aussage von Bräu auf Wunsch der Mieterschaft, ebenso wie die Realisierung von Wandbildern, die zusammen

mit einer Künstlerin für das Treppenhaus entworfen wurden, und das gemeinsame Anlegen und Pflegen von Gartenanlagen.[32] Während zunächst geplant war, den Concierge der Bugginger Straße 50 ebenso im Binzengrün 9 einzusetzen, konnte am Ende aufgrund des Einspruchs von Mieterinnen und Mieter beider Hochhäuser ein eigener Hausmeisterservice in einem Büro im Erdgeschoss durchgesetzt werden.[33]

Die Sanierungsmaßnahme, die den größten Einfluss auf das Verhalten der Bewohnerschaft ausübt, ist allerdings das neue Energiekonzept. Die Ertüchtigung von Fassaden und Haustechnik auf Passivhausstandard trägt durch die resultierende Energieeinsparung und die somit deutlich gesenkten Nebenkosten der Gebäude zur Sicherung des Mietniveaus bei. Um den geringen Energiebedarf eines Passivhauses zu gewährleisten, ist jedoch eine Anpassung des Nutzungsverhaltens gegenüber herkömmlichen Gewohnheiten notwendig. Trotz einer allgemeinen Informationsveranstaltung und einer Broschüre, in denen das Passivhauskonzept vorgestellt und die dafür erforderlichen Verhaltensweisen erklärt wurden, berichtet Christel Werb von vielen Gesprächen, in denen sie wiederholt Bedenken und Gerüchte bezüglich des Wohnens in einem Passivhaus ausräumen musste.[34] Auch sechs Jahre nach Bezug finden sich immer noch Aushänge im Eingangsbereich, die die Mieterinnen und Mieter daran erinnern, dass das dauerhafte Kippen der Fenster dem Heizungskonzept durch Wärmerückgewinnung entgegenwirkt und somit zum Energieverlust führt. Auch für die Planerinnen und Planer war es nach Aussage des Architekten eine Herausforderung, das Nutzungsverhalten in einem Projekt dieses Umfangs so zu kalkulieren, dass Nutzungsfehler durch das Gebäudesystem ausgeglichen und die erforderlichen Werte eingehalten werden können.[35] Um die Umstellung zu erleichtern, wurde daher das Projekt der »Energie-Sparfüchsinnen« ins Leben gerufen. Mehrere, meist erwerbslose Anwohnerinnen wurden zu Energieberaterinnen ausgebildet. Sie bieten mittlerweile im ganzen

Quartier leicht verständliche Energieberatungen in jeweils mindestens zwei verschiedenen Sprachen in einer entspannten, nachbarschaftlichen Atmosphäre an. Diese Beratungen führten laut Christel Werb zu einem deutlich größeren Verständnis und einer höheren Akzeptanz des Energiekonzepts, als eine Schulung durch einen externen und im Haus unbekannten Experten dies hervorzurufen vermocht hätte.[36] Zudem bringt diese Initiative mit der von der FSB finanzierten Aufwandsentschädigung für die Beraterinnen eine zusätzliche Einkommensquelle.

Auswirkungen des Weiterbauens

Dass die baulichen Maßnahmen einen nachhaltigen Umgang mit der Gebäudesubstanz über den Weg der Energieeinsparung bedeuten, ist mess- und belegbar. Auch im architektonischen Umgang mit dem Vorhandenen, im Weiterbauen und zugleich Respektieren des Bestands in seiner räumlichen Struktur und Gestaltung kann das Projekt Binzengrün als Erfolg betrachtet werden. Schwieriger zu bewerten sind die Auswirkungen der Maßnahmen im Hinblick auf soziale Nachhaltigkeit. Die sozialen Strukturen im Quartier und im Gebäude zu stärken, war neben der energetischen und räumlichen Modernisierung ein erklärtes Ziel des Projekts. Damit wird vorausgesetzt, dass eben diese energetischen und räumlichen Maßnahmen entscheidenden Einfluss auf die Bewohnerinnen und Bewohner und deren Alltag haben. Jeder bauliche Eingriff und jedes architektonische Konzept werden daher auf ihre sozialen Auswirkungen bezogen.

Betont wird dabei vor allem der Vorteil der Kosteneinsparung durch das neue Energiekonzept, durch das die Kosten für die Modernisierung abgefangen werden. Das Halten der Mietpreise soll die soziale Verträglichkeit der Maßnahmen belegen. Inwiefern diese Aussage tatsächlich zutrifft, ist jedoch fraglich. Nach Aussage der Sozialarbeiterin wurde eine Mieterhöhung von insgesamt € 1,95/m² zur Refinanzierung der Modernisierungskosten erhoben. Diese wurde in drei Stufen eingeführt, um die Belastung für die Mieterinnen und Mieter so gering wie möglich zu halten[37], dennoch bedeutet dieser Betrag bei einem Mietspiegel von etwa € 5–6/m² in Weingarten (Stand 2011)[38] eine Erhöhung der Miete um bis zu 30 %.

Zudem konnten die umfassenden Baumaßnahmen nicht in bewohntem Zustand durchgeführt werden. Die FSB unterstützte die Bewohnerinnen und Bewohner durch ihr Umzugsmanagement und bot auch die Option, nach Ende der Arbeiten zurückzukehren. Dennoch wurde diese Möglichkeit von bereits ausgezogenen Mietparteien selten wahrgenommen. Laut Aussage der Sozialarbeiterin Christel Werb will vor allem die ältere Mieterschaft den Aufwand eines Umzugs nicht zweimal auf sich nehmen.[39] Daher wird das Projekt dem Anspruch, die bestehende Klientel zu halten und nicht zugunsten neuer Parteien zu verdrängen, nur teilweise gerecht.

Vor diesem Hintergrund müsste generell die Entscheidung für den Passivhausstandard in Frage gestellt werden. Die Ertüchtigung eines Bestandsgebäudes mit der hier vorhandenen Bausubstanz und den konstruktiv bedingten Kältebrücken zu einem Passivhaus stellt einen erheblichen Aufwand dar. Eine deutliche Verbesserung der Energiebilanz, jedoch ohne die strengen Vorgaben des Passivhausstandards zu erfüllen, wäre auch mit geringeren Mitteln möglich gewesen.[40] Durch diese Einsparung hätte eine Umlegung der Kosten auf die Miete möglicherweise minimiert werden oder sogar vollständig entfallen können.

Der Möglichkeit einer Umsetzung in bewohntem Zustand steht das zweite Konzept des Entwurfs entgegen, durch eine Erweiterung des Angebotes an Wohnungstypen eine Durchmischung verschiedener Mietparteien zu erreichen. Dieses Ziel wurde laut Christel Werb im Zusammenhang mit dem Konzept der »Wohnverwandtschaften« erfolgreich umgesetzt. Nach ihrer Erfahrung als Sozialarbeiterin des Quartiers ist neben der finanziellen Sicherheit durch Mietbindung und einem angemessenen Wohnungsstandard vor allem die Identifikation der Bewohnerinnen und Bewohner mit dem Gebäude maßgeblich für die Zufriedenheit und damit für die nachbarschaftlichen Verhältnisse und den pfleglichen Umgang mit gemeinschaftlich genutzten Bereichen. Wie sie selbst formuliert, trage es zu einem größeren Verantwortungsbewusstsein bei, »wenn man das Gefühl hat, dass es ein Privileg ist, hier zu wohnen« und zudem durch Bürgerbeteiligung in die Entscheidungsprozesse eingebunden gewesen zu sein.[41]

In diesem Sinn kann der Entwurf in seinem architektonischen Konzept der Weiterentwicklung und Differenzierung der räumlichen Struktur als erfolgreich betrachtet werden. Durch ein vielfältiges Angebot an verschiedenen Wohnungen war es möglich, auf individuelle Bedürfnisse und Ansprüche besser einzugehen und jeder Partei eine für sie passende Wohnung zur Verfügung zu stellen. Ein weiterer Vorteil lag in der Verknüpfung der Baumaßnahmen mit einer angemessenen sozialen Begleitung. Die erwartete positive Auswirkung auf die Sozialstruktur wurde nach Einschätzung der Sozialarbeiterin erreicht.[42]

Diese Einschätzung deckt sich mit dem Bericht des Forum Weingarten, der sich zusätzlich auf Umfragen stützt. Hier wird in Bezug auf Nachbarschaft und sozialen Zusammenhalt ein direkter Vergleich zwischen der Bugginger Straße 50 und dem noch nicht sanierten Hochhaus Krotzinger Straße 2 gezogen. Die festgestellte deutlich gestiegene Wohnzufriedenheit im sanierten Gebäude wird sowohl auf die »hohe Wohnqualität nach der Sanierung« und die im Zuge der Sanierung entstandene größere »Präsenz des Vermieters« durch einen Concierge-Service als auch auf »eine große Gruppe von aktiven, stabilisierenden MieterInnen, die sich (...) um eine gute Nachbarschaft und Begegnungsmöglichkeiten kümmern« zurückgeführt.[43]

Dem durch die notwendige Räumung des Gebäudes bedingten Verlust eines Teils der Mieterinnen und Mieter muss also die insgesamt verbesserte Verfügbarkeit von Wohnraum durch

den Eingriff gegenübergestellt werden. Vor allem die neu geschaffene Barrierefreiheit gewährleistet eine Nutzbarkeit der Wohnungen für alle Bewohnerinnen und Bewohner und damit die mögliche Integration von Personen, die ansonsten aufgrund finanzieller oder körperlicher Einschränkungen ihren Wohnort hätten wechseln müssen. Durch die Begleitung der Neubelegung konnten gerade solche Personen außerdem besser in Nachbarschaften und nachbarschaftliche Hilfe eingebunden werden. Die neue, idealerweise partizipativ entwickelten Gestaltung in Verbindung mit dem Alleinstellungsmerkmal des Gebäudes, das weltweit erste Passiv-Hochhaus zu sein, führen zu Identifikation und Wohnzufriedenheit.

Insgesamt zeigt das Projekt also, dass das Weiterbauen im Wohnungsbestand neben einem nachhaltigen Umgang mit Bausubstanz, historischer Gestaltung und energetischen Ressourcen die Nachhaltigkeit sozialer Strukturen nicht nur beeinflussen kann, sondern sogar zwangsläufig zum Ziel haben muss. Bauliche Veränderung führt zu einem Wandel innerhalb der Bewohnerschaft und beeinflusst deren Verhalten. Dies kann positive Effekte haben, vor allem wenn bauliche Maßnahmen konsequent mit sozialen Konzepten abgestimmt werden. Wichtig scheint hierbei gerade im Vergleich der beiden Projekte Bugginger Straße und Binzengrün auch die Vermittlung von Gestaltungskonzepten. Nach Einschätzung Christel Werbs wird die Fassadengestaltung der Bugginger Straße deutlich besser von den Bewohnerinnen und Bewohnern angenommen.

Diese geht jedoch deutlich weniger auf die bauzeitliche Fassadengliederung und -gestaltung ein als das durch die siedlungswerkstatt entwickelte Konzept. Die für das Binzengrün 9 gewählte Gestaltung erhielt 2014 die Hugo-Häring-Auszeichnung des Bund Deutscher Architekten BDA Baden-Württemberg.[44] Das Preisgericht hob die »Kombination aus Strukturelementen, die aus dem Bestand heraus entwickelt sind«[45] als positiven und respektvollen Umgang mit der Bausubstanz sowie mit der Gestaltung des Bestands hervor. Im

Hinblick auf die durch Werb geäußerte Kritik reicht für ein erfolgreiches Weiterbauen auch im Sinne der Bewohnerinnen und Bewohner ein durchdachtes Gestaltungskonzept nicht aus. Eine verbesserte Veranschaulichung der Eingriffe sowie der bauhistorischen Bedeutung und gestalterischen Qualitäten des Entwurfs wäre in diesem Fall also angebracht, um die Akzeptanz und die Identifikation der Mieterinnen und Mieter mit dem Gebäude zu stärken.

Abgesehen von den technischen und ästhetischen Aspekten des Weiterbauens zeigte sich allen Akteurinnen und Akteuren innerhalb dieses Umgestaltungsprozesses in Weingarten also auch, wie bedeutsam darüber hinaus das Einbeziehen der Bewohnerinnen und Bewohner in den Prozess ist. Gerade im Hinblick auf den täglichen Gebrauch, sprich ein adäquates Nutzungsverhalten im Passivhaus und eine Achtsamkeit gegenüber der Bausubstanz, ist nur mit ihnen die Sanierung erfolgreich und nachhaltig gelungen. Damit erweisen die weiterbauenden Maßnahmen in Freiburg-Weingarten die hohe Bedeutung der Beteiligung und des Mitspracherechts. Um die in den vorbereitenden Untersuchungen erkannten Probleme zu lösen, mussten sowohl architektonische als auch soziale Konzepte im Konsens mit den Betroffenen und im Hinblick auf deren Bedürfnisse geplant und umgesetzt werden. Planerinnen und Planer sollten sich dieser Verantwortung bewusst sein und soziale Auswirkungen in ihre Überlegungen zu räumlichen, strukturellen und bau- und kunsthistorischen Qualitäten einbeziehen.

Generell kann die Sanierung des Binzengrün 9 zusammen mit der gesamten Quartierserneuerung Weingarten-West als Beispiel für erfolgreiches Weiterbauen gesehen werden, da in vielen Bereichen spürbare Verbesserungen erreicht wurden. Die Projekte können damit nicht nur im Hinblick auf Gebäudetechnik und Gestaltung, sondern auch auf soziale Nachhaltigkeit als beispielhaft gelten. Da der zwischen 1950 und 1970 entstandene Wohnungsbestand in Deutschland häufig ähnliche bauliche, energetische und soziale Mängel aufweist,[46] sind weitere Projekte des Weiterbauens in diesem Bereich sehr wahrscheinlich. Diese können aus den Erfahrungen der in Freiburg angewendeten Konzepte auf dem Weg zu einem guten Weiterbauen in jedem Fall profitieren.

1   Prognos 2017, 8.
2   Von insgesamt 40,1 Mio. Wohnungen in Deutschland wurden 16,7 Mio. zwischen 1949 und 1978 errichtet. Stand 2018. Destatis 2019.
3   Grunze 2017, 34.
4   Vgl. aus dem Online-Bericht 04/2011 des Deutschen Instituts für Urbanistik: Gentrifizierung ist ein »Wechsel von einer statusniedrigeren zu einer statushöheren (finanzkräftigeren) Bewohnerschaft, der oft mit einer baulichen Aufwertung, Veränderungen der Eigentümerstruktur und steigenden Mietpreisen einhergeht.« DIFU 2011.
5   Gesprächspartner seitens des Konstanzer Planungsbüros siedlungswerkstatt waren Geschäftsführer Jochen Czabaun und Projektarchitektin Jutta Dürr, die das Projekt in Zusammenarbeit mit der Ingenieurgruppe Bauen (Tragwerksplanung) und dem Ingenieurbüro Stahl+Weiß (Bau-

physik und Brandschutzkonzept) realisierten. Ein weiteres Gespräch wurde mit Sozialarbeiterin Christel Werb geführt, die als Mitarbeiterin des Forum Weingarten e.V. für das gesamte Quartier zuständig ist und durch ihre Arbeit auch eine Einschätzung zur Sicht der Mieterinnen und Mieter geben kann. Zudem fand ein schriftlicher Austausch mit der Projektleiterin der Freiburger Stadtbau GmbH (FSB), der Architektin Renate Bräu, statt.
6   Uhlendahl 2014.
7   Freiburg 2007.
8   Bräu 2012, 3.
9   Laut Darstellung des Bundesinstituts für Bau-, Stadt- und Raumforschung, auf der Website des Bundesministeriums des Innern, für Bau und Heimat (BBSR 2018).
10 Bräu 2012, 23.
11 Bräu 2012, 3–5.
12 Uhlendal 2014, 38 [Hervorhebung im Original].

13   Uhlendal 2014, 28–29.
14   Uhlendal 2014, 32–34.
15   Uhlendal 2014, 13.
16   Freiburg 2007, 5.
17   Freiburg 2007, 14.
18   Freiburg 2007, 29.
19   Freiburg 2007, 12 u. 30.
20   Uhlendal 2014, 22.
21   Interview Werb 2018.
22   Freiburg 2007, 29.
23   Freiburg 2007, 31.
24   Interview Bräu 2018.
25   Interview Czabaun 2018.
26   Bräu 2012, 21.
27   § 171e Abs. 4 BauGB.
28   Ebd.
29   Interview Werb 2018.

30   Interview Czabaun 2018.
31   Interview Bräu 2018.
32   Forum Weingarten 2014, 7 u. 15.
33   Forum Weingarten 2014, 3 u. 22.
34   Interview Werb 2018.
35   Interview Czabaun 2018.
36   Interview Werb 2018.
37   Ebd.
38   Amt für Liegenschaften und Wohnungswesen 2011.
39   Ebd.
40   Interview Czabaun 2018.
41   Ebd.
42   Ebd.
43   Forum Weingarten o.J., 12.
44   siedlungswerkstatt 2012.
45   Preisgericht BDA 2014.
46   BMWi 2014, 7.

Amt für Liegenschaften und Wohnungswesen 2011
Amt für Liegenschaften und Wohnungswesen, Stadt Freiburg, Mietspiegel 2011–2012, Freiburg im Breisgau 2011.

BauGB
Baugesetzbuch in der Fassung der Bekanntmachung vom 3. November 2017 (BGBl. I S. 3634), Beck-Texte (München 2017).

BBSR 2018
Bundesinstitut für Bau-, Stadt- und Raumforschung (Hg.): Soziale Stadt. 2018, https://www.staedtebaufoerderung.info/StBauF/DE/Programm/SozialeStadt/soziale_stadt_node.html (7.8.2020).

BMWi 2014
Bundesministerium für Wirtschaft und Energie, Sanierungsbedarf im Gebäudebestand (Berlin 2014).

Bräu 2012
R. Bräu: Energetische Sanierung von 60er-Jahre-Hochhäusern in Freiburg-Weingarten (Freiburg i. Br. 2012).

Destatis 2019
Statistisches Bundesamt: Destatis – Wohnungen nach Baujahr und Bundesländern 2018, https://www.destatis.de/DE/Themen/Gesellschaft-Umwelt/Wohnen/Tabellen/wohneinheiten-nach-baujahr.html (5.2.2019).

DIFU 2011
Deutsches Institut für Urbanistik: Difu-Bericht, Nr. 4/2011 – Was ist eigentlich Gentrifizierung?, https://difu.de/publikationen/difu-berichte-42011/was-ist-eigentlich-gentrifizierung.html (7.8.2020).

Forum Weingarten 2014
Forum Weingarten e.V.: Jahresbericht 2013. Freiburg im

Breisgau, 2014, http://forum-weingarten.de/images/pdf/Jahresbericht_komplett.pdf (21.9.2018).

Forum Weingarten o.J.
Forum Weingarten e.V. (Hg.): Soziale Situation und Entwicklung in Weingarten – eine Einschätzung (Freiburg i. Br. o.J.), http://forum-weingarten.de/images/pdf/Soziale-Situation-in-Weingarten.pdf (21.9.2018).

Freiburg 2007
Stadt Freiburg im Breisgau (Hg.): Vorbereitende Untersuchungen. Freiburg im Breisgau. Weingarten – West. Soziale Stadt, Freiburg i. Br., im Juni 2007, https://www.freiburg.de/pb/site/Freiburg/get/params_E1317547852/344856/WW_vorbereitende_Untersuchung.pdf (7.8.2020).

Grunze 2017
N. Grunze: Ostdeutsche Großwohnsiedlungen – Entwicklung und Perspektiven (Wiesbaden 2017).

Preisgericht BDA 2014
Preisgericht BDA Kreisgruppe Freiburg/Breisgau Hochschwarzwald: Beispielhaftes Bauen in der Stadt Freiburg, competitionline, 17.9.2014, https://www.competitionline.com/de/projekte/55919/per/post/93021 (7.8.2020).

Prognos 2017
Prognos AG – Europäisches Zentrum für Wirtschaftsforschung und Strategieberatung: Wohnraumbedarf in Deutschland und den regionalen Wohnungsmärkten, Stuttgart/Freiburg, 31.5.2017, https://www.prognos.com/uploads/tx_atwpubdb/Prognos_Studie_Wohnungsbautag_2017.pdf (7.8.2020).

siedlungswerkstatt 2012
siedlungswerkstatt Entwicklungsgesellschaft mbH (Hg.):

Hochhaussanierung »Binzengrün« in Freiburg, https://www.
siedlungswerkstatt.de → projekte → Hochhaus Binzengrün |
Freiburg 2012 (7.8.2020).

Uhlendahl 2014
T. Uhlendahl (Hg.): Das Image von Freiburg Weingarten: Innen-
und Außensicht des Stadtteils im Kontext des Programms
›Soziale Stadt‹ (Freiburg i. Br. 2014).

Interviews

Interview Czabaun 2018
Jochen Czabaun, Architekt, Geschäftsführer der siedlungswerkstatt, Gespräch geführt durch Yanna Kaiser, Konstanz,
20.8.2018, Wortprotokoll liegt der Autorin vor.

Interview Bräu 2018
Renate Bräu, Projektleiterin der FSB, schriftlicher Austausch
mit Yanna Kaiser, Cottbus/Freiburg, 10.9.2018, Wortprotokoll
liegt der Autorin vor.

Interview Werb 2018
Christel Werb, Dipl. Sozialarbeiterin des Forum Weingarten
e.V., Gespräch geführt durch Yanna Kaiser, Freiburg, 31.8.2018,
Wortprotokoll liegt der Autorin vor.

Abbildungsnachweis

1   Freiburger Stadtbau GmbH: Historischer Rückblick.
    Freiburg i. Br. o.J. https://www.freiburger-stadtbau.de/
    fsb-verbund/historischer-rueckblick.
2–5 Siedlungswerkstatt Entwicklungsgesellschaft mbH
    (bearbeitet durch Yanna Kaiser).
6   Siedlungswerkstatt Entwicklungsgesellschaft mbH, Foto:
    Jutta Dürr, 2011 (li), Markus Löffelhardt, 2012 (re).

Adaptive Reuse of Industrial Heritage
A Participatory and Interdisciplinary Approach to the Alte Segeltuchfabrik Max Lehmann in Cottbus

Verónica Rosales Mitte

Shifts in public understanding of heritage depend on the interaction between the public sector and the local community, who recognise heritage and share the responsibilities it entails.[1] This interaction, defined as ‹governance› by Paproski,[2] suggests the powerful role that civil society plays in the management and conservation of urban heritage. When the meaning of «selected ‹heritage assets› – be they individual buildings, groupings or districts»[3] varies among the members of groups within the community, an integrated and layered approach to managing these assets results that is complex but necessary.

The Open Method of Coordination (OMC) Working Group of Member States' Experts of the European Union's 2018 report on *Participatory Governance of Cultural Heritage* identifies «innovative approaches to the multilevel governance of tangible, intangible and digital heritage which involve the public sector, private stakeholders and the civil society».[4] The report also acknowledges the importance of interdisciplinary and participatory approaches to the conservation and management of heritage. In contrast to the traditional top-down approach – from the authorities to the public –, participatory governance of cultural heritage builds upon inputs originating from the interests and needs of the community, the heritage assets, the public sector, and experts, facilitating communication and cooperation among these actors.[5]

When translating this notion into practice, a complicated dynamic arises among the diverse perspectives and aspirations represented by different sectors of the community.[6] How can a participatory approach reconcile the diversity of values associated with a heritage monument? In what way can the fulfilment of the different interests convey and preserve these values?

The aim of this chapter is to present the potential of a participatory approach as a mechanism to reconcile diverse interests in the creation of a strategic-spatial concept for an urban intervention within a monument-protected area, using an industrial complex as the case study. Built in the late 19th century, the Segeltuchfabrik Max Lehmann complex in Cottbus is one of the few remaining examples of a textile factory in a city that once thrived thanks to the textile industry. A planned redevelopment of the factory building and its adjacent area led to a discussion among citizens, authorities, and the owner of the site, each of them having different views on the site's significance and opportunities. The project presented the opportunity to bring together the different actors involved in the current discussion and to redefine the value of the monument through public debate within an academic context.

This descriptive case study examines the context, processes, and contributions of an interdisciplinary academic project aimed at developing a strategic-spatial concept proposal for an urban redevelopment project, where the interests of the different stakeholders as well as the monumental value of the site were taken as guiding principles. The historic, cultural, and built context of the case study is first established, followed by a description of the processes behind the project as a participatory exercise, including the challenges and opportunities that arose.

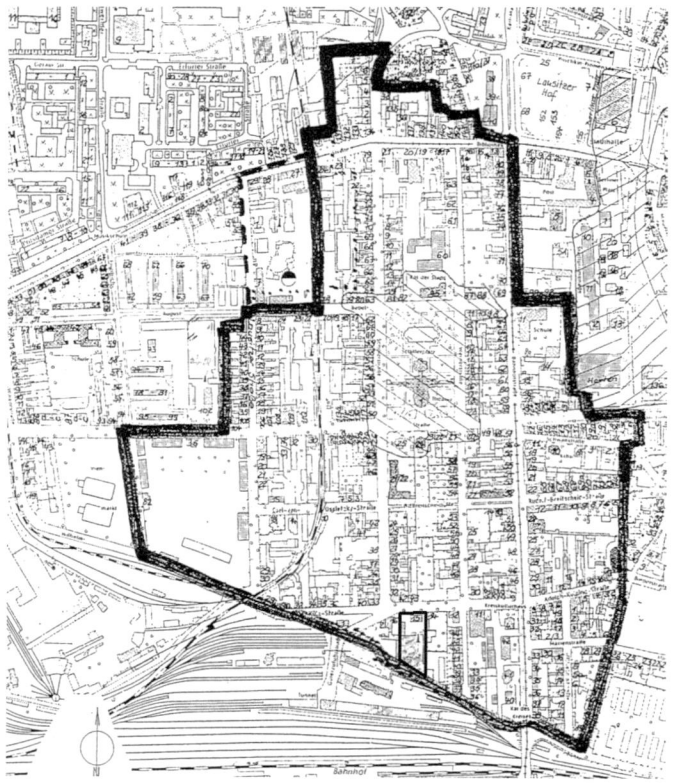

1   Map to the charter area Cottbus «Western city expansion 1870–1914».

2   Location of the complex within the area layout in 1891.

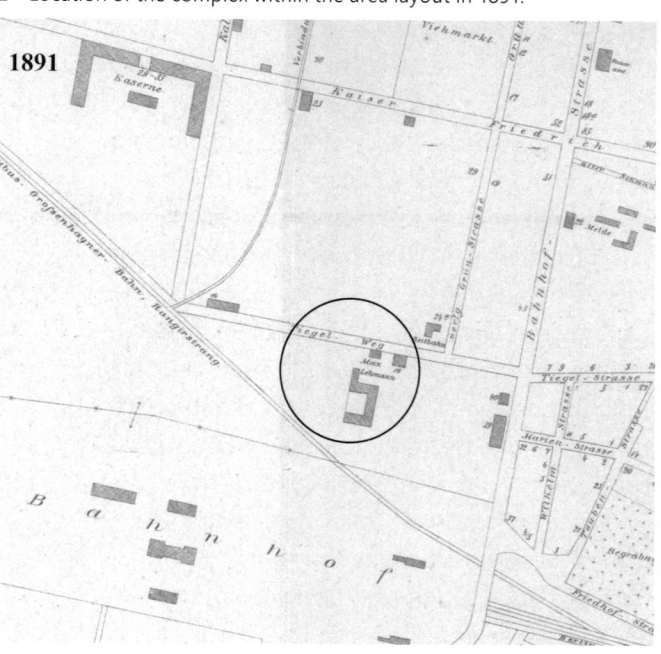

Historical Background and Context

The Textile Industry in the Regional and Local Context

Favoured by the advantageous location of the waters of the rivers Spree and Neiße, the textile industry and energy production were the economic pillars of the Lower Lusatia region for more than a century. The textile industry developed mainly within the so-called ‹industrial triangle› formed by Cottbus, Forst, and Spremberg, where the textile industry (*Tuchindustrie*) has its roots, developing into one of the largest cloth-making districts in Europe. In addition to lignite, the production, processing, and refinement of yarn represented the most important source of income for tens of thousands of people.[7]

By the 18th century Cottbus was an important trading centre with connections to the North and Baltic seas. At the beginning of the 19th century, the growing mechanisation of the textile industry set the pace of the industrial revolution in Lusatia. The clothes trading business brought a rise in income and jobs in the city, with consequent benefits for two other industries: accommodation for the drivers of wagons and car repair. Another consequence was an increase in the number of inhabitants: in 1765 the city's population was 3,247, but within 21 years the population increased by 25 %. Most of this population was dedicated to occupations related to the textile industry. Among the 1,800 people making up the workforce in 1765, there were masters, journeymen, apprentices, and wool spinners. Cottbus was a cloth-maker's city.[8]

The population increased from 8,127 inhabitants in 1840 to 13,378 in 1867. Most of the workers in the city came from the surrounding areas of Sandow, Ostrow, Ströbitz, and Brunschwig. The city's growth was directly linked to the textile industry, which provided an impulse for the development of the city becoming a significant industrial city within a few decades. By 1870 social security was provided for around 900 journeymen and around 1,100 workers.[9] At the beginning of the 20th century the city counted nearly 50,000 inhabitants, 40 % of whom were employed in the textile industry.[10]

Above all, the textile industry made Cottbus famous beyond the borders of Germany as the quality of its products was widely known and in great demand.[11] However, globalisation had an important impact on this industry in Germany,[12] with the devastating collapse of the entire textile industry in the region after 1990 when German reunification exposed the industry in the East to global markets.

Architectural and Urban Context

Included in the Brandenburg State Register of Monumental Ensembles under ‹Western City Expansion (1870–1914)› (figs. 1, 2 and 3) and located in proximity to several protected monuments of architectural and historical value, the Segeltuchfabrik Max Lehmann complex in Cottbus is a significant component of the city's monument area[13] where around 400 buildings of richly diverse architectural styles (*Jugendstil*, historicism, and *Reformarchitektur*) were built in this period.[14] The Max Lehmann Segeltuchfabrik «is the last industrial complex within the monument area to still preserve all its production buildings».[15]

Consisting of a multi-storey factory building, production halls, a boiler house, and a chimney (a notable landmark in the monument area), the historical and architectural significance of this late 19th-century ensemble arises from the industrial character of the construction visible in the arrangement and structure of the complex. The complex still preserves the external appearance of a factory building from the turn of the century, as well as the material and historical substance of its externally visible components characterised by yellow brick material (figs. 4 and 5).[16]

Redevelopment Plans

The former Segeltuchfabrik facilities are currently partly used by a stationery store, but the poorly

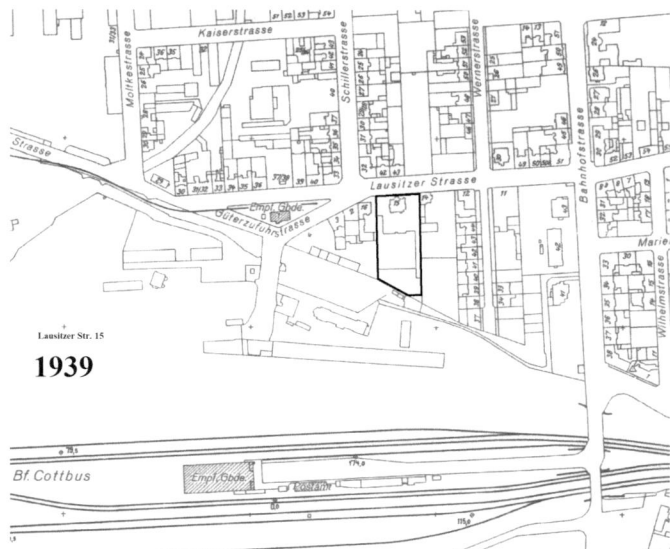
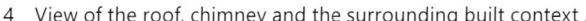

3   Location of the complex within the area layout in 1939.

4   View of the roof, chimney and the surrounding built context .

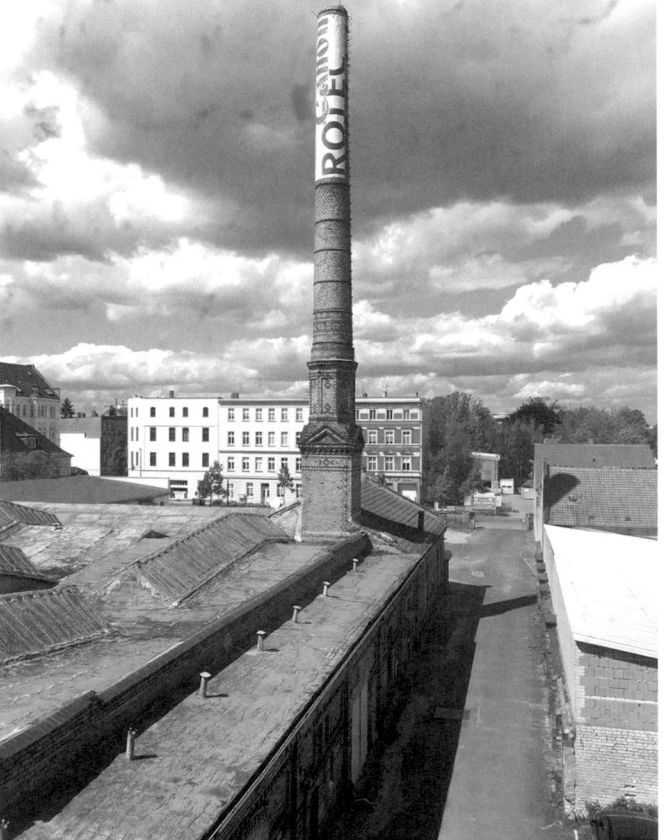

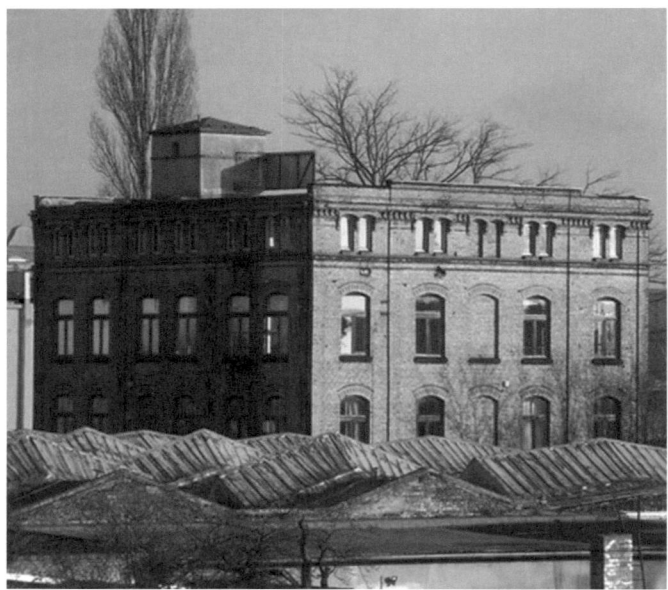

5   View of the multi-storey building and the roof of the production halls.

adapted building conditions do not create a comfortable working space given the lack of proper natural lighting and ventilation. The abandoned spaces of the complex present technical problems such as non-functioning rainwater drainage and canalisation, humidity, leaking roofs, insufficient or non-existent fire protection, and a flooded basement area.[17] However, a preliminary assessment by the Federal State Authority for Monument Protection has determined that the overall structure of the complex is in good condition, as a building constructed for industrial purposes that was designed to withstand the impact of heavy machinery.[18]

The overall layout of the complex, as well as the material and substance of its externally visible architectural components, remains mostly unchanged, which contributes to understanding the identity of the complex and its relationship with its urban context. The area adjacent to the complex (fig. 6) is planned to be re-developed by a private investor to generate revenue and to improve quality of life,[19] «strengthening the inner-city residential and service structure».[20] The planned redevelopment of the area, which is connected to the main Cottbus train station tunnel, contemplates the construction of a nursing home with assisted-living facilities and other residential buildings, which would increase the population density in the area and thus the economic feasibility of the project.[21] Figure 7 presents the first project presented by the developer, which contemplated the demolition of the factory building.

The lack of an appropriate public consultation process on the part of the developers in the early stages of the project motivated residents in the area to promote a more sensible and participatory intervention that is also respectful of the history and character of the area. In 2018 residents of the ‹Western Urban Expansion› area founded the registered association *Bürgerinitiative ‹Alte Segeltuchfabrik› e.V.* This citizens initiative is committed to preserving the old factory building, ensuring that citizens' interests and principles are taken into account at a city representative level, and sharing information related to the project.[22]

The official development plan contemplates the demolition of the old factory building, but this request has been withdrawn due to the reservations expressed by the pertinent State authority and responses to public consultations promoted by the citizens initiative.[23] The development plan has not yet been approved and is currently under revision and a second public consultation phase is in place. There is no clear indication of intention from the city authorities about the enforced preservation of the building, since its protection depends on the monument area where it is located rather than as a single listed monument. This position contradicts the stance of the monument protection authority, which considers the building an «essential component of the monument area»[24] and the monument area protection is enough to prevent its demolition.[25]

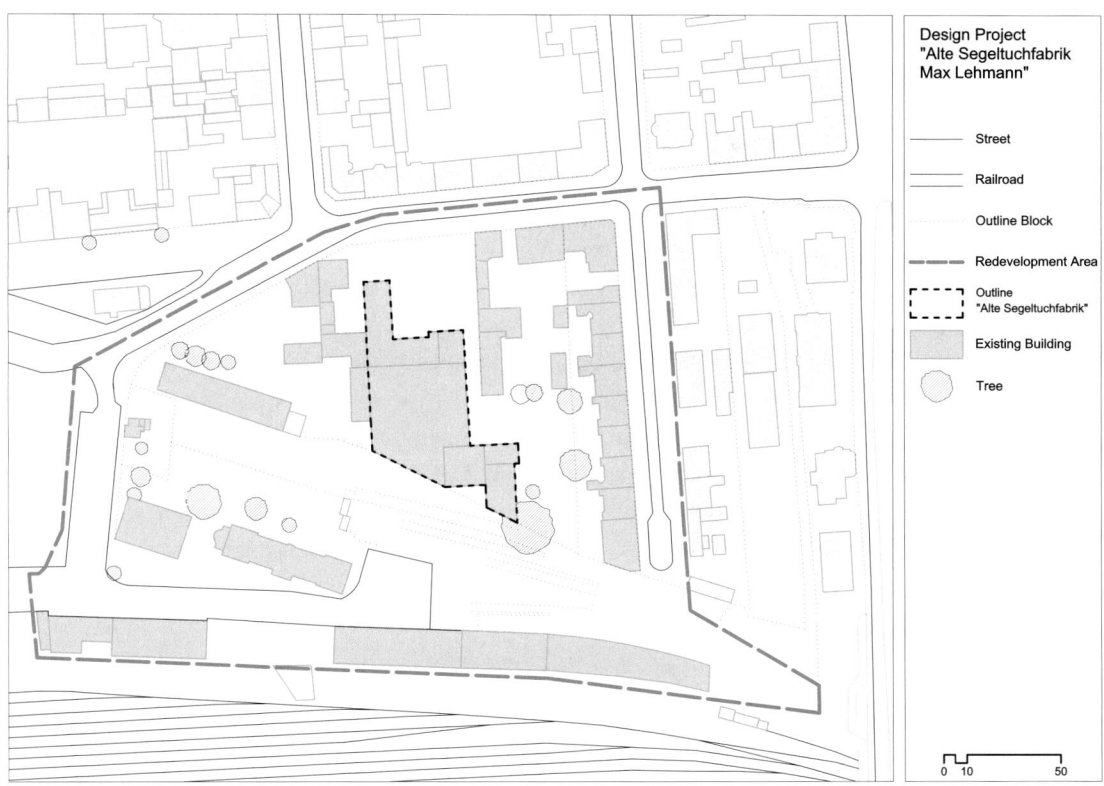

6   Current state of the redevelopment area.

7   Redevelopment plan proposal.

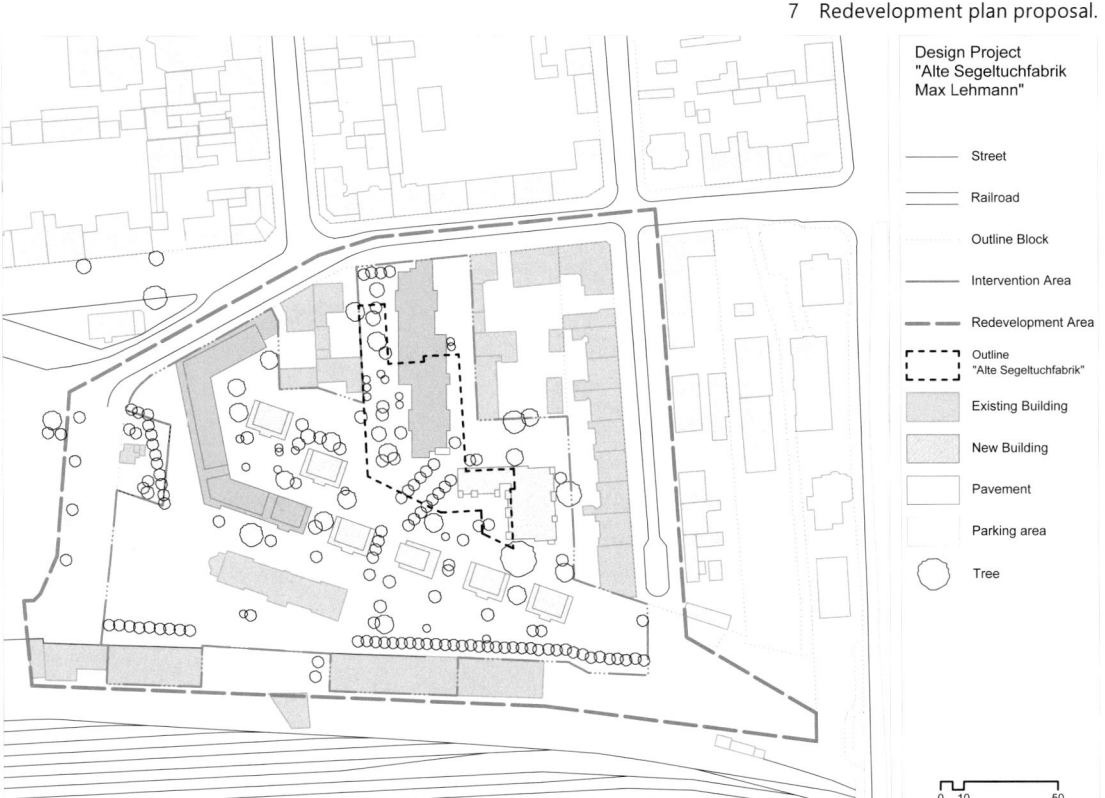

A Participatory Approach for Heritage Conservation

Design and Study Project Segeltuchfabrik Max Lehmann

In its attempt to «creatively and knowledgeably stand for their historical and cultural heritage»[26] members of the citizens' initiative approached the Brandenburg University of Technology Cottbus-Senftenberg and its Faculty of Architecture, Civil Engineering, and Urban Planning to jointly develop a proposal for a strategic-spatial concept that reconciles the needs and interests of all parties involved while enhancing the urban, architectural, and historical identity of the site.

Although the neighbours «welcome the redesign of the area»[27] and some aspects of the proposal,[28] together with the monument protection specialists they oppose the demolition of the historic structures. Instead they promote the preservation and «conversion of the existing buildings»[29] and the development of the «partially fallow surrounding area»[30] through «strategic-spatial concepts, which incorporate the existing structures and supplement them with new buildings to develop a neighbourhood with an urban identity»[31] while creating an adequate entrance to the inner city in front of the new station tunnel.

This was the task assigned to an interdisciplinary and internationally diverse group of students from a number of study programmes (Heritage Conservation and Site Management; Architecture, City and Regional Planning; and World Heritage Studies), under the guidance of experienced lecturers who are specialists in areas such as planning in post-industrial landscapes and strategic management processes for cultural heritage. Between April and July 2019 eleven groups of students worked on in-depth design proposals that started with the research and analysis of case studies of reuse of abandoned post-industrial buildings in inner cities, followed by a design project proposal including the analysis of the site, the development of a strategic-spatial concept/idea, and a final in-depth urban/ architectural design proposal. The monument conservation and management component of the exercise contemplated a description and mapped documentation of heritage significance, a set of recommendations for both the urban and architectural development of the area, and a review of the final design developed by each team with a justification of its appropriateness in heritage terms, including a justification of compromises to the heritage substance needed in view of other priorities.[32]

The group was introduced to the site through sightseeing around the area guided by the lecturers and a site visit to the complex led by the site owner himself. Introductory conversations within the academic environment took place with a representative from the state monument protection authority, members of the citizens initiative, and the owner and promoter of the redevelopment project, who presented their interests, concerns, willingness to compromise, and their own proposals.

As an intended participatory approach, the project structure also contemplated the socialisation of the process and the results. For this, the representatives of the citizens initiative took part in a mid-term presentation where the groups presented their progress in the design project, including site analysis and their ideas for the strategic-spatial concept. The neighbours in turn provided feedback and comments as additional input for the final presentation of detailed urban/architectural design proposals. The exercise concluded with the presentation of eleven comprehensive proposals that elaborated on the urban, architectural, and heritage components of the case based on the reconciliation of interests, mediation of conflicts, and enhancement of the heritage identity of the site as guiding principles.

All proposals presented an adaptive reuse approach for the former factory facilities: preserving the existing buildings and adapting them to pertinent uses together with planned extensions and expansions. A direct connection between the train station and the city through this area is proposed as an entrance to the inner city.[33]

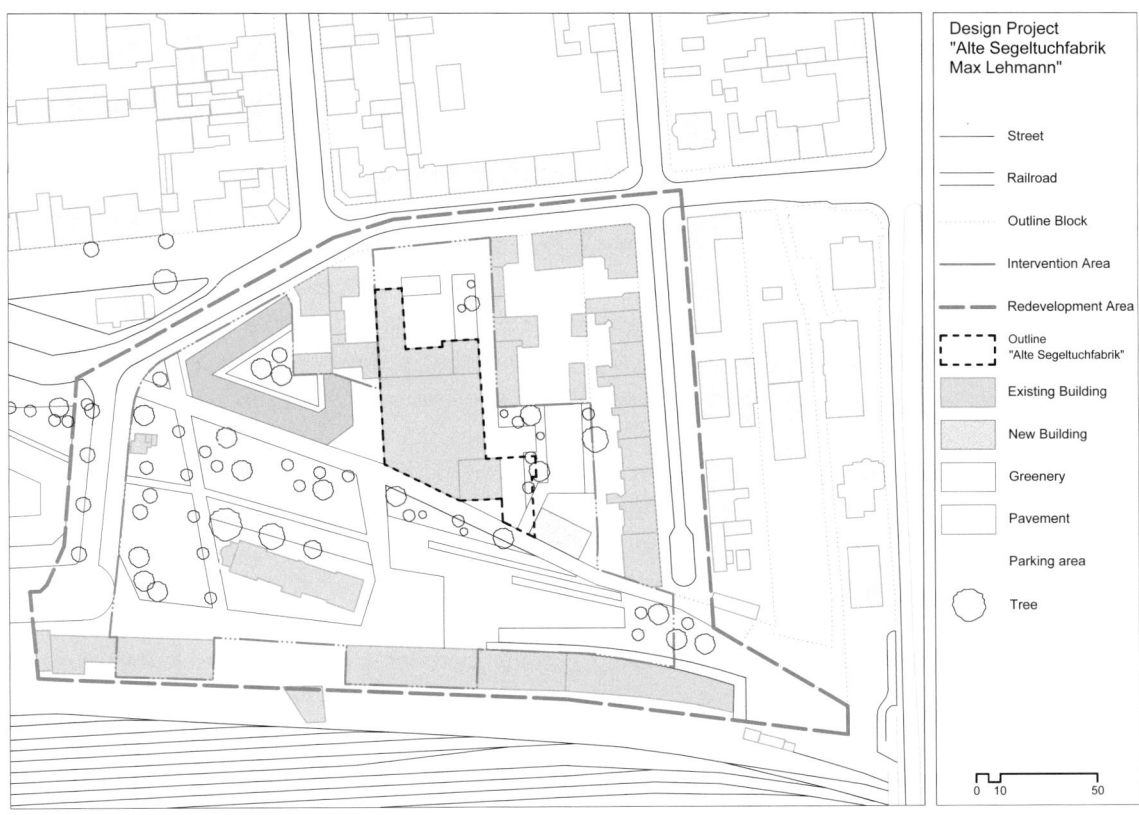

Design Project
"Alte Segeltuchfabrik
Max Lehmann"

———— Street

═════ Railroad

·········· Outline Block

———— Intervention Area

— — — Redevelopment Area

⌐ ¬ Outline
└ ┘ "Alte Segeltuchfabrik"

▓ Existing Building

▒ New Building

☐ Greenery

☐ Pavement

☐ Parking area

◯ Tree

0   10   50

8   Example of student proposal. Master Plan contemplating the conservation of the industrial complex
and combining it with mixed uses.

Residential and commercial infrastructure was also proposed in all cases, based on a concept close to what Clemmensen et al. refer to as «a porosity of uses and activities», «allowing different functions and interests to coexist».[34] Figure 8 shows an example of one of these proposals.

Conflict of Interests

The opinions, interests, and concerns of each sector have been compiled from the discussions among stakeholders and their contributions to the participatory exercise. The roles of the actors involved in the debate were organised according to the sector they represent as shown below.

The private sector is represented by the owner and the appointed project architect and project official, who seek to redevelop an underused site by providing it with residential facilities for senior citizens while pursuing financial revenue and project sustainability. Their assessment of the poor state of conservation of the building, as well as the incompatibility of the characteristics of the building with the intended uses, make a business case against the financial investment required for the preservation of the building.

The public sector is represented by the State Monument Protection Office and the city council. The first considers the monument as of local, economic, and architectural significance. Given its location and relevance within the monument area it is protected from demolition as well as from changes in structure layout, historic material substance, and external appearance. Extension is preferred over renovation. On the other hand, there is no clear position from the city council regarding the demolition plans, which if accepted would be contradictory to the monument protected area protection statute and result in a veto by the state authority.

Members of the citizens' initiative play an active role as civil society actors, raising their concerns about the intended demolition and expressing discomfort due to the lack of public consultation in the project. For them the building represents a landmark in the area, but also a piece of the history of the city that can still be understood through its existing components. Although they are committed to the protection of the industrial complex from demolition and the transmission of its heritage value, they do not intend to keep it static as a museum piece. They consider that this project provides the opportunity for citizens and authorities to take part in a participatory decision-making process, while the building itself has the potential to adapt to new needs while preserving its significant components. They promote public consultation and participation, and they seek to raise awareness and secure transparency in sharing information. They disagree with the character and flaws of the new proposal but welcome a participatory and sensible intervention.

The university promotes a comprehensive and participatory design process oriented towards a holistic development of the urban, architectural, cultural, and social components. The academic exercise provided the scenario for public discussion and interaction among stakeholders. The formulation of proposals was intended to reconcile the diversity of interests and convey the values attached to the monument.

Conclusions

The underlying cause of conflict in this project originated not from the lack of understanding among the stakeholders, but rather from the lack of public consultation in the first stages of the planning process. An earlier public engagement and clear definition of roles and responsibilities among stakeholders in the context of governance of cultural heritage should be secured through administrative mechanisms.[35]

The academic exercise presented in this chapter proved that private interests could be reconciled with the conservation and reuse of heritage. While providing a space for public participation and discussion among stakeholders for reconciling their interests, the study project also encouraged a consideration of history and the redefinition of the value of the building in public debate. The final proposals show that the engagement of all actors in the initial phases of planning is a more democratic approach to reach consensus. The value and appraisal of industrial heritage in this case was the tool that allowed the engagement of the actors and the promotion of dialogue among the parties, but also this heritage functions as a resource, adding value to the planned urban landscape, not a burden. The adaptive reuse approaches presented in this project show how resilient historic buildings can be in adapting to change and how they can sacrifice some of their authentic features in order to adapt to current needs and to gain new ones. This characteristic is a decisive factor for the survival of such structures.[36]

The added value of this participatory strategy lies in the contributions received from the stakeholders throughout the process. This approach provides «site-specific knowledge»[37] about the case, ensuring that the individual interests of the actors involved are «made available as a source».[38] Not only does it provide valuable inputs to the design process itself, but it is also relevant for future developments in the discussion within the context of the intervention plan and decision-making in relation to heritage management.

1   Ripp / Rodwell 2016.
2   Paproski 1993, as cited in Ripp / Rodwell 2016.
3   Ripp / Rodwell 2016
4   European Union 2018, 7.
5   European Union 2018, 7.
6   Crooke 2010.
7   Bayerl 2011.
8   Bayerl 2011.
9   Bayerl 2011.
10 Raach 2010.
11 Christl et al. 1994.
12 Industrie.Kultur.Ost n.d.
13 Cottbus 2006.
14 BTU 2019.
15 Kompalla 2018.
16 Statement by C. Schulenburg, Fachreferentin in der Bau- und Kunstdenkmalpflege des Brandenburgischen Landesamtes für Denkmalpflege during the study project 2019.
17 Statement by H. Rauer, the owner of the Segeltuchfabrik complex, during the BTU study project 2019.
18 Bürgerinitiative 2019.
19 Statement by H. Rauer during the BTU study project 2019.
20 Kompalla 2018.
21 Bürgerinitiative 2019.
22 Kompalla 2019; Bürgerinitiative 2019.
23 Bürgerinitiative 2019
24 Statement by C. Schulenburg during the study project 2019.
25 Bürgerinitiative 2019.
26 Bürgerinitiative n.d.
27 Bürgerinitiative n.d.
28 Kompalla 2018.
29 Kompalla 2018.
30 BTU 2019
31 BTU 2019.
32 BTU 2019.
33 Bürgerinitiative n.d.
34 Clemmensen et al. 2010, as cited in Swensen / Stenbro 2013.
35 Plevoets / Van Cleempoel 2011, 155-164.
36 Swensen / Stenbro 2013.
37 Swensen / Stenbro 2013
38 Flyvbjerg 2006; Fog 1999; Chase 2005, as cited in Swensen / Stenbro 2013.

Bayerl 2011
G. Bayerl: Peripherie als Schicksal und Chance. Studien zur neueren Geschichte der Niederlausitz (Münster 2011).

BTU 2019
BTU Cottbus-Senftenberg: Entwurfsprojekt + Study project Segeltuchfabrik Max Lehmann. Summer Semester 2019, https://www.b-tu.de/fg-industriefolgelandschaften/lehre/archiv/entwuerfe (1.9.2020).

Bürgerinitiative 2019
Bürgerinitiative «Alte Segeltuchfabrik» e.V.: Presentation for the BTU Entwurfsprojekt + Study project Segeltuchfabrik Max Lehmann, Summer Semester, Cottbus 2019 [Presentation and Q&A session, Unpublished notes by the author].

Bürgerinitiative n.d.
Bürgerinitiative «Alte Segeltuchfabrik» e.V., https://bi-asfcottbus.jimdofree.com/ (12.3.2020).

Christl et al. 1994
A. Christl et al.: Geschichte der Stadt Cottbus (Cottbus 1994).

Cottbus 2006
City of Cottbus: Satzung zum Schutz des Denkmalbereiches «Westliche Stadterweiterung (1870–1914)», Amtsblätter der Stadt Cottbus, 22. April 2006, 3–6, https://www.cottbus.de/.files/storage/file/946eede7-4e72-48a6-b122-cc81ee5ff7cd/Amtsblatt_1-14_Int.pdf (21.5.2019).

Crooke 2010
E. Crooke: The politics of community heritage: motivations, authority and control. International Journal of Heritage Studies, 12 02, 16 (1–2), 2010, 16–29.

European Union 2018
European Union, 2018. Participatory Governance of Cultural Heritage. Report of the OMC (Open Method of Coordination) Working Group of Member States' Experts (Luxembourg 2018).

Industrie.Kultur.Ost n.d.
Industrie.Kultur.Ost: Textilindustrie, https://www.industrie-kultur-ost.de/ruinen-datenbank/textilindustrie/ (4.7.2019).

Kompalla 2018
P. Kompalla: Widerstand gegen Fabrik-Abriss, Lausitzer Rundschau, 25.10.2018, https://www.lr-online.de/lausitz/cottbus/cottbus-widerstand-gegen-fabrik-abriss-38046530.html (4.7.2019).

Kompalla 2019
P. Kompalla: Gemeinsam einen Weg finden. Annäherung für ein altes Gebäude. Erstes Gespräch zwischen Investor und Bürgerinitiative Segeltuchfabrik, Lausitzer Rundschau, 12.2.2019, https://www.lr-online.de/lausitz/cottbus/gemeinsam-einen-weg-finden-annaeherung-fuer-ein-altes-gebaeude-38142074.html (4.7.2019).

Plevoets / Van Cleempoel 2011
B. Plevoets / K. Van Cleempoel: Adaptive Reuse as a Strategy towards Conservation of Cultural Heritage: a Literature Review (Chianciano Terme 2011).

Raach 2010
J. Raach: Industriekultur in Brandenburg. Faszinierende Denkmale des Industriezeitalters (Berlin 2010).

Ripp / Rodwell 2016
M. Ripp / D. Rodwell: The governance of urban heritage. The Historic Environment: Policy & Practice, 7(1), 2016, 81–108.

Swensen / Stenbro 2013
G. Swensen / R. Stenbro: Urban planning and industrial heritage - a Norwegian case study. Journal of Cultural Heritage Management and Sustainable Development, 3(2), 2013, 175–190.

Image Sources

1   Stadt Cottbus.
2, 3 ©Stadtarchiv Cottbus.
4   Verónica Rosales.
5   Bürgerinitiative Alte Segeltuchfabrik.
6, 7 Verónica Rosales, adapted from Planungsbüro Wolff architektur – stadtplanung GbR.
8   Verónica Rosales, adapted from Yad Ali, Sophie Martz, Johanna Raimbault, BTU Cottbus-Senftenberg.

»Kein Zustand ist ein Endzustand«
Potenzial und Realität einer Systembauschule

Marriët Boutez

»Der zu erwartende Schulbaubedarf während der nächsten Jahre zwingt zu starker Rationalisierung«[1], konstatierte der Architekt Kurt Brändle im Jahr 1966. Dass seine Aussage eine generelle Tendenz im Bauwesen der 1960er und 1970er Jahre widerspiegelt, bezeugen die zahlreichen aus industriell vorgefertigten Modulen errichteten Bauten, die aus diesem Rationalisierungsbestreben resultierten. Schulgebäude waren durch die »Häufigkeit und Wiederholbarkeit«[2] ihrer Klassenräume prä-

destiniert zur Erprobung solch innovativer Bautechniken. So finden sich heute deutschlandweit Schul-, aber auch Hochschulbauten, die in Systembauweise errichtet wurden.[3] Diese Baugattungen sind naturgemäß stark frequentiert, und die zeittypischen Baustoffe wie Sichtbeton, Asbestzementplatten, Kunststoffe und Verbundwerkstoffe verzeihen Gebrauchsspuren kaum. Ohne eine regelmäßige Instandhaltung leidet das Erscheinungsbild dieser Bauten besonders (Abb. 1).

1   Hamburg-Lurup, Geschwister-Scholl-Stadtteilschule. Schulhof und Westfassade.

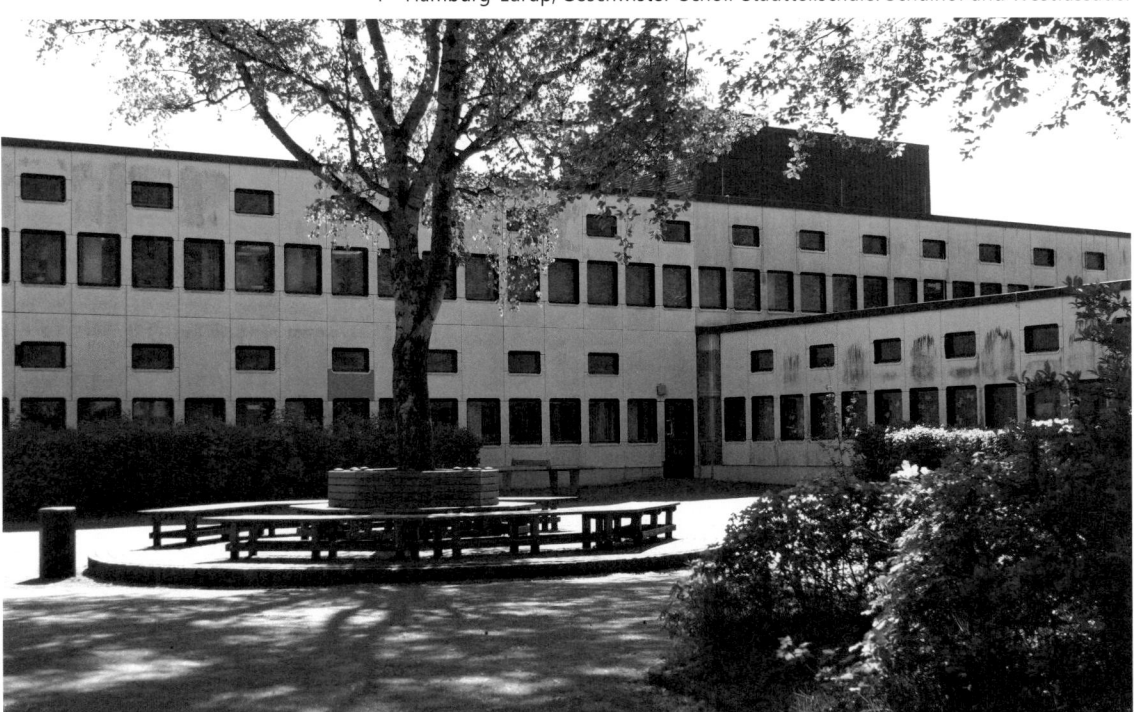

Die technisch anmutende und von intensiven Farben geprägte Ästhetik der 1970er Jahre findet gegenwärtig nur wenige Freunde; die ungepflegte Erscheinung vieler der Bauten verstärkt deren Ablehnung. Weiteren Unmut verursachen verwendete Asbestplatten, deren aufwändige Entfernung immer wieder für Schlagzeilen sorgt. So stellt der Unterhalt dieser Schulbauten ein schwieriges Unterfangen dar, das in zahlreichen Fällen aufgeschoben wurde. Der enorme Reparatur- und Modernisierungsstau bewirkt, dass Sanierungen mit einem hohen Kostenaufwand verbunden sind, der jenen, die über die Zukunft der ungeliebten Gebäude entscheiden, oft als unangemessen erscheint. Immer wieder kommt infolgedessen der Abriss mit anschließendem Neubau der Schulen ins Gespräch.[4]

Es lässt sich beobachten, wie unter Bezugnahme auf die Wirtschaftlichkeit sowie aus Gründen einer vermeintlichen Image-Aufbesserung viele dieser Bauten akut bedroht sind. Insofern ist es dringend an der Zeit, sich mit den Schulen und den ihnen immanenten Werten zu befassen, um Strategien eines zeitgemäßen Umgangs mit dem Bestand zu entwickeln – und damit auch des möglichen Weiterbauens.

Beispielhaft wird im Folgenden auf das Schicksal des Gebäudes der Geschwister-Scholl-Stadtteilschule in Hamburg eingegangen; dieses steht stellvertretend für eine Vielzahl ähnlicher Fälle. In der Entstehungsgeschichte des Bauwerks, entworfen von der niederländischen Architektengemeinschaft van den Broek en Bakema, spiegelt sich zunächst der Stellenwert von Schule und Schulbauten im gesellschaftlichen und städtebaulichen Kontext der Zeit. Anhand der Erfahrungen in einer rund 40-jährigen Nutzungsdauer werden Qualitäten und Schwächen des Systembaus deutlich, der ursprünglich für ein Um- und Weiterbauen ausgelegt war. Dabei lässt sich feststellen, dass die in dieser Bauweise angelegten Möglichkeiten nicht ausgeschöpft wurden. Die brachliegenden Potenziale laden geradewegs dazu ein, Ideen zu einem nachhaltigeren Umgang auszuarbeiten, um die Qualitäten der Bestandsbauten

mit der Erfüllung heutiger Anforderungen zu vereinen. Hierzu soll der vorliegende Beitrag inspirieren und Gedankenanstöße geben.

Die vorangegangene Recherche stützt sich auf das Bauwerk als wichtigste Quelle, auf bauzeitliches Planmaterial sowie auf Interviews mit ehemaligen Nutzern. Darüber hinaus wurden eine unveröffentlichte Abbruchdokumentation und verschiedene andere schriftliche Primär- und Sekundärquellen herangezogen.

Zur Entwicklung des Systembaus für Schulen in Hamburg

Die Idee des Systembaus für Schulen ist nicht loszulösen vom historischen Kontext, in dem sie entstand. Eine hohe Anzahl in kurzer Zeit benötigter neuer Schulbauten traf zusammen mit einer Reform des Schulsystems und mit den neuen Möglichkeiten der industriellen Vorfertigung. Infolge des Zweiten Weltkrieges war ein Großteil der deutschen Schulgebäude nicht mehr nutzbar. Im schwer getroffenen Hamburg waren nach 1945 rund die Hälfte aller Schulen zerstört oder schwer beschädigt. Zudem standen viele Bildungseinrichtungen durch die Umnutzung zu Lazaretten oder Kasernen nicht für ihre eigentliche Bestimmung zur Verfügung.[5] Um einen geregelten Schulbetrieb ohne schichtweise organisierten Unterricht und überfüllte Klassen aufnehmen zu können, mussten die Schulen schnellstmöglich wiederaufgebaut und zusätzlich Neubauten errichtet werden.

Vor dem Hintergrund stark ansteigender Geburtenzahlen in den 1950er und 1960er Jahren veröffentlichte der Pädagoge Georg Picht im Jahr 1964 eine Artikelserie mit dem Titel *Die deutsche Bildungskatastrophe*. Darin prophezeite er unter Bezugnahme auf die Prognosen zur demografischen Entwicklung verschiedene bildungspolitische Probleme, wie beispielsweise einen eklatanten Mangel an Lehrpersonal sowie fehlenden Schulraum. Picht mahnte dringend zu tiefgreifenden Veränderungen im Bildungssystem.[6] Diese nachdrückliche Handlungsaufforderung gab einer bereits in den 1950er Jahren ähnlich geführten Reformdebatte neuen Aufwind. Zentrale Forderungen waren »eine bessere ökonomische Ausschöpfung der Bildungsreserven, Chancengleichheit und der Abbau sozial benachteiligter Gruppen«[7]. Aus diesen Ansätzen resultierte das Modell der Gesamtschule, die sich insbesondere durch eine gemeinsame Beschulung auszeichnete: In ihr sollten die bisherigen drei Schulformen Hauptschule, Realschule und Gymnasium zusammenfasst werden. Als Modellversuche entstanden große Gesamtschulkomplexe, die soziale Einrichtungen miteinschlossen und die für bis zu 2.500 Schülerinnen und Schüler konzipiert waren. Bald darauf, im Jahr 1979, wurde in Hamburg die Gesamtschule als Regelschule eingeführt.[8]

Die beschriebenen gesellschaftlichen Veränderungen haben den Schulbau der Nachkriegsjahre stark geprägt. Bezogen auf das Bauwesen im Allgemeinen hatte in den Jahren von 1945 bis 1955 der Wiederaufbau zerstörter Substanz oberste Priorität. Anschließend begann eine Phase der Ausdehnung, sprich des Neubaus, die bis etwa 1975 andauerte. Zusammenfassend werden diese beiden Phasen als ›Boomjahre‹ bezeichnet, was auf den wirtschaftlichen Aufschwung in diesem Zeitraum zurückzuführen ist.[9]

Im Hinblick auf den Schulbau in Hamburg tritt Paul Seitz hervor, der von 1952 bis 1963 Erster Baudirektor der Stadt war. Während seiner Amtszeit entwickelte er verschiedene Schulbauserien, deren Bauelemente industriell vorgefertigt waren und vor Ort mit Schrauben- und Bolzenverbindungen zu Montagebauten zusammengefügt werden konnten. Die Fertigung in Serien ermöglichte es, die Schulgebäude je nach Bedarf zu errichten, ihre räumliche Ausdehnung flexibel zu verändern und Elemente zu translozieren.[10] Dem Mangel an Schulraum konnte auf diese Weise schnell und kostenoptimiert entgegengewirkt werden. Die Aussicht auf weiterhin steigende Schülerzahlen allerdings stellte, wie es auch Pichts Ausführungen darlegen, nach wie vor eine Herausforderung dar.

Aufbauend auf den Grundlagen des Montagebaus wurde die Bautechnik in den 1970er Jahren weiter rationalisiert. Allerdings stand nun nicht mehr die kostengünstige Serienfertigung im Vordergrund, sondern die bauliche Umsetzung der »Forderungen nach Variabilität, Flexibilität und Erweiterbarkeit«[11]. Namhafte Architekturbüros[12] wurden mit Schulbauprojekten beauftragt und entwarfen Bauten, deren Elemente zwar nicht untereinander kompatibel waren, jedoch innerhalb eines Projektes auf umfassende Standardisierung ausgelegt waren. Sie entwickelten Systembauten, die auf einer überschaubaren Anzahl vielseitig einsetzbarer sowie industriell vorgefertigter Typenteile beruhten (Abb. 2). Diese Art des Entwerfens, die auch im Bereich des Hochschulbaus vielfältig zum Einsatz kam, spiegelt den Geist der damaligen Zeit wider. Laut Jan Capol waren die »Architekten der Boomjahre [...] stolz darauf, von der handwerklichen Bauproduktion weg hin zur industriellen Vorfabrikation zu gelangen«[13]. Da das Tragwerk und die Positionierung der Innen- und Außenwände

2 Skelettbauweise im Innenraum.

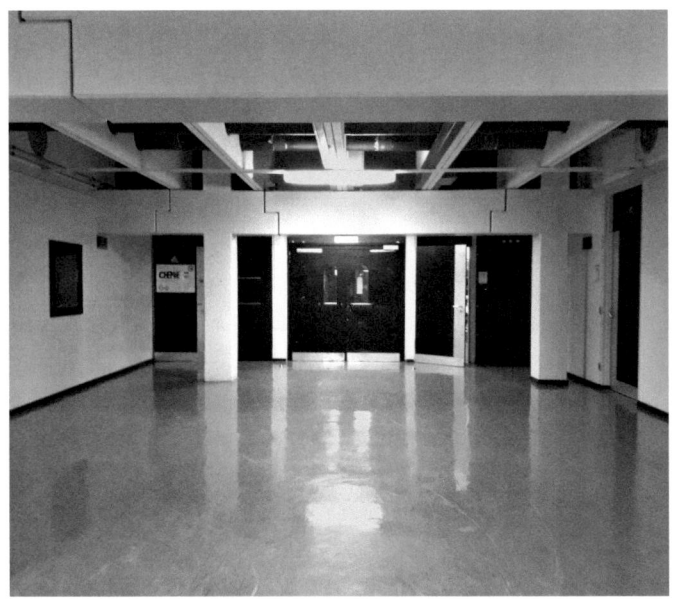

voneinander getrennt funktionierten, ließen sich die Wände flexibel setzen bzw. versetzen.

Derart anpassbare Bauten waren angesichts der bildungspolitischen Lage in Hamburg sehr willkommen. Während die Reformbestrebungen diskutiert wurden, konnte die neue Schulform in Gebäuden erprobt werden, die im Falle eines Scheiterns leicht veränderbar gewesen wären. Andere, noch als Hauptschulen, Realschulen oder Gymnasien errichtete Bauten hätten sich zu großen Gesamtschulen mit Werkstätten, Sprachlaboren,

Teilungsräumen und Ähnlichem umgestalten lassen, falls sich die neue Form der Einheitsschule durchgesetzt hätte.

Die Schule als soziales Zentrum des Stadtteils

Ein repräsentatives Beispiel, sowohl im Hinblick auf technische und gestalterische Aspekte als auch bezogen auf den beschriebenen Umbruch im Schulsystem, stellt die Geschwister-Scholl-Stadt-

3   Die Bebauungsstruktur rund um den Schulbau, Stand 2018.

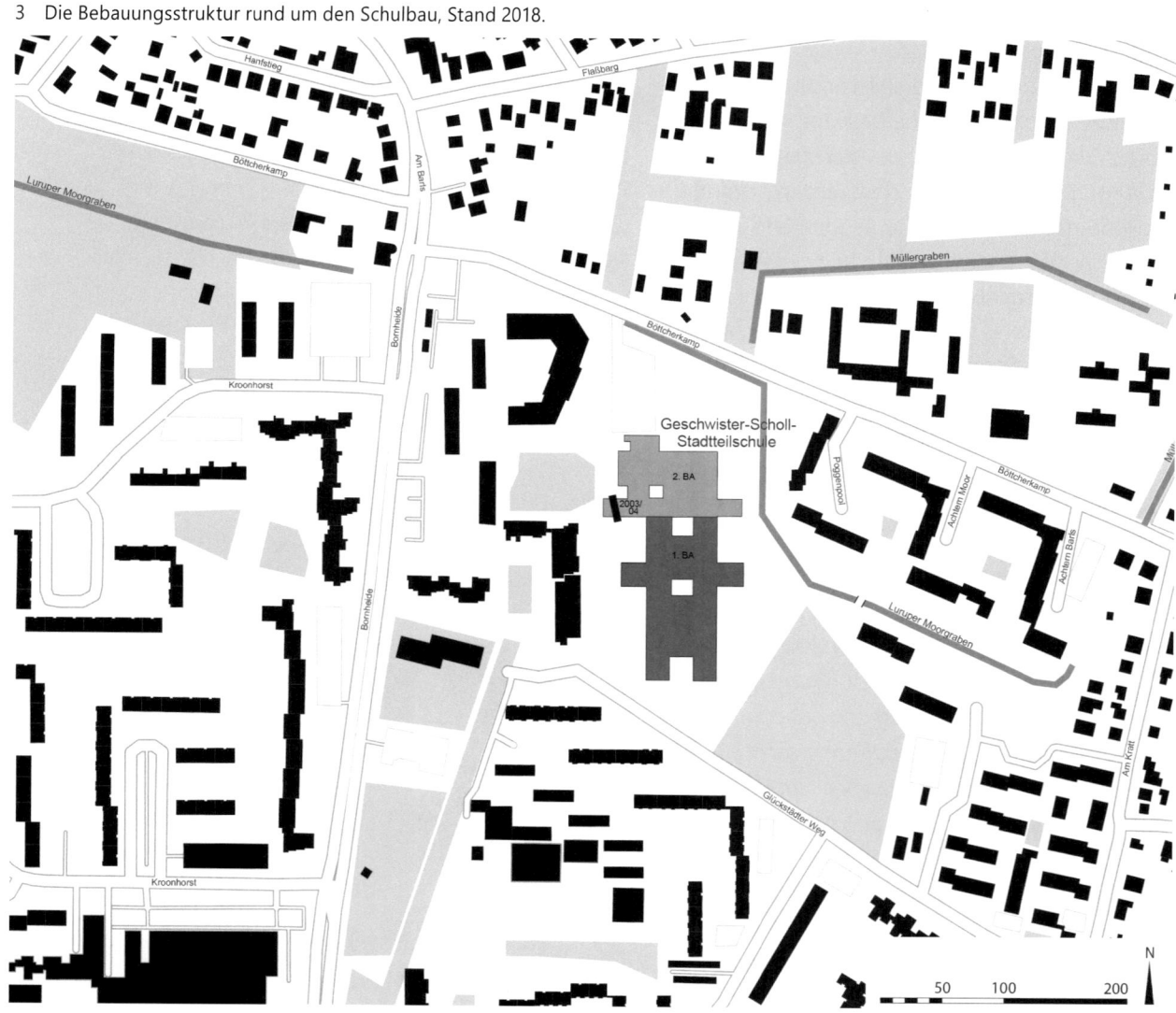

teilschule im Hamburger Stadtteil Lurup dar. Auf die Grenze zwischen den Stadtteilen Osdorf und Lurup wurde ab dem Jahr 1966, gleichsam auf der grünen Wiese, eine der Hamburger Großsiedlungen gebaut, der sog. »Osdorfer Born«. Es handelte sich dabei um ein Projekt des Bauunternehmens Neue Heimat unter Beteiligung anderer Bauträger, mit dem der Wohnungsnot entgegengewirkt werden sollte. Die beauftragten Architekten Fritz Trautwein und Rafael Behn entwarfen lange Gebäudebänder mit bis zu 17 Geschossen. Diese wurden nahezu vollständig in Montagebauweise errichtet. Bis zum Jahr 1971 entstand auf diese Weise eine Siedlung mit mehr als 4.600 Wohneinheiten.[14] Vergleichbare Beispiele in Hamburg sind die Großsiedlungen Steilshoop und Mümmelmannsberg. Im Zuge ihrer Planungen wurde jeweils eine Großschule vorgesehen, die das soziale und kulturelle Zentrum dieser Siedlungen bilden sollte (Abb. 3).

Die heutige Geschwister-Scholl-Stadtteilschule wurde unter dem Namen *Doppelschule Lurup 17* gegründet und beinhaltete ein Gymnasium sowie eine Haupt- und Realschule. Sie ist neben den zuvor errichteten Schulen in Steilshoop (1969–72) und Mümmelmannsberg (1972–76) eine der drei Schulen in Systembauweise, die unter Federführung der renommierten Rotterdamer Architektengemeinschaft van den Broek en Bakema in Hamburg errichtet wurden. Für bis zu 1.350 Schülerinnen und Schüler konzipiert, ist die Geschwister-Scholl-Stadtteilschule jedoch bedeutend kleiner als vergleichbare damalige Schulneubauten, die bis zu 2.500 Kinder und Jugendliche aufnehmen konnten.[15] Mit der Planung und Bauleitung war zusammen mit Johannes Hendrik van den Broek und Jacob Berend Bakema der in Hamburg ansässige Architekt Joseph Weber betraut.[16] Die Architektengemeinschaft setzte sich intensiv mit pädagogischen Konzepten auseinander und hatte Erfahrung mit städtebaulichen Projekten.[17] In jedem der drei Gebiete, in denen die Schulen errichtet wurden, waren die Architekten zuvor an der städtebaulichen Gestaltung beteiligt.[18] Die Schulen sollten in den Wohngebieten

über ihre Hauptfunktion als Bildungseinrichtung hinaus ein soziales Zentrum auch für andere Alters- und Nutzergruppen darstellen. Daher war vorgesehen, eine im Schulalltag als Sporthalle oder Aula genutzte Mehrzweckhalle in den Schulkomplex zu integrieren, die nachmittags und am Wochenende anderweitig zur Verfügung stehen würde.[19] Zudem sollten öffentliche Einrichtungen wie ein Haus der Jugend angegliedert werden. Über die städtebauliche Planung für Mümmelmannsberg, die für Lurup als Vorbild diente, schrieb Weber:

> »Wir haben z.B. 1-2 geschossige Läden, Schulen usw. so zwischen mehrgeschossige Wohngebäude gelegt, daß dadurch die Wohngebäude miteinander verbunden werden. Hierdurch entsteht auf den Vordächern der Läden, auf den Gangdächern der Schulen usw. eine mögliche Fußgängerverbindung zwischen den Wohngebäuden untereinander und zwischen den Wohnungen und den Folgeeinrichtungen, getrennt vom Autoverkehr.«[20]

Tatsächlich zeigen die bauzeitlichen Pläne der Doppelschule Lurup 17 eine Fußgängerbrücke, die im ersten Obergeschoss über das Schulgebäude verläuft, um somit eine Verbindung zwischen den westlich und östlich gelegenen Wohnkomplexen zu schaffen.[21] Auf diese Weise sollte die Schule eng in die Bebauungsstruktur eingebunden werden (Abb. 4).

4   Das geplante Wegenetz für Fußgänger im Entwurfsprozess in den 1970er Jahren.

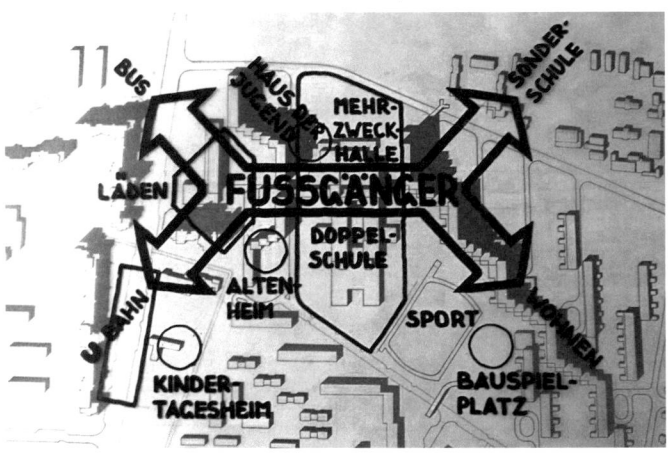

Priorität hatte die Errichtung der flexiblen Klassentrakte

Der Bau erfolgte schließlich ab April 1974 in zwei Bauabschnitten, die zusammen einen überwiegend flachen und weitläufigen Baukörper mit Innenhöfen bilden (Abb. 5). Es wurde mit dem südlich gelegenen Bereich begonnen, der die 52 Klassenräume aufnahm. Die Arbeiten an diesem Abschnitt wurden im Jahr 1976 abgeschlossen und etwa zur gleichen Zeit konnte mit der Errichtung des kleineren zweiten Abschnitts begonnen werden, die bis 1978 andauerte.[22] Die beiden Bauabschnitte unterscheiden sich in ihrem statischen System und ihrem Erscheinungsbild deutlich voneinander. Der im Süden gelegene erste Bauabschnitt ist ein Skelettbau, an dem sich das Prinzip des Systembaus deutlich ablesen lässt (Abb. 5). Die typisierten Stützen und Träger aus Stahlbeton sind durchweg einheitlich und funktional gestaltet. In die T-förmigen Stützen sind Auflager für die Träger integriert. Da die tragende Struktur mitsamt ihrer Fügung offen liegt, ist das statische System intuitiv verständlich. Die Unterzüge der Decke bestehen ebenfalls aus Stahlbeton und haben große kreisrunde Aussparungen, durch die farbig hervorgehobene Röhren mit technischen Installationen verlaufen (Abb. 6). Der Bodenbelag wurde unabhängig von den Innenwänden verlegt, indem er ohne Unterbrechungen unter den Wandelementen verläuft. So sind Grundrissänderungen möglich, ohne dass dabei zusätzliche Arbeiten am Boden anfallen. Die Wandpaneele sind in der Fassade durch den Rhythmus der Fenster und an den Innenwänden durch sichtbare Fugen deutlich als Module erkennbar. Die Idee des Systembaus ist in diesem Bauabschnitt offensichtlich, und die Architektur ruft geradewegs dazu auf, sich mit ihrer Funktionsweise zu beschäftigen. So wird der einheitliche Stützentyp mit zwei Auflagern auch eingesetzt, wenn nur auf einem der beiden ein Träger lastet. Das andere Auflager ragt in den Innen- oder Außenraum und scheint daran

erinnern zu wollen, dass ein Weiterbauen in Form von Veränderungen und Erweiterungen intendiert war.

Die auf Flexibilität ausgelegte Bauweise bringt auch Schwierigkeiten mit sich, wie sich mit der Aufnahme des Schulbetriebs zeigte. Die Klassenräume sind zwar sehr geräumig, doch die Tiefe der Räume erschwert die natürliche Belichtung. Zudem entstanden rund um das zentrale Auditorium und im Bereich der Garderoben schlecht einsehbare und entsprechend schwer zu beaufsichtigende Raumsituationen. Die langen Gänge wiederum luden dazu ein, darin mit dem Skateboard zu fahren – wodurch die leichten wandbildenden Sandwichpaneele schnell in Mitleidenschaft gezogen wurden.[23]

Neue Lösungen für die Sporthalle

Der zweite Bauabschnitt vereint in sich den Verwaltungstrakt, das Haus der Jugend, die Aula und die Sporthalle. Dieser Bereich ist überwiegend mit tragenden Scheiben aus Stahlbeton in den Außenwänden und ebenfalls tragenden Scheiben in den Innenwänden konstruiert. Das Tragwerk ist zwar erkennbar, tritt jedoch weitaus weniger in den Vordergrund als beim südlichen Bauabschnitt, sodass ein gänzlich anderer Raumeindruck entsteht. Die tragenden Innenwände erlauben weitaus weniger Flexibilität beim Um- oder Weiterbau, ist hier doch im Vergleich zum Klassentrakt ein geringerer Bedarf an Grundrissänderungen zu erwarten. Entsprechend schrieb die Architektengemeinschaft van den Broek en Bakema: »Zonen mit begrenzter Veränderbarkeit können eher in Massivbauweise ausgeführt werden, sonst ist aber Leichtbauweise vorzuziehen.«[24] In diesem Bereich sind nur die aus Paneelen bestehenden nicht tragenden Wände veränderbar.

Flexibilität bot die auf kurzfristige Veränderungen ausgelegte Sporthalle, die im zweiten Bauabschnitt errichtet wurde. Entgegen vorangegangener Planungen für eine Mehrzweckhalle

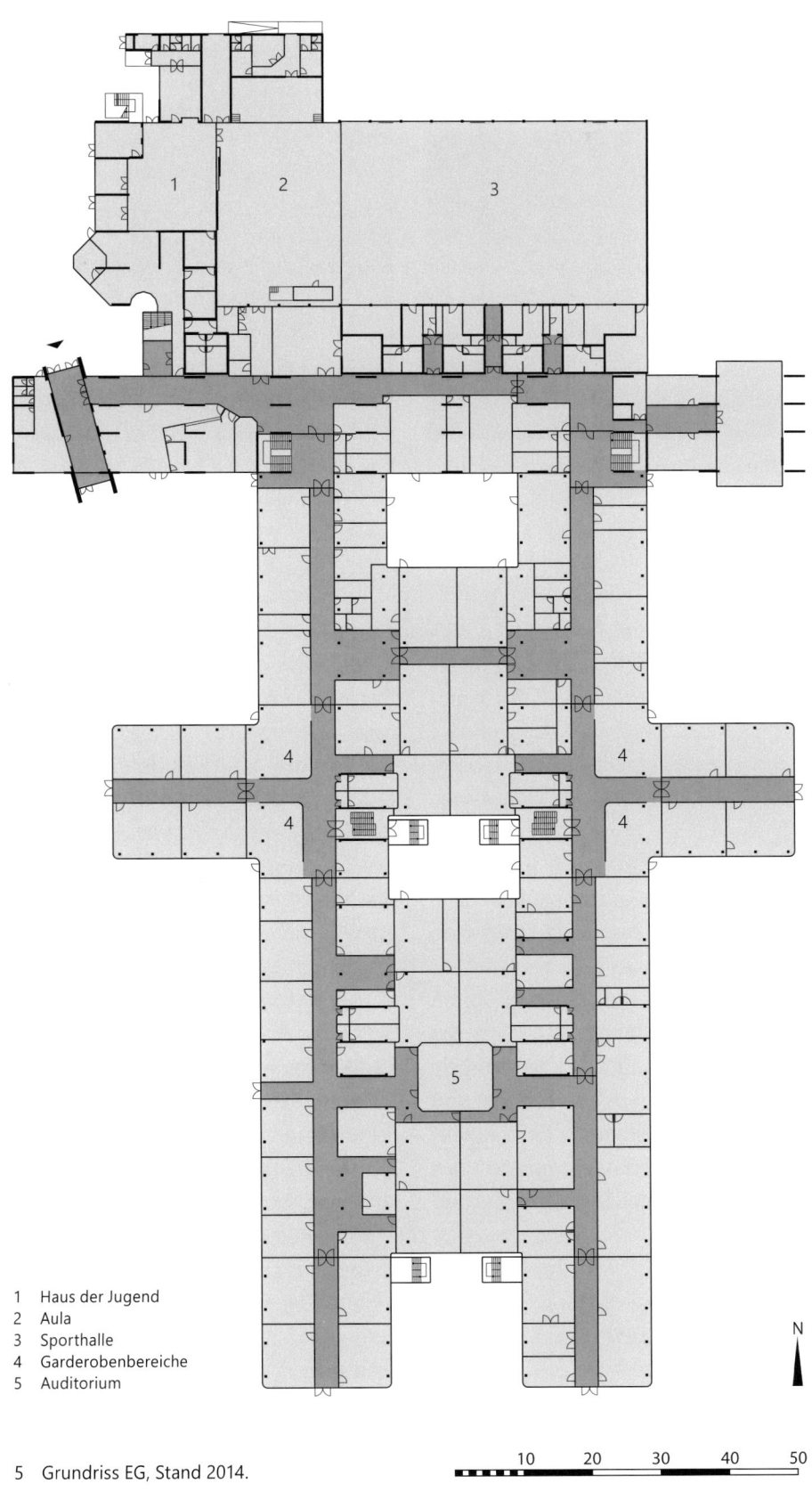

1   Haus der Jugend
2   Aula
3   Sporthalle
4   Garderobenbereiche
5   Auditorium

5   Grundriss EG, Stand 2014.

10   20   30   40   50

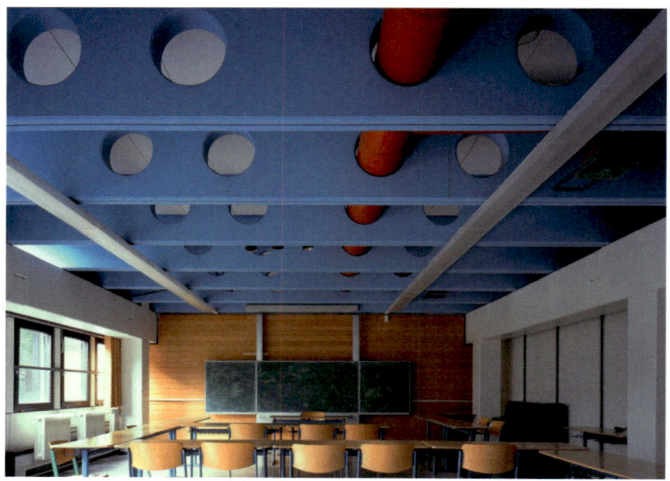

6   Sichtbare gebäudetechnische Anlagen als Bestandteil des Entwurfs.

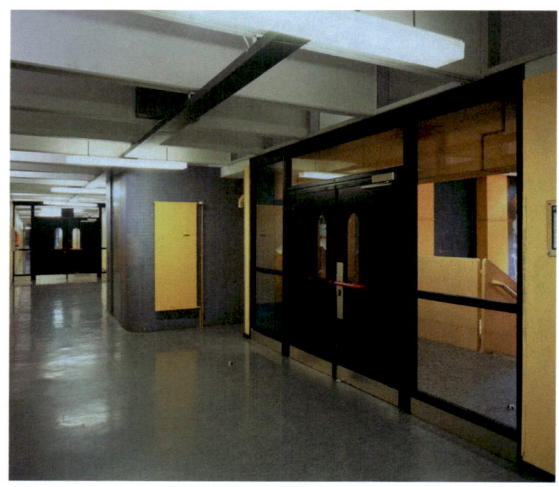

7   Die Detaillierung in der Gestaltung.

inklusive Lehrschwimmbecken wurden die Aula und die Sporthalle schließlich getrennt voneinander und weniger vielseitig realisiert. Hervorzuheben ist allerdings die bereits auf bauzeitlichen Plänen verzeichnete Hochzuganlage, mithilfe derer die Sporthalle kurzfristig räumlich geteilt werden konnte.

Bei aller technischen Raffinesse wurde der Schulkomplex keineswegs ausschließlich nach praktischen Gesichtspunkten entworfen. Innerhalb dessen, was funktional ist, wurde großer Wert auf gestalterische Aspekte gelegt. Dies zeigt sich in Details wie dem Motiv der abgerundeten Ecke, das sich von der Gebäudekubatur über die Fensteröffnungen bis hin zu Treppengeländern und Türgriffen wie ein roter Faden durch den Entwurf zieht (Abb. 7). Hinzu kommt ein Farbkonzept, das den diversen Nutzergruppen die Orientierung erleichtern sollte.

Eine Entwurfsidee im Praxistest

Der Wandel des Schulsystems, auf den die Schule bauseitig von Anfang an vorbereitet war, kam zunächst wie vorhergesehen. Zwar setzte sich die Gesamtschule nicht als alleinige Schulform durch, dennoch wurde sie zu einem verbreiteten Modell, das fortan neben der Haupt- und Realschule sowie dem Gymnasium bestand. Bereits kurz nach der Fertigstellung sollte auch die Doppelschule Lurup 17 in eine Gesamtschule umgewandelt werden.[25] Im Rahmen dessen wären Veränderungen des Grundrisses, insbesondere eine Anpassung der Klassenräume, gemäß der weiterbaubaren Struktur der Schule leicht umzusetzen gewesen. Tatsächlich kam es in den Folgejahren jedoch nur zu geringfügigen Veränderungen in einzelnen Bereichen.[26] Beispielsweise wurden die freistehenden raumteilenden Wände der Garderobenbereiche zugunsten einer offen einsehbaren und lichten Raumsituation entfernt.[27] An ihre Stelle traten rote Bänke, die eine einladende Atmosphäre schaffen (Abb. 8). Dass das Farbkonzept der Schule in der Schüler- und Elternschaft auf wenig positive Resonanz stieß, legen die in den 1980er Jahren regelmäßig stattfindenden »Verschönerungsaktionen« nahe, im Rahmen derer Eltern gemeinschaftlich die Klassenräume strichen.[28] Darüber hinaus wurden im Laufe der Zeit viele weitere Bereiche des Schulgebäudes farblich neu gestaltet.[29]

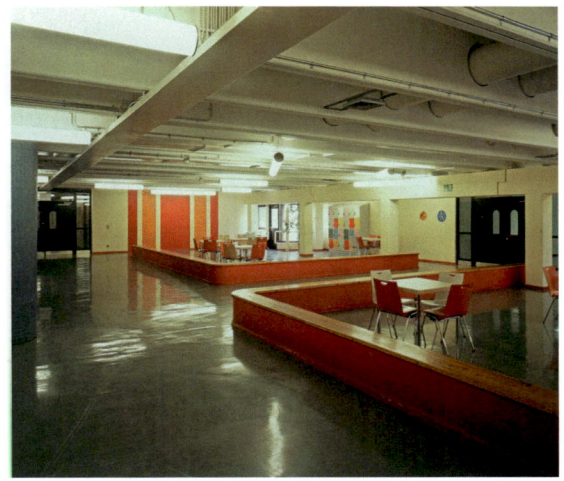

8   Der veränderte ehemalige Garderobenbereich.

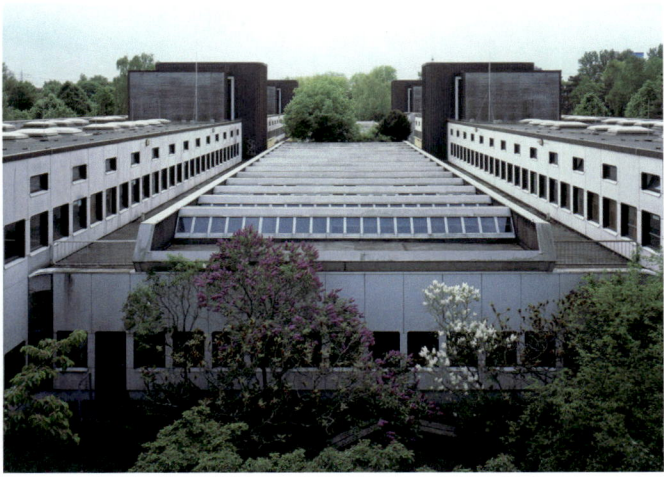

9   Aufsicht auf den Gebäudekomplex.

Eine deutliche Schwäche des Gebäudes bestand darin, dass es ihm am mitgeplanten städtebaulichen Kontext mangelte. Die von der Architektengemeinschaft van den Broek en Bakema geplante Wohnbebauung in direkter Nachbarschaft wurde nie realisiert, entsprechend wurde auch die vorgesehene Fußgängerachse nicht fertiggestellt. Lediglich der Ansatz einer Fußgängerebene im ersten Obergeschoss ragte um etwa 2 m aus dem Bau heraus und verwies so auf vergebene städtebauliche Chancen. Ausgehend von einer primären Erschließung über das erste Obergeschoss waren auch die Eingänge der Schule auf dieser Ebene angelegt und die innere Struktur dementsprechend ausgerichtet. Infolgedessen fehlte der Schule eine angemessene Eingangsgeste im Erdgeschoss.

Hierauf reagierte die Neugestaltung der Eingangszone in den Jahren 2003/04. An der Fachhochschule Hamburg wurde ein studentischer Wettbewerb ausgelobt und der beste daraus hervorgehende Entwurf realisiert.[30] Trotz der nun eindeutigen Eingangsgeste, die ein rot gestrichener Betonrahmen über dem Ende des Verwaltungstraktes schafft, ist die Problematik der Wegeführung hin zum Gebäude kaum behoben.

Ohne Rücksicht auf den Denkmalschutz

Die wenig einladende Zuwegung ist nur einer von vielen Kritikpunkten, die in der Debatte um die Zukunft des Gebäudes angeführt wurden. Nach langer Diskussion wurde im Dezember 2013 beschlossen, die Schule entgegen ihrer Grundidee nicht weiterzubauen, sondern abzureißen und durch einen Neubau zu ersetzen.[31] Diese Entscheidung fiel, obgleich das Gebäude nun unter Denkmalschutz stand.[32]

Im Sommer 2017 hieß es seitens des Senats der Stadt Hamburg:

»Im Rahmen der Planung von notwendigen Sanierungsmaßnahmen wurden in den Jahren 2011 bis 2013 intensive Überlegungen angestellt, wie der Standort der Geschwister-Scholl-Schule mit vertretbarem Aufwand erhalten werden kann.«

Über die bestehende Schule ist zu lesen, sie werde

»von der breiten Öffentlichkeit nicht als wertvoller Bestandteil des Stadtteils wahrgenommen, was zu einem erheblichen Teil bauliche Gründe [habe]. Die Abgewandtheit vom Stadtteil, die unklare Eingangssituation und die extrem funktionale Atmosphäre des Gebäudes (›Lernfabrik‹) schienen nicht dazu angetan, ein durch neue pädagogische Ansätze verändertes Bild der Schule positiv nach außen zu vermitteln.«

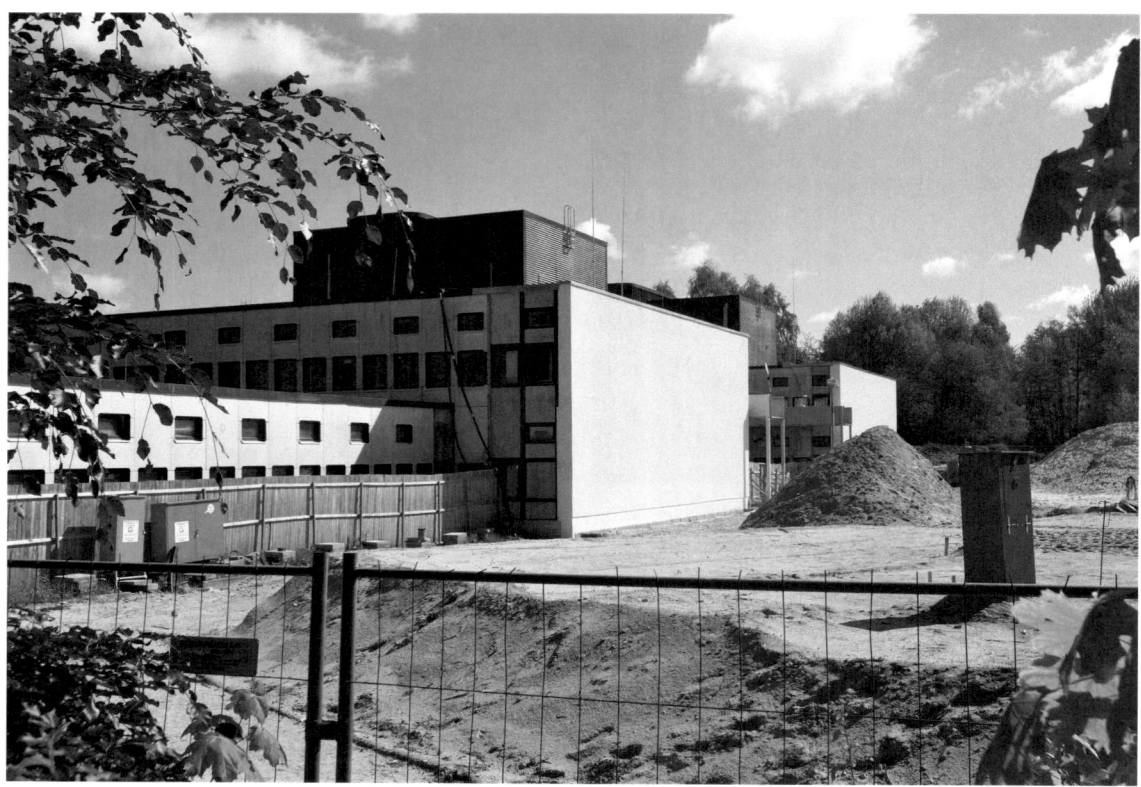

10   Das teilweise abgerissene Bauwerk, Stand 2019.

Demselben Dokument ist zu entnehmen, dass »die notwendigen Investitionen bei Sanierung und Neubau nahezu gleich hoch« seien.[33]

Die Außenwirkung der Schule spielt in diesem Statement eine entscheidende Rolle. Betrachtet man die gesellschaftliche Situation in der Großsiedlung Osdorfer Born, so ist dort laut einer Analyse aus dem Jahr 2014 »eine räumliche Konzentration multipler sozialer Problemlagen festzustellen, die ein im gesamtstädtischen Vergleich besonderes Ausmaß hat.«[34] Rund um das 50-jährige Jubiläum der Großsiedlung im Jahr 2017 wurden im Rahmen einer Gebietsentwicklung zahlreiche Maßnahmen und Projekte angestoßen. Offenbar sollte die Schule ähnlich instrumentalisiert werden wie jene in Steilshoop, der Großsiedlung mit einer der beiden anderen Hamburger Schulen der Architektengemeinschaft van den Broek en Bakema. Gewiss nicht ohne sich der populistischen Wirkung seiner Worte bewusst zu sein, versprach dort der Schulsenator:

> »[...] wir beseitigen mit dem Gebäude der ehemaligen Gesamtschule eine schlimme Bausünde aus den betonverliebten 70er Jahren im Zentrum Steilshoops und geben damit dem Stadtteil insgesamt ein neues, attraktives Gesicht.«[35]

Auffällig an den Planungen zum Neubau ist, dass gerade jene Eigenschaft, die die Bestandsschule auszeichnet, auch für das neue Gebäude wieder zentral sein soll. Die Flexibilität im Neubau soll über sogenannte Jahrgangscluster aus mehreren Klassenräumen erreicht werden, die jeweils um eine multifunktional nutzbare Fläche herum angeordnet sind. Diese Einteilung, so heißt es in der Beschreibung, ermögliche »ein flexibles Reagieren auf sich ändernde pädagogische Konzepte.«[36]

Muss der Systembau für Schulen als gescheitert gelten?

Der Abriss der Geschwister-Scholl-Stadtteilschule bedeutet den Verlust eines Baudenkmals. Neben seinem Wert als Zeugnis der Geschichte des Hamburger Bildungssystems und des städtebaulichen Entwurfs renommierter Architekten ist es auch ein wertvolles Beispiel konzeptuell und gestalterisch anspruchsvollen Systembaus. Als besonders alarmierend ist dabei hervorzuheben, dass der Abriss nicht alternativlos war und schlussendlich maßgeblich damit begründet wurde, dass das Image der Schule und damit auch das des umliegenden Gebietes auf diese Weise aufgebessert würden.

Im Falle der Geschwister-Scholl-Stadtteilschule war die Wertschätzung für den Systembau seitens der Entscheidungsträger so gravierend gering, dass es als Aufwertung verstanden wurde, zugunsten eines Neubaus ein Baudenkmal zu beseitigen. Offenbar stellt die Vermittlung der Qualitäten von Systembauten eine große Schwierigkeit dar.

Die besonders hervorzuhebende und die Bauten auszeichnende Eigenschaft ist die in ihnen angelegte Flexibilität. Die Forderung nach Flexibilität ist nach wie vor hochaktuell, was sich nicht zuletzt darin zeigt, dass auch der nachfolgende Schulneubau der Geschwister-Scholl-Stadtteilschule Flexibilität als Qualität für sich reklamiert. Betrachtet man jedoch die im Nutzungszeitraum der Schule vorgenommenen Veränderungen am Bau, so fällt auf, dass die Möglichkeiten der Umgestaltung von Unterrichtsräumen im Sinne des flexibel veränderbaren Systembaus kaum ausgeschöpft wurden. Im Zuge der Umwandlung zur Gesamtschule wurde zwar zur Einrichtung des Bereichs Arbeitslehre-Metall von den Vorteilen des wenig festgelegten Grundrisses Gebrauch gemacht.[37] Abgesehen davon blieb das Potenzial allerdings weitestgehend ungenutzt. Es ist geradezu absurd, wenn man feststellen muss, dass die Idee hinter dem Entwurf erst jetzt, im Zuge des Abrisses, zum Tragen kommt. Da neben der existierenden Schule mit dem Neubau

begonnen wurde, musste zunächst ein Teil des Bestandes abgerissen werden, um hierfür Platz zu schaffen (Abb. 10).[38] Um den Schulbetrieb fortsetzen zu können, mussten die Klassen enger zusammenrücken. Einige Wände zwischen kleineren Neben- und Differenzierungsräumen wurden entfernt bzw. versetzt, um größere Räume zu bilden. So entstanden insgesamt mehr Unterrichtsräume im vorerst noch verbliebenen Gebäudeteil. Dafür, dass dies ohne hohen Kosten- und Zeitaufwand vonstattengehen konnte, so der ehemalige stellvertretende Schulleiter, hätte sich die Bauweise der Schule als sehr vorteilhaft erwiesen.[39] Abgesehen von dieser letzten Gnade, mit der der alte Bau den neuen Bau unterstützt, muss leider festgestellt werden, dass sich der Systembau in seiner Eigenschaft, flexibel veränderbar und weiterbaubar zu sein, kaum bewährt hat und in diesem Fall als in der Praxis gescheitert gelten kann.

Der Abriss war nicht alternativlos

Der Abriss der Geschwister-Scholl-Stadtteilschule ist durch ihren Status als Baudenkmal zwar besonders brisant, die grundsätzliche Problemlage jedoch ist kein Einzelfall. An verschiedenen Orten in Deutschland ist zu beobachten, wie auf flexible Veränderbarkeit ausgelegte Schulgebäude abgerissen werden, um sie durch neue Schulbauten zu ersetzen.[40] Dieses Vorgehen erscheint in vielerlei Hinsicht als unangebracht.

Eine Schule wirkt als identitätsstiftender Ort, zu dem viele Menschen einen persönlichen Bezug aufgebaut haben. Darüber hinaus hat sie wie jeder Bestandsbau auch einen ökologischen Wert, der sich aus den verbauten Rohstoffen und der zur Errichtung aufgewendeten grauen Energie zusammensetzt. Der Bund Deutscher Architekten Nordrhein-Westfalen schrieb hierzu:

> »Da Investitionsmaßnahmen im Neubau vermeintlich risikoärmer, leichter kalkulier- und umsetzbar sind, kommt es regelmäßig zur Vernichtung von erhaltenswerter Bausubstanz. Dies ist in den meisten Fällen weder

ökonomisch noch ökologisch sinnvoll und führt zurzeit vor allem in Gegenden mit starkem Wachstum und damit hohem Neubaudruck zu einer Erosion der europäischen Stadt. [...] Entgegen der in der Öffentlichkeit verbreiteten Auffassung schneiden Renovierungen und Anpassungen von Gebäuden bei ganzheitlicher und gesamtwirtschaftlicher Bewertung von Baustoffen, Produktionsprozessen und Wiederverwertungsmöglichkeiten in der Regel besser ab als Abbruch, Materialrecycling und Neubau.«[41]

Denkt man unter diesen Voraussetzungen über den Umgang mit Systembauten nach, was liegt dann näher als ein grundsätzlicher Erhalt und ein Weiterbauen zur Anpassung an aktuelle Bedarfe? Im Falle eines Baudenkmals wie der Geschwister-Scholl-Stadtteilschule müsste im Zuge eines Weiterbaues höchstwahrscheinlich eine Schmälerung des Zeugniswertes in Kauf genommen werden. Stellt man diese Option allerdings dem letztendlich entschiedenen Abriss gegenüber, so muss ein Weiterbauen als Chance gesehen werden, denkmalkonstituierende Elemente und Eigenschaften ganz oder wenigstens teilweise zu erhalten und mit den gegenwärtigen Anforderungen an den Bau zu vereinen. Ein Denkmal konstituiert sich beispielsweise in seiner Substanz, im Erscheinungsbild und in der Entwurfsidee – Merkmale, die einzeln nur bedingt wirken. Im Falle des Systembaus sticht die Entwurfsidee allerdings besonders hervor. Sie zeichnet den Bau dahingehend aus, dass Anpassungen an künftige Situationen möglich sein sollen – womit in diesem Fall der Verlust von Teilen der Bausubstanz und Veränderungen am Erscheinungsbild dem Denkmalerhalt nicht per se entgegenstehen.

Chancen des Weiterbauens

Unter der Prämisse, dass sich das Weiterbauen des Systembaus an dessen Entwurfsidee orientieren sollte, erweitert sich das Spektrum von Möglichkeiten des Erhalts. Dieses reicht vom konservierenden Umgang bis zu tiefgreifenden Veränderungen. Bliebe der Bau mit seiner Entwurfsidee zumindest in den Grundzügen ablesbar, wäre in Hinblick auf

eine positive Identitätsstiftung gegenüber einem Abriss bereits einiges gewonnen. Es wäre möglich, die verschiedenen Zeitschichten differenzierend zu betrachten und anhand dessen historische Entwicklungen im Schul- und Siedlungsbau abzulesen. Und wirkt nicht ein frisch herausgeputzter Altbau mindestens ebenso positiv nach außen wie ein Neubau, der versucht, eine klaffende Leerstelle zu füllen?

Ein besonderes Maß an Aufmerksamkeit sollte bei einem solchen Weiterbauen dem Aspekt der Flexibilität zukommen. Es darf nicht versäumt werden, die Erfahrungen mit dem Altbau in die Planung einzubeziehen und mögliche Gründe zu ermitteln, aus denen Umbau-Potenziale ungenutzt geblieben sind. Mit hoher Wahrscheinlichkeit würde sich im Zuge einer genaueren Untersuchung das Phänomen der Nutzerträgheit als ausschlaggebend herausstellen. Klassenräume werden als gewohnte Umgebung meist in ihrer Gestalt akzeptiert und kaum an neue Bedürfnisse angepasst. Vielmehr wird, was darin stattfinden soll, den Räumlichkeiten unterworfen. Ein weiterer Grund liegt vermutlich in der mangelnden Kommunikation zwischen den Planenden und den Nutzergruppen. Stellt beispielsweise die Lehrerschaft im Rahmen ihres Kompetenzbereiches fest, dass die Räumlichkeiten nicht zu den aktuellen Unterrichtskonzepten passen, so müsste im Idealfall das ursprüngliche Architekturbüro damit betraut werden, die Änderungswünsche räumlich umzusetzen. Oft allerdings verhindern bürokratische Hürden und der Mangel an finanziellen Mitteln solche Anpassungen.

Aus den Erfahrungen mit dem Systembau der Geschwister-Scholl-Stadtteilschule lässt sich für die Zukunft lernen. Der wichtigste Punkt dabei ist, dass Flexibilität auf mehreren Ebenen gefragt ist. Es bedarf niedrigschwelliger Lösungen, um kurzfristige Veränderungen durch die verschiedenen Nutzergruppen zu ermöglichen. So könnte den Hindernissen begegnet werden, die eine flexible Anpassung bislang verhindert haben.

Davon zu unterscheiden sind längerfristige Anpassungen baulicher Art, die durch die Trennung von Tragwerk und Grundrisseinteilung einfach und kostengünstig umsetzbar sind. Diese bauseits vorhandene Flexibilität sollte unbedingt erhalten bleiben und nicht als Alternative zu kurzfristig umsetzbaren Lösungen gesehen werden. Der Erhalt flexibel nutzbarer Grundstrukturen sorgt dafür, dass die Bauten nicht veralten, sondern sich mitentwickeln können. Schlussendlich lehrt die sich dem Ende zuneigende Geschichte der Systembauschule in Lurup ein weiteres Mal, was eigentlich längst bekannt sein müsste: Instandhaltung ist unerlässlich, wenn allen Nutzergruppen ein angenehmes und angemessenes alltägliches Umfeld geboten werden soll. Sich den Mühen der Instandhaltung durch einen Tabula-rasa-Entwurf zu entziehen, ist keine nachhaltige Lösung. Kein Bau bleibt ewig neuwertig.

Derzeit wird im Schulbau vielfach mit Lernbereichen anstelle geschlossener Unterrichtsräume experimentiert. Das ist sicherlich einen Versuch wert, muss sich jedoch langfristig noch bewähren. Die Situation erinnert an die damals anstehenden Veränderungen angesichts der Einführung der Gesamtschule Ende der 1970er Jahre. Themen wie die Inklusion oder der Einsatz neuer Medien müssen heute im Schulbau berücksichtigt werden, und es ist kaum absehbar, was als nächstes in den Fokus rücken wird. Um mit den kommenden Entwicklungen schrittzuhalten und für neue pädagogische Konzepte offen zu bleiben, ist eine flexibel veränderbare Schule nach wie vor höchst zeitgemäß und in verschiedener Hinsicht nachhaltig. Somit sind die Systembauten der 1970er Jahre nicht als gescheitert im eigentlichen Sinne anzusehen, sondern vielmehr als Produkte eines Lernprozesses, die sich dort, wo sie Schwächen haben, gerne korrigieren lassen. Passend hierzu schrieb die Architektengemeinschaft van den Broek en Bakema: »Kein Zustand ist ein Endzustand oder jeder Zustand ist ein Endzustand.«[42]

Die Qualitäten des Bestandes sollten wahrgenommen, anerkannt und genutzt werden. Weiterzubauen in diesem Sinne bedeutet, Geschichte lesbar zu lassen, anstatt sich einem immerwährenden Neuigkeitsdiktat zu unterwerfen.

1 Brändle 1996, 11.
2 Ebd.
3 Um nur einige Beispiele zu nennen, seien die im Folgenden thematisierten Großschulen von van den Broek en Bakema in Hamburg, das ehemalige Oberstufenzentrum Wedding von Pysall Jensen Stahrenberg in Berlin sowie die Bauten der Philipps-Universität Marburg auf den Lahnbergen, geplant durch das Staatliche Universitätsbauamt, genannt.
4 Vgl. Montag-Stiftung 2015, 13; Pfanner 2017; Groth 2018.
5 Vgl. Stieger 2013, 31.
6 Vgl. Picht 1964, 5, 20 u. 40.
7 Stieger 2013, 16.
8 Vgl. Stieger 2013, 16, 34.
9 Vgl. Kohler 2009, 196 u. 199.
10 Vgl. Stieger 2013, 32.
11 Langenberg 2013, 4. Silke Langenberg beschreibt diese Forderungen im Zusammenhang mit dem Hochschulbau. Jedoch lassen sich zwischen dem Schul- und dem Hochschulbau dieser Zeit viele Parallelen ziehen, und die Forderungen lassen sich in diesem Fall auf Schulbauten übertragen.
12 Beispielhaft stehen hierfür in Hamburg Arne Jacobsen mit dem Bau des Christianeums Anfang der 1970er Jahre sowie die Architektengemeinschaft van den Broek en Bakema mit ihren Großschulen.
13 Capol 2009, 210.
14 Vgl. Schubert 2019, 227–228.
15 Vgl. Behrmann 2014, 9–10, 22, 26.
16 Vgl. AIV Hamburg / Patriotische Gesellschaft 1984, 335.
17 Davon, dass sich Joseph Weber intensiv mit dem Konzept der Gesamtschule sowie dem Zusammenhang von Pädagogik, Architektur und Stadtplanung beschäftigte, zeugt die 1973 im Droste Verlag veröffentlichte Publikation *Die Superschule? Von der Gesamtschule zum Bildungszentrum für alle*. Weber beteiligte sich daran mit einem Beitrag zur Stadt- und Gebäudeplanung.
18 Vgl. Izzo / Gubitosi 1981, 218–219.
19 Vgl. Weber / Riekmann 1973, 175.
20 Arch. van den Broek en Bakema 1976, 106.

21   Verschiedene Pläne des Architekten Joseph Weber befinden sind im Hamburgischen Architekturarchiv. Ein Schattenplan von 1973 mitsamt Umgebung (Bestand Jos Weber, Signatur A020/02) sowie eine Skizze der Infrastruktur für Fußgänger (Bestand Jos Weber, Signatur A029/03; vgl. Abb. 4) zeigen die Lage und Bedeutung der Fußgängerbrücke.

22   Vgl. Behrmann 2014, 15.

23   T. Schaaf (Architekt und ehemaliger Schüler der damaligen Gesamtschule, besuchte die Schule ab 1983) im persönlichen Gespräch am 11.6.2019.

24   Arch. van den Broek en Bakema 1976, 116.

25   Vgl. Behrmann 2014, 16–17.

26   Dies wird besonders deutlich am Vergleich der Baupläne der Architektengemeinschaft van den Broek en Bakema aus den 1970er Jahren mit dem heutigen Bestand unter Berücksichtigung von Befunden am Bauwerk.

27   Gespräch mit T. Schaaf, Architekt, 11.6.2019.

28   Gespräch mit T. Schaaf, Architekt, 11.6.2019.

29   Die im Laufe der Zeit aufgetragenen Farbschichten stellen sich insbesondere anhand der vielen angelegten Farbstratigrafien anschaulich dar. Diese dienten der Erstellung eines Untersuchungsberichts zur restauratorischen Befundsicherung, der die fotografische und schriftliche Abbruchdokumentation ergänzt.

30   Vgl. Behrmann 2014, 17 und Geschwister-Scholl-Stadtteilschule 2018.

31   Vgl. Montag Stiftung 2015, 16.

32   Auf Nachfrage schriftlich erteilte Auskunft des Denkmalschutzamtes Hamburg vom 1.8.2019: Die Eintragung erfolgte im Zuge der Neufassung des Denkmalschutzgesetzes zum 1.5.2013. Zuvor war bereits kommuniziert worden, dass es sich um ein schutzwürdiges Denkmal handelt. Unter dieser Voraussetzung wurden auch die Abstimmungen über einen Erhalt oder einen Abriss vorgenommen. Das Objekt war seit 2006 im sog. »Verzeichnis der erkannten Denkmäler« gelistet und unterlag damit den von 2006 bis 2013 geltenden gesetzlichen Bestimmungen für »erkannte Denkmäler«.

33   Bürgerschaft HH 2017, 1.

34   Bezirksamt Altona 2014, 6.

35   Schulsenator Ties Rabe, zitiert nach: BSB 2012.

36   Finanzbehörde Hamburg 2017.

37   Vgl. Behrmann 2014, 17.

38   Das Schulgebäude der Geschwister-Scholl-Stadtteilschule wird zum Zeitpunkt der Publikation vsl. zu Teilen abgerissen sein. Aus Gründen der Einheitlichkeit hat sich die Verfasserin entschieden, über den gesamten Bau in der Präsensform zu schreiben.

39   A. Eckmann (bis Sommer 2019 stellvertretender Schulleiter der Geschwister-Scholl-Stadtteilschule) im persönlichen Gespräch einschließlich Rundgang durch das Schulgebäude am 20.9.2018.

40   Hier ist neben der Geschwister-Scholl-Stadtteilschule in Hamburg die ebenfalls von der Architektengemeinschaft van den Broek en Bakema geplante Stadtteilschule Steilshoop in Hamburg zu nennen, die bereits abgerissen wurde. Für das ehemalige Diesterweg-Gymnasium in Berlin, die Geschwister-Scholl-Schule in Konstanz und das Schulzentrum Vogelsang in Solingen, allesamt in den 1970er Jahren als Systembauten errichtet, wird bzw. wurde ebenfalls ein Abriss und anschließender Schulneubau diskutiert.

41   BDA NRW 2016, 1 u. 3.

42   Arch. van den Broek en Bakema 1976, 106.

AIV Hamburg / Patriotische Gesellschaft 1984
Architekten- und Ingenieurverein Hamburg e.V. / Hamburgische Gesellschaft zur Beförderung der Künste und nützlichen Gewerbe. Patriotische Gesellschaft von 1765: Hamburg und seine Bauten. 1969–1984 (Hamburg 1984).

Arch. van den Broek en Bakema 1976
Architectengemeenschap van den Broek en Bakema: Architektur-Urbanismus. Architecture-Urbanism. Architecture-Urbanisme (Stuttgart 1976).

BDA NRW 2016
Bund Deutscher Architekten Nordrhein-Westfalen: Bestand braucht Haltung. Position des BDA Nordrhein-Westfalen zum Umgang mit dem baulichen Bestand und Erbe (Düsseldorf 2016).

Behrmann 2014
N. Behrmann: Abbruchdokumentation. Geschwister-Scholl-Stadtteilschule in Hamburg-Lurup (Detmold 2014).

Bezirksamt Altona 2014
Bezirksamt Altona: Problem- und Potenzialanalyse (PPA). Osdorfer Born / Lurup. Stand 08. Dezember 2014, http://osdorfer-born.de/sites/default/files/files/book/2014_12_08_ppa_osdorf_lurup.pdf (7.8.2020).

Brändle 1966
K. Brändle: Schulbauprogramm und Vorfertigungssystem, in: Studiengemeinschaft für Fertigbau e.V. (Hg.): Schulbau durch Vorfertigung. Querschnitt-Schriftenreihe der Rationalisierungs-Gemeinschaft Bauwesen im RKW, Bd. 13 (Frankfurt am Main 1966) 11–16.

BSB 2012
Behörde für Schule und Berufsbildung: Abriss der alten Gesamtschule und Schulneubau für 26,9 Millionen im Zentrum Schulsenator Rabe: Rückenwind für den Stadtteil Steilshoop, 8.11.2012,https://www.hamburg.de/pressearchiv-fhh/3686660/2012-11-08-bsb-schulneubauplanung/ (7.8.2020).

Bürgerschaft HH 2017
Bürgerschaft der Freien und Hansestadt Hamburg: Drucksache 21/9687, 11.7.2017, 2 S., https://www.buergerschaft-hh.de/ParlDok/dokument/58494/geschwister-scholl-schule-ein-weiteres-negatives-beispiel-f%C3%BCr-den-umgang-des-senats-mit-seinen-eigenen-denkm%C3%A4lern-.pdf (7.8.2020).

Capol 2009
J. Capol: Denkmalpflege für die Bauten der Boomjahre?, in: U. Hassler / C. Dumont s'Ayot (Hg.): Bauten der Boomjahre. Paradoxien der Erhaltung. Architectures de la croissance. Les paradoxes de la sauvegarde (Zürich / Gollion 2009) 210–213.

Finanzbehörde Hamburg 2017
Finanzbehörde Hamburg: Baustart 2017. 34,9 Millionen Euro für die neue Geschwister-Scholl-Schule, 7.9.2017, https://www.hamburg.de/fb/sbh-newsarchiv/9464344/neubau-geschwister-scholl-schule/ (7.8.2020).

Geschwister-Scholl-Stadtteilschule 2018
Geschwister-Scholl-Stadtteilschule: Geschichte, https://gsst.hamburg.de/geschichte-der-schule/ (30.9.2018).

Groth 2018
K. Groth: Standardschule schlägt Wohnexperiment. Steht das Berliner Projekt ps wedding vor dem Aus?, 12.10.2018, https://www.baunetz.de/meldungen/Meldungen-Steht_das_Berliner_Projekt_ps_wedding_vor_dem_Aus__5513372.html (7.8.2020).

Izzo / Gubitosi 1981
A. Izzo / C. Gubitosi (Hg.): Van Den Broek / Bakema. Ausstellungskatalog IV Mostra di Architettura. Istituto di Analisi Architettonica, Facoltà di Architettura di Napoli, Reale Ambasciata die Paesi Bassi, Azienda Autonoma Soggiorno e Turismo di Napoli. 1974 (Rom 1981).

Kohler 2009
N. Kohler: Langfristdynamik von Gebäudebeständen am Beispiel der deutschen Hochschulen und Grosssiedlungen der Boomjahre, in: U. Hassler / C. Dumont s'Ayot (Hg.): Bauten der Boomjahre. Paradoxien der Erhaltung. Architectures de la croissance. Les paradoxes de la sauvegarde (Zürich / Gollion 2009) 194–209.

Langenberg 2013
S. Langenberg: Offenheit als Prinzip, in: dies. (Hg.): Offenheit als Prinzip. Das Marburger Bausystem (Sulgen 2013) 4–39.

Montag Stiftung 2015
Montag Stiftung Jugend und Gesellschaft: Fünfmal Phase Null. Dokumentation der Pilotprojekte »Schulen planen und bauen« (Bonn 2015).

Pfanner 2017
S. Pfanner: Marode Geschwister-Scholl-Schule: Stadt Konstanz prüft jetzt Neubau-Vorschlag, 22.6.2017, https://www.suedkurier.de/region/kreis-konstanz/konstanz/Marode-Geschwister-Scholl-Schule-Stadt-Konstanz-prueft-jetzt-Neubau-Vorschlag;art372448,9300512 (7.8.2020).

Picht 1964
G. Picht: Die deutsche Bildungskatastrophe. Analyse und Dokumentation (Freiburg im Breisgau 1964).

Schubert 2019
D. Schubert: Wohnungen, Wohnungen und nochmals Wohnungen... Die neue Heimat – ein Wohnungsbaukonzern zwischen Reformambitionen und wirtschaftlichen Zwängen, in: U. Schwarz (Hg.): Neue Heimat. Das Gesicht der Bundesrepublik. Bauten und Projekte 1947–85 (München, Hamburg 2019) 54–437.

Stieger 2013
P. Stieger: Architektonische und Städtebauliche Entwicklung, in: Freie und Hansestadt Hamburg, Kulturbehörde, Denkmalschutzamt (Hg.): Hamburgs öffentliche Gebäude und die Denkmalpflege. Denkmal – Geschichte – Erhaltung. Arbeitshefte zur Denkmalpflege in Hamburg, Nr. 27/2 (Hamburg 2013) 19–38.

Weber / Riekmann 1973
Weber, Jos / Riekmann, Jürgen: Die Superschule? Von der Gesamtschule zum Bildungszentrum für alle! (Düsseldorf 1973).

Abbildungsnachweis

1, 10 Foto: Marriët Boutez 2019.
2   Foto: Marriët Boutez 2018.
3   Auf Grundlage von www.openstreetmap.org, eigene Darstellung.
4   Zeichnung von Joseph Weber. Hamburger Architekturarchiv, Bestand Jos Weber, Signatur A029/03, undatiert. Foto: Marriet Boutez 2019.
5   Auf Grundlage von unveröffentlichten Bestandszeichnungen von Nadine Behrmann, angefertigt 2014 im Zuge der Abrissdokumentation, eigene Darstellung.
6–9   Fotos: Felix Borkenau 2014.

Weiterbauen als konkrete Aufgabe: Zwei Dokumentationen

Waking up Dead Buildings
The Neemrana Example in India

Aman Nath

The title of this publication, *Vom Wert des Weiter-bauens* (On the Value of Continuous Construction), is of particular relevance to India where everyone likes to build in their own manner and name. I could write several volumes on construction because I value buildings. In the USA they say «publish or perish», but books don't provide shelter or beds and kitchens. Even ruins can be more hospitable to live in with just a few walls and half roofs! In India «build or perish» would be more appropriate given the rate at which the population is growing, as building can provide more «physical» help than just books! So how does a non-architect like me gather the courage to restore, revitalise for re-use, and then share these restored buildings across India with thousands of guests (fig. 1)?

The Context

The diversity of India is more staggering than most continents: 29 states, seven union territories, 6,400 castes, eight major religions, six ethnic groups celebrating 29 major festivals as well as life itself, despite so many daily hardships. Added to this is the sheer size of the land mass and the length of India's history, with archaeological remains that go back over 5,000 years. More recent ruins too are spread across a sub-continent the size of Europe.

India is perhaps the only nation state today that can boast a continuous living civilisation active since ancient times – although Japan may offer something similar on a smaller scale. This creates its own problems of overconfidence and

1 Once a grand ruin, the restored Neemrana Fort-Palace Hotel now welcomes guests from all over the world.

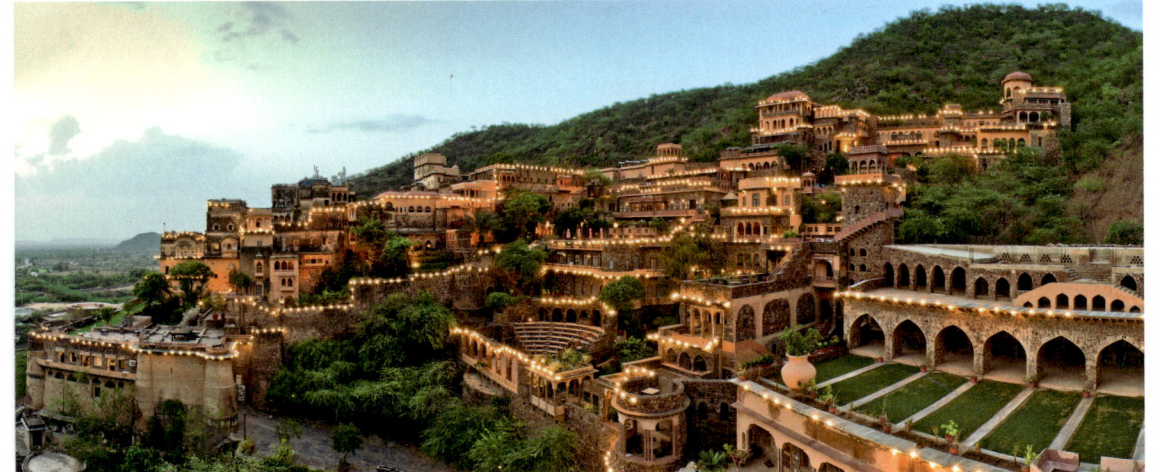

even complacence! Before the early 20th century when the Governor-General Lord Curzon formed the Archaeological Survey of India, ruins were allowed to fall, disintegrate, or just be vandalised for other construction. Every ruler built in his name for that was considered one's private piece of posterity. To restore what one's ancestors had built obviously gave less satisfaction or merit in a living civilisation that was keen to build and exhibit its civilisational creativity and might.

Because India lives so much in the present, concerned more about the important daily chores and travails for sustenance, the past is left far behind. The many invaders who came – Greeks, Scythians, Kushans, Huns, Parthians, Afghans, Turks, Mongols – never quite achieved in totality what they had planned. Their proselytising was met with an unequal dose of military and humanitarian resistance, meaning that the invaders' zeal ended with their being assimilated. India swallowed all and though the ravages of war led to a lot of wilful destruction of its built and intangible heritage, India also became richer with influences as wide ranging as Persian, Greek, and Turkish to Portuguese, Danish, Dutch, French, and British.

How the Informal Building Began

In the year 1984 quite by chance I met a student whom I had taught briefly at the Doon School. He wanted to sell me land, but I was looking for a large tree to make a tree house! Even as a child, I had wanted to set up home in every abandoned caravanserai on the road or forlorn structure when we picnicked off the road. This search in the outskirts of Delhi in 1984 took me to an amazing site at the foot of the Aravalli Hills. Some ruins stood there – picturesque and poetic enough for me to lose my heart to them. I first bought one and began to make it liveable with the simplest necessary changes or interventions. For a painter-poet-historian and graphic designer there was a lot of learning

to do. But being a non-architect helped in finding original solutions. When I needed to buy wood for the rafters where roofs had fallen, the locals told me of white Neem, *Azadirachta indica*, a wood which is safe from termites, so that is what I hunted for and got. While mainly cement was being used in urban and rural construction, this ruined *haveli* (a house built around a courtyard) was built in lime mortar. This was available nearby though there was a dwindling demand. I also found an abandoned millstone to grind it. Now only a camel was needed and that too seemed no problem. So before one knew it, everything was in place as old masons appeared with the same ease as young labour.

In India the unskilled learn skills very fast. Now, after 34 years of undertaking projects in the north, west, centre and the south, it is reassuring to say that master masons and craftspeople in wood, stone, metal and for construction in brick, or stonemasonry work in stone or brick, were available all over. This is what made our work possible. The fact that the new generation, even when they were semi-literate, learned fast in their apprenticeship – brings hope for the future. The catch, however, is that the sons of the masons and craftspersons are not necessarily the ones who will now carry forward the skills and techniques. Many of them are studying to go and work in offices in the city! This is considered upward mobility. So it is the dropouts and the semi-literate who will remain in this profession. The brain will be separated from the hands and quality will certainly suffer.

While it is so much easier to work in India where there is a lack of awareness and regulations and a ready availability of masons, carpenters, plumbers, and electricians who still learn by the old system of apprenticeship under a master (as well as in technical institutes), there can be a great mess if anyone who is insensitive to the past buys an old building and touches it indiscriminately. It needs to be clarified that Neemrana did not restore any «listed» buildings, but only those considered unimportant. The important ones are still looked after by the central and state governments. Had our buildings been levelled to the ground, it would have been a great loss but not a breach of Indian law!

In the 30-plus projects that Francis Wacziarg and I completed across India, the one thing we found in common was the curiosity of people to ask, «Why are you wasting money on this ruin?» Francis was more attracted to South India, but even there we found that where no plans or drawings exist, it's the sixth sense that guides all those who work in India with their hands! This skill for ingenious improvisation is called *jugad*. To this if you add a good western liberal education with a keen sense of observation – which amounts to constant learning – plus an aptitude for geometry, art, and structures you get the Neemrana brand of restoration and revitalisation. We not only changed the end use of the existing structures but also made sensitive additions in the same genre or idiom. For example, the organic growth of Neemrana Fort-Palace, a building that had been constantly added to since 1464, seems to spring out of a self-propelled design language of a long continuous civilisation. I turn now to a few specific projects from the two dozen that we have carried out.

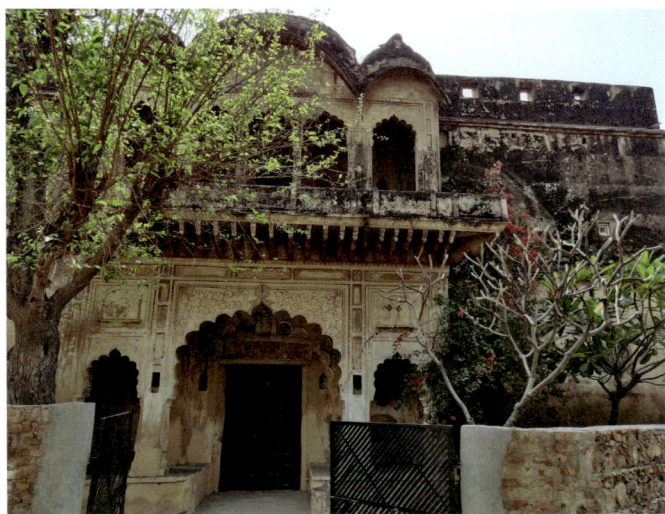

2   Khohar Haveli, 18th century, entrance.

Project One: The Khohar Haveli, 18th Century

How little a ruin is valued in India can be ascertained from the price of the first *haveli* which I bought for Rs. 30,000,- in 1984, the equivalent of €5,000,- in 2019! Although it cost many times that amount to introduce concealed plumbing and electricity, the cost of the restoration was still much less expensive than building afresh. The volume of materials used in the sheer thickness of the stone walls built in lime mortar would scare away a modern builder.

Since this courtyard home or *haveli* was built in the wilderness, it was much like a little fortress with no windows on the outside and a single door at the entrance (fig. 2). Some of the arched niches in the rooms and courtyards (fig. 3) turned out ideal to be pierced and made into windows.

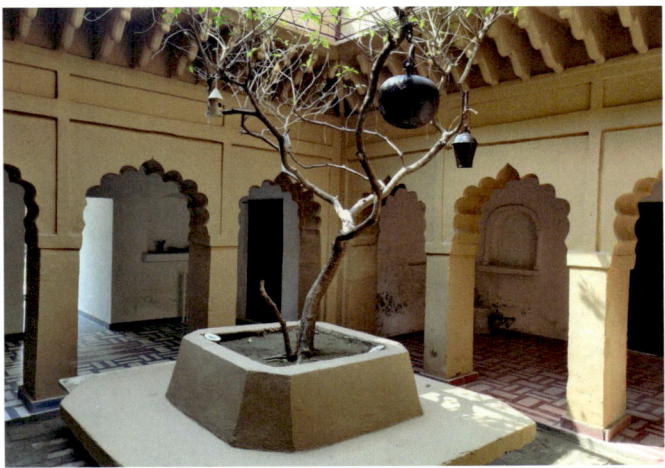

3   The court with a fragrant flowering tree.

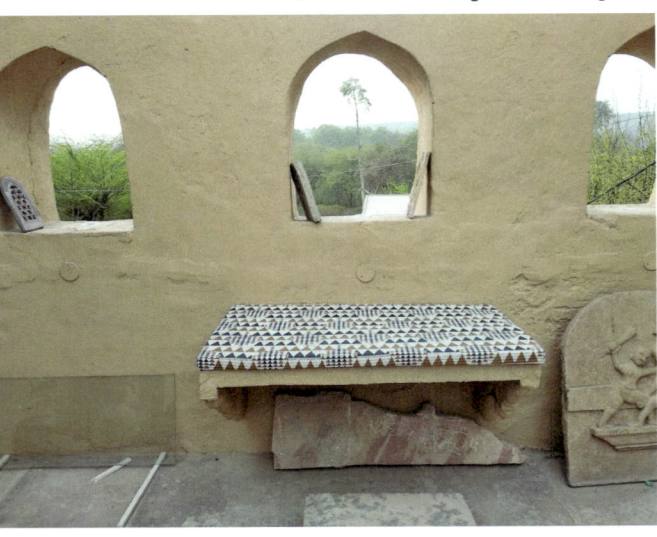

4   A seat on the first floor to catch the view and the breeze.

These openings were measured and old windows sourced from homes in Shekhavati where a reverse process had begun: people were breaking up old homes to build modern ones that brought them both more comfort and new social prestige.

Water was a great challenge as the sources in the village had only salty, brackish samples. Six wells had been dug in the past with no success. So the women would go with pitchers and fill them from a water well some 500 metres away. I got a water diviner (in whom I must confess I had no faith) to come and guess where I could drill for fresh water. The first attempt was a failure and I had laughed at myself for accepting primitive beliefs, but I dared to try again because I had bought the *haveli* and needed to use it. At the second attempt, fresh water appeared to my good fortune and the village took this as a good omen to welcome me to be one among them. Then one day a cobra appeared from a pitcher in a wall of my home. But rather than scare anyone away, it was taken as an auspicious sign for prosperity as snakes are supposed to guard treasures!

All the furniture – the charpoys to sleep in, the low chairs used by the ladies to churn butter from milk, the benches, stone bowls, etc. – were sourced from junk shops and antique dealers in Rajasthan. Placed back in the kind of house from where they had been originally sold, the furniture and artefacts recreated the lost past effortlessly. I didn't take the modern option of using today's interventions in contemporary materials and designs. But this aesthetic return to a past lifestyle caught the fancy of everyone. The Khohar haveli appeared in all the Indian design and architecture magazines as well as in *Architectural Digest*. This first haveli now belongs to my closest childhood friend Yogi Vaid and I have re-restored it to be more liveable for today (fig. 5).

5   In 2020, a Mughal garden has been added to the back by opening a door with a small portico.

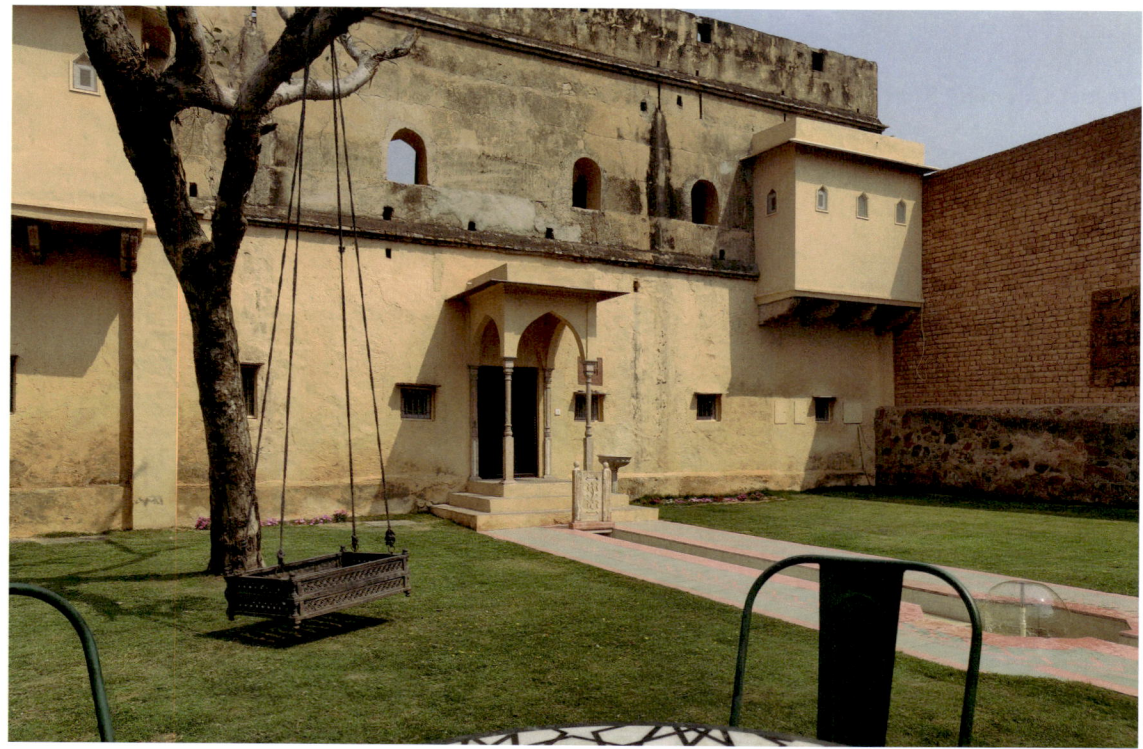

Project Two: Neemrana Fort-Palace, 15th century

This flagship project came to be known worldwide as a seminal and path-breaking project where medieval and modern India were to dovetail seamlessly. The word *Neemranification* in India came to signify a new way of using old buildings with a new sensibility, but making them enter a self-sufficient cycle so that they could look after their own viability in the future.

For 40 years after 1947, when they moved out of their fort-palace which was becoming increasingly unsafe to live in, the Neemrana royal family tried to sell the property. People like Jacqueline Kennedy, Indian industrialists, and even the children of Indira Gandhi had gone to see this splendid but crumbling ruin. Its selling price was Rs. 100,000,- or € 1,200,- in 2019 values! But by the time I bought it with two Indian friends, the price had gone up six times to € 7,200,- in today's values. The currency conversion rates made it quite a price for a ruin, though it may seem cheap today. Even then, it was a formidable ruin stretching across 1.5 hectares and built in nine tiers that climbed the slope of the 12-hectare hill (fig. 6). The rocky Aravalli ranges on which the ruins stood were two billion years old, known as the oldest fold mountains in the world. For me both were treasures – natural and manmade.

The work itself began in 1986, first by cleaning all the rubble off the fallen walls. Then the breaches in the ramparts had to be repaired and blocked to secure them from unwanted outsiders. Materials were bought from nearby suppliers. Trucks came as far as they could climb the hill. Then donkeys were loaded with bricks, sand, and other materials to carry them as far as they could, with manual labour completing the journey to the restoration site. Not

6   Neemrana Fort-Palace, 2015.

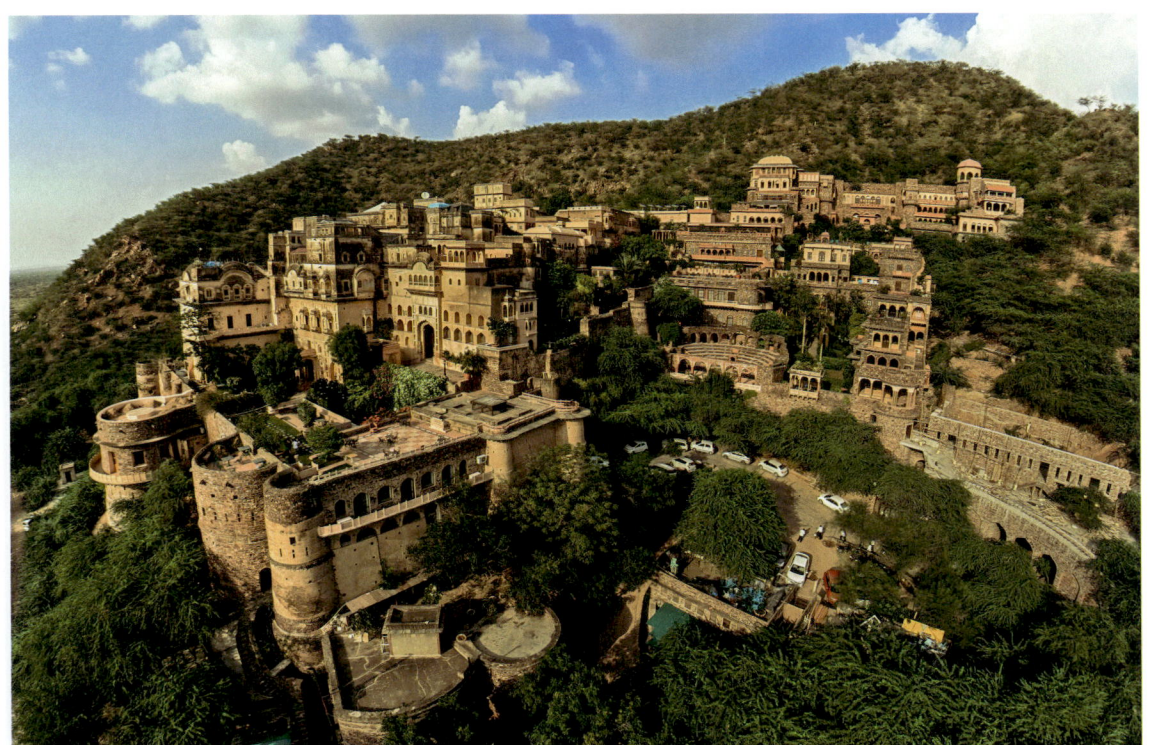

much had changed since the building was first constructed – except the trucks. But for smaller quantities of materials, we also used camel-drawn carts which had served the earlier rulers.

Neemrana's transformation has not been done on the purist lines applied to, let us say, the restoration of the seven wonders of the world. The approach had to be pragmatic as well as aesthetic. It was a revitalisation for a changed end-use, where a horse stable could become a shop or a small kitchen become a guest room, and costs were very important because the project was privately and tightly funded.

The great strength of the Neemrana restoration has been the skills of hereditary craftspeople who learned practically, as in the ancient guilds. I always marvelled at the solutions they came up with when we had an open discussion on any issue or problem. My education in history was at college, but a childhood spent making toy buildings with a British brand called Meccano, where we screwed and unscrewed perforated metal pieces and erected fantastical buildings, was surely put to good use. Plus all the carpentry, modelling in clay, and a lot of free-hand drawing that we did at school. I believe that just as money is not a substitute for perseverance, education on outmoded systems isn't a match for a willing and passionate process of self-learning.

When all the master masons had once applied themselves to a solution to build a stairway where not enough space seemed available, I spiralled a simple solution on stone brackets. It now seems that the stairway had always been there at Neemrana! Added to this was a constant telepathic serendipity: I wanted to make a tunnel but, on clearing the debris and digging the soil, we found that a tunnel had already been built in the past! Why would someone not have thought of the same solution before me? It was not so much a coincidence, I believe, as plain common sense, which can lead to the same creative solutions. But in India, this is quite simply interpreted as my having been reborn to complete a task left undone by me in a previous life!

Having guests enjoy the benefits of technology at a heritage site without ever seeing it was a constant but pleasurable challenge at Neemrana. I learned by experience that it was easier to send up an electric cable from the corner of a room where two walls meet, rather than the middle because the entire stone wall had to be hammered and chased by hand. Besides, the lines showed up in the walls even after they were plastered and painted.

Many architects and professionals came to see the work. Structural engineers were consulted for the pools and halls that spanned wide areas, but they saw how conscientiously we had carved the

7   The ruins of Tijara Fort-Palace, 19th century.

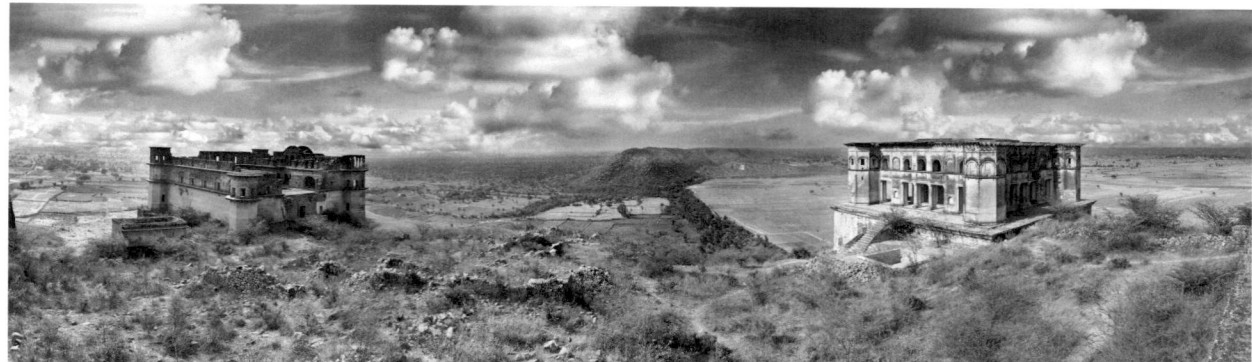

stone hill to plant solid footings from which reinforced concrete (RCC) columns appeared and how these were cross-stitched to solve every problem. Eventually, a whole hidden structure of columns and beams lives hidden at the forts like the strong skeleton of bones in our body. These are linked at regular intervals horizontally into the rocks to bind it into one solid unit. Rooftop gardens were laid on these RCC cages to stunning effect – which isn't possible in traditional lime mortar roofs with vaulted ceilings. Lime spans about three metres with ease. The gardens helped cool the roofs. We always made the beams heavier than what was expected of the spans. Raj Rewal and Ram Sharma, two very prominent contemporary architects, were among the first to come and stay at Neemrana. «Just as well you didn't study architecture,» they said. «You would never have dared to attempt to raise this ruin from its rubble.» Yes, perhaps, my ignorance was bliss.

Project Three: Tijara Fort-Palace, 19th Century

The Tijara Fort-Palace was a splendid ruin that I first saw when a Jain friend suggested I visit Tijara village for its grand *havelis* built at a moment of trading prosperity. These had been abandoned when the original inhabitants migrated in the 19th century as the British began to regulate the trade. But on that visit to Tijara, I couldn't but notice that a greater wonder sat on the hill (fig. 7). Later I was to discover that this was an unfinished fort-palace with Rajput-Afghan and British-colonial borrowings in its design. This too was to be my tryst with destiny.

No drawings existed, though thirteen years of construction had left enough clues of the plan for us to follow. There were three palace structures (fig. 8). The Hawa Mahal or palace of winds had a Rajput-Afghan domed interior with jharokhas and colonial pillars with voluted capitals like ornamented snails, which line the verandahs on all four sides. The half-built Rani Mahal or palace of the queens (see figs. 13 and 14) was designed inwards towards a large courtyard with no windows looking out. This was both for security and for the privacy of the queens. Then there was the grand Mardana Mahal (see figs. 11 and 15) or the palace of the Maharaja and his male courtiers and retinue. This was the least completed as only the court offices below were built when Maharaja Balwant Singh died suddenly. His personal quarters on the first floor were yet to be built. The vast rooftop terrace only had copper pipes laid out for a fountain that sat in the middle of a char-bagh style roof garden, perhaps?

In the absence of any plans, the first phase was to secure the palaces. A fortified wall had to

8   Tijara Fort-Palace in 2017: Rani Mahal on the left and Hawa Mahal on the right.

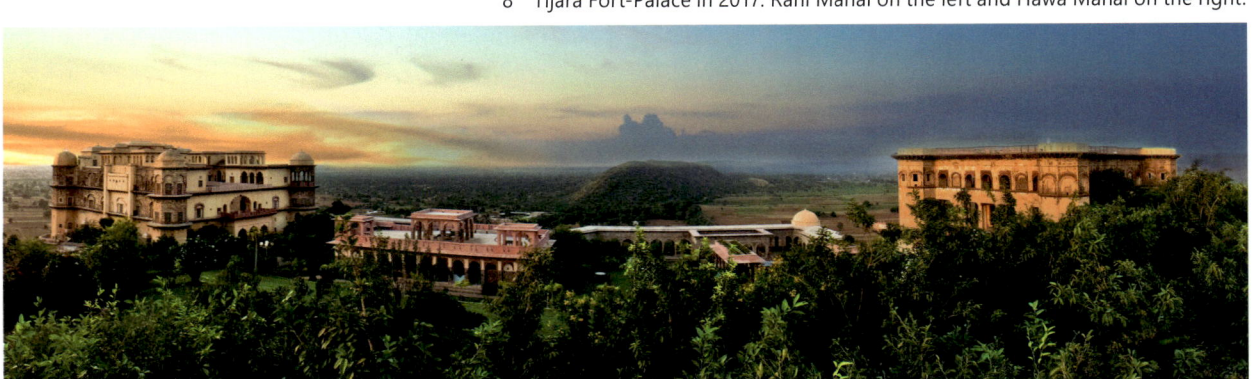

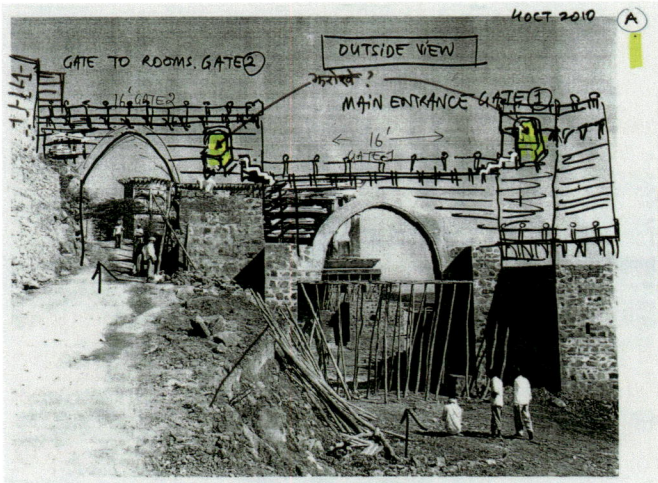

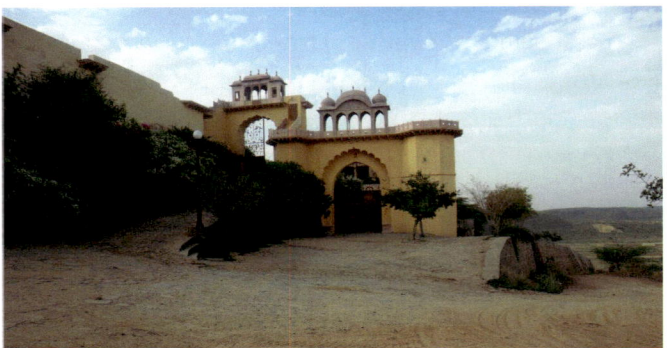

9   New entrance gates: Design sketches and after the construction.

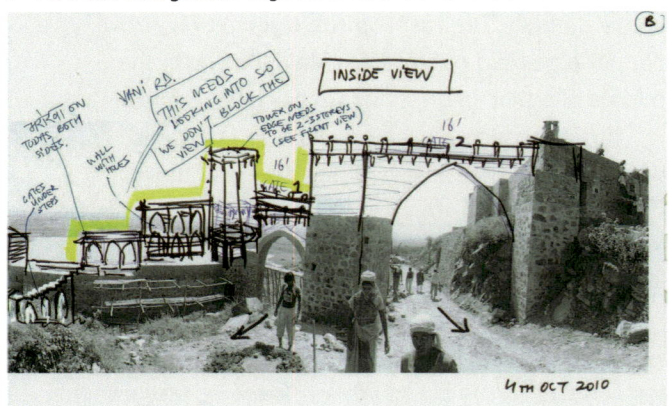

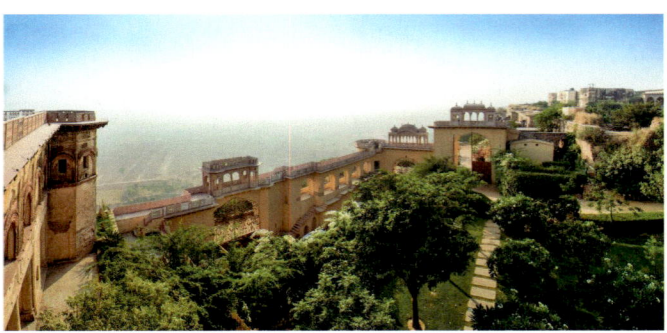

be built, not against the firing of cannons but just to keep out intruding animals and humans. On three sides at least half the fortifications were missing. These were built first – with three large gateways. Two gateways at the lower level (fig. 9) were designed for the entry and exit of cars leading to a newly created reception stairway and ramp to the Hawa Mahal where grey granite elephants were placed to evoke the splendour of a royal welcome. A third gateway, somewhat higher than the other two, was built to access the gardens and residential places (fig. 10).

As Rajasthan is very hot in summer – where temperatures soar up to 50°C – we used some traditional techniques to cool the roofs of the rooms. Hundreds of earthen pitchers, turned by hand on the potters' wheels, were purchased and put face down in five-to-six layers to create elongated domes. The air gaps within the pitchers can bring down the temperature substantially while wide parapets protect the walls from the warmest light from noon time and after. Vaulted roofs were built at lower levels to retain the heritage feel.

The rocky central court of the queen's palace was a deep pit with no walkway around it. This was created with old wrought iron railings, which used to be imported from Glasgow in the British colonial days. The geometry of the exterior architecture and the semblance of a palace inside now began to show when doors, windows, and furniture were put in their places.

It would be difficult to imagine what the original builder and his craftsmen had planned for the sudden gradient of the hill. Would it have been filled up all the way to create a ground for soldiers to parade and drill in? Would it have been terraced? But without the ease of pumping water with electricity, it would have been difficult to envisage gardens in the early 19th century. However we were lucky that the 20th century changed this for us. Just before India gained its independence in 1947, the British had set out on an elaborate water conservation project for many parts of Rajasthan. A long dam had been

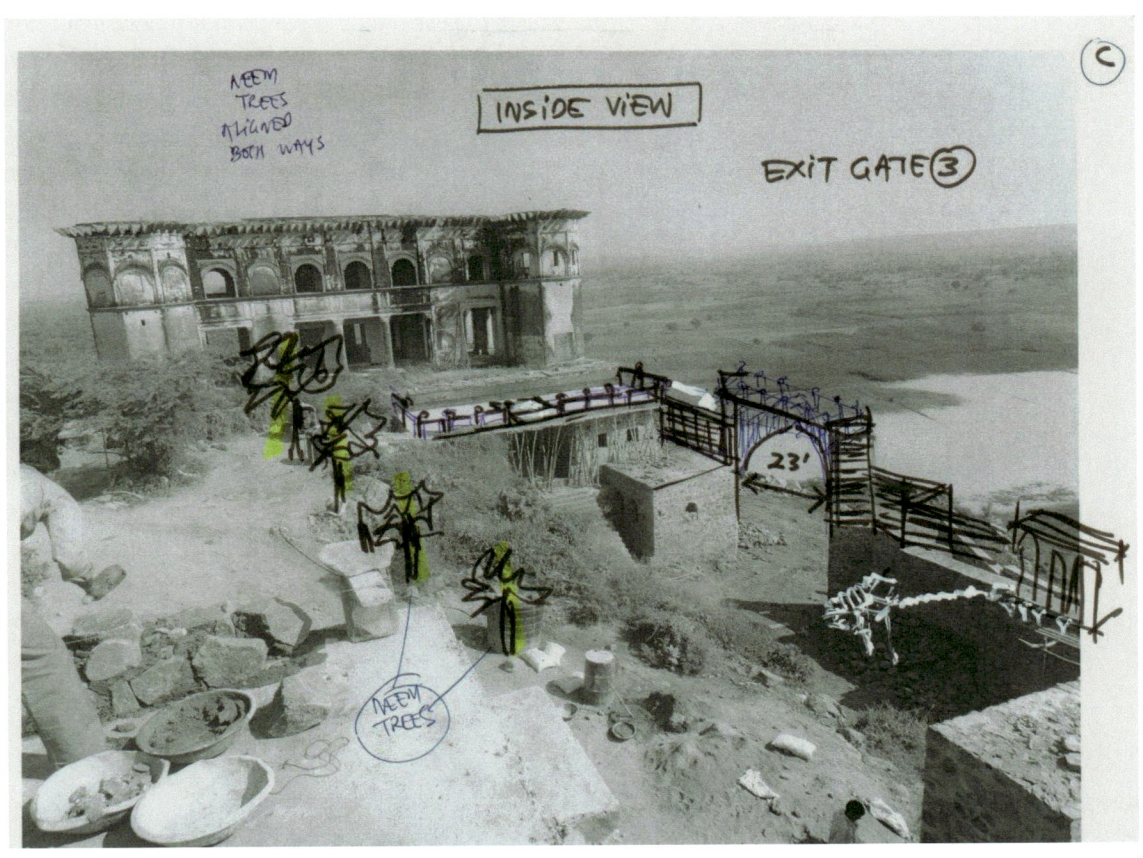

10   Design sketch and the finished entrance at Gate 3.

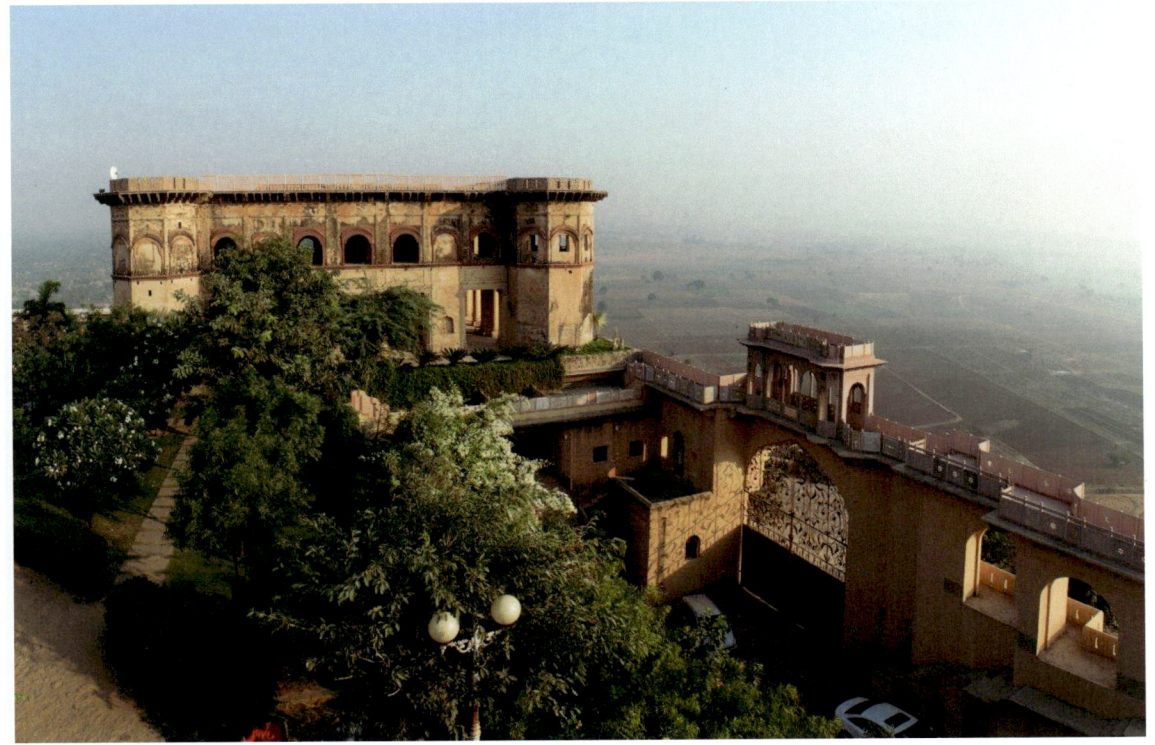

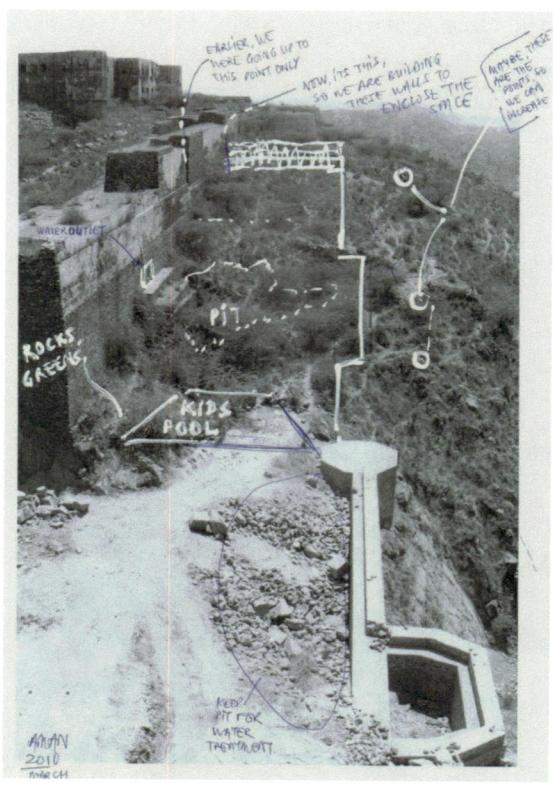

built to retain all the water that flowed from the neighbouring hills. As a result of this foresight, the water level at Tijara was only about 20 metres below the soil whereas it is from 75 to 150 metres in other parts of semi-arid Rajasthan. This gave me the luxury to dream up and cut seven-tiered hanging gardens in the rocky hill of Tijara (figs. 11 and 12). It took us some three years to cut the rocks, build the retaining walls and steps, and to fill good earth and grow what seems like hundreds of metres of grass. When one see pictures of where we began, it is hard to imagine that we are standing on that unfriendly, barren hill where we had to blast holes to grow the trees that make shaded boulevards today.

The effort made and learning gained from working in different Indian sites has been very

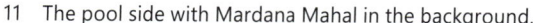

11   The pool side with Mardana Mahal in the background.

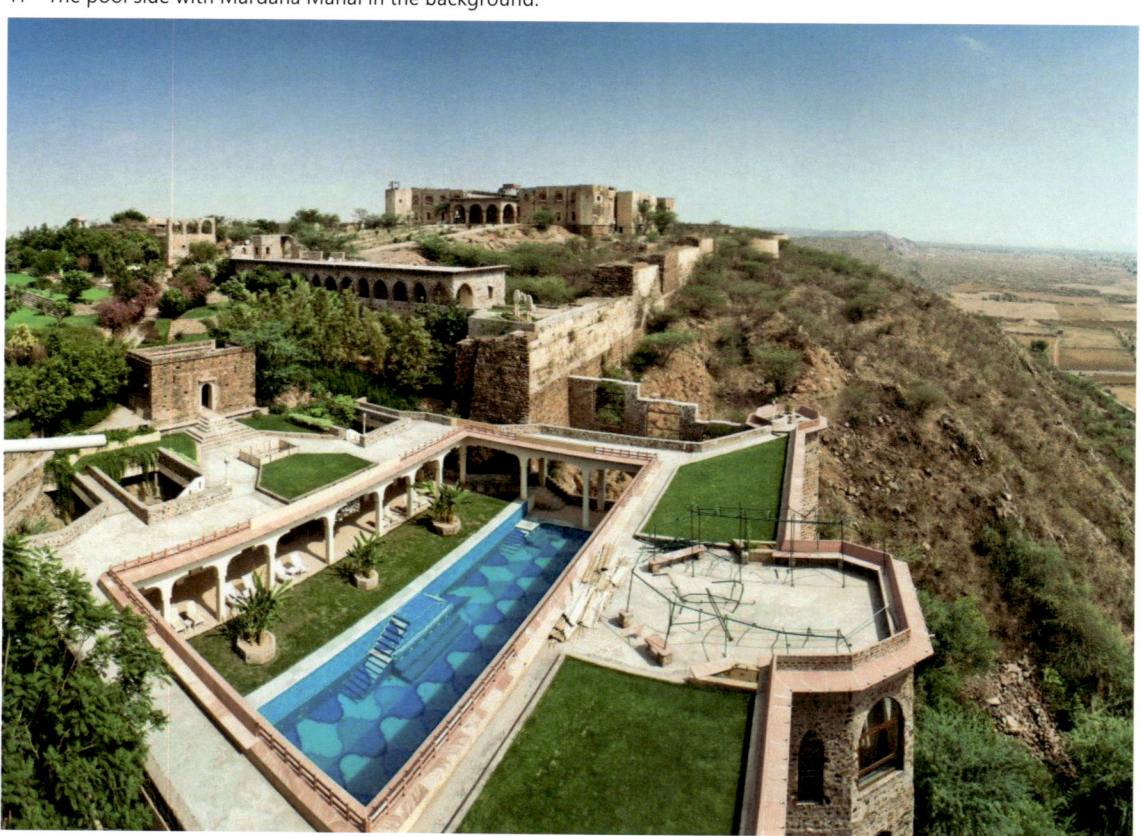

rewarding for the Neemrana team, who learned that nothing was impossible if our discipline and skills were up to the task. It is no longer possible to work like this in Europe and America because they have ironed out their time warps. They cannot build as easil in past techniques. But for those who are as crazy as us and feel the creative need to build, India is the place to come – and Neemrana is that optimism, which I hope will raise up many ruins that are sustainable for the future.

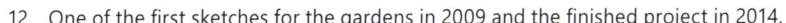

12   One of the first sketches for the gardens in 2009 and the finished project in 2014.

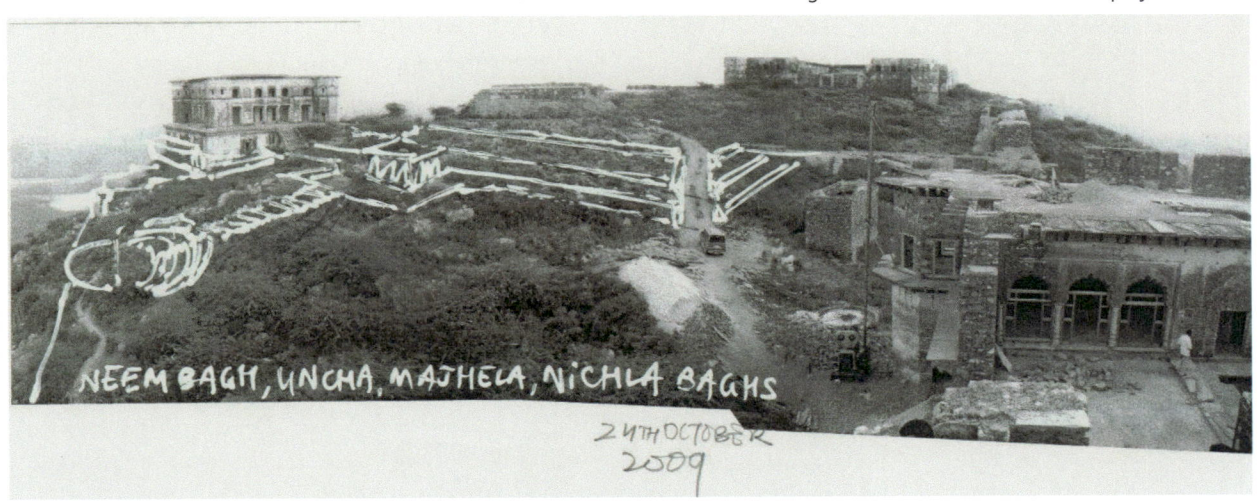

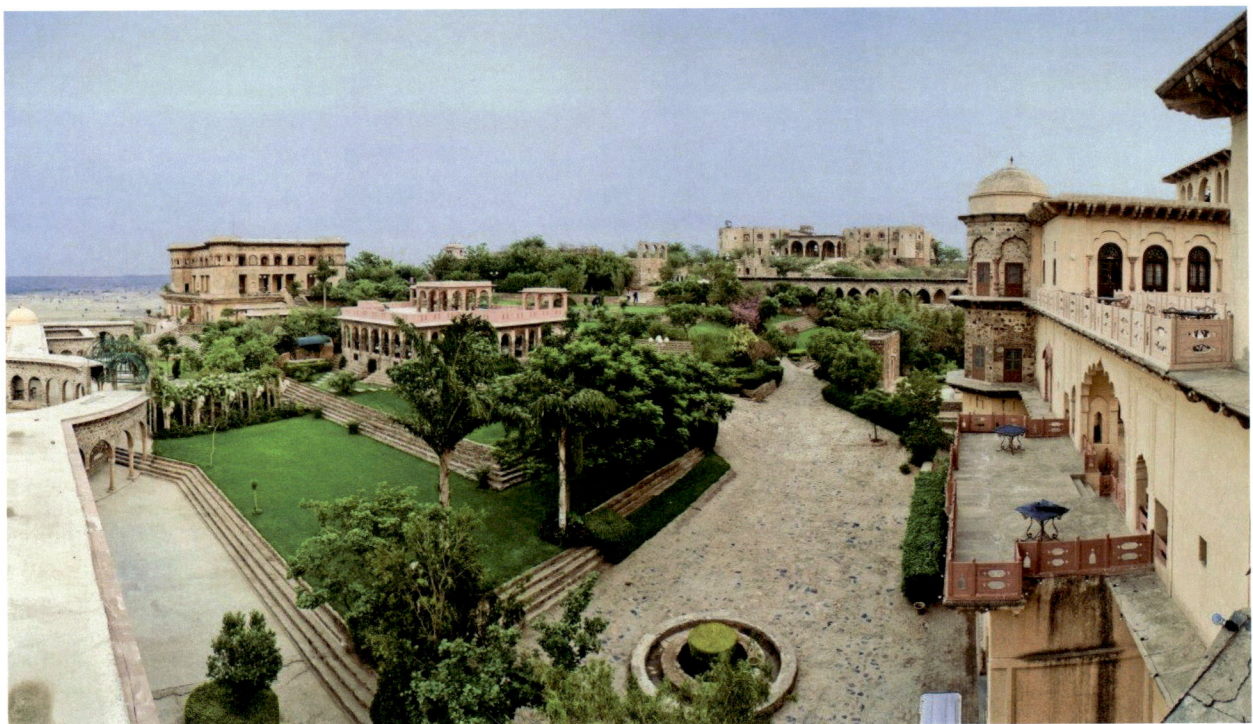

13   Inside view of Rani Mahal, the Queen's Palace.

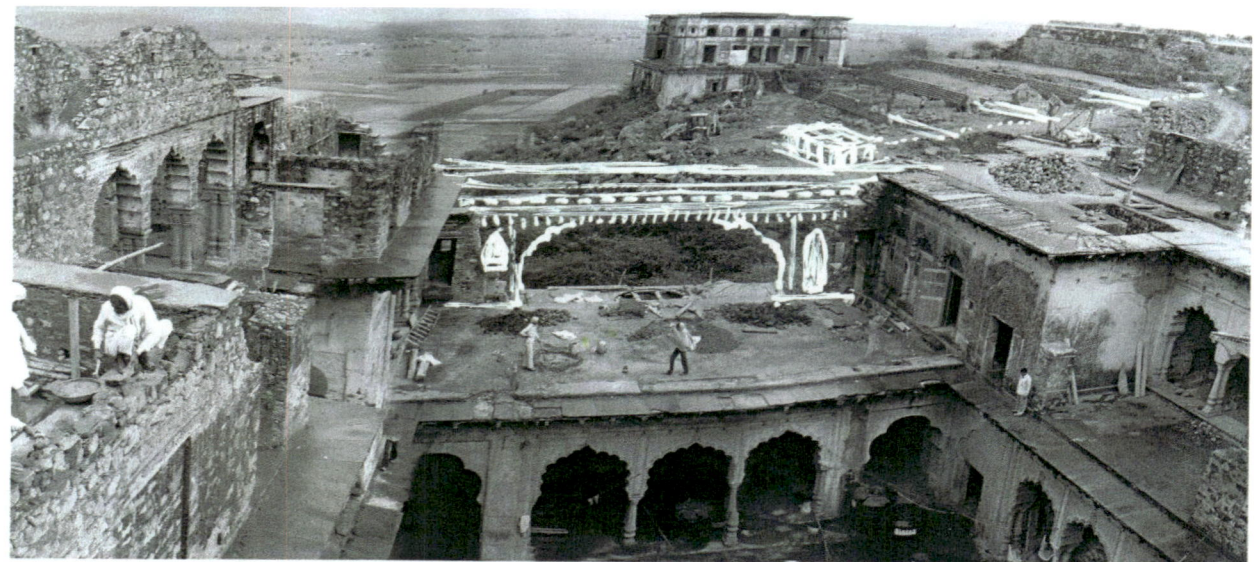

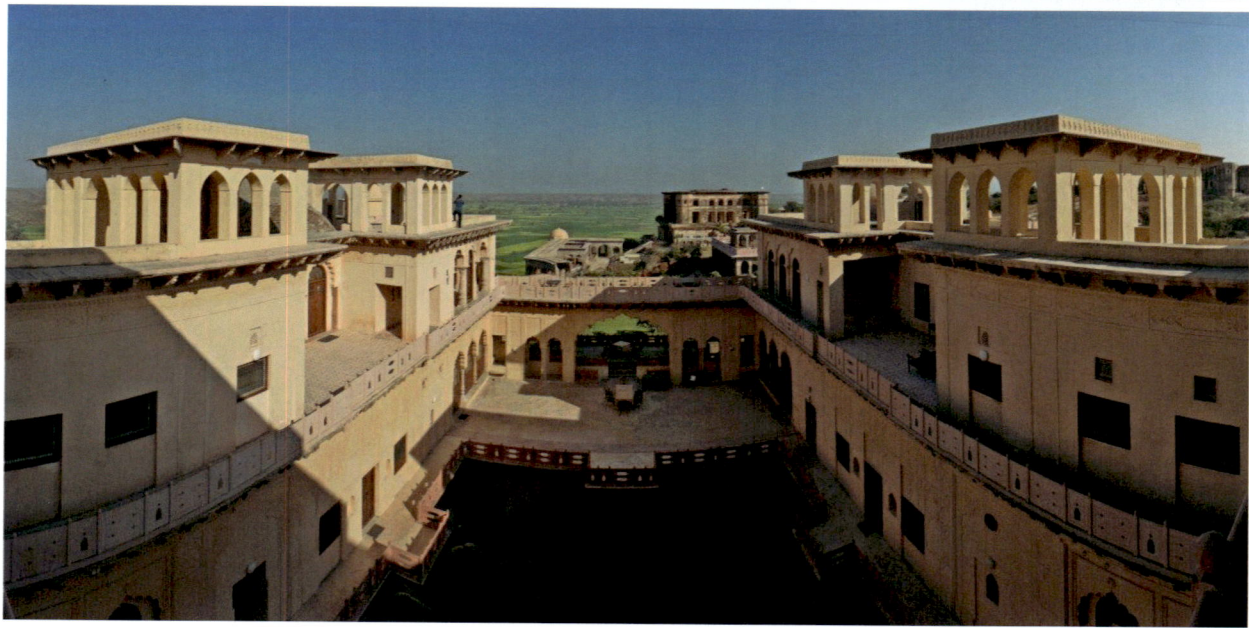

14 Rani Mahal, before and after.

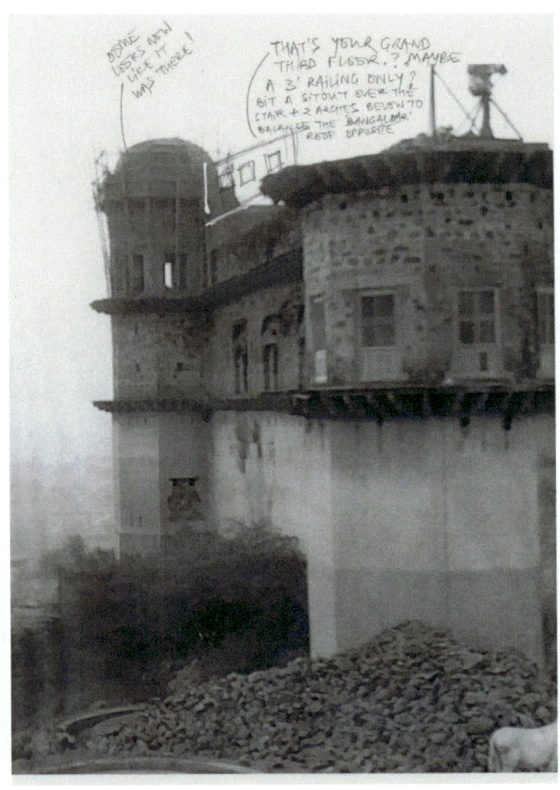

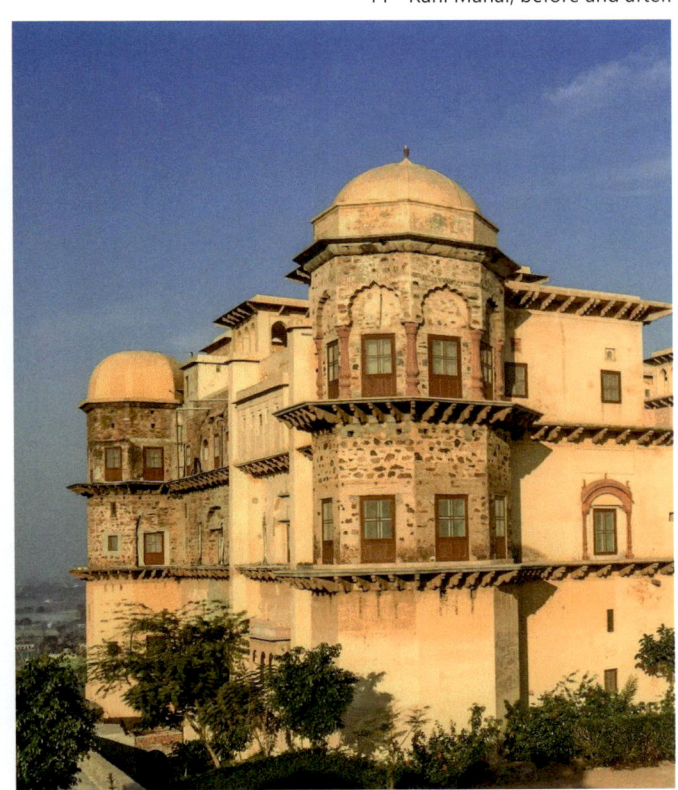

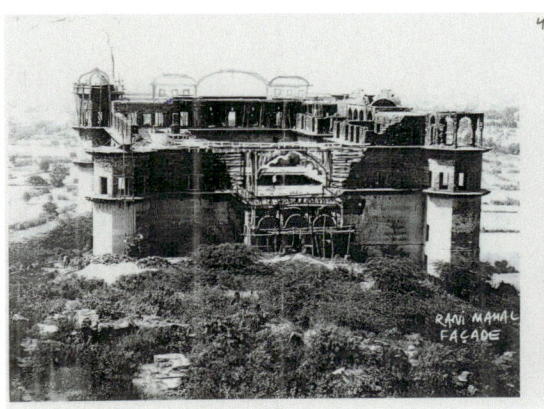

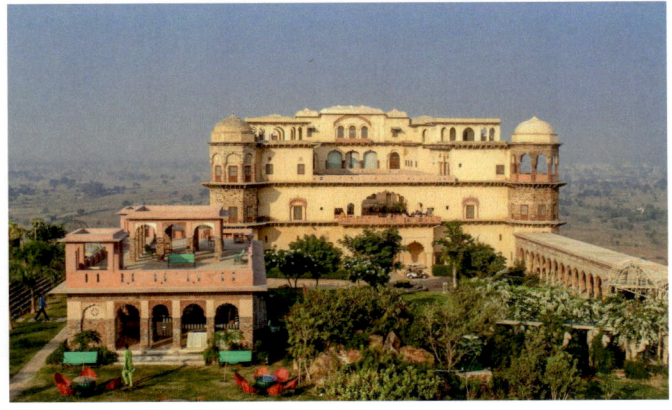

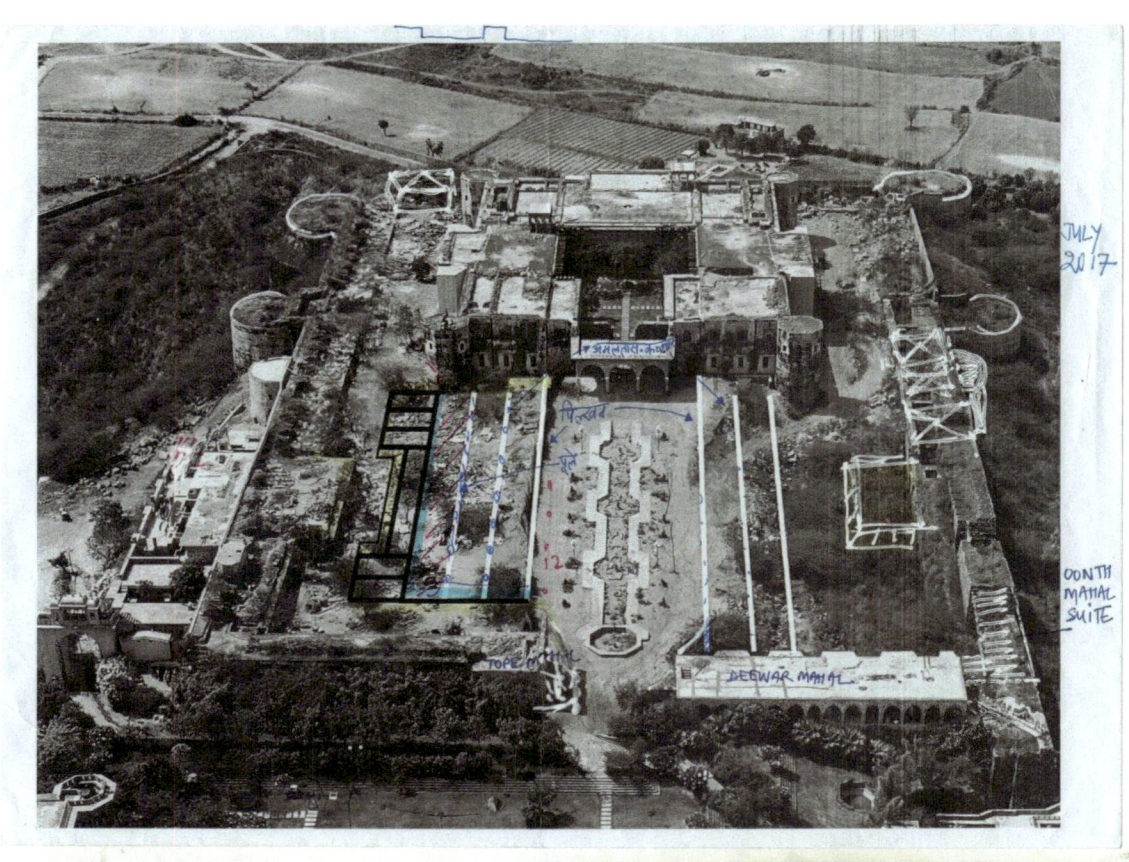

15   Aerial view of Mardana Mahal or Maharaja's palace.

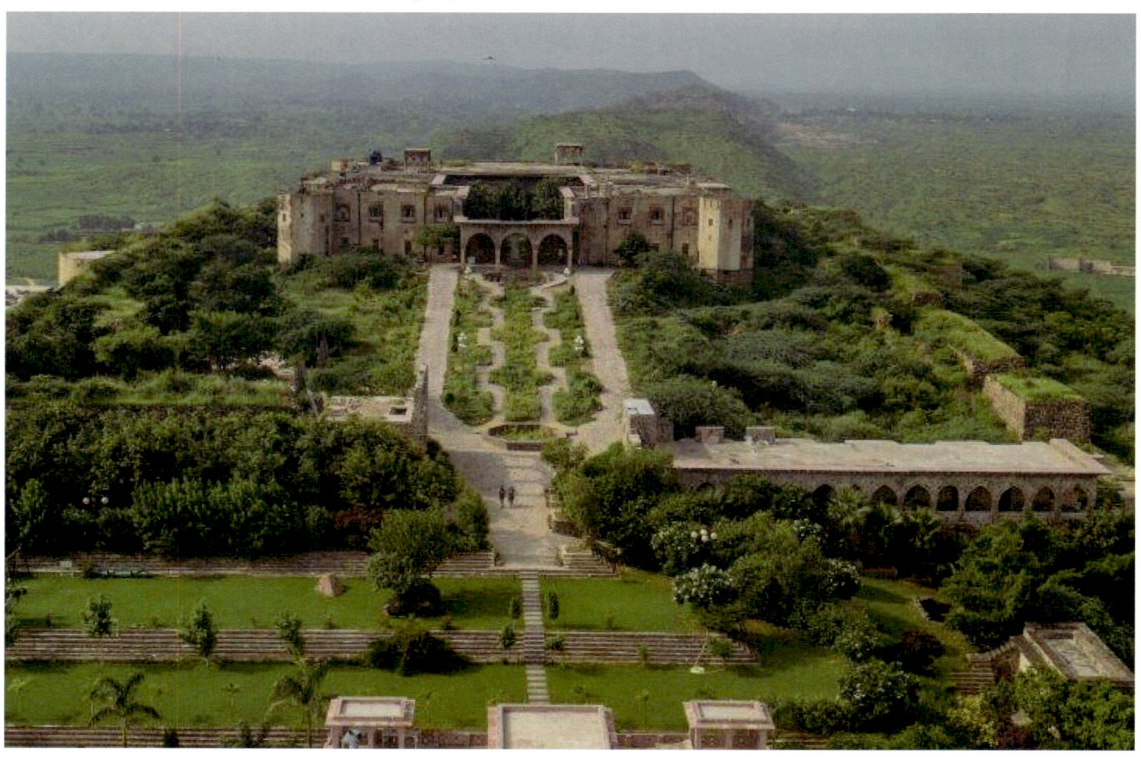

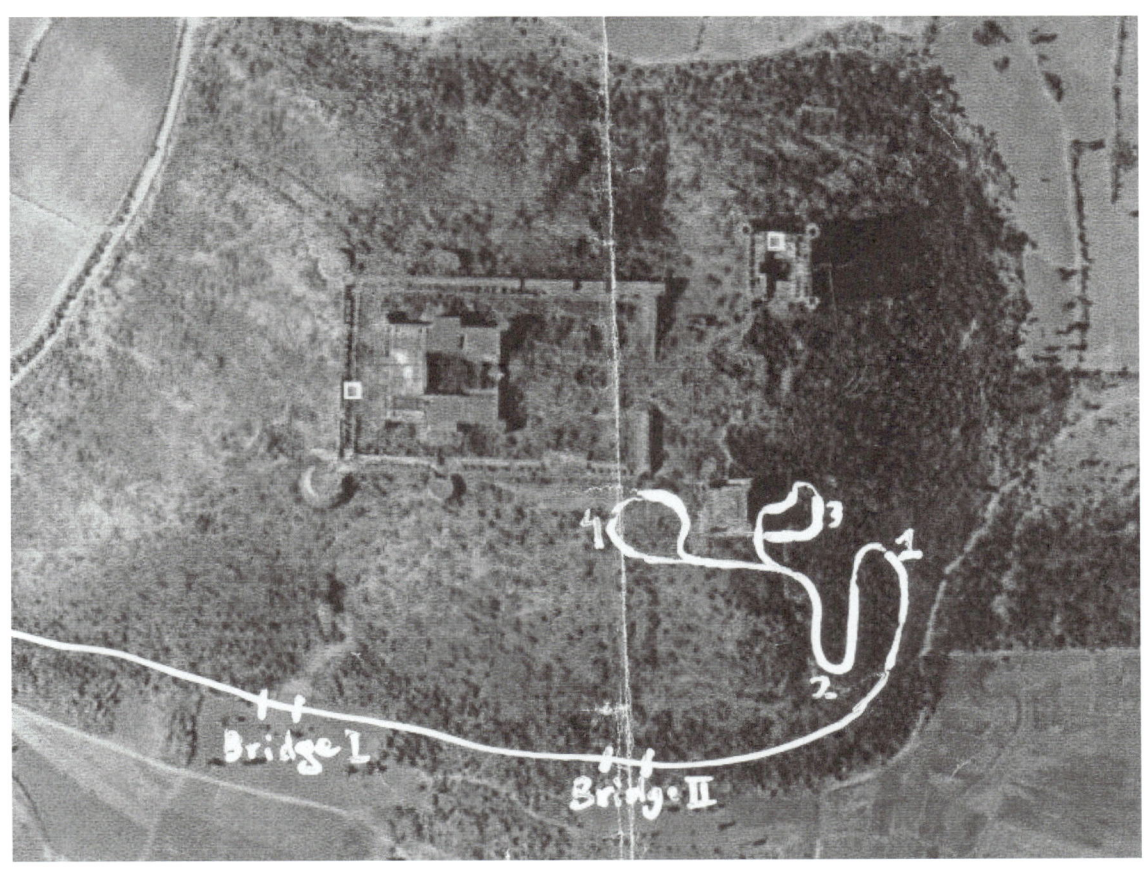

16   Aerial view of Tijara Fort-Palace, before and after – with the newly built road.

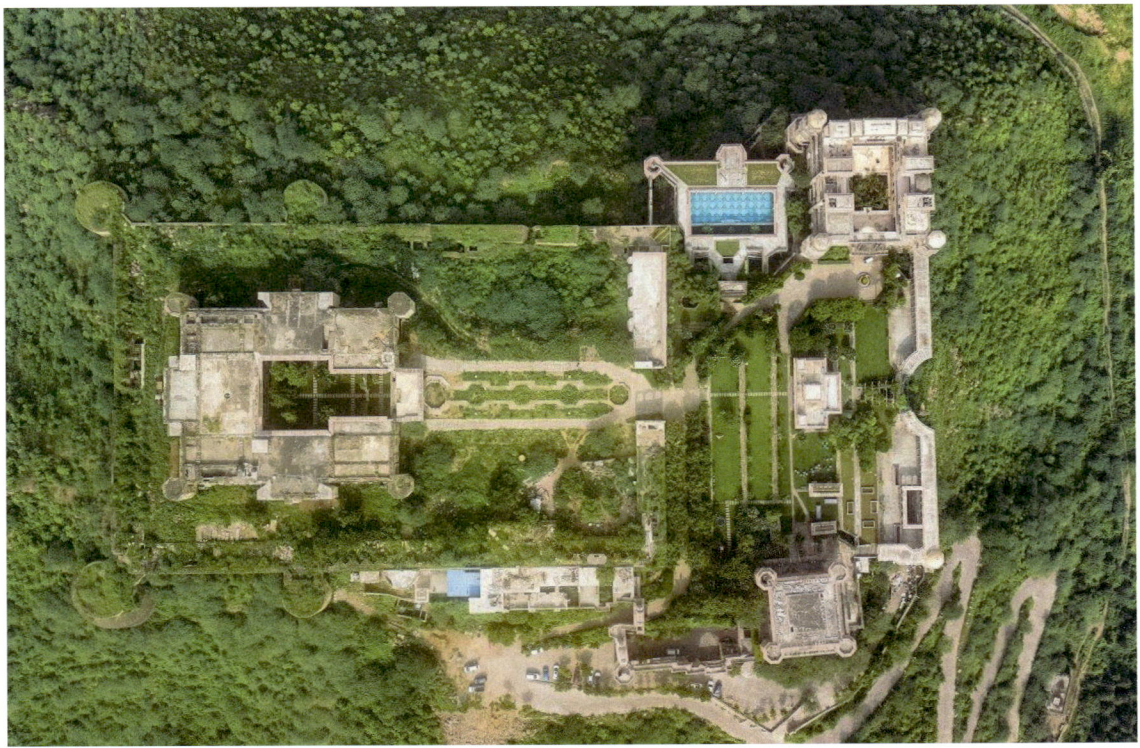

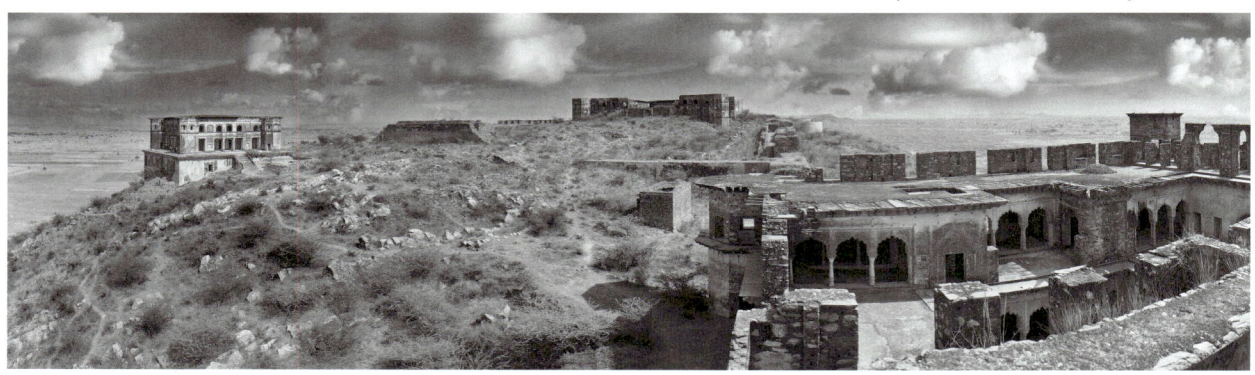

17   The ruins of Tijara Fort-Palace *neemranificated* into a hotel complex with ample garden spaces.

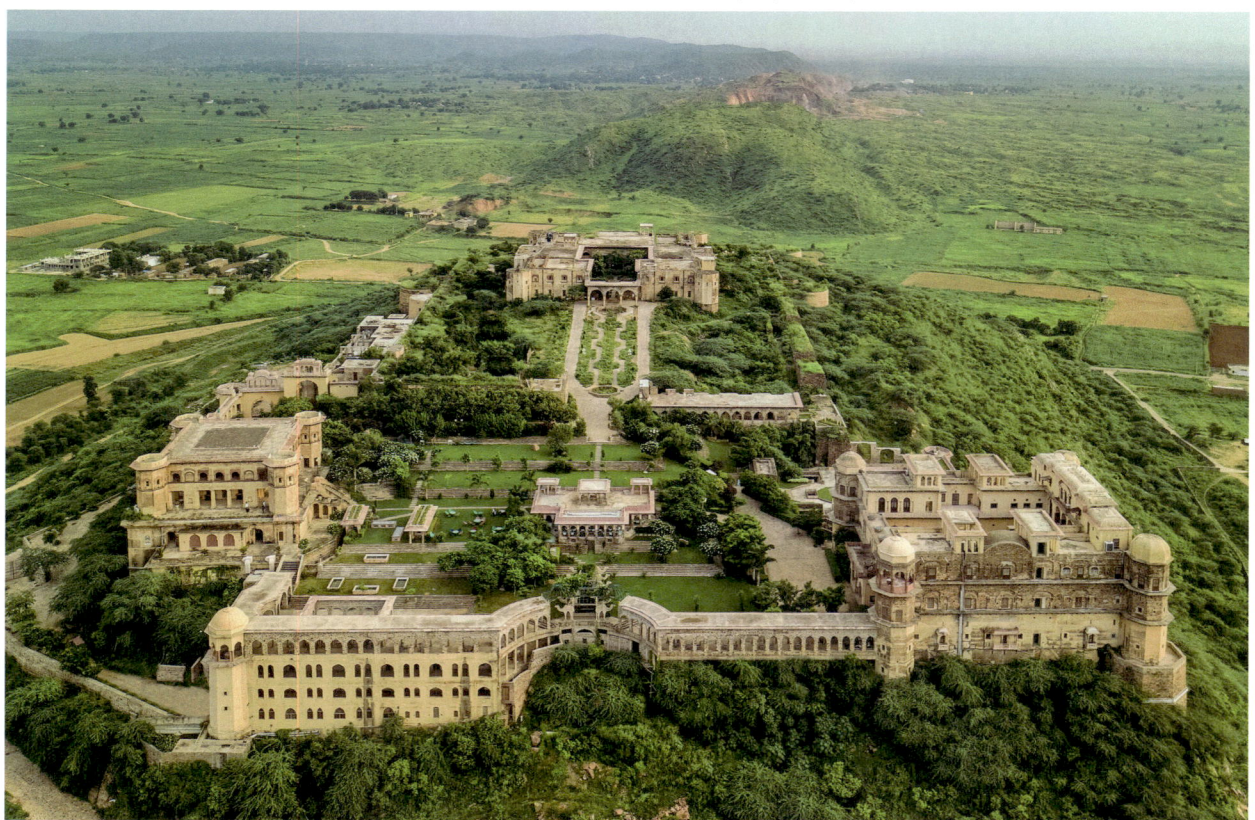

Weiterbauen auf der Berliner Museumsinsel
Zum Entwurf der James-Simon-Galerie

Alexander Schwarz

Die James-Simon-Galerie erschließt als zentrales Eingangsgebäude die gesamte Berliner Museumsinsel. Was will dieses Gebäude sein? Diese Frage beschäftigte uns lange im Büro und führte zu unterschiedlichen entwurflichen Ansätzen. Die funktionalen Defizite der historischen Bauten stellen das Programm des Gebäudes, seine Funktion. Folgt daraus seine Form? Zunächst war das so und entsprechend dialektisch »modern« war auch das Verhältnis des ersten, solitären Entwurfs zum historischen Bestand. Schon während der Entwurfsarbeit am Neuen Museum empfand ich eine alternative Entwurfshaltung immer verlockender; eine, der es gestattet ist, sich das, was schon ist, also das Historische, zu eigen zu machen und daraus eine eigene Moderne zu entwickeln (Abb. 1–4).

Poesie entsteht dann nicht aus dem Gegensatz zum Anderen, sondern im Wissen um das Andere. So macht sich der zweite Entwurf, Einfall eines Augenblicks, zu eigen, was es schon gibt auf der Insel (Abb. 5): Die Freitreppe, die den öffentlichen Raum erhebt und tief ins Gebäude erweitert, die aus dem Wasser ragenden Sockel (Abb. 6), gebaute Topografie, Architektur der horizontalen Schichtung, welche die Hauptfunktionen eher verbirgt als zeigt, die Kolonnade, Architektur der Vertikalen, Raum des Spazierens (in des Wortes wörtlichem Sinne) etc. (Abb. 7 u. 8).

Diese Architektur unterwirft sich nicht mehr die Funktion, sondern entwirft einen öffentlichen Freiraum, der die körperliche Anwesenheit, die Bewegung in einem möglichst idealen Stadtraum feiert (Abb. 9).

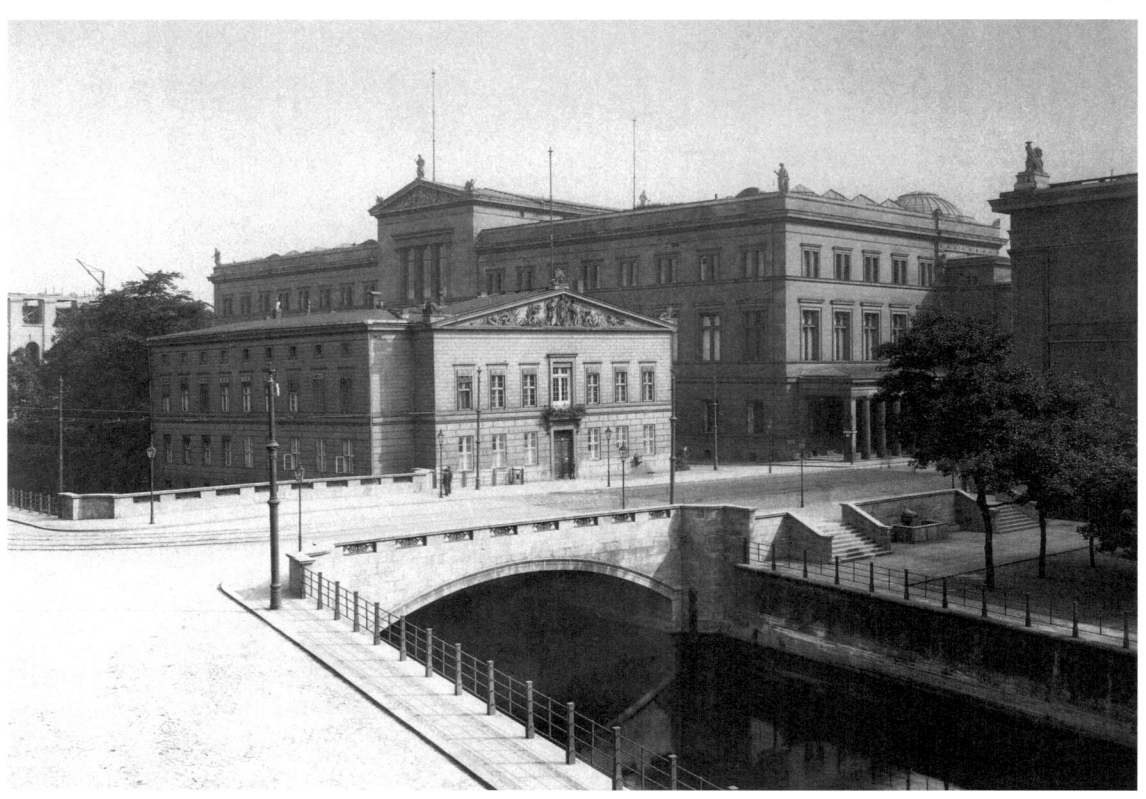

1   Blick von Süden. Historische Situation vor Abriss des Packhofs.

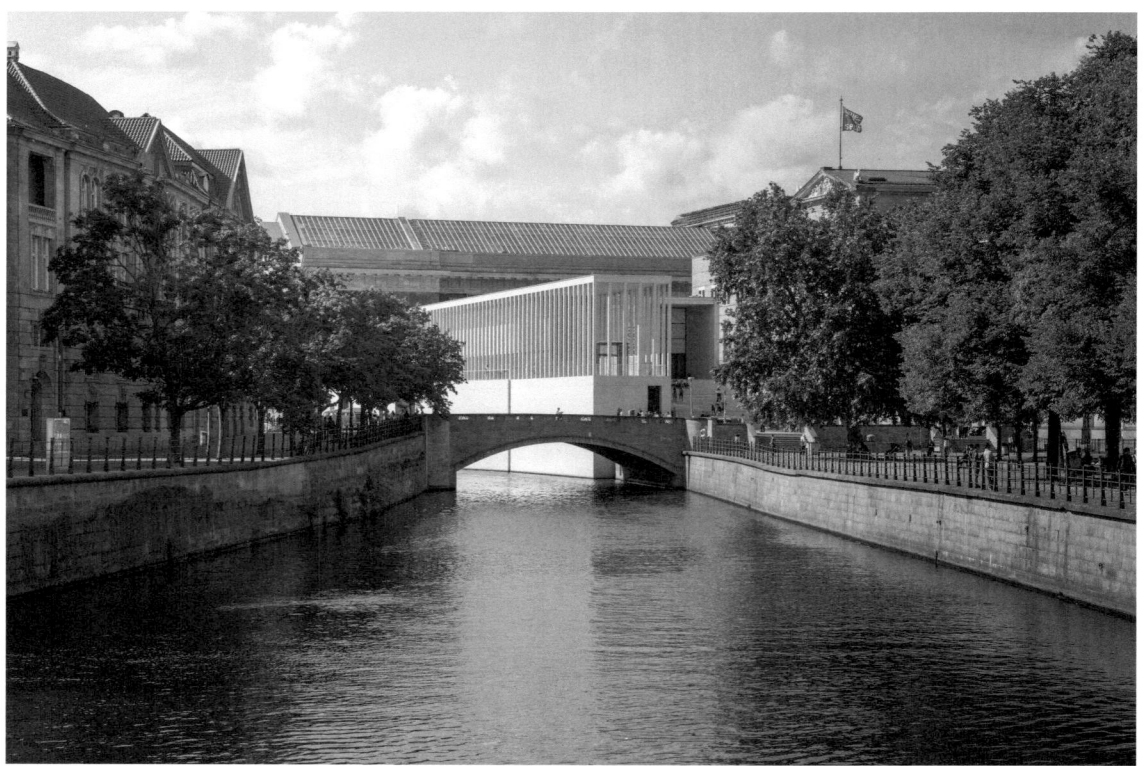

2   Blick von Süden. James-Simon-Galerie, Berlin, 2019.

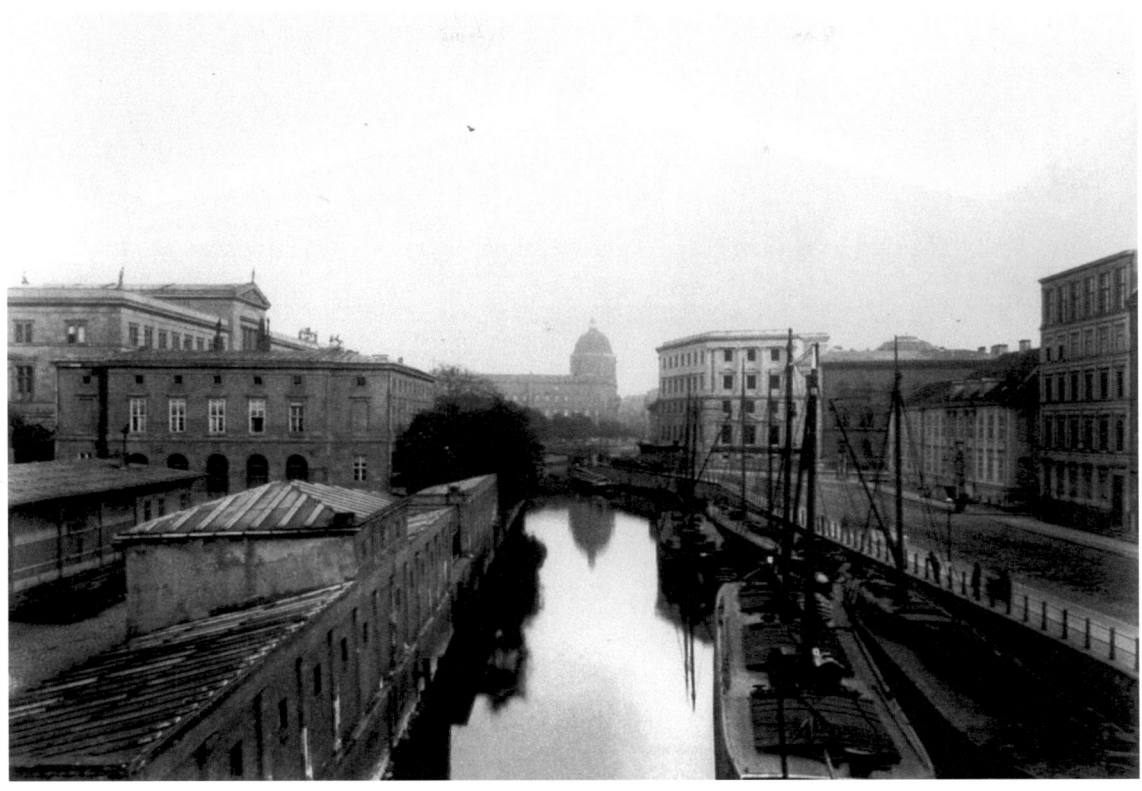

3   Blick von Norden. Historische Situation vor Abriss des Packhofs.

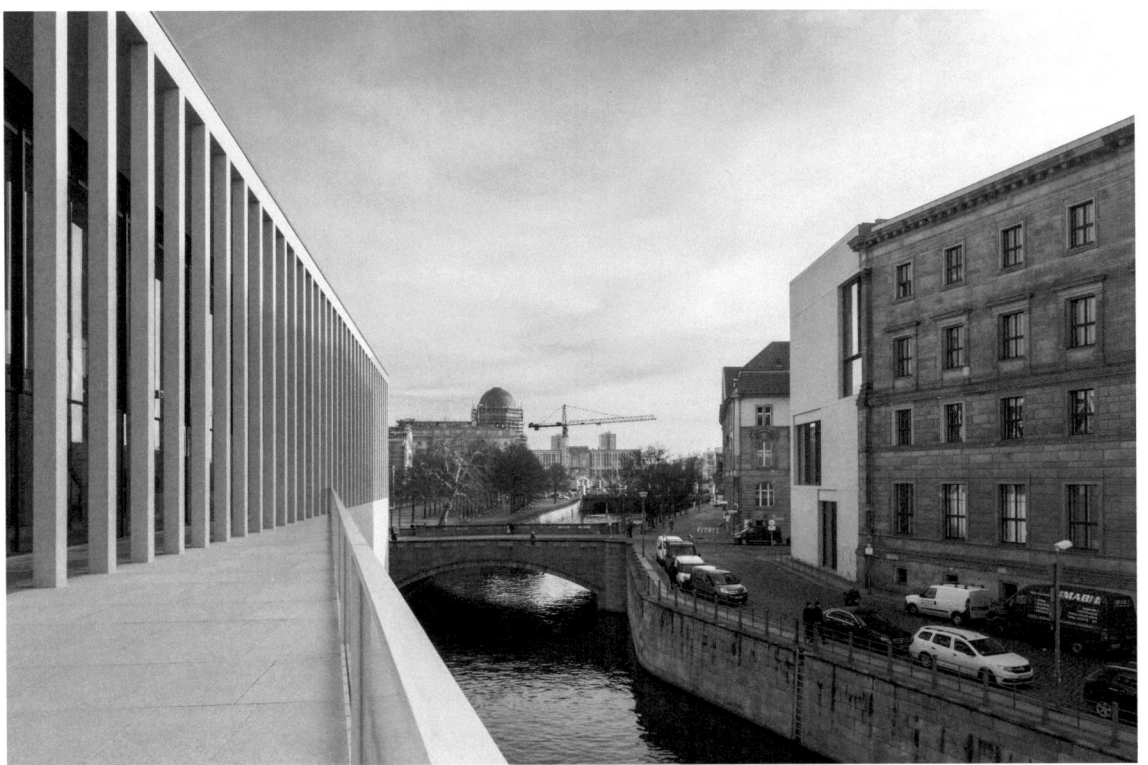

4   Blick von Norden. Terrasse der James-Simon-Galerie und Schloßbrücke, Berlin, 2019.

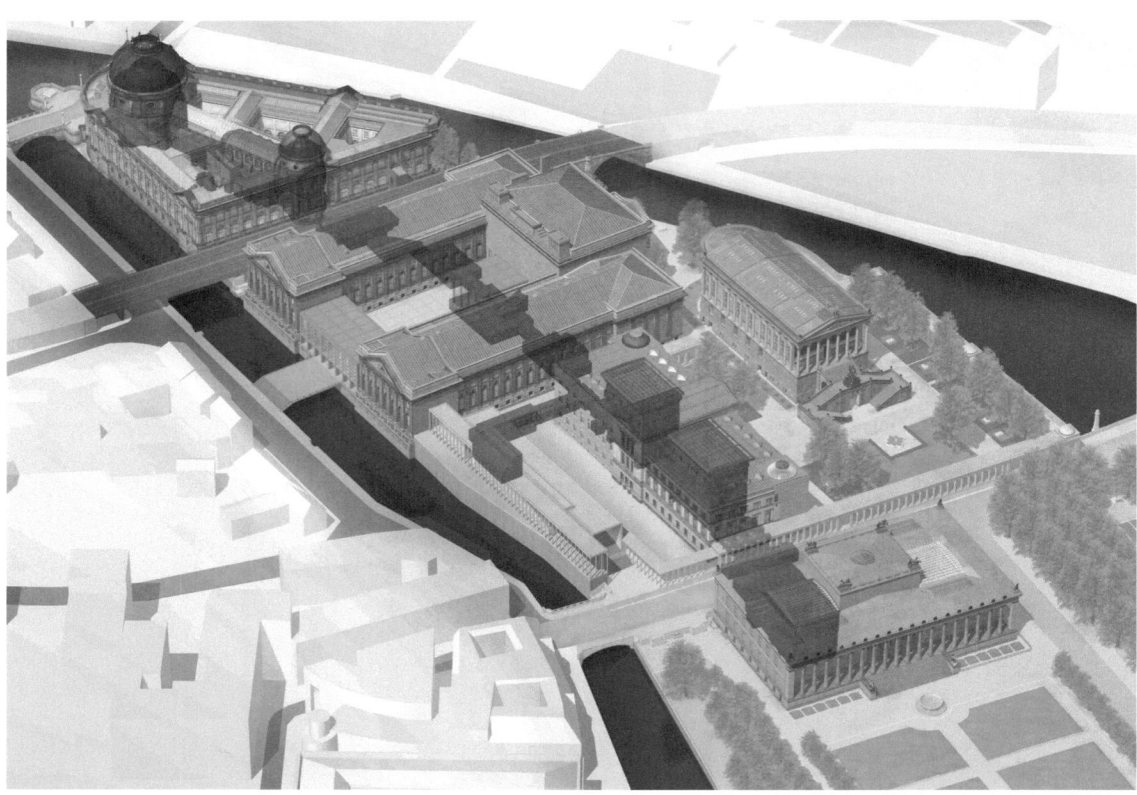

5   Archäologische Promenade zur Erschließung der Museumsinsel von der James-Simon-Galerie aus.

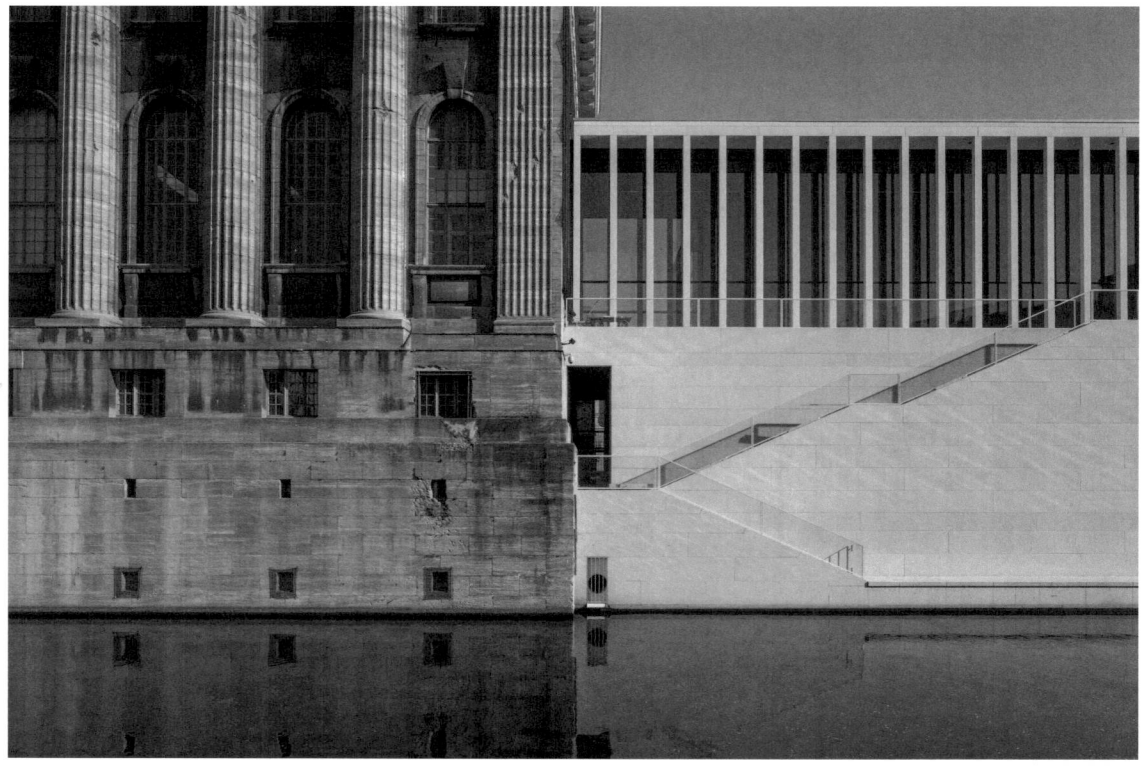

6   Weiterbauen auf der Museumsinsel: Nahtstelle zwischen James-Simon-Galerie und Pergamonmuseum, Berlin, 2019.

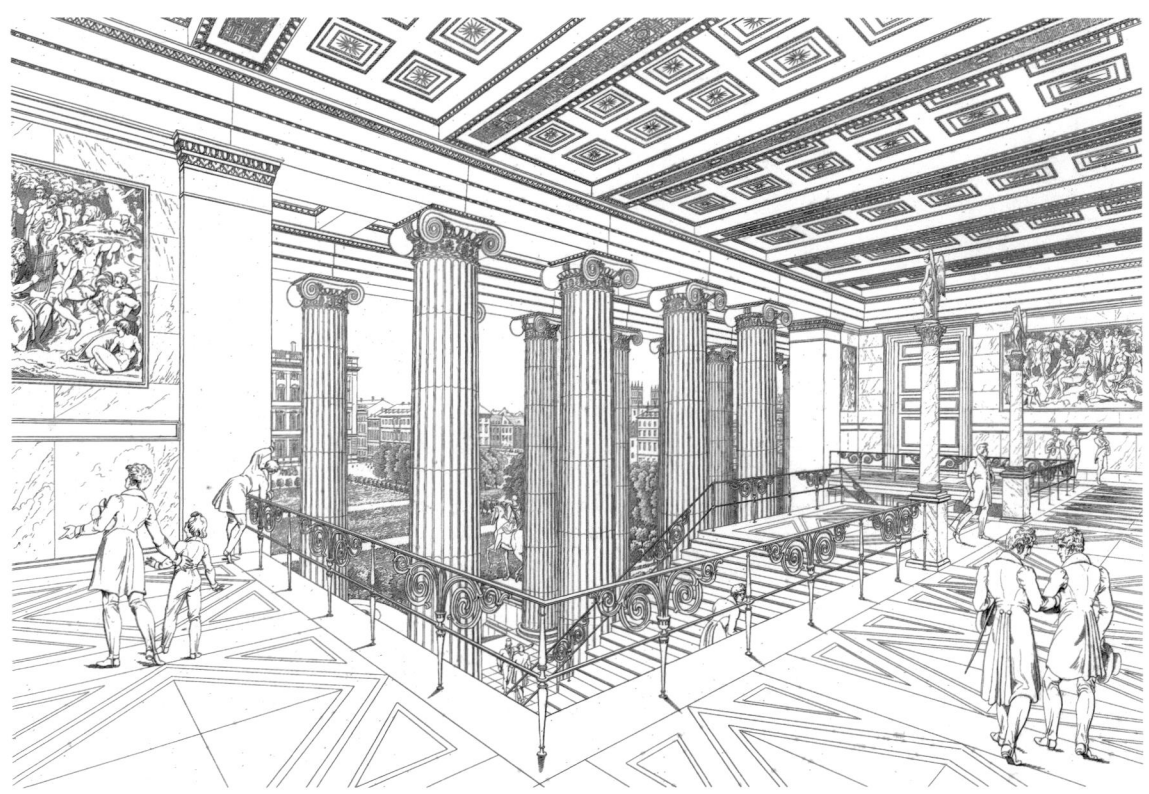

7   Raum des Spazierens, Karl Friedrich Schinkel: Altes Museum, Vorhalle, Berlin, 1829.

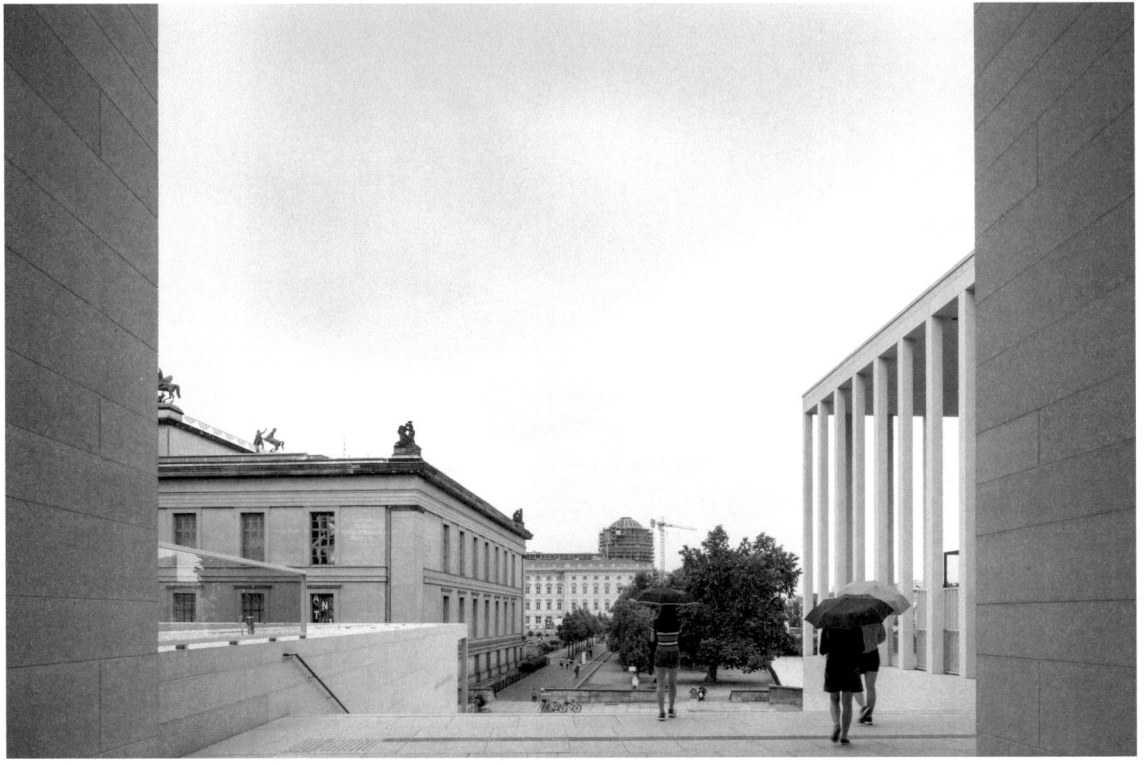

8   Eingangsloggia der James-Simon-Galerie, Berlin, 2019.

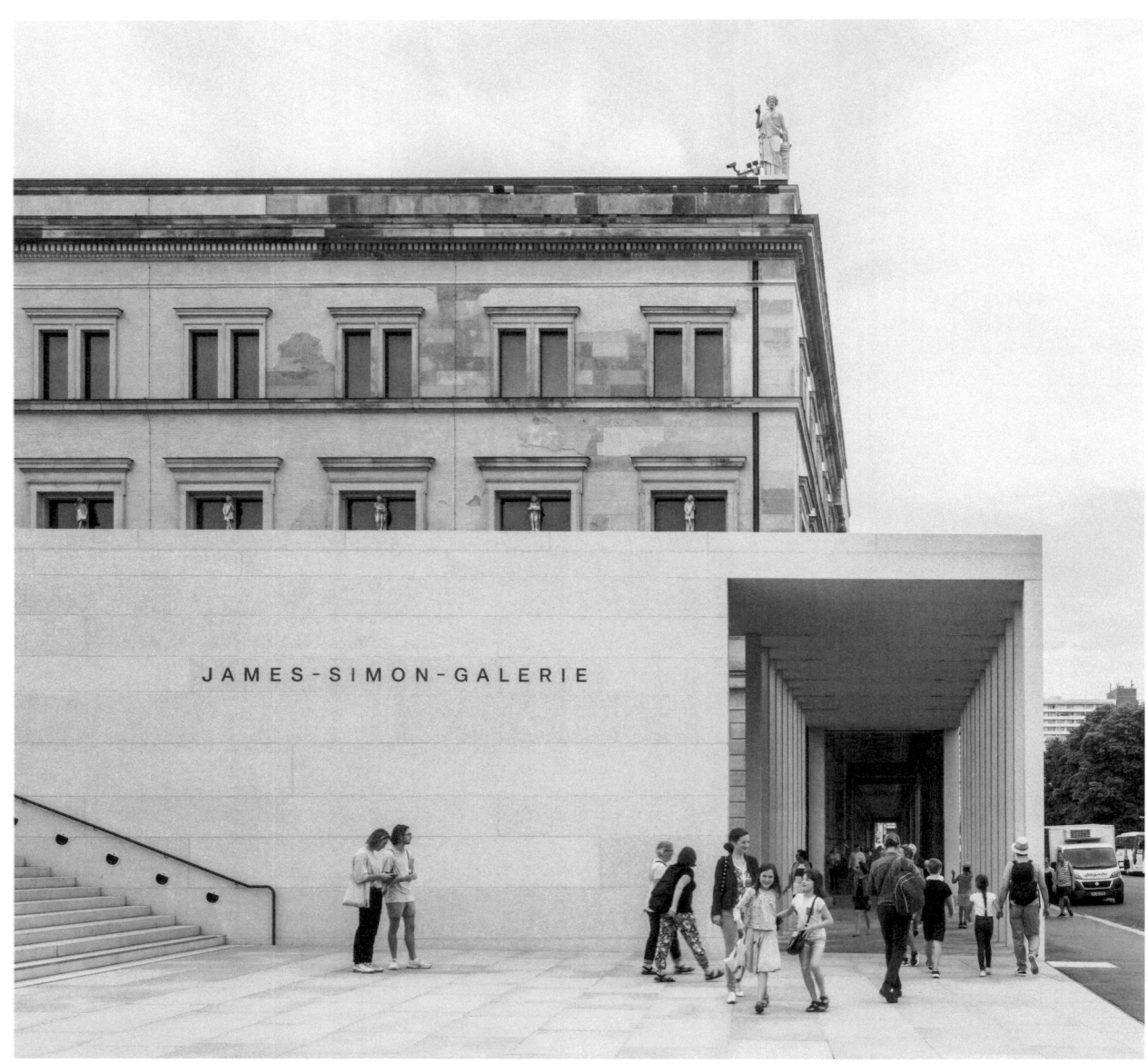

9   Erweiterung der Kolonnaden, Berlin, 2019.

Abbildungsnachweis